VIE
DU
PÈRE FRANÇON
OBLAT DE MARIE IMMACULÉE
MISSIONNAIRE PROVENÇAL

Par l'Abbé REDON
Vicaire Général à Avignon

AVIGNON
FRÈRES, IMPRIMEURS DE N. S. P. LE PAPE
ET DE MONSEIGNEUR L'ARCHEVÊQUE
1902

VIE

DU

PÈRE FRANÇON

VIE

DU

PÈRE FRANÇON

OBLAT DE MARIE IMMACULÉE

MISSIONNAIRE PROVENÇAL

Par l'Abbé REDON

Vicaire Général à Avignon

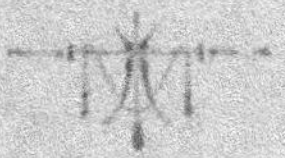

AVIGNON

AUBANEL FRÈRES, IMPRIMEURS DE N. S. P. LE PAPE

ET DE MONSEIGNEUR L'ARCHEVÊQUE

1902

DÉCLARATION DE L'AUTEUR

Me conformant aux décrets du Pape Urbain VIII, du 13 mars 1625, et du 5 juillet 1634, je déclare que, dans la vie du Père Françon, en lui donnant la qualification de saint, et en relatant des faits qui paraissent miraculeux, je n'ai entendu donner à cette qualification et à ces faits qu'une valeur purement humaine résultant de témoignages privés, et non comme approuvés par la Sainte Église Romaine, dont je ne veux pas devancer le jugement, et à laquelle je soumets humblement cet écrit.

REDON, *vic. gén.*

LETTRE

AU R. P. CASSIEN AUGIER

SUPÉRIEUR GÉNÉRAL

De la Congrégation des Oblats de Marie Immaculée

MON TRÈS RÉVÉREND PÈRE,

Lorsque le Rév. Père Françon mourut, le 9 septembre 1888, plusieurs de vos Rév. Pères me demandèrent d'écrire la biographie de leur vénéré confrère. Je le connaissais depuis longtemps. Il fit sa profession religieuse à Aix, le 29 juin 1840, fête de St Pierre et de St Paul, et le lendemain, il fut envoyé en résidence à Notre-Dame de Lumière. Le samedi suivant, il fut chargé de remplacer à Caseneuve, mon pays natal, M. le curé absent, et il vint y faire le service paroissial, quatre ou cinq dimanches consécutifs.

J'avais alors dix ans, j'étais servant de messe, et, grâce aux Rév. Pères Ricard et Magnan, qui trois mois auparavant, en prêchant la mission de Caseneuve, avaient décidé mon père à me faire étudier le latin, je traduisais les premières versions de l'Epitome. Je me trouvai à l'entrée du village, la première fois que le Père Françon arriva de Notre-Dame de Lumière, le samedi, vers six heures du soir, après avoir fait à pied un trajet de vingt-quatre kilomètres. Je le saluai, et lui demandai s'il voulait que je le conduise au presbytère. Vo, pichot, me répondit-il, mèno me li, sabé pas mount'es [1]. Je le conduisis, et le lendemain et les dimanches suivants je lui servis la messe. J'admirais sa fervente piété, j'écoutais avec bonheur ses prônes et ses catéchismes en provençal, et lui qui aimait les enfants, me prit en affection, et depuis cette époque il m'a toujours honoré de son amitié. J'ai vu à l'œuvre cet ouvrier infatigable, et je l'ai entendu faire bien des récits intéressants sur ses travaux de missionnaire.

Je l'aimais, je le vénérais, et quand ses confrères qui étaient aussi mes amis me demandèrent d'écrire sa vie, je le leur promis, j'étais heureux de payer une dette de reconnaissance. Je fus un peu téméraire ; et vous devez trouver, mon Révérend Père, que j'ai bien tardé à remplir ma promesse ; je vous prie d'excuser mon long retard.

Ce que je savais sur la vie et les œuvres du Père Françon était bien insuffisant, même pour écrire une

---

1. Oui, petit, mènes-y-moi, je ne sais où il est.

courte notice biographique; il m'a fallu chercher et recueillir de plus amples renseignements.

A Avignon, M. Carre, ancien pharmacien, m'a raconté quelques traits charmants du jeune Françon, dont il fut le condisciple à l'école primaire de St Maurice.

A Visan, M. le curé Arlaud, et des parents et des amis du Père Françon, ont eu l'obligeance de m'écrire les souvenirs qu'il a laissés dans cette paroisse, où il fut vicaire. Son premier élève, votre Rév. Père Charles Arnaud, mon vieux condisciple et ami, m'a écrit, de Notre-Dame de Betshiamits, où depuis plus de cinquante ans il évangélise les peuplades du Labrador, et il m'a donné bien des détails sur les vertus et le zèle de son premier maître.

Mgr Faraud devait aussi me communiquer ses souvenirs sur le Père Françon, dont il fut l'élève à Gigondas; mais il n'en a pas eu le temps, il a suivi de bien près dans la tombe son maître vénéré. Cependant son neveu, M. l'abbé Daniel, curé de Séguret, et M. Lemariat, ancien curé de Gigondas, ont eu l'obligeance de recueillir les souvenirs des habitants, et m'ont donné des indications abondantes, sur tout ce que M. le curé Françon fit dans cette paroisse, dont il fut trois ans le pasteur. J'avais ainsi les éléments suffisants pour écrire sa vie séculière.

Quant à sa vie religieuse, plusieurs de vos Rév. Pères et surtout votre frère, le Rév. Père Célestin Augier et le Rév. Père Davic, ancien supérieur de Notre-Dame de Lumière, m'ont relaté les traits les plus saillants des vertus du Père Françon ; et vous même, Mon Très Révérend Père, m'avez apporté, il y a une dizaine d'années, une douzaine de pages que m'adressait le Rév. Père Nicolas, et que vous avez publiées dans vos Petites Annales (mai 1892) ; c'était une notice très intéressante. Celui qui l'a écrite connaissait le Père Françon ; il avait été son condisciple au petit et au grand séminaire, et ensuite, étant tous deux religieux Oblats, ils avaient souvent résidé ensemble à Notre-Dame de Lumière.

A Notre-Dame de Bon Secours qui fut la dernière résidence du bon Père Françon, le Père Martignat, son Supérieur, et un de ses confrères, le Père Vassereau, m'ont fait le récit de sa vie pendant les quatre dernières années qu'il vécut, ainsi que de sa sainte mort et de ses touchantes funérailles.

Si je n'avais eu que ces indications pour raconter les missions du missionnaire provençal, je n'aurais pas été bien riche en documents ; mais le Père Françon m'a ouvert lui-même deux sources abondantes : Ses lettres à M. Vève, et ses Annales de Notre-Dame de Lumière. Pendant quarante ans, il fut chargé de rédiger les Annales de cette maison, et il s'acquitta avec soin de cette charge. Sur trois grands registres in-folio, il a écrit plus de douze cents pages, dans lesquelles il a consigné tout ce qui s'est passé à Notre-Dame de Lumière, de 1837 à 1880, et spécialement les missions prêchées par les Rév. Pères de cette résidence. Il n'a pu éviter de parler des siennes ; il l'a fait avec beaucoup de simplicité et de modestie, et il nous a énuméré, année par année, les paroisses qu'il évangélisait. Comme toutes ses missions se ressemblaient, il a été un peu monotone dans la relation qu'il en a faite ; mais il nous a donné lui-même le moyen de mettre un peu de variété dans l'exposé de ses travaux apostoliques. Il écrivait souvent à M. Vève son plus intime ami, il lui parlait de ce qu'il avait le plus à cœur, il lui racontait ses missions, et ses récits, ayant pour sujet des faits tout récents, sont plus vivants et plus variés que la relation qu'il écrivit plus tard dans ses Annales.

M. Vève, très soigneux en toutes choses, avait conservé les lettres de son meilleur ami ; à sa mort il les laissa avec tous ses papiers à un de ses vicaires, M. l'abbé Odidier. Ce vicaire fut ensuite curé du Pontet, où il est mort, il y a deux ans. Lorsqu'il apprit que je travaillais à la vie du Père Françou, il eut l'obligeance de me remettre tout ce qu'il put retrouver de la correspondance des deux amis. La collection de ces lettres est sans doute incomplète :

plusieurs ont dû se perdre, depuis près de quarante ans que M. Vève est mort ; mais il en reste encore cent cinquante, dans lesquelles, sans s'en douter, le Père Françon a raconté lui-même ses missions et sa vie.

De plus une vingtaine de ses lettres à ses Supérieurs m'a été remise par le Rév. Père Monnet provincial, et j'ai reçu des Rév. Pères de Notre-Dame de Lumière les écrits du Père Françon qu'on a pu recueillir, et parmi lesquels j'ai trouvé dix-huit de ses conférences et vingt-trois de ses sermons.

J'ai fini par avoir une surabondance de matériaux pour le modeste édifice que je voulais élever, je n'ai pu les employer tous, en écrivant pour nos populations de la Provence la vie du missionnaire qui les a évangélisées, pendant un demi siècle. Il en reste une partie intéressante, qui me servira pour donner, comme modèle au clergé, l'amitié sacerdotale du Père Françon et de M. Vève.

Je vous offre la première partie de mon travail, la vie du Père Françon missionnaire provençal, *et je vous prie,*

Mon Très Révérend Père,
de l'agréer, avec l'hommage de mes sentiments les plus respectueux, reconnaissants et dévoués, pour vous, et pour toute votre Congrégation des Oblats de Marie Immaculée.

REDON, v. g.

Avignon, le 25 mars 1902.

LETTRE

DU R. P. CASSIEN AUGIER

Supérieur général des Oblats de Marie

Paris 31 mars 1902.

Monsieur le Vicaire Général,

Le Père Françon revit sous votre plume.

En lisant le volume que vous lui avez consacré, tous ceux qui ont connu le missionnaire provençal vont le retrouver avec bonheur. Ils reconnaîtront sans peine le fidèle gardien de Notre-Dame des Lumières et l'infatigable apôtre qui pendant un demi-siècle évangélisa le Comtat Venaissin et la Provence.

Tous vous béniront d'avoir écrit sa vie, mais nul autant que le chef de la famille, à laquelle le Père Françon a laissé de si beaux souvenirs de vertus religieuses et apostoliques.

Cette vie, vous l'avez écrite avec amour, vous souvenant de votre première enfance, et de l'inoubliable rencontre que vous fîtes, un jour, en 1840, à l'entrée de votre village de Caseneuve.

Le jeune et pieux missionnaire qui vous demanda de le conduire au presbytère, à qui vous avez servi la messe, et dont les instructions passionnaient saintement votre cœur, vous ne l'avez, pour ainsi dire, plus quitté. Après avoir été votre père, il est devenu votre ami, comme il fut celui de M. Vève, avec lequel il entretint la longue correspondance qui fera bientôt l'édification du clergé. Vous vous plaisiez à partager ses travaux, surtout à Notre-Dame des Lumières, et vous auriez quelque peine, je crois, à dire le nombre de nuits passées au confessionnal, tandis que la foule bruyante et tout de même recueillie priait et écoutait son Père Françon.

Mais vous n'avez pas voulu vous contenter de vos souvenirs personnels ; avec une laborieuse patience vous avez cherché et évoqué tous les souvenirs. Pas à pas vous avez suivi votre saint ami, à l'école de St Maurice, au petit et au grand séminaire, à Visan où il fut vicaire, à Gigondas où il fut curé, à Notre-Dame des Lumières où, plus de 40 ans, il exerça son ministère, à Notre-Dame de Bon Secours enfin, où il passa ses quatre dernières années ; et ranimant tous ces détails, toutes ces circonstances au souffle de votre cœur, vous leur avez donné la vie : vous nous avez rendu le Père Françon.

C'est bien lui tel que nous l'avons vu, avec sa physionomie saintement originale, à la fois sévère et douce, avec un cœur simple et ardent : c'est le prêtre dont la piété au saint autel édifiait si profondément ; le religieux austère jusqu'à la témérité ; l'apôtre enfin, le missionnaire sympathisant de toute son âme avec l'âme du peuple, faisant, à son gré, rire ou pleurer les foules, par l'éloquence familière chaude et harmonieuse de la belle langue provençale. Encore une fois merci de nous avoir rendu le Père Françon.

Votre ouvrage sera accueilli avec joie par tous : les prêtres du diocèse d'Avignon liront avec intérêt et profit l'histoire de leur saint compatriote ; les missionnaires trouveront un modèle, dans celui qu'on avait si bien nommé le nouveau François Régis : les fidèles eux-mêmes seront heureux de contempler le portrait de l'apôtre, dont le souvenir est encore vivant dans presque toutes les paroisses du Comtat ; mais vos lecteurs les plus sympathiques et les plus reconnaissants seront sans nul doute les Oblats, à qui vous avez donné, en écrivant cette vie, une nouvelle preuve d'un attachement qui ne s'est jamais démenti.

Je vous prie d'agréer, Monsieur le vicaire général, avec l'expression de ma reconnaissance, l'assurance de mes sentiments affectueux et dévoués en N. S. et M. I.

C. AUGIER,
Sup. gen.

LETTRE

DE L'AUTEUR DES PAILLETTES D'OR

Monsieur le Grand Vicaire et cher Ami,

Le Rév. Père Augier, Supérieur général des Oblats de Marie Immaculée, vous félicite d'avoir fait revivre avec sa physionomie saintement originale, à la fois sévère et douce, et avec son cœur simple et ardent, ce Père Françon, si populaire dans toute la Provence, si aimé, si vénéré de tous et surtout si apprécié par les prêtres.

Ce que le Rév. Père dit de votre ouvrage, de l'intérêt qu'il présente, de l'édification qu'il donnera, des sentiments de zèle qu'il fera naître dans nos âmes de prêtres, nous le dirons tous, nous qui serons si heureux de le lire.

Je n'insiste pas ; mais je sens le besoin — en voyant sur ma table de travail à côté de la Biographie du Père Françon, celles des Rév. Pères Saisson, Sadrin, Barnouin, et de M. l'abbé Pougnet, que vous avez publiées, — de vous remercier au nom du clergé d'Avignon, de n'avoir pas laissé dans l'oubli, ces belles, saintes et attrayantes figures de prêtres que nous avons connus dans notre jeunesse.

Que de fois, de nos lèvres, s'est échappée cette parole : C'est triste de voir, petit à petit, ceux qu'on a aimés et vénérés, s'éloigner, disparaître, et être complétement oubliés !

Grâce à votre mémoire que tous nous appelons prodigieuse,

à vos recherches que rien ne lasse,

à cet amour des détails qui vous fait apprécier un mot, une date, un site ;

Grâce à l'ordre que vous savez mettre en toutes choses, à la lucidité de votre esprit qui vous permet de nommer beaucoup de personnes, de citer beaucoup de faits sans encombrement, de voir là, où tant d'autres n'auraient rien vu,

Nous sommes fiers de montrer aux autres diocèses que nous sommes riches en prêtres pieux et éminents. — Nous serons heureux surtout, de pouvoir nous édifier par la lecture de la vie du Père Françon, et des pages que vous nous promettez sur L'amitié sacerdotale de ce Rév. Père avec M. l'abbé Vève.

Continuez la mission que Dieu vous donne. Glanez encore. Vous trouverez de belles figures à reproduire.

Et puis c'est beau que de publier des Biographies. Écrire des Biographies, *a-t-on dit*, c'est lutter contre la mort, c'est vaincre la mort.

Votre bien dévoué en N. S. J.-C.

L'abbé A. SYLVAIN,
Vic. gén. hon.

Avignon, le 3 avril 1902.

LE PÈRE FRANÇON

SA VIE SÉCULIÈRE

CHAPITRE Ier

SA FAMILLE, SON ENFANCE, SON ÉDUCATION

1. La famille du Père Françon. — 2. Éducation qu'il reçoit de son père et de sa mère. — 3. Dès l'âge de huit ans, il se met à prêcher. — 4. Ses études, chez M. Artaud à St Maurice, et au collège de Valréas. — 5. A Avignon au petit et au grand séminaire, ses maîtres et ses condisciples. — 6. M. l'abbé Vève, son intime ami. — 7. Ils sont ordonnés prêtres à Nimes. — 8. M. Pradal, curé de Richerenches.

1807 — 1832

Pendant quarante ans, le Père Françon a été le grand missionnaire, le Bridaine de la Provence. Chaque année, il partait de Notre-Dame-de-Lumière, au mois d'octobre ; il allait de paroisse en paroisse donner les missions, les retraites qu'on lui demandait, dans le diocèse d'Avignon et les diocèses voisins. Il prêchait, il confessait, il convertissait les pécheurs, et sanctifiait les justes ; il édifiait tout le monde par son ardente piété et sa vie austère et mortifiée. Il se faisait tout à tous, et il se dévouait surtout aux petits, aux humbles, aux enfants, aux pauvres pêcheurs, aux habitants des campagnes. Son zèle secondé par une robuste santé était infatigable ; pour se reposer d'un travail, il en commençait un autre. Il ne revenait qu'à la fin du mois de mai, à sa résidence de Notre-Dame de Lumière, où pendant les mois d'août et de septembre, il voyait arriver en foule les populations qu'il avait évangélisées. Tous ces pèlerins connaissaient et vénéraient le Père Françon, tous voulaient le voir, l'entendre, lui parler. Qui pourrait dire le bien qu'il a fait, et combien d'âmes il a converties et guidées sur le chemin du ciel, où elles forment maintenant sa couronne d'apôtre?

*

1. Dieu qui l'avait prédestiné et choisi pour travailler au salut des habitants des campagnes, lui avait donné les aptitudes et les vertus nécessaires, et l'avait préparé à sa vie de missionnaire provençal, en lui faisant d'abord remplir les fonctions du saint ministère dans des paroisses rurales. Le Père Françon fut quatre ans vicaire à Visan, et trois ans curé à Gigondas. Pendant ces premières années de son sacerdoce, il aima ses bons paroissiens qui étaient presque tous appliqués aux travaux des champs, il parlait leur langage, il connut parfaitement leur genre de vie, leurs mœurs, et il apprit, d'une manière bien pratique, comment il fallait les instruire et les conduire dans la voie du salut.

Cet apprentissage lui fut plus facile qu'à tout autre, parce qu'il était fils de cultivateur : il avait vécu lui même de la vie des champs, et avait mis la main aux rudes travaux de la campagne. Son père Michel Sébastien Françon et sa mère Marie-Ursule Françon habitaient, à l'extrémité sud-est du territoire de Valréas, le hameau des Françons, situé presque à la limite des communes de Visan et de St-Maurice. Ils avaient un domaine d'une étendue considérable, qu'ils cultivaient eux-mêmes avec leurs enfants. Ils en élevèrent sept dans la crainte de Dieu et la pratique du rude travail de la terre, trois filles et quatre garçons, dont un fut prêtre et missionnaire Oblat de Marie. Celui-ci, par ordre de naissance, était le quatrième ; il avait un frère, l'aîné de tous, et deux sœurs un peu plus âgées que lui ; après il y eut deux frères et une sœur la plus jeune de tous. Il naquit le 30 mai 1807, et le lendemain il fut baptisé à Valréas par un des vicaires de la paroisse, M. Valayer [1]. Il reçut les noms de Jean Joseph et il eut pour parrain Dominique Françon, son oncle paternel, et pour marraine Modeste Françon, sa tante paternelle, qui avaient quitté le hameau des Françons pour venir habiter à Visan. Ses frères et ses sœurs se marièrent, et Dieu a béni leurs familles.

*

2. Chez les Françon, les traditions les plus chrétiennes se transmettaient fidèlement de père en fils, et, comme dans les anciennes familles patriarcales, le père exerçait une sorte de sacerdoce, il priait et faisait prier ses enfants. Un cousin du Père Françon nous a fait le tableau de la vie chrétienne des habitants du hameau des Françons. Tous

1 M. l'abbé Placide Bruno Valayer, né à Grillon le 6 octobre 1761, fut installé curé de Valréas, le 4 novembre 1808. En 1811 il fut appelé à Paris par le cardinal Maury, et nommé d'abord curé de St-Germain-l'Auxerrois, et ensuite, en 1832, évêque de Verdun. Il était fort âgé lors qu'il se démit de son siège, et se retira à Avignon, où il mourut dans sa 89me année, le 26 avril 1850.

craignaient Dieu et observaient ses commandements ; jamais on ne mangeait de viande les jours d'abstinence, on sanctifiait le dimanche, et quoique les églises les plus proches fussent à la distance de cinq à six kilomètres, on ne manquait d'aller à la messe, que dans les cas d'impossibilité absolue. Dans les longues veillées de l'hiver, on récitait le chapelet, on lisait la vie des saints, et on faisait la prière en commun ; et, lorsque, les jours étant plus longs et les travaux plus pressants, toute la famille ne pouvait se réunir, le père et la mère ne manquaient jamais de faire leur prière du matin et du soir, et ils tenaient la main à ce que leur exemple fût suivi par leurs enfants. Le père récitait la prière avant et après le repas, et avant de couper le pain, il avait l'habitude de tracer dessus, avec son couteau, le signe de la croix. Il commandait et dirigeait les travaux des champs, et tous respectaient son autorité et lui obéissaient. Les enfants se mettaient de bonne heure au travail ; ne pouvant faire les rudes besognes, ils gardaient les troupeaux.

L'action de la mère était moins autoritaire et plus affective. C'est elle qui, à cause de la distance des églises et des écoles, où ses enfants ne pouvaient se rendre que vers l'âge de neuf à dix ans, leur donnait les premières notions de la religion, leur apprenait à connaître Dieu et à le prier ; c'est elle qui formait leur conscience, en les reprenant et les corrigeant, lorsqu'ils faisaient quelque faute. Elle leur inspirait la crainte de Dieu, l'horreur du péché, du mensonge, le respect du bien d'autrui, la compassion pour les pauvres et l'habitude de leur faire l'aumône. Nous pouvons comprendre l'impression profonde que les paroles et les exemples de cette mère avaient faite sur le Père Françon, et l'amour qu'il avait conçu pour elle, en lisant la lettre qu'il écrivit, le 3 juillet 1845, à son ami M. le curé Véve : « J'avais une bonne mère que j'aimais beaucoup ; elle est morte, et je n'ai pas eu la consolation de la revoir et de lui donner un dernier adieu. Vous n'avez plus de père, et je n'ai plus de mère ; votre père est dans l'éternité, ma mère est dans l'éternité ; votre père a été jugé, ma mère a reçu son jugement. Où sont-elles ces âmes qui nous sont si chères ? Nous ne le savons pas. Le bon Dieu ne les aura pas mises dans l'enfer... Oh ! non, mon Dieu ! L'enfer n'est que pour les pécheurs impénitents. Mais ma pauvre mère n'est peut-être pas encore dans le Paradis. C'était une de ces bonnes chrétiennes qui servent le bon Dieu, qui s'occupent beaucoup de leur famille, et pas assez du salut éternel. Oh ! cher ami, j'ai prié pour votre bon père, et je prie encore ; je vous ai aidé à le secourir, ne me refusez pas cette grâce pour ma pauvre mère ; aidez-moi, et venez vite à son secours. Je vous demande cette faveur, au nom de la charité, de la religion et de l'amitié. Le bon Dieu vous le rendra. »

C'est dans cette famille rurale et chrétienne que grandit le jeune Jean-Joseph Françon ; il y trouva un terrain favorable au développement des dons et des grâces que Dieu lui avait départis, comme le germe fécond de sa vocation à l'apostolat des habitants de la campagne. Il voyait son père et sa mère prier et faire charitablement l'aumône aux pauvres, et il apprenait à prier comme eux, et à secourir les pauvres ; il voyait ses frères et ses sœurs appliqués aux rudes travaux des champs, sous le grand soleil de la Provence, mangeant leur pain à la sueur de leur front, contents d'une nourriture sobre et frugale, et lui aussi s'habituait si bien au dur travail, à vivre de peu, qu'au lieu d'aimer l'oisiveté et ce qui pouvait contenter la gourmandise, il eut toujours de l'attrait pour le travail, et de l'aversion pour la bonne chère. Ce genre de vie fortifiait sa santé et lui donnait une robuste constitution. Il voyait les fautes que l'on reprochait à ses frères et sœurs, et dont on les corrigeait, et il s'appliquait à ne pas les commettre. Il disait un jour à un professeur qui le consultait : « Sachez que vos élèves ont les yeux mieux ouverts que les oreilles. » C'est ce qu'il avait fait lui-même dès sa première enfance.

Ces premières impressions qu'il reçut dans sa famille laissèrent dans sa jeune âme des traces ineffaçables, et formèrent en lui des sentiments qui devaient grandir, des habitudes, des tendances qu'il n'aura pas à combattre, parce qu'elles étaient bonnes, et le poussaient au but que Dieu lui avait assigné. Il sera comme ce jeune homme dont parle la Sainte Écriture : *Adolescens, juxtà viam suam, etiam quam senuerit, non recedet ab eà* : le jeune homme suivra encore dans sa vieillesse, le genre de vie qu'on lui a appris dans son enfance. (Proverbes XXII, 6).

La formation du cœur humain est précoce, et, à certains égards, un homme est formé pour la vie, dès l'âge de huit ans. C'est ce que disait, sans doute d'après sa propre expérience, le cardinal Guibert, qui fut lui aussi fils de cultivateurs laborieux, et un laborieux lui-même, pendant les vingt ans de sa vie de missionnaire Oblat de Marie, et les quarante-cinq années de son épiscopat.

*

3. Le jeune Jean-Joseph Françon se montra, dès l'âge de huit ans, ce qu'il fut toute sa vie. Sitôt qu'il fut assez grand pour être conduit à la messe et au catéchisme, étant déjà habitué à voir, à écouter, à réfléchir, il fut vivement frappé de ce qu'il vit et entendit à l'Eglise. Il gravait tout

dans la mémoire fidèle dont Dieu l'avait doué, et il montrait son attrait pour la prière et les cérémonies sacrées. Ses frères et sœurs, avec lesquels il gardait les troupeaux, l'entendaient souvent réciter à haute voix les prières qu'il savait ; ce qui ne l'empêchait pas d'être bon, serviable et aimable pour ses compagnons. Dès lors son instinct de prédicateur se manifestait : il montait sur un rocher, sur un mur, sur un arbre, et du haut de cette chaire improvisée, il faisait un grand signe de croix, et il prêchait aux pâtres qu'il avait rassemblés ; il leur répétait ce que sa mémoire avait retenu du prône, qu'il avait entendu le dimanche précédent, et bientôt il y ajoutait l'expression des bons sentiments de son cœur. Lorsque ses auditeurs s'en allaient à la suite de leurs troupeaux, le jeune prédicateur continuait son sermon, devant ses propres brebis, créatures dociles du bon Dieu.

Le Père Charles Arnaud, Oblat de Marie, natif de Visan, missionnaire chez les sauvages du Labrador nous a écrit de N.-D. de Betshiamits, le 6 décembre 1895 : « Dans son jeune âge, le Père Françon s'exerçait déjà à la prédication. Je me souviens d'avoir vu, au quartier des Poulidons, un vieux chêne rabougri qui avait servi de chaire au jeune pâtre, qui, en prêchant devant ses compagnons et ses brebis, préludait à ses prédications de missionnaire. »

A Gigondas, où le Père Françon fut curé, et avait avec lui sa jeune sœur Marie, on se souvient de la réponse qu'elle fit aux voisins du presbytère, qui la félicitaient des beaux sermons de son frère : « Ce n'est pas étonnant, leur dit-elle, depuis son enfance, il s'exerce à la prédication. Quand, bien jeunes encore, nous gardions ensemble les troupeaux, il montait sur un arbre ou sur une muraille, et il se mettait à nous prêcher comme s'il y avait eu beaucoup de monde pour l'écouter, et quand il avait assez prêché, il s'amusait à construire des chapelles. Nous aimions de l'entendre, nous le respections, et nous voyions bien qu'un jour il serait curé. »

*

4. Son père et sa mère le comprenaient aussi, et il leur tardait d'envoyer à l'école celui de leurs enfants qui montrait de si bonnes dispositions; mais comme alors les maîtres étaient peu nombreux, et loin du hameau des Françons, il leur fallut attendre que leur fils fût assez grand, pour pouvoir faire, matin et soir, un trajet considérable. Il avait environ dix ans, lorsqu'il fut envoyé à l'école de M. Artaud, instituteur à St-Maurice. Un de ses premiers camarades de classe, M. Carre, ancien pharmacien à Avignon, nous a raconté quelques traits qui montrent bien, que le jeune Françon annonçait dès lors ce qu'il devait être plus tard : « Il était très charitable, et distribuait souvent aux pauvres ce qu'il avait reçu de ses parents pour sa nourriture. Je le vis un jour donner son pain à un pauvre, auquel, touché de ce bon exemple, je donnai mon morceau de fromage. *Mai ! lou vas rendré groumand* [1], me dit mon ami Françon.

« Il était bon et amical avec les enfants de son âge ; mais il se gardait bien de participer aux espiégleries et aux fautes dont ils sont coutumiers. Ses camarades l'ayant mené dans le jardin de leur maître d'école, absent en ce moment, se mirent à grignoter les cerises qui commençaient à rougir, et ils voulaient que Françon en mangeât comme eux. On lui en offrait, il les refusait ; — on le frappait. — Tuez-moi, disait-il, je n'en mangerai pas. —

____

1 Mais tu vas le rendre gourmand.

On le soulevait, de sorte que sa bouche touchait les cerises, et il ne desserrait pas les dents. — Tu nous dénonceras, lui disait-on. — Non, si on ne me demande rien, je ne dirai rien ; mais, si on me demande si c'est vous, je ne pourrai dire que la vérité. Il avait appris à ne pas toucher au bien d'autrui, et à ne jamais mentir.

« Parfois, il se mettait à prêcher devant ses camarades, qui, n'étant pas toujours disposés à l'écouter, lui sautaient dessus, le renversaient à terre, et lui disaient : *Té, precho aqui* [1]. »

Quand il fut âgé d'environ douze ans, ses parents l'envoyèrent pendant quelque temps au catéchisme de Valréas, leur paroisse, et lui-même dans une lettre datée de 1833 disait : « J'ai fréquenté les catéchismes de Valréas, et j'ai eu le bonheur d'y faire ma première communion. » Après il revint encore à l'école de St-Maurice, où l'instituteur, M. Artaud, lui donna les premières leçons de latin. Il n'y resta pas longtemps. Comme il manifestait de plus en plus son désir d'être prêtre, ses parents, satisfaits de ses bonnes dispositions, se décidèrent à l'envoyer au collége de Valréas pour continuer ses études de latin. Quand il fut un peu avancé dans ses classes, il vint les terminer au Petit Séminaire d'Avignon.

*

5. Il arriva au petit séminaire d'Avignon en 1824, et il fut admis à la classe de troisième. M. Justamond, son supérieur, et ses maîtres reconnurent bientôt et approuvèrent sa vocation. Il était à la fin de sa classe d'humanités, lorsqu'il fut jugé digne de revêtir l'habit ecclésiastique et

1 Tiens, prêche là.

appelé à la tonsure, qu'il reçut à l'ordination de la Trinité, 20 mai 1826. L'année suivante, il eut M. Sermand pour professeur de rhétorique, et pour directeur de la congrégation de la Sainte Vierge, qui fut alors réorganisée. L'abbé Françon mérita par sa piété et sa régularité d'être un des premiers congréganistes admis, et d'être nommé, par les suffrages de ses condisciples, d'abord trésorier et ensuite membre du conseil de la congrégation.

Après avoir fini sa rhétorique, l'abbé Françon entra au grand séminaire d'Avignon, au mois d'octobre 1827. Comme il s'était déjà exercé à observer fidèlement la règle du petit séminaire, il n'eut pas de peine à s'habituer à la vie et à la règle du grand séminaire. Là il trouva tout ce qu'il pouvait désirer pour sa formation à l'état ecclésiastique, des condisciples pieux et studieux, des maîtres vénérés, dont les exhortations et les exemples faisaient sur lui la plus vive, la plus profonde impression. Il avait pour supérieur M. Chameroy ; pour professeur de morale et directeur de sa conscience M. Helly ; pendant les deux dernières années de ses études, il eut pour professeur de dogme M. Icard, et il profita de ses leçons.

« J'ai bien connu le Père Françon, nous a dit le Père Nicolas, j'ai été avec lui élève au petit et au grand séminaire d'Avignon, où il a toujours été pieux et édifiant, respectueux envers ses maîtres, plein d'amitié pour ses condisciples, séminariste régulier et obéissant, disciple diligent et docile, élève studieux et intelligent ; il ne s'est jamais démenti. »

D'autres condisciples du Père Françon nous ont attesté qu'il était, au grand séminaire, un des élèves les plus pieux, les plus réguliers, et les mieux appliqués, qu'il était très bon pour les autres et austère pour lui-même, et que cette tendance qu'il avait déjà pour l'austérité faisait prévoir que la vie et les fonctions de prêtre séculier ne lui suffiraient pas, et qu'il irait trouver dans la vie religieuse, les moyens de satisfaire ses aspirations et d'appliquer toutes ses aptitudes.

D'ailleurs, parmi les élèves, alors nombreux, du grand séminaire d'Avignon, l'abbé Françon n'était pas le seul qui fit pressentir qu'il serait un jour religieux. Plusieurs de ses condisciples les plus édifiants songeaient déjà à quitter le monde et sont devenus des religieux distingués. Nous pouvons citer l'abbé Saisson d'Avignon, qui a été Prieur de la Grande Chartreuse et Général de tout l'Ordre carthusien, les abbés Adalric Sallier, d'Aix, et Michel, d'Orange qui ont été Chartreux, l'abbé Sadrin, de Courthezon, qui a été religieux Carme, et l'abbé Nicolas, de Bédarrides, qui ne tarda pas de suivre le Père Françon, chez les Oblats de Marie Immaculée.

*

6. L'abbé Françon était bon et affable avec tous ses condisciples, toujours prêt à leur rendre service. Il trouva parmi eux de nombreux amis, avec lesquels il conserva toute sa vie les plus affectueuses relations. Son plus intime ami, ce fut M. l'abbé Vève. Ils avaient reçu au baptême les mêmes noms de Jean-Joseph, et ils étaient du même âge. M. Vève était né à l'Isle, le 27 avril 1807, un mois avant son ami. Il avait fait, d'une manière vraiment remarquable toutes ses classes, y compris la rhétorique, chez M. l'abbé Pélat, curé de Robion. Dès qu'ils se rencontrèrent à la même classe aux même exercices, chacun des deux séminaristes reconnut que son condisciple était pieux, studieux, fidèle observateur de la règle, charitable. Aucun des deux ne

croyait avoir ces qualités, ces vertus, car ils étaient humbles ; mais chacun des deux les voyait bien, les aimait, les admirait en l'autre, et tout naturellement se sentait porté à aimer un autre lui-même. Ainsi naissait et se formait entre eux une véritable, sainte et ferme amitié, produite par la similitude qu'il y avait entre eux.

Il y avait cependant quelques différences : L'abbé Françon avait l'air austère, et l'était en réalité ; son extérieur était un peu rude. L'abbé Vève était doux, timide, modeste, il était aussi littérateur et artiste. Sans avoir reçu de leçons, il devint un habile dessinateur. Mais, à part ces différences sur des points accessoires, ces deux séminaristes se ressemblaient sur tous les autres rapports. Ils avaient le même amour de Dieu : *his amor unus erat*, le même but, ils voulaient être de bons prêtres, et ils employaient les mêmes moyens pour y parvenir ; ils étaient à la même classe, ils faisaient les mêmes études, les mêmes exercices de piété, ils étaient tous deux fidèles observateurs du silence et de la règle ; ils avaient les mêmes qualités, les mêmes vertus. Ils se ressemblaient si bien l'un l'autre, que leur amitié paraissait toute naturelle. En les voyant coulés dans le même moule, on leur appliquait ce dicton populaire : Ce sont *deux têtes dans un bonnet*, ou mieux encore on disait d'eux : Ce sont deux cœurs bien faits pour ne faire qu'un seul cœur.

*

7. L'abbé Françon et l'abbé Vève ne se servirent de leur amitié, que pour s'aider à mieux remplir tous leurs devoirs, et à se préparer aux Saints Ordres qu'ils reçurent ensemble. Ils furent ordonnés prêtres, à Nîmes, par Mgr de Chaffoy, le 16 juin 1832, fête de St-François Régis ; et, pour mieux

conserver la grâce qui leur avait été conférée par l'imposition des mains, ils se promirent de célébrer chaque année l'anniversaire de leur sacerdoce, de prier l'un pour l'autre, et de s'écrire pour se communiquer les sentiments et les résolutions que le souvenir de leur ordination leur auraient inspirés.

En quittant le grand séminaire, l'abbé Françon vint célébrer modestement ses noces sacerdotales dans sa famille. Elle n'habitait plus au hameau des Françons; la plupart des enfants étaient déjà mariés et s'étaient établis à St-Maurice, à Valréas et à Visan. Leur père, qui avait dû les doter, n'avait plus assez de bras pour cultiver son domaine considérable des Françons, il le vendit, et il acheta à Richerenches la campagne de St-Turrier, où il vint fixer sa résidence en 1829. C'est là que l'abbé Françon passa ses vacances, pendant les dernières années qu'il fut élève au Grand Séminaire.

*

8. Quand il fut vicaire à Visan et missionnaire Oblat, il vint prêcher à Richerenches des missions, des retraites, dont on conserve le souvenir. Les anciens du pays se souviennent encore que l'abbé Françon, pendant ses vacances de séminariste les avait bien édifiés par sa piété, sa modestie et son zèle. Dans toutes les cérémonies à l'église, il aidait M. le curé Pradal, alors vieux et infirme [1]. Il faisait les catéchismes, et il savait y attirer les

---

1 M. Pradal était le dernier rejeton d'une des plus honorables familles de Visan, ou il naquit en 1758. Il était vicaire à Richerenches, lorsque le 28 juillet 1792, on lui demanda ainsi qu'à son curé M. Brochéry, de prêter serment à la constitution civile du clergé; ils répondirent « qu'ils ne voulaient prêter aucun serment, et qu'ils usaient de a liberté que la

enfants, en donnant de *douces* récompenses à ceux qui étaient les plus sages et les plus instruits.

loi leur accordait. » Pendant les plus mauvais jours de la Révolution, M. Pradal se cachait dans une campagne, d'où il sortait la nuit pour exercer son ministère. Soupçonnant sa présence, les pourvoyeurs de la guillotine, installée à Orange, vinrent pour le saisir, mais il s'était si bien déguisé en vieille femme filant sa quenouille, qu'ils ne le reconnurent pas.

Après le Concordat, il fut nommé, le 3 juillet 1803, curé de Richerenches. Il s'attacha à ses paroissiens, et ne voulut jamais les quitter. Il resta leur dévoué et vénéré pasteur, plus de trente ans, jusqu'à sa mort, 28 juin 1834.

Il était plein de zèle pour le recrutement du clergé. Il discernait les enfants qui avaient des dispositions pour l'état ecclésiastique, et il eut le bonheur de voir plusieurs de ses élèves devenir de bons prêtres ; il leur donna les premières leçons de latin, et quand il les plaça dans les Séminaires, il paya une bonne part de leur pension. Quand sa bourse était à sec, il venait puiser dans celle de sa sœur, Mademoiselle Pradal, de Visan, qui parfois lui disait aimablement, sans le persuader ni le rebuter, que ses visites étaient un peu trop intéressées, et qu'elles lui seraient plus agréables, en devenant moins fréquentes. Il finit par consacrer presque toute sa fortune et celle de sa sœur, à la fondation de bourses ecclésiastiques. C'était son œuvre de prédilection.

CHAPITRE II

L'ABBÉ FRANÇON VICAIRE A VISAN

1. Il est nommé vicaire à Visan et bien accueilli. — 2. Il a soin des enfants et des séminaristes. — 3. Sa dévotion à Sainte Philomène et à la Sainte Vierge. — 4. Sa vie austère et charitable, sa chambre, son ameublement, ses mortifications. — 5. Son zèle pour le salut des âmes, son application à l'étude et son humilité. — 6. Il aspire à un autre genre de vie, à être missionnaire. — 7. Il est nommé curé de Gigondas; son départ de Visan.

1832 — 1836

1. Après leur ordination, l'abbé Françon et l'abbé Vève s'attendaient a être nommés vicaires. Leur attente ne fut pas longue. Avant la fin du mois de juin, M. Vève fut donné à M. Pélat, curé de Valréas, qui avait, sans doute, demandé d'avoir, pour vicaire, son cher élève du presbytère de Robion. L'abbé Françon fut en même temps nommé vicaire à Visan. Ces deux pays étant limitrophes, les deux amis se trouvaient très rapprochés.

Ils furent heureux de se trouver ainsi voisins, et ils se promirent de se visiter souvent, pour s'édifier, s'encourager et s'aider dans leurs études et les travaux de leur ministère. Leurs visites ne pouvant être aussi fréquentes qu'ils le désiraient, il s'établit dès lors entre eux une correspondance très suivie, qui n'a fini qu'en 1865, à la mort de M. Vève. On a trouvé dans ses papiers, et on nous a communiqué environ 150 lettres, dans lesquelles le Père Françon donne lui-même les détails les plus intéressants sur sa vie et ses sentiments les plus intimes. Il ne pensait pas que ses lettres seraient un témoignage irrécusable de ses œuvres et de ses vertus.

A Visan, l'abbé Françon se trouva presque dans son pays natal ; il y avait de proches parents ; et sa famille, en quittant le hameau voisin des Françons, était venue habiter la commune limitrophe de Richerenches ; il était donc bien connu de ses nouveaux paroissiens. Mais il était déjà fort estimé, et quoique *aucun prophète ne soit accueilli dans sa patrie*, il fut très bien reçu comme vicaire à Visan. Il remplaçait un de ses pieux amis du grand séminaire, M. l'abbé Hugues, qu'il ira souvent visiter à sa cure de Blauvac, et où il reviendra, dans une dizaine d'années, le jour de ses funérailles, faire son oraison funèbre.

2. M. Brun, curé de Visan, bien content d'avoir l'abbé Françon pour vicaire, lui confia les œuvres dont il avait chargé son prédécesseur : le soin des enfants, la congrégation de Ste Philomène. Le nouveau vicaire se mit au travail avec ardeur. Dans sa première lettre à M. Vève, il disait : « J'ai passé quatre heures au confessionnal, nous avons confessé les enfants de la première communion. Il y a encore à confesser les petits et les *petitots*. Mon cher, il est beau d'entendre ces petites âmes innocentes. Prions le bon Dieu, pour qu'il les conserve dans sa sainte grâce ! » « Je m'occupe beaucoup des enfants, écrivait-il en 1833, il y en a ici un très grand nombre, et ils sont tous bien sages. Je leur ai promis que je ne les punirai jamais, et je crois que je tiendrai ma promesse. Pour les rendre sages et dociles, il y a un moyen qui réussit mieux que les punitions : ce sont les petites récompenses. J'ai déjà mis plus de cinquante francs en petits prix, et j'espère en

donner encore beaucoup. » C'est par ces moyens qu'il savait se faire aimer des enfants, et les rendre exacts à assister aux catéchismes, aux offices de la paroisse et à venir se confesser. Un de ces enfants, maintenant vénérable curé, nous a dit : « Tous les dimanches, l'abbé Françon, notre vicaire, faisait le catéchisme aux enfants, qui n'avaient pas encore fait leur première communion. En sortant de l'église, il nous conduisait tous à sa maison, et nous donnait à chacun un petit bonbon, en nous recommandant d'être bien sages, de bien aimer Dieu et la Sainte Vierge, et d'être bien obéissants à nos parents. Il nous confessait souvent, et, pour que personne ne manquât, il nous donnait à chacun deux liards. Jugez si nous étions contents, et si nous allions volontiers nous confesser. »

L'abbé Françon aimait à discerner et à soigner les enfants qui montraient d'heureuses dispositions pour l'état ecclésiastique, il leur donnait lui-même les premières leçons. « Je pense, écrivait-il à M. Véve, que maintenant qu'on a ouvert un pensionnat à Valréas, vous devez avoir des marchands de livres. Il me faut deux *Epitome Sacræ* pour mes deux élèves... » L'un de ces deux élèves était le futur Père Charles Arnaud, missionnaire au Labrador, d'où il nous a écrit : « C'est dans la modeste chambre de l'abbé Françon, vicaire à Visan, que j'ai commencé à apprendre les réponses de la messe, et à décliner *rosa*, la rose, avant de savoir le français. Je fis ensuite mes premières classes au Séminaire de Ste-Garde, jusqu'en quatrième ; mais alors, pendant mes vacances de 1842, mon premier maître vint me prendre à Visan, et me conduire au Juniorat de Notre-Dame-de-Lumière. Je suis Oblat ! c'est au saint et cher Père Françon que je le dois. »

Le jeune vicaire de Visan avait soin des petits séminaristes pendant leurs vacances. Il écrivait à M. Vève, le 3 août 1836 : « J'ai maintenant nos jeunes séminaristes, et il faut vivre un peu avec eux. » Il s'intéressait à eux, pour les faire placer au Séminaire, et les aider à payer leur pension. Il recommandait un jeune homme de Valréas à M. Vève et il lui écrivait : « Vous avez dans ce jeune homme un précieux trésor ; il m'a fait connaître ses dispositions et ses intentions qui méritent d'être secondées. Il me paraît véritablement appelé à l'état ecclésiastique, et il serait un jour un bon prêtre. Visan n'est pas si considérable que Valréas, et cependant nous avons trois séminaristes que l'on entretient au séminaire. Serait-il possible que dans un pays comme Valréas, on ne trouvât pas de ressources, pour seconder la vocation d'un si excellent jeune homme ? Trouvez le moyen de le placer au collège de votre ville ; et si Valréas, ma patrie, ne voulait rien faire pour cet enfant, plutôt que le laisser manquer sa vocation, je le prendrais moi-même pour lui donner des leçons, et le mettre dans le cas de parvenir à ses fins. »

3. Chargé de diriger la congrégation des jeunes filles érigée sous le patronage de Ste Philomène, l'abbé Françon était heureux d'avoir ce moyen d'exercer son zèle, et de conserver dans la piété les jeunes filles de la paroisse. Le 3 mai 1833, il écrivait à M. Vève : « J'ai donné une retraite de huit jours à nos jeunes congréganistes, et puis une autre à celles de Bouchet, (paroisse voisine dans le diocèse de Valence). Nous allons faire la neuvaine de Ste Philomène, et à la fin je chanterai une

grand'messe en son honneur. J'ai apporté des images et des médailles, et j'en ferai venir encore, afin de pouvoir en fournir à tout le monde. Venez me voir, et nous parlerons un peu plus au long, des moyens que nous pourrons prendre, pour faire honorer cette sainte dans nos contrées, comme elle l'est déjà presque partout. »

Deux ans après, 15 juin 1835, il écrivait encore à son ami : « Nous avons fait la retraite de Ste Philomène, et elle a surpassé toutes nos espérances. Malgré les grandes occupations de cette saison, il y a eu toute la semaine une affluence à peine concevable, et à la clôture il y a eu de nombreuses communions. Pendant toute la retraite, nous avons exposé sur l'autel votre statue de Ste Philomène. Il est possible que j'aie donné un peu trop à cette Sainte, et que je l'aie mise un peu trop haut ; mais j'espère que le bon Dieu, qui se plaît à glorifier ses saints, ne m'en fera pas un reproche. »

Peu de jours avant de quitter Valréas, il écrivait encore, le 9 juillet 1836 : « Nous allons commencer la retraite de Ste Philomène, dont nous attendons beaucoup de fruits ; recommandez-la aux âmes pieuses de Valréas. »

Si l'abbé Françou eut quelque crainte d'avoir trop exalté Ste Philomène, il ne craignit jamais de dépasser les limites dans le culte qu'il rendit à la Sainte Vierge. Aussi il s'appliqua, toute sa vie, à l'honorer et à la faire honorer. À Visan, il excita par ses paroles et par ses exemples la grande dévotion que tous les paroissiens avaient pour la Sainte Vierge, en venant la prier et l'honorer à Notre-Dame-des-Vignes. C'est une antique chapelle, desservie avant la Révolution par des Religieux Augustins et ensuite par les Dominicains. Elle est située à un quart d'heure du pays, dans une riante vallée, au milieu des arbres qui l'entourent d'une verdoyante ceinture.

L'abbé Françon y venait presque tous les jours prier sa bonne Mère, et il invitait son ami, M. Vève, à venir y faire ses dévotions avec lui. Dans sa première lettre, il commençait par lui dire : « Je vous renouvelle le souvenir de la visite que vous devez à Notre-Dame-des-Vignes » ; et dans sa dernière lettre datée de Visan, après avoir annoncé son changement, il lui dira : « Il faut que j'abandonne Notre-Dame-des-Vignes, cela me crève le cœur ! »

*

4. De bonne heure l'abbé Françon avait reçu de Dieu, pour la vie pénitente et mortifiée un véritable attrait, qu'il suivait fidèlement. En arrivant à Visan, il s'était logé dans une chambre d'une grande maison qui avait appartenu à la noble famille de Beauveron, et qui était séparée du chevet de l'église par une petite rue. On y conserve encore comme une relique un chapelet qu'il avait fixé au-dessus de la cheminée. En nous adressant ses vieux souvenirs, le Père Arnaud nous a donné quelques détails, sur le logement et la vie du Père Françon à Visan. « Il vivait dans une grande pauvreté, il n'avait rien à lui en propre, ou pour mieux dire, il n'avait que ce qu'il portait sur lui. Les habitants de Visan le considéraient comme un saint et admiraient surtout sa charité pour les pauvres : plusieurs fois ils le virent se déchausser sur le chemin, pour donner ses bas à un pauvre, ou pour échanger ses chaussures neuves contre des vieilles. Sa chambre était au bout d'un couloir, elle était grande et éclairée ; mais une pauvre bibliothèque en faisait tout l'ornement. Dans une alcôve se

trouvait une méchante couverture, sur une caisse pleine de paille semblable à un cercueil. C'était là je pense ce qui formait son lit, car on n'en voyait pas d'autre. Un bassin, une cruche, deux chaises, une vieille table boiteuse formaient tout l'ameublement. Je n'ai jamais vu de feu dans cette habitation. »

Le mobilier de l'abbé Françon était bien pauvre et bien incomplet. Cependant ses parents qui demeuraient dans la paroisse voisine de Richerenches, lui avaient fourni tout ce qu'il faut à un jeune vicaire. Sa mère lui apportait chaque dimanche des provisions pour toute la semaine ; mais, dès le lundi, il les distribuait aux indigents, et il se mettait gaiement au régime du pain sec avec des pommes de terre bouillies. Il donnait aux pauvres son argent, et quand il n'en avait pas, ce qui arrivait souvent, il donnait ses vêtements, son linge. Un jour, au mois de janvier, il donna ses souliers et ses bas à une mendiante qui s'en allait nu-pieds. Son détachement de tout était si bien connu, que quelques pauvres femmes en abusaient, et ne se gênaient pas pour venir lui demander, sans intention de les rendre, ses ustensiles de cuisine et tout ce qui pouvait être à leur convenance. Il se laissait dépouiller de tout.

Sa mère était souvent obligée de venir lui renouveler son linge et son petit mobilier. Elle avait beau lui faire des reproches, elle le trouvait incorrigible et finissait par admirer ses vertus. Un jour elle s'aperçut que son fils n'avait plus ni son lit ni son matelas. « Qu'en as-tu fait ? lui dit-elle. — Je les ai donnés à un pauvre malade qui n'en avait pas. — Et où couches-tu ? » Il fut un peu embarrassé pour répondre. Il couchait dans un pétrin abandonné, véritable bière, trop courte pour lui, dans laquelle il avait mis quelques sarments qui lui servaient de matelas et d'oreiller. Quand le propriétaire vint chercher ce vieux meuble, l'abbé Françon passa quelque temps ses nuits, en dormant assis sur une chaise, placée dans une armoire que l'on montre encore à Visan.

Ses mortifications corporelles allaient parfois jusqu'à la cruauté. Un jour, un clou de son soulier le blessa jusqu'à faire couler le sang, et il continua de marcher comme s'il n'avait aucun mal. Il jeûnait et faisait maigre presque toujours, et c'était pour lui une vraie souffrance, lorsqu'il était obligé de prendre de meilleurs aliments. C'est pourquoi il n'aimait pas à être invité à des repas. « Quand je vais à Valréas, écrivait-il à M. Vève, avec ces braves gens, il ne faudrait penser à autre chose qu'à manger, et je ne sais trop si tout cela attirerait bien l'esprit du bon Dieu. » Les pommes de terre bouillies étaient son mets préféré. On se souvient encore à Visan d'une observation qu'il fit à M. Vève. Il l'avait à sa table, et il lui servait des pommes de terre bouillies. Comme son ami se mettait à leur enlever la peau : « *Mai lei pèles tu?* lui dit-il, *siès ben groumand!* [1] »

*

5. L'abbé Françon menait ainsi une vie très austère, pour faire pénitence, et pour travailler avec plus de succès au salut des âmes. Bien souvent, dans ses lettres à M. Vève, il exprimait les ardeurs du zèle dont son cœur était enflammé. Après six mois de ministère, il écrivait, en 1832, pendant les fêtes de Noël : « C'est pour sauver les âmes que Dieu nous a envoyés, mon cher, travaillons

1 Mais, tu les pèles, toi! Tu es bien gourmand!

et travaillons sans relâche, heureux, si nous étions jugés dignes de mourir au milieu de nos travaux. Ne nous mettons pas en peine de ce qui regarde notre corps. »

Tels étaient ses sentiments dès le début de son ministère, et ils iront toujours croissant. C'est son zèle pour le salut des âmes qui l'excitait, à préparer ses prédications et à s'appliquer à l'étude ; pour instruire les autres, il voulait s'instruire lui-même. « Nous prêchons, écrivait-il à M. Véve, une petite retraite pour nous préparer à la fête de tous les Saints. J'explique les Commandements de Dieu, en forme d'examen, et cela me fait travailler. C'est tout de bon que je me mets à l'étude ; il faut que j'aie au moins six heures par jour pour étudier, et cela *toto corde et animo*. Je vais veiller le soir jusqu'à onze heures, et je pourrai repasser bien des choses ; mais mon temps serait perdu, si vous ne priez pour moi. » Il sentait le besoin de la prière, parce qu'il n'avait de lui-même que des sentiments bien humbles. Il écrivait à M. Véve : « Mon cher ami, je vois bien que, si vous ne priez fortement pour moi, je suis perdu, je tombe avec une vitesse incroyable. Vulcain précipité de l'Olympe, roula pendant neuf jours, et se cassa la jambe, en tombant dans l'île de Lemnos. Je tombe moi, depuis plus de cinquante jours, et je vais me casser la tête, lorsque j'arriverai au bout. »

*

6. Après avoir été deux ou trois ans vicaire à Visan, l'abbé Françon se sentait appelé à un autre genre de vie : il lui fallait un champ plus vaste et plus varié pour exercer son zèle et son activité. Il avait peur de se perdre en travaillant au salut des autres. Il écrivait à M. Véve : « Vous m'avez fait part de vos peines et de vos soucis au

sujet de vos enfants de la première communion, je n'en suis pas surpris, mais les Pâques que voici me pèsent encore plus ». C'était une vive douleur pour lui de voir que quelques paroissiens étaient trop lents pour remplir le devoir pascal. On se souvient encore à Visan, qu'une année, en faisant le prône, le dimanche après Pâques ; il exhorta vivement tous les fidèles à la communion pascale, et il ajouta : « J'ai le chagrin de ne pas avoir encore vu s'approcher de la table sainte mon frère, qui est là-haut à la tribune et qui m'entend. » En effet, son frère était à la tribune, et il dut être un peu secoué par cette apostrophe qui le visait directement.

En maintes circonstances, le vicaire de Visan trouvait qu'il n'avait pas assez d'occupations. « Vous êtes en peine, écrivait-il à son ami, parce que vous avez trop de travail, et moi je m'ennuie, parce que je n'en ai pas assez. » Dans une autre lettre il disait : « Vous voyez qu'il est agréable de n'avoir rien à faire, on peut voyager et ne pas rester toujours dans son nid. » Et il voyageait, non pour se dissiper, mais pour s'édifier ; il allait à la Trappe, il visitait ses amis, et les directeurs du Grand Séminaire. « Je vous conseille, écrivait-il à M. Vève (3 août 1836), de faire comme moi quelques petits voyages. Si vous saviez comme cela fait du bien, je le sais moi. Je suis allé à Avignon, puis à Flassan, je vais retourner à Avignon, et tout à coup je pousserai *mes itinéraires un peu plus loin.* » Ces derniers mots indiquaient sa pensée intime : il voulait aller aux missions étrangères ; mais avant la fin du mois d'août, on lui traça un itinéraire auquel il ne s'attendait pas.

7. Mgr Du Pont, installé archevêque d'Avignon, depuis moins d'un an, faisait de nombreux changements. L'abbé Françon les indiquait à M. Vève, et lui disait : « Voilà un avertissement ; vous pouvez vous tenir prêt à partir. » Et c'est lui qui partit le premier.

Dans les derniers jours du mois d'août, au moment où il ne songeait qu'à partir pour les missions, il ne fut pas peu surpris de recevoir sa nomination de curé à Gigondas. Il en fut bien contrarié ; mais il était si bien habitué à obéir à ses supérieurs, que, sans hésiter, sans faire aucune observation, il se rendit au poste qui lui était assigné. Il annonça vite son changement à M. Vève : « Monseigneur m'a nommé curé de Gigondas, il faut que je parte après-demain. Je ne sais pas où j'ai la tête. La pilule est amère, mais il faut l'avaler. Que le saint nom du Seigneur soit béni !... Il faut que j'abandonne Notre-Dame-des-Vignes, cela me crève le cœur. »

Dans sa désolation, il eut cependant une satisfaction. « J'avais dit, ajoute-t-il dans sa lettre, que je ne voulais pas emporter un sou de Visan. Eh bien ! je ne pouvais trouver un moment plus favorable pour accomplir ma promesse ; il me faudra emprunter pour faire mon voyage. Ne dites rien de mon changement, je veux partir *incognito*, pour éviter bien des tracas. »

Son changement fut connu à Visan et il ne put partir *incognito*. Un témoin de son départ, le Père Charles Arnaud, son élève alors âgé de dix ans, nous a écrit : « Lorsque le Père Françon nous quitta, pour aller à Gigondas, ce fut un deuil général à Visan. Il s'en alla, n'ayant à la main qu'un petit sac contenant son petit bagage. Au moment de son départ, il vit accourir toute la population en pleurs, qui venait lui dire adieu ; et lui, toujours souriant, trouvait une bonne parole à dire à chacun, parole d'affection et d'encouragement : je penserai à vous, leur disait-il, je prierai pour vous, je reviendrai vous voir. »

Il partit ainsi, et tous le regrettèrent à Visan, où son souvenir est toujours resté vivant, parce que pendant les quatre ans qu'il y fut vicaire, il parut à tous un saint prêtre, un modèle de zèle et de piété, de pénitence et de charité.

CHAPITRE III

L'ABBÉ FRANÇON CURÉ A GIGONDAS

1. Son arrivée à Gigondas; il répare l'église paroissiale et la chapelle de St-Côme et St-Damien. — 2. Son zèle pour la gloire de Dieu et le salut des âmes, ses prédications. — 3. Il fait prêcher une mission par M. Ribail. — 4. Le culte divin, la dévotion à la Sainte Vierge, le mois de Marie, Notre-Dame-de-Prébayon, autres dévotions. — 5. Soin des enfants, il fait l'école et donne les premières leçons à un futur évêque. — 6. Ses bons exemples de piété, de détachement, et de charité. — 7. Ses prédications dans les paroisses voisines. — 8. Son double attrait pour la vie de missionnaire, et pour la vie austère de la Trappe. — 9. Il prêche une mission à Violès — 10. Il se décide à entrer dans la congrégation des Oblats de Marie. — 11. Son départ de Gigondas.

1836 — 1839

1. Obéissant à ses supérieurs, l'abbé Françon se rendit à Gigondas, dans les derniers jours du mois d'août 1836. Cette paroisse, située dans l'arrondissement d'Orange et le canton de Beaumes avait alors environ mille habitants. On s'y est longtemps souvenu de l'arrivée modeste de ce nouveau curé. En entrant dans le village, il fit le signe de la croix, et il se dirigea par le chemin le plus court, quoique le plus raide, vers l'église, où il fit une longue prière. Quand il sortit ses paroissiens l'entourèrent, et comme ils lui disaient qu'ils étaient édifiés de sa première visite faite à l'église : « *Sabès ben*, leur répondit-il, *qué la gleiso es l'oustâu dou Rèi dou villagè*. 1 »

---

1 Vous savez bien, que l'église est la maison du Roi du village.

Il prit possession de la cure le premier dimanche de septembre, et il se mit tout de suite à l'œuvre, car il y avait beaucoup à faire, et pour le spirituel, et pour le matériel. Son prédécesseur, M. Mayet, vieux, infirme et malade, ne pouvait plus, depuis plusieurs années, soigner sa paroisse comme il l'aurait voulu. Après en avoir fait plusieurs fois la demande, il avait enfin obtenu d'être déchargé de ses fonctions.

L'église paroissiale et les chapelles rurales restaient à peu près dans l'état de délabrement où la tourmente révolutionnaire les avait réduites. D'après un inventaire fait à l'arrivée du nouveau curé, le maitre-autel et ceux des chapelles latérales, au nombre de six, étaient en bâtisse, et pour la plupart hors de service. Les vases sacrés : calices, ciboire, ostensoir étaient en étain, ou en métal sans valeur ; les ornements étaient usés, déchirés ; toute l'église était en mauvais état, et la toiture laissait en plusieurs endroits la pluie s'infiltrer dans la voûte et tomber jusque dans le sanctuaire.

L'abbé Françon fut péniblement affecté de cet état si peu convenable pour la maison de Dieu et le culte qu'il faut lui rendre. Aussitôt qu'il se fut mis en relation avec ses fabriciens, il se rendit à Carpentras, et il y acheta, ainsi que le relatent les registres de la fabrique, un calice, un ciboire, une chasuble, des étoles, des chandeliers et un missel, pour la somme de 426 francs. Il acheta aussi 1500 tuiles, pour réparer la toiture de l'église. Pendant que les maçons travaillaient sur les toits, lui, se faisant aider par les enfants du catéchisme, appropriait l'intérieur de l'église. Il débarrassait les chapelles latérales, des ruines qui les encombraient, et il achevait de démolir ce qui restait des petits autels en maçonnerie, qu'il remplaçait par des autels neufs en bois du nord. Durant plusieurs semaines, il passa une partie de chaque jour, à la cime d'une longue échelle, pour racler, nettoyer les murs et la voûte de l'église, et leur donner un air de propreté et de fraîcheur.

Au milieu de toutes ces occupations, il écrivait à M. Vève : « Si je vous racontais ce que j'ai fait et ce que je veux faire, vous me diriez que je radote. Je fais travailler les maçons, les peintres, les menuisiers, les couturières ; tout est en mouvement dans mon église, il me faut tout réparer. » En arrivant il n'avait trouvé que sept francs dans la caisse du trésorier de la fabrique. Comment faire pour payer toutes les dépenses qu'il avait entreprises, et bien d'autres qui lui paraissaient nécessaires ? Il commença par épuiser sa propre bourse, et ses paroissiens entraînés par son exemple, et ravis du bon emploi qu'il faisait des ressources qu'on lui procurait, lui donnèrent généreusement pour solder les réparations déjà faites, et pour en entreprendre de nouvelles.

Quand il eut fini les réparations les plus urgentes, il s'occupa de l'ornementation de son église. Il remplaça l'ancien maître-autel par un autel en marbre blanc. Une de ses pieuses paroissiennes (M⁽ᵐᵉ⁾ Bovis), lui fit don de six grands chandeliers et d'une belle croix pour garnir cet autel ; d'autres personnes l'aidèrent à acheter de beaux ornements, pour la célébration des offices et voulurent contribuer à l'ornementation des chapelles latérales. Il garda six mois, chez lui et à sa table, un peintre italien nommé Petriti, qui lui fit plusieurs tableaux pour orner son église. Un autre peintre, M. Martin, décora de peintures le sanctuaire, la nef et les chapelles latérales.

Après avoir réparé et orné l'église paroissiale, M. le curé Françon s'occupa de la chapelle rurale des patrons de la paroisse, St-Côme et St-Damien. C'était une chapelle très ancienne qui datait du Vme ou VIme siècle. La nef était démolie depuis longtemps ; il ne restait debout que le transept, avec l'abside du chœur et les deux petites absides adjacentes. Elle avait été vendue pendant la Révolution et on en avait fait une remise. Le propriétaire, M. Denis Fert, la donna généreusement, et M. le curé se mit à la faire réparer et à déblayer les ruines qui l'entouraient. Ces travaux étaient finis au mois de juillet 1837, mais il restait à se procurer tout ce qui est nécessaire pour l'exercice du culte. M. le curé se chargea de tout : il fit faire un autel en bois et une balustrade pour servir de table de communion, et au-dessus de l'autel il plaça un tableau, peint par M. Floriot de Sarrians et reproduisant l'ancien tableau ; il y avait en bas St-Côme et St-Damien, et au-dessus la Mère de Dieu tenant l'Enfant Jésus. Il fit ériger un chemin de croix, et, au campanile qui surmonte la façade de la chapelle, il fit placer une cloche qui fut soldée par des dons volontaires. Tous ces travaux étant achevés, M. le curé Françon fit l'inauguration de la chapelle de St-Côme et St-Damien, le 29 d'août 1837. M. l'abbé de Causans, vicaire général, présida cette cérémonie, entouré d'un grand nombre de prêtres ; il chanta la messe et bénit la nouvelle cloche ; toute la population, avec la municipalité et la musique municipale, assistait à cette belle fête, et témoignait sa joie et sa reconnaissance.

*

2. L'abbé Françon, à Visan, n'avait pas empiété sur les attributions de son curé ; il ne s'était pas mêlé de l'administration matérielle de la paroisse, il s'était appliqué à bien remplir ses fonctions de vicaire ; mais quand il fut

curé à Gigondas, en moins de deux ans, il mit tout en ordre dans son église et sa sacristie. En agissant avec tant d'ardeur et de générosité, ce n'est pas sa propre gloire qu'il cherchait, mais celle de Dieu ; c'était le zèle de la maison de Dieu qui le dévorait. Il voulait inspirer à ses paroissiens un grand respect et un grand amour pour leur église ; il voulait les y attirer, pour les sanctifier par la célébration des saints mystères, la prédication de la parole divine et la réception des sacrements. « J'ai trouvé un bon peuple, disait-il, il y a de l'ignorance, mais c'est un mal qui peut se guérir. » Il se mit à les instruire. Il faisait le catéchisme aux enfants, tous les jours et tous les dimanches de l'année. Ce jour là, il faisait le prône à la première messe, et bien souvent, à la seconde messe, il adressait encore quelques paroles à ses paroissiens. A l'office de vêpres, il prêchait aux principales fêtes, et, les autres dimanches, il faisait un grand catéchisme. Il interrogeait quelques enfants sur l'histoire sainte, et sur les questions les plus importantes de la religion, et cela lui donnait le moyen d'instruire tous ses auditeurs, et les petits et les grands qui accouraient aussi à ces instructions. Quoique ses prédications fussent fréquentes et quelquefois un peu longues, il ne lassait jamais ses auditeurs. Il avait la véritable éloquence : il était pieux, ardent, convaincu, et doué d'un bel organe et d'une grande facilité pour s'exprimer. Que pouvaient désirer de plus ses paroissiens ? Aussi hommes et femmes arrivaient à ses instructions, toujours nombreux, surtout lorsqu'il prêchait en provençal, sa langue maternelle qu'il parlait si bien. Il était bien porté à être un peu sévère et grondeur, mais il se connaissait et se retenait. « Je m'en vais vous dire, écrivait-il à M. Vève, « 13 août 1837, une chose qui vous étonnera. Vous croyez

« peut-être que je ne cesse de tonner contre les vices et de
« faire des reproches. Mais non, jamais plus de reproches,
« ni de mauvaise humeur. Je ne m'y suis laissé aller qu'une
« fois, et je n'ai dit que des sottises, et mon prône n'a pas
« fait beaucoup de fruit. » Par ses œuvres et par ses paroles,
M. le curé Françon gagna bien vite la confiance et l'estime
de tous ses paroissiens, qui se montraient reconnaissants
et dociles. Il avait accepté comme *une pilule amère* ses
fonctions de curé, et il était étonné d'y trouver des
douceurs. Il était à Gigondas, depuis à peine un mois,
qu'il communiquait à M. Vève ses premières impressions
(26 septembre 1836). « Je suis dans ma paroisse, et j'y
suis mieux que je ne croyais ; la plupart de mes paroissiens
ont encore les mœurs des anciens patriarches. »

3. Toujours humble et se défiant de lui-même, M. le
curé de Gigondas réclamait les prières de ses amis pour
pouvoir faire à ses paroissiens tout le bien qu'il désirait.
Ne comptant pas sur l'efficacité de ses prédications, il
songea, dès les premiers mois de son ministère, à faire
donner à sa paroisse une petite mission. Comme alors il
n'y avait pas de religieux, pour avoir des prédicateurs, il
dut s'adresser à quelques-uns de ses condisciples, en qui il
avait une grande confiance, parce qu'ils étaient animés du
même zèle, du même esprit que lui. Il communiqua son
projet à M. Vève. « Je vais bientôt donner à mes paroissiens une petite mission. Vous viendrez m'aider, et vous
laisserez tout pour cette bonne œuvre. M. Ribail 1 et

1 M. Ribail, alors vicaire à St-Siffrein, fut ensuite curé, six ans à
Notre-Dame de l'Observance, et vingt-cinq ans à Monteux, où il est
mort le 14 décembre 1870, avec la réputation d'un saint.

M. Michel [1] seront du nombre de mes missionnaires. Mais le chef des prédicateurs, celui qui donnera le mouvement à tout, je ne l'ai pas encore vu, je crois qu'il ne me refusera pas cette grâce : c'est M. Girolet. Pensez comme tout va marcher. »

La mission fut donnée pendant l'Avent de 1836. M. Vève et M. Michel ne purent y venir ; M. Girolet ne put la présider, il venait d'être nommé curé à Goult ; M. le curé Françon n'eut que M. Ribail pour la prêcher. Il ne manqua pas d'en informer M. Vève ; il lui écrivit le 16 décembre : « L'apôtre de Carpentras (M. Ribail), m'a converti presque tout mon monde ; il a opéré des prodiges. Tous en foule viennent se confesser, l'église ne désemplit pas. Je suis très content de mes paroissiens, surtout de mes braves hommes, qui arrivent tellement pénétrés, qu'ils ne savent presque tous dire qu'un seul mot, et ne peuvent que verser des larmes. »

M. Ribail ajouta quelques mots à cette lettre. Dans son humilité, il ne s'attribuait en rien le succès de la mission, il le rapportait tout entier au zèle du bon curé. « Mon cher ami, écrivait-il à M. Vève, vous saurez réduire à leur juste valeur les expressions de M. le curé. C'est lui qui a préparé les cœurs, et il voudrait dire maintenant que le Seigneur s'est servi de mon ministère. N'en croyez rien.

1 Guillaume-Eutrope Michel, né à Orange, fut ordonné prêtre en 1833, et fut pendant trois ans vicaire à St-Siffrein à Carpentras. Au lieu de venir prêcher à Gigondas, il alla rejoindre à la Grande Chartreuse ses condisciples et amis les Rév. Pères Sallier et Saisson. En 1877, il était prieur de la Chartreuse de Portes, et après la mort du Père Saisson, général des Chartreux, 17 avril 1877, c'est lui qui fut désigné pour présider l'élection d'un nouveau Prieur-Général.

« Ce matin nous avons dit messe de mort, et M. le curé, après avoir annoncé que la journée sera employée à prier pour la conversion des pécheurs, s'est mis à prier à haute voix dans la chaire, pendant ma messe, de sorte que tout le monde était attendri. Après la messe, nous avons fait l'un et l'autre une courte exhortation, et chacun est sorti avec le désir d'amener quelques-unes des brebis égarées. Demain samedi, nous ferons un exercice de dévotion à la Sainte Vierge, pour la conversion des pécheurs. Tous les soirs de cette semaine nous avons fait une conférence, et le matin nous faisions une petite instruction ; rien n'était plus édifiant. »

C'est ainsi que, dès son arrivée à Gigondas, l'abbé Françon se montra, ce qu'il fut toute sa vie, un habile et zélé missionnaire. Il fut content de sa mission : « Elle a produit des fruits, écrivait-il à M. Vève ; mais c'est aux prières des bonnes âmes que je les dois. Mes paroissiens sont dociles comme des agneaux ; je les occupe, tous les dimanches, par quelque nouvelle cérémonie qui les tient jusqu'à la nuit, et ils ne se lassent jamais d'être à l'église »

*

4. Il fallait conserver les fruits de cette mission. M. le curé s'y appliqua avec toute l'ardeur de son zèle, et il employa tous les moyens possibles. Il donnait à chaque fête un attrait nouveau. Tout y attirait les fidèles : les chants, les décorations, les illuminations et surtout les prédications du pasteur. Les offices étaient bien suivis ; les chantres venaient si nombreux dans le chœur, que pour éviter des compétitions, M. le curé dut désigner ceux qui entonneraient les antiennes. Il rendait compte à M. Vève de tout ce qu'il faisait. Dans les premiers jours du carême, il lui écrivait : « Je suis content de mes paroissiens ; le carnaval a été comme un temps de retraite ; il n'y a pas

eu de danses, rien n'est venu m'inquiéter. Je suis redevable de tout cela à vos bonnes prières. »

Les anciens de Gigondas se souviennent encore, que leur curé Françon avait établi la procession d'expiation qu'on a continué de faire, le soir du mardi gras. Les fidèles y portaient un cierge allumé, et chantaient le *Miserere* et le *Parce Domine*. Ainsi ce temps de désordres devenait pour eux un temps de sanctification.

L'abbé Françon ne manqua pas de célébrer dans sa paroisse le mois de Marie, avec une solennité qui témoignait son respect et son amour pour cette bonne Mère. Il parait son autel de ce qu'il avait de plus beau, et des plus belles fleurs du pays qu'on lui apportait chaque jour. Tous les soirs, avec des verres de diverses couleurs symétriquement disposés, il faisait une brillante illumination, les choristes chantaient des cantiques, et il adressait à ses fidèles une pieuse allocution. Le mois de mai fut un mois de fête à Gigondas, pendant les trois ans qu'il y fut curé.

Ses paroissiens, ainsi que ceux de Sablet et de Séguret, avaient une grande dévotion à Notre-Dame de Prébayon. C'était un oratoire bâti sur les ruines d'un ancien monastère de Bénédictines, situé au pied du mont St-Amand, au milieu de hautes montagnes, dans une gorge profonde qui forme la limite des paroisses voisines de Séguret, Sablet, de Gigondas et du Crestet. On y allait en procession à un des trois jours des Rogations. M. le curé Françon présida pour la première fois cette procession de pénitence, le 3 mai 1837, veille de l'Ascension. L'entrain de ses paroissiens fut si grand, que toute la partie valide de la population partit pour N.-D. de Prébayon, quoiqu'il fallût, pour s'y rendre, plus de deux heures de marche, et que les sentiers de la montagne fussent rocailleux et ardus. On porta tous les corps saints, et celui qui était chargé du Christ marcha nu-pieds, pendant tout le trajet ; les fidèles chantaient les litanies des Saints et des cantiques. Trois jours après, M. le curé Françon écrivait à M. Véve : « Nous avons fait mercredi passé un pèlerinage bien édifiant à N.-D. de Prébayon. Nous avons réuni les paroissiens de Sablet et ceux de Gigondas. Si vous aviez vu l'union qui régnait entre ces braves gens, tous mêlés ensemble et chantant les louanges de Marie, vous auriez été ému comme je l'ai été moi-même. Cette procession composée de plus de douze cents personnes, rangées avec le plus bel ordre et faisant retentir ces vastes forêts, ces hautes collines, ces vallées profondes, des chants de pénitence qui partaient de cœurs touchés et attendris, tout cela réuni formait un ensemble si touchant, qu'on ne pouvait ouvrir les yeux sur ce spectacle, sans verser des larmes. Nous sommes partis le matin avant cinq heures, et nous avons été de retour à deux heures après-midi. Tout s'est très bien passé. »

C'est surtout sur la Sainte Vierge, que M. le curé Françon comptait pour conserver et augmenter le bien qui s'était fait dans sa paroisse. Il écrivait, le 13 août 1837, à M. Véve : « Je prépare mes paroissiens à célébrer la grand fête de l'Assomption. J'ai obtenu bien des grâces de notre bonne Mère, et maintenant elle m'en fait une plus grande que jamais, en réunissant toutes les filles de ma paroisse, qui semblent avoir une grande bonne volonté pour former une Congrégation. » A Gigondas, comme dans beaucoup d'autres pays, les jeunes filles se laissaient aller à la dissipation et aux amusements qui sont la ruine de la vraie piété, mais après avoir profité de la mission, elles furent dociles aux avis de leur zélé pasteur, et presque toutes s'enrôlèrent

dans la Congrégation qui fut établie, et s'engagèrent à en
suivre les règlements.

M. le curé Françon fit aussi pratiquer à ses paroissiens
la dévotion à St Joseph, et il leur fit faire la neuvaine
à St François-Xavier; il prêchait tous les soirs, et malgré
la rigueur de la saison, on venait l'entendre même de
fort loin; et, lorsque après l'exercice ces braves gens
retournaient, une lanterne à la main, dans leurs campagnes
éloignées, les habitants du village se plaisaient à les voir
tracer des sillons lumineux, sur les chemins et les
sentiers de la montagne. Cette neuvaine devenait pour
tous aussi profitable qu'une bonne retraite.

*

5. A l'exemple de son divin Maître, M. le curé de
Gigondas aimait les enfants. Il leur faisait le catéchisme
avec une patience admirable, tous les jours en hiver, et
tous les dimanches de l'année; et il les préparait avec
grand soin à la première communion. Il écrivait à M. Vève
(21 juin 1837) : « J'ai mes petits enfants qui prient, mais
avec quelle simplicité d'anges ! J'ai fait faire la première
Communion, et j'ai été bien content de mes petits
agneaux. »

Dans les premiers temps de son ministère à Gigondas,
faute d'instituteur, il dut faire lui-même l'école. « Je n'ai
point d'instituteur, écrivait-il, mais avec l'aide de Dieu,
tout s'arrangera. J'ai un certain nombre d'écoliers, et je
m'en vais prendre tous les enfants ; je jouis d'une santé
parfaite. »

Que diraient de nos jours les autorités universitaires, si
elles voyaient un curé faire l'école ? Mais il y a soixante
ans, c'était tout naturel, c'était même admirable que,

lorsque il n'y avait pas d'instituteur, M. le curé fit un peu de cumul, en se dévouant pour ajouter à ses travaux de pasteur les fonctions de maître d'école. C'est ce que fit M. l'abbé Françon. Heureusement que ce cumul accablant ne pesa pas longtemps sur lui. Au mois de mars suivant il écrivait à M. Vève : « J'ai un instituteur qui est un trésor et une institutrice qui vaut son pesant d'or, j'ai tout ce que j'avais désiré. »

Il avait des instituteurs bons chrétiens et dévoués, et il put choisir parmi les enfants de l'école, une petite phalange de lévites, qui servaient à l'autel et rehaussaient la solennité des saints offices. Doué du discernement des âmes et de leur vocation, il distingua deux de ses enfants de chœur, qui se faisaient remarquer par leur intelligence et leur piété ; il eut pour eux des soins particuliers, et bientôt il reconnut que Dieu avait déposé dans leur âme les germes de la vocation sacerdotale. Il les cultiva, et leur donna les premières leçons de latin. Il leur donnait aussi des leçons de vertu, et surtout de mortification. Même durant les froids de l'hiver, il les recevait dans la petite sacristie, qui est au nord de l'église, où le soleil n'arrivait jamais, et c'est là qu'il leur faisait la classe. Son amour de la solitude et du recueillement et sa vive dévotion au Saint Sacrement lui avaient fait choisir cette sacristie, pour salle d'étude et de classe. Il restait là avec ses deux élèves, et il leur apprenait à faire du travail une prière continuelle, en tournant souvent leur cœur vers l'hôte divin de nos tabernacles. Pour les garantir un peu du froid, il leur faisait mettre les pieds dans une caisse remplie de paille, et il leur disait : « *Oh ! qué sian bèn eici !* 1 » Il ne se doutait pas qu'il

1 Oh ! que nous sommes bien ici !

habituait ainsi un de ses élèves, à supporter les froids les plus rigoureux de l'Amérique septentrionale. Il eut la joie et la récompense de voir ses deux élèves devenir de bons prêtres.

L'un des deux, M. l'abbé François-Antoine Seignour, né à Gigondas le 12 juin 1824, acheva ses études ecclésiastiques au petit et au grand séminaire d'Avignon. Ordonné prêtre, le 25 mai 1850, il fut un an vicaire à Monieux, huit ans curé aux Abeilles, et sept ans curé à Vaugines, où il est mort, le 4 mars 1866, laissant partout où il avait passé la réputation d'un saint prêtre.

L'autre des deux élèves, ce fut Henri-Joseph Faraud, né aussi à Gigondas, le 23 mars 1823. Nous le verrons bientôt suivre son maître à Notre-Dame-de-Lumière, et devenir Oblat de Marie, missionnaire et Évêque.

Le Père Françon avait bien raison d'être fier de son illustre élève, qui lui témoigna toujours la plus affectueuse reconnaissance.

*

6. M. le curé de Gigondas avait transformé sa paroisse, mais il ne s'en attribuait pas la gloire. Comme un de ses confrères le félicitait de ses succès, il lui répondit que les opinions rigoristes de son prédécesseur au sujet de la réception des sacrements, avaient rendu son travail plus facile, et qu'il aurait eu plus de difficultés, si ses paroissiens avaient été exposés à abuser des grâces les plus précieuses du bon Dieu.

Mais si c'est Dieu qui fait germer le bon grain, lui donne l'accroissement et fait mûrir une moisson abondante, l'abbé Françon n'épargnait pas ses peines, pour cultiver le champ qui lui était confié, pour y jeter une bonne semence, pour l'arroser des eaux de la grâce, et lui faire produire de beaux fruits. Comme moyen de persévérance, il recommandait à ses paroissiens la prière faite en commun, soit à l'église, la *maison commune* des chrétiens, soit dans chaque famille. Il ne se contentait pas de prêcher, il pratiquait ce qu'il enseignait. Lorsqu'il y avait un exercice à l'église, il y arrivait le premier, et il en sortait le dernier. Il présidait tous les jours la récitation du chapelet et la prière du soir. Il était plus souvent à l'église qu'à son presbytère ; la veille des fêtes, et les dimanches du temps pascal, il passait la nuit entière à l'église. Ses paroissiens étaient édifiés de son recueillement et de sa modestie dans le lieu saint, surtout pendant la célébration des saints mystères ; aussi ils venaient en bon nombre assister, tous les jours, à la messe et à la prière du soir. M. le curé de Gigondas indiquait lui-même sa manière de vivre, à M. Vève, dans sa lettre du 10 décembre 1837 : « Je vais vous dire en quelques mots ma vie tout entière. Ma maison, c'est l'église ; jamais de visite, si ce ce n'est chez les malades, ou pour aller voir quelques confrères voisins, pour nous consulter et nous aider mutuellement. Le matin je vais à l'église de bonne heure, et je n'en sors que vers midi, depuis que je fais le catéchisme tous les jours. Lorsque je ne fais pas le catéchisme, je travaille un peu dans la matinée, après dîner je visite mes malades, je vais ensuite à l'école et à l'église, et le soir, je passe ma soirée tout seul, occupé à lire ou à écrire. Tous les dimanches, je dis deux messes, je fais mon prône, le catéchisme, la congrégation, je chante vêpres. Voilà ma vie bien misérable. »

Il avait une grande prudence et une parfaite réserve avec les femmes ; il n'avait avec elles que les entretiens nécessaires. Une de ses paroissiennes, la sœur d'Henri Faraud, disait : « Quand il partit de Gigondas, il vint nous faire ses adieux, et je n'osai l'accompagner jusqu'au portail de la cour, je craignis de lui faire de la peine, parce que je savais qu'il ne voulait avoir avec les femmes que les rapports strictement obligatoires. »

Ce qui faisait le plus impression sur l'esprit des habitants de Gigondas, c'était de voir combien leur curé était détaché des biens de la terre, et combien il était charitable pour les indigents et les malades. Longtemps après son départ, on se souvenait que plusieurs fois, comme St-Martin, il s'était dépouillé de ses vêtements, pour en revêtir les pauvres, et que sa jeune sœur Marie, qui demeurait avec lui, devait user de ruse pour empêcher son frère de distribuer trop généreusement le linge et les provisions du presbytère. On citait divers traits. Un dimanche, M. le curé, en arrivant à l'église, apprend que son sacristain est malade ; il retourne au presbytère, retire la viande qui cuit dans le pot au feu, et la porte avec une partie du bouillon à son cher malade. Ce fait lui arrivait souvent, et l'on rapporte que, lorsqu'il n'emportait qu'une partie du bouillon, pour cacher son charitable larcin à sa sœur, qui l'aurait grondé, il avait soin de combler avec de l'eau claire le vide qu'il venait de faire. Parfois sa sœur était surprise de son bon appétit, en voyant qu'il avait bien fait honneur à ce qu'elle lui avait servi ; mais bientôt elle apprenait que la plus grande partie de ces aliments avait été la part des pauvres. Un de ses paroissiens, nommé Charpenne, étant tombé malade dans l'église, M. le curé le fit porter au presbytère, où il le soigna lui-même plusieurs jours jusqu'à son entière guérison. Il était si charitable, qu'au dire de tous ceux qui l'ont connu, il ne se laissait rien, et que plusieurs fois il aurait manqué du nécessaire, si les personnes aisées de la paroisse n'avaient apporté à sa sœur diverses provisions.

Il y a plus de soixante ans que M. le curé Françon a quitté Gigondas, et depuis lors, bien des choses ont changé dans ce pays ; mais ce qui n'a pas changé, c'est le jugement que tous, même les plus indifférents, ont porté et portent toujours sur leur ancien curé. « *C'est un saint !* » disent-ils. C'est ce que répétait, il n'y a pas longtemps, un vieillard de 84 ans qui ne s'était plus approché des sacrements, depuis le départ du curé Françon : « *C'est un saint !* » disait-il lui aussi.

*

7. L'abbé Françon avait déjà manifesté à Visan son attrait pour la prédication et la vie religieuse. A Gigondas, même dès le début de son ministère, lorsqu'il était tout occupé à la restauration matérielle et spirituelle de sa paroisse, lorsqu'il était content de tout ; maintes fois, son imagination le transportait dans les missions lointaines. « J'ai bien des consolations, écrivait-il à M. Vève. Lorsque je monte à la cime des rochers qui dominent Gigondas, dans ces vastes solitudes qui entourent mon ermitage, il me semble que je suis dans les déserts des Indes, ou dans une île du Japon avec St François-Xavier. Si je savais prier, je serais toujours en extase, et dans des ravissements qui m'élèveraient jusqu'au troisième ciel ; mais je n'entends rien à tout cela. »

Apprécié par ses confrères comme prédicateur, M. le curé de Gigondas fut bientôt invité à prêcher dans les paroisses voisines. Il ne savait rien refuser, lorsqu'il s'agissait de travailler au salut des âmes. Il commença par prêcher à Sablet, d'où il écrivait à M. Vève, le 6 mai 1837 :

« J'ai fait faire la première communion dans ma paroisse, le jour de l'Ascension, et tout en préparant mes enfants, j'ai prêché une petite retraite à Sablet, les jours qui ont précédé le pélerinage à N.-D. de Prébayon. Ces braves gens ne méritent pas la réputation qu'on leur a faite : ils ont montré une religion peu ordinaire, ils sont venus en foule à mes instructions. Au lieu d'essuyer de leur part quelque affront, je n'ai reçu d'eux que des témoignages de respect. Mon cher, les hommes ont toujours un cœur capable d'aimer le bon Dieu. Travaillons, et prions la divine Marie. »

Sitôt qu'il eut achevé les réparations qu'il avait entreprises, il accepta les prédications qu'on lui demanda dans d'autres paroisses. Il écrivait le 28 septembre 1837 : « Maintenant mes réparations sont finies, j'en ai fait pour plus de trois mille francs, et tout est payé. Je me suis donné du mouvement, et je n'ai pas dormi six heures, ni cinq, ni même trois chaque nuit.

« Dimanche je vais prêcher une retraite à Vacqueyras, vous prierez le bon Dieu afin qu'elle réussisse.

« Notre fête patronale a eu lieu hier, et j'ai été content de mon monde ; je suis toujours gai, joyeux, je ne boude jamais, voyez comme je suis devenu brave ! J'ai fait, aujourd'hui lundi, une partie de boule avec mes paroissiens, pour participer un peu à la *vote*. Dans nos villages il faut, comme l'apôtre, *se faire tout à tous.* »

Le 5 novembre suivant, il écrivait à M. Vève : « Je donne à mes paroissiens une retraite comme celle de l'an passé, mais avec moins de solennité. C'est là que votre présence me serait bien utile. »

Le 11 novembre il écrivait encore : « Je termine ici, demain, ma retraite et, le soir, après vêpres, je pars pour

Montauban (Drôme), où je prêcherai quinze jours, c'est-à-dire que vous viendrez faire la moitié du travail. Nous mangerons des pommes de terre, des poires, du fromage. Comme nous allons nous régaler ! » Il lui en fallait peu pour se régaler ; sa meilleure nourriture était de faire la volonté de Dieu en convertissant les pécheurs, et en sanctifiant les justes.

M. Vève n'ayant pu se rendre à Montauban, l'abbé Françon lui écrivit, le 1er décembre : « J'ai prêché ma petite mission à Montauban, et, avec le secours de vos prières, elle portera des fruits. J'ai pêché de gros poissons ; je ne sais pas s'il n'en est pas resté quelques-uns dans les gouffres profonds. J'ai été content de ces braves gens des montagnes, j'ai été édifié de leur zèle et de leur esprit de foi. Nous avons clôturé la mission, jeudi passé, et il y a eu un grand nombre de communions. Le bon curé Lamberton, dans ces déserts, est tout au bon Dieu ; il sanctifie son peuple par ses vertus. »

En allant ainsi prêcher dans les paroisses voisines, M. le curé de Gigondas fut un peu critiqué. On disait que ses paroissiens étaient mécontents, parce qu'il s'absentait trop souvent, que ses nombreuses prédications ruinaient sa santé. Ces plaintes parvinrent jusqu'à l'archevêché, et Mgr l'archevêque lui fit recommander de ménager sa santé et de ne plus aller prêcher dans les paroisses voisines. Mais M. l'abbé Françon se rendit à Avignon, et n'eut pas de peine pour faire constater, que sa santé était excellente, et que sans craindre de l'altérer, il pouvait continuer ses prédications. Ses supérieurs le comprirent aussi, et, sachant tout le bien qu'il faisait, ils lui rendirent la liberté de répondre aux invitations de ses confrères qui l'appelleraient pour des prédications.

M. le curé Françon profita de cette permission ; les demandes ne lui manquèrent pas, il alla prêcher à Beaumes, à Vacqueyras, à Séguret, à Violés, et partout il fut très content. Il écrivait (14 mai 1838), à son ami M. Vève, qui venait d'être nommé curé à Velleron : « Je viens de donner encore une retraite à Beaumes, et elle a réussi au-delà de mes espérances. Je suis très content de ma paroisse, et je la dirige non pas tout à fait comme je veux, mais à peu de chose près. »

*

8. M. le curé de Gigondas était heureux de prêcher, il était content de sa paroisse, et cependant il n'était pas satisfait. Il avait un attrait qu'il voulait suivre, des projets qu'il lui tardait d'accomplir. Il écrivait à M. Vève, le 15 juillet : Nous avons célébré la fête de l'Octave du Saint Sacrement. J'ai eu 78 congréganistes qui ont communié. Nous avons élevé trois arcs de triomphe. M. le vicaire de Beaumes et M. le curé de Vacqueyras sont venus m'aider.

« J'ai eu la douleur de perdre ma sœur Thérèse, mariée à Emery Doux à Valréas. Elle est morte il y a une quinzaine de jours. Je vous prie de vous souvenir de son âme devant le bon Dieu. J'ai fait un petit voyage à la Chartreuse de Valbonne, je veux en faire un à la Trappe, et le résultat vous le saurez plus tard. »

Il voulait aller s'enfermer à la Trappe. Plusieurs fois il en avait demandé l'autorisation ; mais ses supérieurs qui connaissaient le talent que Dieu lui avait donné, pour travailler au salut des âmes le dissuadèrent d'aller passer sa vie dans le silence d'un monastère, et l'engagèrent à continuer le bien qu'il faisait dans sa paroisse et dans les paroisses voisines.

Son ami, M. Vève, qui voulait le retenir dans le diocèse d'Avignon, l'encourageait à supporter les ennuis et les peines inséparables du ministère paroissial ; mais lui, tout en disant qu'il était content, et en racontant ses prédications et ses consolations, laissait assez voir qu'il avait bien quelques peines dans sa paroisse : c'est ce que nous voyons dans ses lettres de cette époque. Il écrivait le 22 août 1838 : « Vous avez appris que j'ai des inquiétudes ; c'est vrai jusqu'à un certain point, mais pas autant que vous semblez le croire. Mon maître d'école est parti, il me prive d'un grand secours. Quelques jeunes gens ont fait un peu de train, cela est inévitable. Je suis content de mes paroissiens ; j'ai eu plus de cent communions le jour de l'Assomption, ma congrégation va bien, je compte sur vos prières pour la soutenir. »

Peu de temps après, il écrivait : « Je suis toujours content et tranquille ; je n'ai pas eu d'inquiétudes, comme vous semblez me le dire dans votre lettre : le bon Dieu me juge indigne de partager les ignominies de sa croix. Tout va bien ici : j'ai eu à l'époque de la Toussaint deux cents communions. Nos fêtes se célèbrent très solennellement ; j'ai acheté des orgues, j'ai des chantres autant qu'il peut y en avoir dans les cathédrales, et ils chantent, sans broncher, les messes les plus difficiles.

« Adieu, le ciel veille sur nos pas, allons où il nous appelle. Priez pour moi. »

M. le curé de Gigondas ne renonçait pas à son projet d'abandonner le ministère paroissial : il l'avait toujours dans la tête. Il alla passer quelques jours à Velleron, et là les deux amis purent se communiquer leurs pensées, leurs aspirations les plus intimes.

Revenu à Gigondas, M. le curé Françon ne tardait pas d'écrire à M. Vève (18 janvier 1839) : « Je suis bien fâché de ne pouvoir me rendre auprès de vous, à l'époque de votre première communion. C'eût été une grande satisfaction pour moi de pouvoir être utile à un véritable ami. Mais j'ai pris des engagements avec les curés voisins. Je pars demain pour Beaumes, où je vais donner une petite retraite; après on m'attend à Violès pour prêcher une mission. Il me faudra ensuite préparer mes paroissiens à la communion pascale, et les enfants à la première communion et à la confirmation. Voilà bien assez de travail pour tout le carême et le temps pascal.

« A mon retour de chez vous, j'ai eu de grands chagrins, mes paroissiens ont profité de mon absence pour faire quelques sottises. Il y a eu un baptême, où l'on a invité tous les jeunes gens et les jeunes filles, et la plupart de mes congréganistes ont dansé. M. le curé de Vacqueyras qui était venu pour baptiser l'enfant, est retourné sans faire le baptême, parce qu'il a voulu interroger le parrain et la marraine, qui lui ont répondu tout de travers. Vous pouvez vous imaginer que je n'ai pas été de bonne humeur. Ces braves gens sont venus s'excuser tout tremblants, mais ils n'ont pas encore vu ma bonne grâce ; néanmoins je me suis possédé, et n'ai pas fait de reproches. »

*

9. Ce qui le consola le mieux de la peine qu'il avait éprouvée, ce fut le succès de la mission de Violès. Il en rendit compte à M. Vève dans sa lettre du 19 mars : « J'ai prêché trois semaines à Violès, où la mission a très bien réussi. Samedi passé, il y a eu une communion générale de deux cent cinquante femmes. Vendredi prochain, ce sera le tour des hommes. Presque tous se sont déjà confessés, et cela parce qu'on a prié, ou du moins beaucoup fait prier.

« En ce moment, je prépare mes paroissiens aux Pâques. J'ai différé de faire la neuvaine de St François-Xavier, parce que j'étais alors à Violés ; je la fais maintenant, et c'est une petite retraite. Monseigneur l'archevêque viendra confirmer à Gigondas le 21 avril. Si vous pouviez venir passer ici la semaine qui précèdera, vous seriez bien aimable. Priez bien le bon Dieu pour moi, qui en ai grand besoin. »

10. Ce qui préoccupait toujours M. le curé de Gigondas, c'était son désir d'entrer dans une communauté religieuse. Après l'heureux résultat de la mission de Violés, il sentit que l'attrait qu'il avait pour la vie de missionnaire était plus fort, que celui qu'il avait parfois pour une vie de silence et d'austère pénitence. Profitant de la visite pastorale que Mgr Dupont fit à Gigondas, à la fin du mois d'avril, il lui renouvela sa demande ; mais ce n'était plus à la Trappe, qu'il voulait aller ; il sollicita l'autorisation qui lui était nécessaire, pour pouvoir demander son admission chez les Oblats de Marie. Ces Missionnaires de Provence qui avaient pour fondateur et supérieur Mgr Eugène de Mazenod, évêque de Marseille, venaient de s'établir à Notre-Dame-de-Lumière. Depuis un an ils avaient commencé à évangéliser le diocèse d'Avignon, et partout aux alentours on parlait du succès des missions qu'ils avaient prêchées, dans plusieurs paroisses, et principalement à Entraigues, à Aubignan et à Bédarrides. En apprenant tout le bien que faisaient ces zélés missionnaires : « M. le curé de Gigondas, (nous a écrit le Rév. Père Nicolas), se sentit attiré à eux. Tout lui plaisait dans leur Congrégation : l'esprit de simplicité, le genre de prédication, les habitudes de la vie,

la langue provençale, l'évangélisation des pauvres : *evange-lizare pauperibus*. Il n'eut pas besoin de longues réflexions, il bénit Dieu d'avoir mis à sa portée une Société, qui allait si bien à ses idées, à ses goûts, à sa piété, à son langage, où il aurait si bien le moyen de faire son salut et de sauver des âmes. »

Il avait trouvé sa voie, il demanda l'autorisation de la suivre, et il l'obtint.

Mgr Du Pont avait signé, le 9 juin 1837, l'Ordonnance par laquelle il établissait canoniquement les Missionnaires Oblats de Marie Immaculée, à Notre-Dame-de-Lumière : « *Pour être les gardiens de ce sanctuaire, pour y perpétuer et propager la dévotion à la très sainte Mère de Dieu..... et pour évangéliser toutes les paroisses de notre diocèse, par des missions ou par des retraites.* » Il avait ajouté : « *Nous donnons d'avance notre bénédiction, à ceux de nos prêtres que Dieu appellera, à entrer dans la susdite Congrégation qui se consacre au service de notre diocèse.* »

Cette bénédiction porta ses fruits, le diocèse d'Avignon ne tarda pas de donner à la Congrégation des Oblats de nombreux sujets, qui ont été ou sont encore de zélés et saints missionnaires. Le premier, qui reçut avec abondance cette bénédiction, ce fut l'abbé Françon. En l'autorisant à aller chez les Oblats, Mgr Du Pont espéra, et son espérance n'a pas été trompée, qu'il ne serait pas perdu pour son diocèse, mais qu'il y reviendrait évangéliser ses compatriotes.

*

11. Muni de cette autorisation, M. l'abbé Françon fit ses préparatifs de départ, sans le laisser soupçonner à ses paroissiens. Mais le 9 juin, second dimanche de la fête

Dieu, le soir, après la procession et la bénédiction du Saint Sacrement, il annonça aux fidèles réunis, qu'il allait quitter la paroisse, et que le lendemain, il serait remplacé. Ce fut comme un coup de foudre. On se regardait avec stupeur, et on se demandait si on avait bien entendu. Bientôt ce fut une explosion de sanglots et de larmes qui durent bien émouvoir le bon curé. Il se hâta de se dérober aux visites qu'on venait lui faire, et aux regrets qu'on voulait lui exprimer. Il partit le lendemain, laissant à sa sœur le soin de distribuer les objets de piété qu'il avait. Il donna à l'église son ornement en drap d'or et son aube brodée, ainsi que son orgue : « J'ai compris, écrivit-il, que mes bons paroissiens tenaient à l'avoir, je l'ai laissé à M. le curé. » Il laissa aussi le souvenir de ses exemples, de ses vertus et de ses œuvres, et on le conserve encore. Après plus de soixante ans, on parle encore de lui à Gigondas, et c'est toujours le saint curé Françon, qu'on le nomme.

LE PÈRE FRANÇON

SA VIE RELIGIEUSE

CHAPITRE 1er

SON NOVICIAT

1. Son arrivée au noviciat. — 2. Sa joie. — 3. Ses occupations. — 4. Ses prédications. — 5. Missions prêchées à Lafare, à Cotignac et à Tourves. — 6. Il persévère, et fait, à Aix, sa profession religieuse.

1839 — 1840

1. Les habitants de Gigondas aimaient bien leur curé Françon ; lui aussi aimait ses paroissiens, et ce ne fut pas sans un déchirement de cœur qu'il les quitta. Mais il avait dit : Allons où Dieu nous appelle, et il partit, un peu à la dérobée, le lendemain du second dimanche de la Fête-Dieu, 10 juin 1839. Il alla faire une courte visite à ses parents, et il se rendit chez les Oblats.

Le 13 juillet, il écrivait de Notre-Dame-de-Lumière à M. Vève : « En quittant Gigondas, je suis allé à Valréas, où je ne me suis guère arrêté ; j'ai passé par Avignon et je suis venu à Notre-Dame-de-Lumière. De là je me suis rendu à Marseille, où je suis resté peu de jours, et nous sommes partis, tous les novices ensemble, pour venir à Notre-Dame-de-Lumière, où nous sommes encore. »

Le Père Françon a raconté, avec une certaine complaisance, ce voyage, dans les Annales de Notre-Dame-de-Lumière [1] : « Le Père Aubert, qui était le Directeur du noviciat, nous fit partir à pied de Marseille. Nous vînmes coucher à Aix, et le lendemain, de bon matin, nous nous remîmes en marche. C'était au mois de juin, et il faisait chaud. Nous arrivâmes à Lourmarin, à 1 heure après-midi, et le soir, à Notre-Dame-de-Lumière. Le Père Aubert ne nous habituait pas à la paresse et à la bonne chère. A Lourmarin il nous fit dîner autour d'une fontaine, avec des oignons, du fromage et du pain ; il dépensa deux francs pour tous ; nous étions une douzaine de voyageurs. »

*

2. Dans sa lettre du 13 juillet, le Père Françon exprime à M. Vève la joie, le bonheur qu'il éprouve au noviciat : « Je suis enfin entré dans la terre promise, dans le paradis terrestre. Il me faudrait toutes les langues de l'univers pour vous dire combien je suis heureux. Oh ! que j'ai du regret d'être venu si tard dans cette bienheureuse solitude ! Mais enfin, j'y suis.

1. Ces *Annales* forment trois volumes in-folio, dans lesquels, année par année, de 1837 à 1880, le Père Françon a écrit tout ce qui s'est passé à Notre-Dame-de-Lumière. Il indique les Révérends Pères et Frères qui y étaient de résidence, les améliorations faites à l'église, au couvent, au jardin ; il relate les faits importants, les fêtes, les pèlerinages, les miracles, les grâces obtenues, les missions prêchées par ses confrères et par lui-même. Il fait l'histoire de Notre-Dame-de-Lumière, qui est aussi la sienne.

« J'ai été reçu novice ici, à Notre-Dame-de-Lumière ; j'ai eu le premier cet avantage, et je le regarde comme d'un bon augure pour mon avenir. » (Il ne se trompait pas, il a été par excellence le missionnaire de Notre-Dame-de-Lumière).

« Je ne sais pas quand nous repartirons. Venez faire ici une promenade, pour me procurer le plaisir de vous voir. »

Ils partirent ce même jour, car il ajoutait en *post scriptum* : « Nous recevons à l'instant même l'ordre de retourner à Marseille, et nous allons partir. Adieu. »

*

3. A Marseille, pendant son noviciat, pour sa formation de religieux et de missionnaire, le Père Françon eut deux maîtres qui firent sur lui la plus heureuse impression : le Père Casimir Aubert, maître des novices, et le fondateur et supérieur de la Congrégation des Oblats, Mgr de Mazenod, qu'il avait souvent l'occasion de voir et d'entendre. Un homme de bonne volonté et du caractère du Père Françon, un cœur si bien préparé, quels progrès ne devait-il pas faire avec de tels maîtres ! Aussi le vit-on bientôt parfait religieux, en attendant le parfait missionnaire.

Dans sa lettre du 30 novembre, il parlait de sa vie de novice, de ses études, de ses travaux : « A la fête de la Toussaint, nous avons eu notre grande retraite, pendant huit jours. On devait me mener prêcher en mission, mais il y a eu contre-ordre, et je n'en suis pas fâché.

« Vous ne sauriez croire combien mes idées, mes vues, mes manières de faire ont changé. Toutes mes délices sont maintenant de rester enfermé dans ma cellule, depuis le matin jusqu'au soir, en la compagnie de St Jean-Chrysostôme, de St Augustin et autres de ces personnages, et avec eux il n'est pas facile de languir. J'ai pour l'étude un goût extraordinaire, mais nos exercices du noviciat ne me permettent pas d'y employer tout le temps que je voudrais. Toutes nos heures, je dirai même toutes nos minutes, sont bien remplies ; les jours passent avec une rapidité étonnante. »

4. Pendant les sept années de son ministère paroissial l'abbé Françon avait prêché avec succès des missions et des retraites, il était, ainsi, dès son noviciat, capable d'aider les Rév. Pères Oblats dans leurs travaux apostoliques. C'est pourquoi ses Supérieurs l'adjoignirent aux Rév. Pères qui allaient prêcher des retraites et des missions. Il en parla dans ses lettres à M. Véve. Il lui écrivait, le 4 janvier 1840 : « Je profite d'un moment de loisir que j'ai, en passant à Aix, pour vous exprimer mes meilleurs souhaits. Je me rends à la paroisse de Lafare, où nous allons demain commencer une mission.

« Je vous disais dans ma dernière lettre, que j'étais bien tranquille au noviciat ; mais peu de jours après, me voilà en mission. J'ai prêché à Marseille pendant l'Avent. J'ai ensuite donné une retraite à une congrégation d'hommes, et je m'en vais vous dire des choses bien édifiantes. Ces braves hommes et ces jeunes gens sont comme des séminaristes, peut-être plus recueillis, et même plus versés dans la vie spirituelle. La plupart font la communion trois à quatre fois par semaine, d'autres un peu moins souvent. Mais vous voyez que c'est beau ! Et cette congrégation n'est pas la seule dans Marseille : il y en a dans toutes les paroisses ; et s'il y a des congrégations d'hommes, vous pensez bien qu'il y en a aussi de femmes et de filles… Mais ce qui est admirable, c'est la congrégation générale des jeunes gens. Ils sont cinq ou six cents qui vont en direction, comme des religieux, et qui vivent dans la piété au milieu du tumulte du monde.

« Il faut vous dire qu'ici les congrégations reçoivent de grands encouragements : les prêtres y appliquent tous leurs soins, et Mgr l'évêque assiste à la clôture des retraites. Il est venu dire la messe de communion à la retraite que j'ai prêchée... Je vous dis le beau côté de Marseille : si nous tournions la médaille, ce ne serait plus la même chose ; mais heureusement je suis à portée de connaître ce qui est bon et d'ignorer ce qui est mauvais. »

*

5. Dans ses lettres suivantes, le Père Françon raconte ses missions à Lafare, à Cotignac et à Tourves. Il écrivait d'Aix, le 13 mars 1840 : « Je pars de nouveau pour aller prêcher une mission à Cotignac, pays d'environ trois mille âmes, dans le diocèse de Fréjus. Nous y allons quatre missionnaires, pour faire la guerre au diable et le bannir de son royaume. Nous aurons à faire, car cette paroisse est un peu moins bonne que la vôtre, et celle de Lafare, où je viens de prêcher, ne valait pas mieux. Sur une population de quatorze cents âmes, il y avait une vingtaine d'hommes qui assistaient à la messe, et seulement trois ou quatre hommes et une quarantaine de femmes qui faisaient leurs pâques. Il a fallu se débattre vigoureusement et prier Dieu comme des anges, pour pouvoir faire quelque chose. Cependant nous avons été contents ; toutes les femmes ainsi que la majorité des hommes sont venus se confesser, et, si nous avions pu prolonger la mission, tous seraient venus. J'ai prêché, j'ai confessé, j'ai fait un peu tout. »

Pendant la mission de Cotignac, le Père Françon écrivit le 28 mars, au Père C. Aubert, son maître des novices :

«Vous savez sans doute ce qui nous est arrivé, à notre départ de la ville d'Aix : au moment de monter en voiture, le Père Courtés a été tellement fatigué, qu'il n'a pu se mettre en route. Je suis parti avec le Père Martin et nous sommes arrivés à Cotignac, à neuf heures du soir. Nous étions attendus, tout le monde désirait notre arrivée, et le lendemain, l'église n'a pas désempli de tout le jour. Mais, quelle n'a pas été notre surprise, lorsque, le soir, nous avons vu arriver le Père Courtés avec le Père de Véronico. Nous avions besoin de ce secours ; car dès le premier jour, les confessions ont commencé, et il y a du travail pour tout le monde. Le Père de Véronico confesse plus que tous les autres, et il est moins fatigué que lorsqu'il ne fait rien. Il en est de même du Père Courtés.

« Nous avons trouvé M. le curé de Cotignac bien malade. Le premier jour, il a pu venir à l'église, mais il n'y est plus retourné. Il a été administré, et tous les jours, nous craignons de le perdre. A coup sûr, il ne verra pas finir la mission.

« Je me porte très bien, les fatigues ne me déconcertent pas. Cependant je languis d'aller rejoindre nos chers novices. Je ne puis faire ici aucun exercice du noviciat, bien content de trouver assez de temps pour dire mon bréviaire. J'ai bien du plaisir à travailler avec les bons Pères de la mission de Cotignac ; mais ce que je regarderais comme un grand bonheur, ce serait de pouvoir faire des missions avec ceux qui ont mangé avec moi le pain du noviciat. J'espère avoir un jour ce bonheur, et je prie mes Frères novices de me le procurer, en persévérant jusqu'à la fin. Je pense souvent à eux, et, si Marseille n'était pas si loin, je serais déjà venu les voir, pour leur dire : bon courage, parce que les petits enfants demandent du pain, et il n'y a personne pour leur en donner. Si, cette semaine, mes chers Frères novices avaient été ici, leur présence n'aurait pas été inutile. J'ai fait la mission aux enfants. Je les ai rassemblés tous dans l'église, et leur ai fait de petites instructions à leur portée. Ensuite nous les avons confessés avec le Père de Veronico, et après, nous les avons réunis en grande cérémonie. Je leur avais dit d'apporter tous un petit ruban avec une épingle. Ils n'y ont pas manqué. Je leur ai donné à tous une petite médaille de Ste Philomène, et aussitôt les filles l'ont suspendue à leur cou avec un ruban vert, et les garçons l'ont fixée sur leur poitrine avec un ruban rouge. Nous avons béni solennellement ces médailles ; et ce jour a été une belle fête, pour tous ces enfants depuis l'âge de sept ans jusqu'à la première communion. Bientôt nous ferons la fête des petits au-dessous de sept ans. J'ai encore trente douzaines de petites médailles, à leur distribuer : ce jour sera la fête des petits innocents. Tout cela fait plaisir aux parents et produit un bon effet. Notre mission finira le dimanche des Rameaux. S'il plaît à Dieu, j'irai vous rejoindre ainsi que nos chers Frères novices. »

Le 5 mai, le Père Françon écrivait à M. Véve : « Je suis de retour de ma seconde et de ma troisième mission. A Cotignac, nous avons prêché six semaines et nous avons été contents. Ce pays laissait bien à désirer : il y avait bien des personnes qui adoraient le soleil ; mais toutes sont revenues de leurs erreurs. Cette mission a été accompagnée de circonstances particulières : nous avons célébré les funérailles de M. le curé, le samedi de la Passion, veille de la communion générale des femmes, et nous avons planté la *Croix de la Mission*, le Jeudi Saint, sur le tombeau même du vénérable défunt. Après cette cérémonie, deux de nos Pères sont partis, et nous sommes restés deux jusqu'au jour de Pâques. Le lendemain, nous nous sommes mis en route pour nous rendre à Tourves, dans le même diocèse. Là nous avons prêché et confessé pendant quinze jours. Hier nous avons terminé nos exercices par une cérémonie des plus magnifiques. Qu'il est beau, mon cher ami, de voir l'empire que la parole sainte a sur tous les cœurs ! Il est beau de voir ces braves chrétiens venir se jeter à nos pieds, en se frappant la poitrine, en versant des larmes, et nous dire, comme l'enfant prodigue : Mon père, je ne mérite pas de paraître devant vous, priez pour moi afin que le bon Dieu me pardonne.

« Depuis trois mois, je ne dors presque pas, je monte en chaire deux fois par jour, nous supportons beaucoup de fatigues, mais les consolations que nous éprouvons, nous font tout oublier. Je me porte bien, et je suis très content. Je retourne à Marseille, où je vais passer encore deux mois, et après, je serai reçu Père missionnaire. Priez le bon Dieu pour moi, afin qu'il m'aide à faire le pas. Adieu, mon cher, travaillez toujours, comme un bon ouvrier de Jésus-Christ, sanctifiez vos bons paroissiens, et croyez-moi toujours votre ami. »

Le Père Françon passa ainsi une partie du temps de son noviciat à prêcher des retraites et des missions. Ses Supérieurs l'exerçaient et le préparaient au ministère de la prédication qu'ils allaient bientôt lui confier, et ils ne tardèrent pas de reconnaître qu'il était l'ouvrier évangélique, l'homme de Dieu, prêt à faire toutes les bonnes œuvres qu'on lui demanderait.

*

6. Au retour de ses prédications, le Père Françon écrivait à M. Vève : « Depuis que je suis revenu à Marseille,

je ne suis pas resté sans rien faire ; je prêche, je confesse, j'étudie, je prépare des sermons, et avec cela, je me porte bien. Tous les matins, à la fraîcheur, je traverse le port pour aller dire la messe à la Bonne Mère de la Garde, et là j'ai du monde un peu de toutes les nations de l'univers. Ma vie n'est pas trop solitaire. »

Il fut heureux et content tout le temps de son noviciat, et il n'eut pas un seul instant l'idée de le quitter. « Que dites-vous de moi ? écrivait-il à M. Véve. Pensez-vous que je resterai chez les missionnaires Oblats ? Vous connaissez l'homme : vous savez que lorsqu'il a *dit, c'est bien dit.*

« Dieu seul connaît l'avenir, mais je puis juger moralement que je ne sortirai jamais de la Mission, et que bientôt je ferai mes vœux. Je me trouve trop bien ici, pour m'en aller. Étant curé, j'avais sur les missionnaires des préjugés injustes, des idées fausses et bien mal conçues ; mais maintenant je vois ce que c'est, et je connais parfaitement que l'esprit de Dieu anime les missionnaires Oblats, qui se sont consacrés à procurer sa plus grande gloire. »

Le Père Françon persévéra dans ces sentiments et dans sa vocation ; il acheva son noviciat à Marseille, et lorsque son année d'épreuve fut finie, il fut admis dans la Congrégation des Oblats, et il vint faire sa profession religieuse, à Aix, le jour de la fête de St Pierre et de St Paul, 29 juin 1840.

CHAPITRE II

Première résidence du Père Françon à Notre-Dame de Lumière

1. Arrivée du Père Françon à Notre-Dame de Lumière. — 2. Il amène aux Oblats deux de ses élèves : Henri Faraud et Charles Arnaud. — 3. Ses prédications de 1840 à 1847.

1840 — 1847

1. Le lendemain de sa profession religieuse, le Père Françon fut envoyé comme missionnaire à Notre-Dame de Lumière, où depuis trois ans, la Congrégation des Oblats avait établi une de ses résidences. Il y avait alors le Père Honorat, supérieur, avec les Pères Ricard, Magnan, Rouvière. Ils ne pouvaient faire toutes les missions qu'on leur demandait, et partout où ils pouvaient aller, ils produisaient des fruits admirables de salut, dans ces populations qui, depuis la Révolution, n'avaient plus reçu la faveur d'entendre ces prédications solennelles, de suivre ces exercices si émouvants et si efficaces pour convertir et sanctifier les âmes. Dans tous les pays qu'ils évangélisaient, les conversions étaient générales, et bien minime était le nombre des hommes qui ne profitaient pas de la grâce.

Le Père Françon était prêt à prêcher des missions. Avant d'être religieux Oblat, il s'était exercé à la prédication, et, tout en faisant son noviciat, il avait fait ses premières armes comme missionnaire, sous la direction des premiers Pères Oblats, formés par leur fondateur le Père de Mazenod, et il avait été reconnu bon pour le service des missions. Alors, au moins autant que de nos jours, pour évangéliser les populations de la Provence, il fallait connaître la langue et les mœurs des Provençaux. Or, le Père Françon parlait admirablement bien le provençal sa langue maternelle, et en lui faisant faire un congé complet de sept ans dans le ministère des paroisses rurales, Dieu l'avait préparé, et lui avait donné le moyen de connaître les habitants des campagnes, leur langage, leurs habitudes, leurs vertus et leurs défauts. Il avait appris par l'expérience tout ce qu'un missionnaire doit savoir, pour assurer le succès de ses prédications.

C'est pourquoi les Supérieurs de la Congrégation des Oblats n'hésitèrent pas à envoyer leur nouveau profès à Notre-Dame de Lumière. Il y réussit si bien que, sauf une année qu'il passa à Aix, en 1847-48, pour cause de santé, et, en 1859, un séjour de moins d'un an à Notre-Dame-de-Bon-Secours, et malgré le désir qu'il eut souvent d'être envoyé aux missions lointaines, ou d'aller s'enfermer dans une Trappe, il est resté quarante ans à la première résidence qui lui fut assignée, et il a si bien évangélisé les populations d'alentour, qu'il a mérité d'être appelé le Bridaine de la Provence.

2. Son premier soin fut d'attirer à sa suite, chez les Oblats, quelques-uns des enfants qui avaient reçu de lui les premières leçons. Son élève de prédilection, Henri Faraud de Gigondas, invité à venir visiter son ancien maître, se rendit accompagné de sa mère, à Notre-Dame de Lumière, le 15 août 1840. Mgr de Mazenod présidait la fête et le

pèlerinage ; il interrogea ce jeune homme de dix-sept ans, qui lui fut présenté par le Père Françon, et satisfait de ses réponses, il voulut en faire un de ses Oblats. Il le demanda à sa mère, qui le lui donna, et cette généreuse femme, habituée à faire tous les sacrifices ! que

1. La mère d'Henri Faraud était née à Sérignan, en 1783. Son père Jean-César Faurie et sa sœur aînée Henriette, sœur de l'Annonciation au couvent du St Sacrement à Bollène, ayant été emprisonnés en 1794, à Orange, par le tribunal sanguinaire, elle alla les visiter plusieurs fois dans la prison. Elle assista au martyre de sa sœur, elle la vit déjà montée sur l'échafaud, et elle entendit sa dernière parole : « Adieu, Madeleine, embrasse notre mère... Au revoir dans le ciel, où je vais t'attendre ! »

Madeleine Faurie épousa, le 9 septembre 1812, Xavier Faraud, de Gigondas. Elle eut trois fils, dont le plus jeune naquit le 17 juin 1823. Elle lui donna le nom d'Henri, en souvenir de sa sœur martyre Henriette, et elle avait le pressentiment qu'il serait prêtre. Un jour que son fils s'était laissé entraîner un peu trop à la dissipation : « Si tu continues à agir de la sorte, lui dit-elle, tu ne feras jamais rien de bon. » L'enfant réfléchit sur cette parole, et vint bientôt dire à sa mère : « Je veux faire quelque chose de bon, je veux être un homme. — Viens, lui répondit sa mère, je t'ai offert à Dieu le jour de ta naissance, je veux aujourd'hui te consacrer à lui. » Et elle le conduit à l'église, le fait agenouiller à côté d'elle, au pied de la croix, et elle fait cette prière : « O mon Dieu, je vous offre mon enfant, mon Henri ; acceptez-le en sacrifice. Qu'il fasse un jour votre gloire !..... O ma sœur Henriette, sainte martyre, du haut du ciel protège mon fils ; obtiens-lui la force, la piété, les vertus, le courage..... O Marie, acceptez-le pour votre enfant... »

Cette offrande fut acceptée et renouvelée à Notre-Dame de Lumière, lorsque le jeune Faraud fut donné à Mgr de Mazenod, qui en fit un de ses missionnaires Oblats, un futur évêque. Mais la pieuse mère n'eut pas la joie de voir son fils sacré évêque d'Anemour, à Tours, par Mgr Guibert, le 30 novembre 1863. Elle était morte le 9 juin 1848.

Son fils évangélisait les sauvages de l'Ile à la Crosse, lorsque le 24 août 1849, il reçut la lettre de son frère qui lui disait : « Nous

Dieu demandait d'elle, retourna seule à Gigondas. Son fils devenait le premier élève du juniorat qu'on établit à Notre-Dame de Lumière, vraie pépinière, où l'on cultiva d'excellents sujets, que l'on transplantait ensuite au noviciat de Notre-Dame-de-l'Osier.

Henri Faraud fit honneur à ses maîtres : il acheva ses études littéraires au juniorat, et bientôt, après avoir fini son noviciat et commencé ses études de théologie, il fut envoyé à la mission du Canada. Ordonné prêtre à St-Boniface, il reçut la mission d'évangéliser les sauvages des plages glacées et inexplorées qui s'étendent jusqu'à la mer qui baigne le pôle arctique. Il fut quarante ans leur zélé et infatigable missionnaire, et il est mort à St-Boniface, le 20 septembre 1890, après avoir été 27 ans évêque d'Anemour, vicaire apostolique d'Athabaska-Machenzie.

Etant vicaire à Visan, l'abbé Françon avait remarqué un jeune enfant, et lui avait donné les premières leçons de latin. C'était le jeune André-Charles Arnaud, né à Visan le 4 février 1826. Quand son maître fut nommé curé à Gigondas, il fut placé, en 1837, au séminaire de Ste-Garde où il resta quatre ans, et se distingua par sa piété, son application, ses succès et sa bonne conduite. Il était préfet de la congrégation de St Louis de Gonzague, il venait de finir sa cinquième, lorsque pendant les vacances de 1842, le Père Françon alla aussi le chercher à Visan, et l'amena à Notre-Dame de Lumière. Cet excellent junioriste acheva ses classes, et après son noviciat, en 1847, il partit pour le

n'avons plus de mère! » Et le missionnaire écrivait sur le journal de ses missions : « Celle qui, après Dieu, avait illuminé mon âme des purs rayons de son amour, celle qui après Dieu avait rempli mon existence, ma mère n'est plus. Dieu seul désormais pourra la remplacer. Je n'ai plus qu'à regarder le ciel. Dieu seul! A Dieu seul désormais! »

Canada. Il fut ordonné prêtre en 1849, et quinze jours après son ordination, il fut envoyé à la mission du Labrador, où depuis plus de cinquante ans il exerce son laborieux ministère. Une fois seulement il est revenu en France ; ce fut en octobre 1890. Mais il ne fit pas un long séjour au pays natal : ses sauvages désolés lui écrivaient, pour hâter son retour, et lui-même avait la nostalgie. Car maintenant son pays, c'est le Labrador, où les nombreuses peuplades qu'il a converties et civilisées, ont pour lui le respect, l'amour et la docilité des enfants pour leur père. Après avoir passé un mois et demi en France, le Père Arnaud retourna au milieu de ses sauvages, en disant à ses anciens condisciples et amis : « Adieu, et au revoir, non plus sur la terre, mais au ciel ! »

*

PRÉDICATIONS DE 1840 A 1847

3. Dans les mois d'août et de septembre, le Père Françon fut tout entier appliqué au service des pèlerins qui, tous les jours, et surtout les dimanches et les jours de fêtes, arrivaient en foule au sanctuaire de Notre-Dame de Lumière. Après la fête de Notre-Dame-du-Saint-Rosaire, il se disposa à exercer son ministère de missionnaire. Il a fait lui-même, dans ses Annales de Lumière, la relation de ses missions, et dans ses lettres à M. Vève il nous en a laissé aussi des récits intéressants.

Chaque année, le temps des missions commençait pour lui à la fin d'octobre, et ne finissait qu'au mois de mai.

*

1840-41

Missions à Vénasque, à Visan, à Védène et au Barroux. — Retraites à Malemort et à Bédoin.

Le 1er novembre 1840, le Père Françon partit avec le Père Ricard et le Père Rouvière pour aller prêcher la mission à Vénasque. Ils y arrivèrent par un temps pluvieux, qui n'empêcha pas les habitants de cette paroisse de venir à la rencontre des missionnaires. Le Père Ricard reçut la croix des mains de M. le curé (M. Brémond, de Vieus) et bénit ce bon peuple, qui retourna en procession à l'église, en chantant les litanies des Saints. La mission commencée sous de si heureux auspices donna de grandes consolations à M. le curé et aux missionnaires. Seulement le Père Ricard, qui en avait présidé l'ouverture, ne put la clôturer. Il fut obligé de se rendre à Marseille, auprès de son frère mourant. Le Père Honorat vint le remplacer.

Dès les premiers jours, les fidèles remplirent leur ancienne et belle église, et durant un mois, tous les exercices furent bien suivis, malgré la pluie qui ne cessa pas de tomber presque tout le temps. C'est à cette époque qu'il y eut de grandes inondations à Avignon et dans la vallée du Rhône. Pendant la mission, Mgr Du Pont, archevêque d'Avignon, vint donner la confirmation à Vénasque, et il fut heureux de constater les bonnes dispositions des habitants de cette paroisse. En effet, tous les hommes participèrent à la communion générale. Le jour de la clôture, on planta trois croix sur un rocher qui s'élève vis-à-vis l'église, du côté du nord. Ensuite dans le rocher, on creusa une grotte, où l'on plaça un Christ au tombeau, sculpté sur pierre par M. Laplanche, professeur à Ste-Garde. En 1842, au mois de mai, le Père Françon vint prêcher une retraite à Vénasque, et présida l'inauguration de ce Christ au tombeau.

De Vénasque, les Pères missionnaires se rendirent à Visan. Il leur fallut passer deux rivières l'Ouvèze et l'Aigues, qui alors n'avaient pas de pont. Elles étaient tellement débordées, à la suite des grandes pluies, que les missionnaires eurent bien de la peine et s'exposèrent à un réel danger, en les traversant sur un modeste véhicule. À cause de cette pénible traversée et du mauvais état des chemins, ils arrivèrent fort tard à Visan. Les habitants qui s'étaient réunis en procession pour les recevoir, les avaient attendus plusieurs heures, et enfin chacun était rentré chez soi. Cependant, lorsque les cloches annoncèrent l'arrivée des Rév. Pères, tout le monde accourut, et l'on put faire la cérémonie de la réception des missionnaires et de l'ouverture de la mission.

À Visan, le Père Françon avait laissé les meilleurs souvenirs, les habitants furent heureux de voir leur ancien vicaire arriver avec les Rév. Pères Honorat, Ricard et Rouvière. Dès le début, la mission alla bon train. On fit toutes les cérémonies, et même la procession de pénitence, qui parcourut les rues du pays couvertes de neige, et fit une grande impression. Les exercices durèrent six semaines, et ils furent suivis par toute la population. Le monument de la mission fut une croix plantée sur le chemin qui mène à la chapelle de Notre-Dame-des-Vignes. Sous cette croix, M. le curé Bessac fit ensuite creuser une grotte, où il fit placer un Christ ; et les pieux fidèles ne manquent pas de faire une prière à la croix, lorsqu'ils vont à Notre-Dame-des-Vignes.

Les mêmes missionnaires allèrent, au mois de janvier 1841, prêcher à Vedène. Les débuts de cette mission furent peu encourageants. Le premier et le second dimanche, on dansa toute la soirée, même pendant les vêpres. La première semaine, les exercices furent bien peu suivis ; mais les missionnaires allèrent visiter toutes les familles, les ateliers et les fabriques, et tout le monde fut attiré à l'église par ces visites, et par les conférences que faisaient en provençal les Rév. Pères Honorat et Françon. Les gens, même ceux qui travaillaient aux fabriques, accouraient pour les entendre... Aussi cette mission, qui avait mal commencé, finit très bien : il manqua très peu d'hommes à la communion générale.

Le jour de la clôture, on plaça une croix dans l'église derrière le maître-autel ; on alla la bénir sur la colline de Ste Anne, et plusieurs de ceux qui la portaient marchaient nu-pieds, sur les pierres et les épines du chemin.

Quand les missionnaires partirent, la population enthousiasmée les accompagna jusqu'à la limite de la commune, et se sépara d'eux en criant mille fois : « Vivent les missionnaires ! »

Le père Françon prêcha ensuite avec le Père Ricard une mission au Barroux. Là, ils ne rencontrèrent aucune difficulté ; les exercices furent suivis avec beaucoup d'entrain, et tous les hommes remplirent bien leur devoir. La mission fut clôturée le dimanche de la Quinquagésime, 21 février, par l'érection d'une croix dans l'église.

À la fin du carême, le Père Françon et le Père Rouvière donnèrent deux retraites pascales, l'une à Malemort, l'autre à Bedoin. Ces deux paroisses avaient bien profité de la mission que leur avaient prêchée les Oblats, un an auparavant ; elles profitèrent aussi bien de la retraite.

Après tous ces travaux, le Père Françon écrivait à M. Vève : « Depuis la Toussaint, durant six mois, j'ai prêché presque tout le temps. J'ai passé tout au plus trois semaines à Notre-Dame de Lumière ; j'y serai maintenant tout le temps des concours et des pèlerinages, à moins que de nouveaux ordres m'envoient dans *des contrées nouvelles*. »

Il avait désiré et demandé d'être un des missionnaires qu'on devait envoyer dans l'Amérique du nord. Ses désirs ne se réalisèrent pas. A la fin du mois de septembre, il vit partir le Père Honorat, et il ne put le suivre. Ses supérieurs, appréciant le bien qu'il avait fait et ses aptitudes pour en faire encore plus dans les missions de Provence, le laissèrent fixé à la résidence de Lumière. Il se résigna et se soumit à leur décision, qu'il regarda comme l'expression de la volonté de Dieu. Il refoula dans son cœur son désir d'aller aux missions lointaines, et, à la fin du mois d'octobre, il reprit le cours de ses travaux.

*

1841-42

Missions à Châteauneuf-du-Pape, à Villedieu, à Flassan, à Beaumes. — Retraites à Visan, à Védène, à Vénasque, aux Abeilles, à Brantes.

Au mois de novembre, le Père Françon alla prêcher avec le Père Ricard à Châteauneuf-du-Pape, et ensuite avec le Père Hermitte à Villedieu. Dans ces deux bonnes paroisses, la mission réussit très bien. Presque tous les hommes participèrent à la communion générale.

Le 12 janvier 1842, il prêcha tout seul pendant quatre semaines à Flassan « bonne paroisse située au pied du Mont-Ventoux, dont le curé M. Truc était son ami, depuis qu'ils s'étaient connus, étant vicaires, l'un à Visan, l'autre à Valréas. La procession de pénitence qui se fit au milieu de la neige produisit un effet extraordinaire. Les paroissiens furent vivement impressionnés, quand ils virent leur missionnaire porter la croix, en tête de la procession, et marcher nu-pieds et nu-tête dans la neige. Des larmes coulaient de tous les yeux. La mission fut couronnée d'un plein succès. Le jour des Cendres, 9 février, à la communion générale des hommes, il n'en manqua que cinq ou six, et, le 13 février, premier dimanche de carême, les exercices furent clôturés par la bénédiction et l'érection d'une croix, dans la chapelle de St Charles. » (*Annales de N.-D. de Lumière*).

Le 13 mars suivant, il clôturait la mission de Beaumes, où il avait déjà prêché, étant curé de Gigondas. A cette mission il avait pour chef son Supérieur, le Père Ricard, et pour collaborateurs les Pères Hermitte et Bermond. Il a écrit cette note dans ses *Annales*. « La paroisse de Beaumes avait un vénérable curé, M. Jourdan, âgé de 88 ans, ancien confesseur de la foi pendant la Révolution, toujours fidèle à ses sacrés engagements. Son vicaire était un bienheureux [1].

---

[1] Ce vicaire était M. Louis Edouard-André Crévoulin. Il était né à Apt le 13 octobre 1816. Ordonné prêtre le 5 juin 1841, il fut d'abord vicaire à Beaumes, et, ensuite, le 15 juin 1843, il fut nommé directeur de la maîtrise métropolitaine à Avignon. En 1851, il alla à Rome. Après être resté peu de temps à Subiaco chez les Bénédictins, il se fixa à St-Louis-des-Français, où il a été chapelain, tout le reste de sa vie, quarante-six ans. Il fut nommé, par Mgr Dubreil, vicaire général

Aussi la mission réussit dès le commencement. L'église tombait en ruines, et elle était trop étroite, ce qui rendait nécessaires des réunions pour les hommes seuls. Plusieurs fois on avait projeté de bâtir une nouvelle église, mais ces projets n'avaient jamais pu aboutir. Comme M. le curé était assez riche, le Père Ricard le décida à s'inscrire pour dix mille francs, en tête d'une souscription pour la nouvelle église, et à la réunion suivante, où il n'y avait que les hommes, fort serrés et peu à l'aise, il leur fait constater combien une église plus vaste est nécessaire, et tout à coup il leur dit : « Que ceux qui veulent une nouvelle église lèvent la main ! » A l'instant toutes les mains furent en l'air. « Eh bien ! ajoute le missionnaire ; voilà une liste de souscription : votre vénérable curé s'y est inscrit pour dix mille francs ; imitez son exemple, souscrivez chacun suivant vos moyens, et vous aurez bientôt votre nouvelle église. » On souscrivit, on eut vite les ressources nécessaires, l'église fut bâtie, et huit ans plus tard, Mgr Debelay venait la consacrer, et le Père Françon revenait à Beaumes prêcher une retraite préparatoire à cette belle fête. « La mission eut un plein succès et fut clôturée par la plantation d'une croix dans l'église. »

Le Père Françon prêcha ensuite des retraites à Visan, à Védènes, à Vénasque, à Malemort, à Villes, aux Abeilles, et, au mois de mai, il finissait par la mission de Brantes. Il écrivait à M. Vève le 8 juillet : « J'ai été bien content de ce bon peuple de Brantes. Leur curé, M. Dumont, est un saint, qui s'est donné des peines infinies, ainsi que ses

honoraire. A Rome, il était vénéré de tous, on ne l'appelait plus que Dom Andrea. Il est mort en odeur de sainteté, le 4 avril 1897. Mgr Meffre, son parent, a publié sa biographie avec ce titre : *Une âme sacerdotale*.

voisins, les dignes curés de Savoillans (M. Peyre) et de St Léger (M. Bouscarle 1.) »

1842 — 43

Mission dans la Drôme à Montauban, Plaisians et Bénivais. — A Villes, à Jonequières, à Ansouis. — Retraites à Visan, à Flassan. — Funérailles et oraison funèbre de M. Hugues, curé de Blauvac.

Au mois de novembre 1842, le Père Françon alla prêcher des missions dans plusieurs paroisses du diocèse de Valence, à Montauban, à Plaisians, à Bénivais, et « partout, ainsi qu'il l'a écrit dans les *Annales de Lumière*, il eut la consolation de voir arriver à peu près tout le monde. »

Il parlait de ces missions dans la lettre du 25 janvier 1843, que, de Villes, où il prêchait, il écrivit à M. Vève : « Je viens de donner trois missions dans des paroisses de la Drôme, et j'ai été content. A Montauban, où j'avais déjà prêché, quand j'étais curé de Gigondas, les habitants restaient d'abord enfermés dans leurs pauvres demeures. Cependant nous sommes parvenus à les faire venir à l'église, et à peu près tout le monde s'est confessé. L'excellent curé, M. Lamberton, fait bien tout ce qu'il peut. Ces bons montagnards ont encore la foi plus vive que les habitants des plaines. Je suis resté chez eux trois semaines, et je suis venu à Plaisians où la mission n'a rien laissé à désirer : sur une population de huit cents âmes, il n'a pas manqué un seul homme à la communion générale. »

Le 1er décembre 1842, le Père Françon écrivait de Plaisians à son Supérieur le Père Ricard : « La clôture de la

1 M. Bouscarle, ne tarda pas d'aller à la Grande Chartreuse, où il reçut le nom de Père Dosithée.

mission de Montauban a eu lieu le jeudi 24 novembre, et le dimanche 27, j'ai fait l'ouverture de celle de Plaisians. A Montauban, j'étais seul avec M. le curé, et en moins de trois semaines nous avons confessé tout le monde. Nous avons fait toutes les cérémonies d'usage, et ces bons habitants des montagnes, qui n'avaient jamais rien vu de semblable, étaient ravis. Nous avons eu du mauvais temps, mais une fois le mouvement donné, rien n'a pu retenir ces bons paroissiens. Le jour de la clôture, il a plu tout le jour, et néanmoins nous avons eu tous les hommes à la messe de communion, et toute la population à la cérémonie de la plantation de la croix. Nous avons été la prendre, à une demi-heure de l'église. Tous les jeunes gens s'y sont rendus, et ils ont porté sur leurs épaules cette croix qui pesait au moins vingt-cinq quintaux. Il leur a fallu marcher dans l'eau et la fange, et j'ai dû passer devant et à reculons, pour diriger la marche de ces jeunes gens... M. le curé, entouré de deux autres curés et accompagné de trois maires, deux adjoints et de toute la population, est venu à notre rencontre. En voyant l'ardeur avec laquelle, malgré le mauvais temps, ces jeunes gens portaient la croix, tout le monde a été attendri, et bien des larmes ont coulé. Nous sommes arrivés à l'église, couverts de boue et tous trempés par les eaux de la pluie. J'ai béni la croix, j'ai prêché, on a chanté le cantique : *Vive Jésus ! Vive sa Croix !* et le *Te Deum.* Nous sommes ensuite sortis de l'église pour aller planter la croix à peu de distance. J'ai dit encore quelques mots, et cette belle cérémonie a fini assez tard. Mais personne n'a langui, et n'a fait attention qu'il pleuvait toujours. La prudence humaine jugerait que tout cela c'est de l'imprudence ; mais la prudence humaine, Dieu la perdra.

« Le samedi 26 novembre, je me suis rendu à Plaisians et le lendemain, j'ai fait l'ouverture de la mission par la procession de pénitence, et dès ce premier jour l'ébranlement a été général. Loin d'être obligé de presser les paroissiens à venir, je dois les engager à ne pas venir ainsi tous, mais à rester toujours quelques-uns pour garder leurs maisons, leurs hameaux. Durant les trois premiers jours, j'ai visité avec M. le curé toutes les maisons, et le quatrième jour nous avons commencé à confesser. Il me faut prêcher le matin comme le soir, parce que tous ces braves gens viennent et le matin et le soir. Je prêche, je fais chanter et, quoique je n'entende guère au chant, ici je suis encore le plus fort sur ce point. Je suis très content de ma mission, qui prend la plus heureuse tournure. Vous le savez, mon Révérend Père, c'est la grâce de Dieu qui fait tout, mais il faut l'aider. Si en arrivant, je m'étais mis sous la cheminée, au coin du feu, ma mission ne réussirait pas si bien. Qui veut la fin, doit prendre les moyens... La retraite que j'ai prêchée à Villes, me fait espérer le succès de la mission que nous y donnerons bientôt. »

Dans sa lettre datée de Villes 25 janvier 1843, le Père Françon écrivait à M. Vève : « A Plaisians, ma mission n'a rien laissé à désirer ; tout le monde est venu à la communion générale. De Plaisians, je suis venu prêcher à Bénivais, où j'ai été aussi très content. J'ai fait ces trois missions sans prendre un jour de repos, et je n'étais pas fatigué du tout. Je suis venu passer trois à quatre jours à Notre-Dame de Lumière pour me reposer, et je m'y suis trouvé indisposé. Il paraît que le repos m'est contraire, aussi j'ai fait la résolution de ne plus en prendre. Maintenant, je prêche à Villes avec les Pères Magnan et

Bermond. Notre mission est bien suivie, seulement l'église est trop petite [1]. Les femmes et les filles sont toutes confessées ; les hommes ne viendront probablement pas tous ; mais nous en avons déjà confessé un bon nombre, et nous avons bonne espérance... J'ai vu le bon curé de Flassan (M. Truc), qui est toujours un saint homme, et le bon curé de Blauvac (M. Hugues), qui travaille toujours avec zèle à la sanctification de ses paroissiens... Mais j'oublie l'essentiel : je ne vous ai pas encore souhaité la bonne année. Je fais pour vous tous les souhaits que vous faites pour moi. Quoique votre position soit un peu différente de la mienne, nos devoirs et nos obligations sont les mêmes : travailler à sanctifier les âmes, et surtout à nous sanctifier nous-mêmes. Voilà notre grande et unique affaire... »

Nous lisons dans les *Annales de Lumière* : « La mission de Villes réussit très bien. Il ne manqua qu'un très petit nombre d'hommes à la communion générale. Le jour de la clôture, on érigea une croix sur une belle colonne. La population accompagna assez loin les missionnaires à leur départ, et même quelques hommes les suivirent, en traversant la montagne, jusqu'à Notre-Dame de Lumière. »

Après avoir prêché la mission de Jonequières avec les Pères Magnan et Bermond, le père Françon accompagna le Père Ricard à celle d'Ansouis, où le jour de Pâques, à la communion générale, il ne manqua que deux ou trois hommes. Le lendemain, 17 avril, on clôtura la mission par la plantation d'une croix au sommet de la montagne de Picauvaud.

---

1. L'exiguïté de l'église fut si bien constatée, que les habitants ne tardèrent pas d'en construire une plus grande et plus belle.

Le Père Françon alla encore prêcher à Visan où l'on était toujours heureux de le voir revenir, et dans les premiers jours du mois de mai, il terminait une retraite à Flassan, lorsqu'il apprit la mort d'un de ses meilleurs amis, M. Hugues, curé de Blauvac, qu'il vénérait comme un saint. Il alla avec M. le curé de Flassan assister à ses funérailles, et ensuite en retournant à pied à Notre-Dame de Lumière, il fit une petite station chez M. Brémond, curé de Vénasque, et de là il écrivit cette lettre bien touchante à M. Vève :

Vénasque, le 11 mai 1843.

« Bien cher ami, je croyais pouvoir passer chez vous, à Velleron, en revenant de prêcher une retraite à Flassan, mais je ne le puis, et je vous écris de Vénasque, en me rendant à N.-D. de Lumière, d'où je manque depuis bientôt sept mois.

« Que de choses j'aurais à vous dire ! Mais je me borne à un seul sujet bien douloureux et bien affligeant pour nous. Nous avons perdu un confrère, un ami, j'ose dire un père, dans la personne de l'excellent curé de Blauvac. Oui, notre bien cher M. Hugues a succombé, avant-hier mardi, 9 mai, dans une maladie qui n'a duré que huit jours. Je me trouvais à Flassan, où je prêchais une retraite, et je n'ai pu me rendre à Blauvac, pour revoir encore une fois notre cher ami, et recevoir ses derniers adieux. J'y suis venu hier, pour assister à ses funérailles.

« Dans ce pauvre pays, tous les habitants étaient dans la désolation. Le matin à dix heures, M. le curé de Flassan a chanté la messe corps présent, et, le soir, à quatre heures, après les Vêpres des morts, j'ai essayé d'improviser une petite oraison funèbre ; mais j'ai versé plus de larmes que je n'ai dit de paroles. Dans l'église, ce n'étaient que soupirs et sanglots. Chacun pleurait la perte d'un père et du plus charitable des curés. Spectacle déchirant ! Pensez quelle contenance je pouvais faire, du haut de la chaire, ayant sous les yeux le corps de ce confrère, de cet ami ! Oh ! je ne sais comment j'ai pu prononcer une parole. Cependant j'ai rappelé à ce bon peuple, et non sans peine, ce que je savais des vertus de leur bon pasteur.

« Cher ami, qu'il est beau le spectacle d'un saint curé dans son cercueil, environné de tout son peuple qui l'accompagne de ses pleurs et de ses sanglots, jusqu'au tombeau ; car c'est là surtout que la scène a été déchirante, lorsqu'il a fallu couvrir ce cercueil et le mettre dans la tombe. Oh ! mon cher, soyons bons prêtres, et nous aurons les mêmes récompenses sur la terre et dans le ciel [1]. Notre ami y est déjà couronné. Il est mort comme il avait vécu ; il avait prédit le jour de sa mort, il avait dit plusieurs fois qu'il mourrait, le 9 mai, le jour de la fête de N.-D. de Lorette, à laquelle il avait une grande dévotion. Cependant nous prierons pour lui, et nous viendrons à son secours, s'il a encore besoin de nos prières. » [2].

[1] Ce vœu fut exaucé : le Père Françon et M. Vève eurent tous deux la grâce d'une sainte mort, et des honneurs particuliers leur furent rendus le jour de leurs funérailles.

[2] M. François-Antoine Hugues était né à Mazay, le 11 février 1802. Ordonné prêtre, au mois de décembre 1827, il fut d'abord vicaire à Visan, où il eut pour successeur l'abbé Françon, il fut nommé curé de Blauvac, le 20 octobre 1831, et il y mourut le 9 mai 1843. Il sut maintenir et développer l'esprit chrétien qu'il trouva établi dans cette bonne paroisse. Il habitua ses paroissiens à se saluer par ces paroles : *Vive Jésus dans nos cœurs !* et l'on répondait : *A jamais !* Tous les soirs il présidait la prière à l'église, et la majeure partie de la population y assistait. Pendant plusieurs années, il fit l'école aux enfants pour les soustraire à l'influence d'un instituteur qui laissait à désirer. Il composa des cantiques en l'honneur des patrons de la paroisse, et de courtes prières qu'il distribuait à ses paroissiens, pour leur apprendre à sanctifier leurs actions.

Des cures plus importantes lui furent offertes, mais il ne voulut pas quitter sa chère paroisse de Blauvac, où il avait le temps de travailler ; car il était homme d'étude, et Barjavel lui a consacré un

Quand le Père Françon revenait des missions qu'il avait prêchées, depuis la Toussaint jusqu'au mois de mai, il était heureux de passer quelques mois de l'été, dans le silence et la retraite, à N.-D. de Lumière. Il a raconté lui-même à M. Vève ce qu'il faisait alors, ses occupations,

article dans son *Dictionnaire Biographique du département de Vaucluse*. Il préparait un ouvrage en trois ou quatre volumes sur la doctrine chrétienne, mais la mort ne lui laissa pas le temps de l'achever. Juste appréciateur de sa piété et de ses talents, Mgr Du Pont voulut l'attacher à sa personne, et l'emmener à Bourges, lorsque, en 1842, il fut transféré à ce siège. M. Hugues n'accepta pas une offre si honorable, mais il en garda une profonde reconnaissance.

En 1840, trois ans avant sa mort, il eut le bonheur d'aller à Rome, et il publia, pour l'édification de ses paroissiens, la relation de son pèlerinage. Il vit le Pape et il écrivit ces lignes : « Lorsque je fus admis à l'audience de Grégoire XVI, à Castel-Gandolfo, je fus si heureux que je m'écriai : Je n'ai plus rien à désirer sur la terre, et je puis dire mon *Nunc dimittis*. Oh ! doucement, me dit le Pape en souriant : un personnage de ma connaissance, que j'avais délivré de ses inquiétudes, m'a remercié, et m'a dit, comme vous, qu'il disait volontiers son *Nunc dimittis*. Or, ce brave homme mourut le soir de ce même jour. Prenez garde qu'il ne vous en arrive autant. Je vous conseille de dire plutôt avec St Martin : *Si adhuc populo tuo sum necessarius, non recuso laborem*. Si je suis encore nécessaire à votre peuple, je ne refuse pas le travail. »

M. le curé de Blauvac travailla encore trois ans au salut de son peuple. Il était familiarisé avec la pensée de la mort, et son grand désir était d'aller au ciel. Il clôtura son pèlerinage de Rome, en venant dire un *Sub tuum* à N.-D. de Lumière, et il acheva la relation qu'il en fit par ces lignes. « O cité bienheureuse des élus, quand aurons-nous le bonheur de jouir de vos immortelles délices ? Quand viendra cet heureux jour, où dégagée de ce corps de mort, dont elle est maintenant captive, mon âme s'envolera dans votre enceinte ? O ciel ! ô beau ciel, ma chère et bien aimée patrie, soyez toujours l'unique objet de mes vœux ! »

Ce vœu ne tarda pas d'être exaucé. Il y aura bientôt soixante ans, que M. le curé Hugues est mort, et les habitants de Blauvac conservent toujours son souvenir et le regardent comme un saint.

ses études. Il lui écrivait, le 17 juillet 1843 « Maintenant, je suis le solitaire des solitaires ; je ne sors de ma cellule, que lorsqu'il m'est impossible de ne pas en sortir. Belle retraite ! Plus on la garde, et plus on l'aime.

« Je vous dirai que pendant l'absence du Père Ricard, j'ai été quinze jours Supérieur à N.-D. de Lumière. Quel tracas ! Enfin mon supériorat a fini. Je n'avais pas un instant de tranquillité. Il fallait veiller sur tout, à l'église, au jardin, à la cuisine ; il fallait présider tous les exercices de la communauté. Soit Supérieur qui voudra ! Il y aurait de quoi perdre la tête. Maintenant le Père Ricard est revenu, et me voilà comme j'étais avant. Dieu soit béni ! »

Il écrivait encore, le 11 août suivant : « Nous voici bientôt à la fête de l'Assomption ; nous allons voir arriver des pélerins de tous les côtés, et la Sainte Vierge, nous l'espérons, ne sera pas insensible à cet empressement que les bonnes âmes mettront à la visiter. L'an passé, elle a guéri bien des malades, nous avons la confiance que cette année elle en guérira encore plus.

*

1843 — 44

Missions à Gervans et à Chantemerle (Drôme). — A Caromb, à Monieux, à Vaugines et aux Imberts. — Retraites à Caromb, à Vénasque et à Plaisians.

Après la Toussaint de l'année 1843, le Père Françon se rendit à Gervans, paroisse du diocèse de Valence, où il fut heureux de revoir M. le curé Mazet, son ami et directeur, quad il était curé à Bouchet. « J'ai reçu, écrivait-il à M. Véve, le 11 août, une lettre d'un saint, de M. Mazet. Je vais lui répondre que, dans le courant de l'hiver, j'irai le voir et prêcher un peu dans sa petite paroisse. Si je désire d'y aller, c'est moins pour convertir les autres, que pour me convertir moi-même, par les exemples de mon excellent ami. »

Le 9 janvier suivant, il écrivait de Caromb : « Vous désirez quelques détails sur mon voyage à Gervans. Le bon M. Mazet a été malade presque tout le temps de la mission, mais qu'il m'a édifié et aidé par ses bonnes prières ! C'est lui qui a obtenu un succès complet à ma petite mission. En quittant Gervans, je suis venu joindre les Pères Ricard et Bermond qui prêchaient la mission à Chantemerle (Drôme). Avec eux, je suis revenu à N.-D. de Lumière. J'étais près de mon père et de ma mère, et je n'ai pu aller leur souhaiter la bonne année. »

Le Père Françon ne resta pas longtemps à N.-D. de Lumière ; il en partit bientôt dans les premiers jours de janvier avec les Pères Ricard, Bermond et Rey pour la mission de Caromb. En s'y rendant, il s'arrêta dans un pays voisin, Aubignan, pour visiter un de ses condisciples et amis, M. l'abbé Godefroy Plantin [1], qui, après avoir été vicaire à Caderousse et à Malemort, était revenu malade à son pays natal, dans sa famille, où il mourut le 23 janvier 1844.

Le Père Françon fut content de la mission de Caromb. « C'est une bonne paroisse, écrivit-il dans ses *Annales*. Les prédications faites en provençal par les Pères Ricard et Françon, plaisaient à tout le monde. Il manqua bien peu d'hommes à la communion générale... »

---

[1] M. Jean-Joseph-Godefroy Plantin, était né à Aubignan le 11 décembre 1805. Ordonné prêtre le 23 décembre 1833, il fut vicaire cinq ans à Caderousse et six ans à Malemort.

Après la mission de Caromb, le Père Françon revint à N.-D. de Lumière. Il y passa six jours, et avec le Père Ricard, « il partit à pied, le bâton à la main, le bréviaire sous le bras et la besace sur le dos. Ils traversèrent Lioux et les bois de St-Lambert et de Javon, et ils arrivèrent à l'heure des vêpres à Monieux, pour l'ouverture de la Mission. Ils firent en provençal beaucoup de conférences qui attiraient tout le monde. Les hommes participèrent à peu près tous à la communion générale, et assistèrent à la bénédiction de la croix qui fut plantée à la porte du pays. »

Le Père Françon a consigné, dans les Annales de Lumière, un détail très particulier de la mission de Monieux. « Il y avait dans cette paroisse de nombreux bergers qui ne venaient pas entendre les prédications. Le Père Ricard trouva un moyen pour les y attirer : il alla les visiter dans les montagnes, où ils faisaient paître leurs troupeaux, et il leur donna la commission de ramasser diverses plantes qu'il leur indiqua, et de les lui apporter le soir, quand ils auraient enfermé leurs troupeaux dans les étables. Dès lors tous les soirs les bergers arrivaient avec leur provisions de plantes, dont on leur payait un prix convenable, et après ils assistaient au sermon. Grâce à cette pieuse ruse du missionnaire, ils vinrent tous les jours jusqu'à la fin de la mission, et ils participèrent tous à la communion générale. Ils étaient heureux, et ils apportèrent autant de buis qu'on voulut, pour faire des guirlandes et des arcs de triomphe, sur le parcours que suivit la procession de la plantation de la croix. » (*Annales*).

Le 17 mars, le Père Françon alla seul prêcher une mission à Vaugines, il fut très satisfait, et il écrivit dans ses *Annales* : « Cette bonne paroisse avait un curé rempli de zèle (M. Blanc), et un excellent maire (M. de Bouillers), ancien chef d'escadron, et surtout bon chrétien. Les exercices de la mission furent suivis avec un empressement sans égal ; toutes les cérémonies furent accomplies, et le missionnaire fit toutes ses prédications en provençal. Il ne manqua que deux hommes à la communion générale. Le jour de la clôture, lundi de Pâques 8 avril, une croix en fer fut plantée sur la place de la fontaine. Les Rév. Pères Ricard, Bermond et Chauvet, vinrent avec quatorze junioristes, assister à cette fête ; il y avait aussi plusieurs prêtres des environs. De Lourmarin, M. le curé Malachane y vint avec ses enfants de chœur, son suisse et toute la brigade de gendarmerie. De nombreux fidèles étaient aussi accourus des paroisses voisines de Cucuron et de Cadenet, et il y eut au moins quatre mille personnes qui assistèrent à cette belle cérémonie. »

Le Père Françon prêcha encore une mission aux Imberts, et des retraites pascales à Caromb, Vénasque et Plaisians.

1844 — 1845

Missions au Beaucet, à Saignon, aux Abeilles, à Barret-de-Lioure, à Brantes. — Mort de la mère du Père Françon.

Le Père Françon écrivait de Saignon, le 14 janvier 1845, à Mgr de Mazenod : « Je viens de prêcher quatre retraites dont j'ai été très content, et une mission qui a parfaitement réussi, il n'a pas manqué un seul homme à la communion générale. » Il s'agissait de la mission du Beaucet. Le 15 décembre il y arriva, à pied, en traversant la montagne couverte de neige, et il commença ainsi son premier sermon : *Que lou bon Diéu es bon! Mi Fraire ;*

*a estendu un bèu tapis blanc, pèr tout mount' ai passa
pèr veni de Lumiero jusqu'eici* [1]. Il prêcha jusqu'au
5 janvier, et il écrivit cette note dans ses *Annales* : « La
paroisse du Baucet est bonne, elle est sous la protection
de St-Gens, et elle a un saint curé (M. Charpin). Tous les
paroissiens sont venus entendre le missionnaire. Il leur
prêchait dans leur langue provençale qu'ils comprenaient
bien, et leur racontait beaucoup de traits et de paraboles
qui les intéressaient. Tous, sans exception, sont venus se
confesser et communier. M. le maire était un ancien
prêtre qui avait renoncé à son ministère pendant la
Révolution, et n'avait guère édifié le pays, mais il s'était
sincèrement converti, et il réparait ses scandales. »

En revenant du Baucet, le Père Françon alla prêcher
avec le Père Magnan, une mission de cinq semaines à
Saignon, où était curé M. Sarrazin. « Les exercices furent
suivis avec beaucoup de zèle. La grande majorité des
hommes s'est trouvée réunie à la communion générale. La
mission fut clôturée par l'érection d'une croix dans l'église.
Le Père Chauvet, directeur du juniorat de Notre-Dame de
Lumière, vint assister à cette cérémonie avec une douzaine
de ses Junioristes, parmi lesquels il y avait les Frères
Faraud, Ch. Arnaud, Pandosi, Chirouse et Laverlochère,
vraie légion de futurs missionnaires, qui ne tardèrent pas
d'aller évangéliser les sauvages du nord de l'Amérique. »
(*Annales*).

En 1845, après les fêtes de Pâques, le Père Françon
prêchait des missions dans les montagnes, aux Abeilles
pour la seconde fois, et dans plusieurs villages de la

---

1 Que le bon Dieu est bon ! Mes Frères, il a étendu un beau tapis
blanc, partout où j'ai passé pour venir de Lumière jusqu'ici.

Drôme, sur les flancs nord du Ventoux. Dans ces pays pauvres, dénués de ressources, il eut à endurer bien des souffrances et des privations, mais il y était habitué : il se plaisait à prêcher aux petits et aux humbles ; il était heureux, et c'est de bien bonne humeur qu'il faisait au Père Ricard, son Supérieur, le récit de ses missions. Il lui écrivait des Abeilles, le 18 avril 1845 :

« Vous désirez savoir ce que je fais sur les hauteurs des montagnes blanches du Mont-Ventoux. Je vous dirai que je n'ai pas encore eu l'occasion de suer. Ni l'été, ni même le printemps ne sont pas encore arrivés ici. L'hiver semble y avoir fixé son séjour perpétuel ; à la neige succède un vent glacial qui pénètre jusqu'à la moelle des os, et a ébranlé toutes les dents de ma mâchoire. Aux Abeilles, je suis dans une profonde solitude, où je ne vois que quelques alouettes, qui de temps en temps s'élèvent dans les airs, et rompent par leur chant la monotonie de ces lieux déserts.

« Malgré le mauvais temps, nous avons fait la visite de toutes les maisons qui sont bien primitives : hommes et bestiaux demeurent dans le même appartement. En y entrant, vous croiriez voir tous les drapeaux enlevés par Bonaparte à l'ennemi : des toiles magnifiques, tissées par les araignées de l'ancien temps, forment une tapisserie qui n'est pas à dédaigner. La pomme de terre est la principale nourriture des habitants. M. le curé a invité à dîner quelques-uns de ses paroissiens, qui n'ont pas voulu toucher à la viande, parce qu'ils n'en avaient jamais mangé et qu'ils ne l'aimaient pas. Ici on observe très bien le vendredi, le samedi et le carême. C'est vrai que les pommes de terre ont ici une saveur extraordinaire ; on pourrait les comparer à la manne du désert qui avait tous les goûts. J'en mange tous les jours, et le matin et le soir, et je vous assure que je ne les changerais pas pour les mets les plus recherchés. Les cuisinières les plus habiles savent préparer les pommes de terre en robe de chambre, et rien de plus. Pour le temps de la mission, M. le curé, a fait venir la cuisinière la plus habile du pays, mais dès qu'elle ne voit plus de pommes de terre, toute sa science culinaire est épuisée. Depuis trois semaines, M. le curé lui donne des leçons pour lui apprendre à faire cuire les œufs, et il n'en est pas encore venu à bout.

« Ce que tout le monde fait bien ici, c'est le feu. On jette des quintaux de bois dans le vaste foyer de la cheminée, et on se chauffe à dix pas à la ronde. Dans notre visite paroissiale, c'est ce que nous avons trouvé de plus agréable, parce que le froid nous poursuivait partout, et parce que, lorsque nous mettions le pied sur la porte d'une maison, les enfants allaient se cacher en criant comme des perdus, les chiens aboyaient... Les sièges étaient solides, c'étaient des pierres énormes, rangées autour du feu. Nous avons accepté en bien des endroits, l'offre gracieuse qui nous était faite de prendre place sur ces fauteuils antiques, sans bras et sans dossier. Sitôt que nous étions assis, de nombreux fagots alimentaient le feu, et nous pouvions nous réchauffer à plaisir.

« Ces braves gens ont vraiment la première béatitude ; ils sont pauvres d'esprit ; je leur ai prêché en français, ils n'ont rien compris ; je leur ai prêché patois, ils ne comprenaient guère mieux. Que faire ? j'ai trouvé le moyen de me faire comprendre. Les fables provençales de Diouloufet ont joué un grand rôle dans cette mission.

« J'ai confessé tout ce monde. Dans deux jours je terminerai cette mission, et après, je suis attendu pour prêcher huit jours dans un pays de la Drôme, peu éloigné d'ici. M. le Curé est venu me demander cette prédication pour préparer ses paroissiens à la visite pastorale de Mgr l'Evêque de Valence. »

Ce pays c'était Barret-de-Lioure. Le Père Françon s'y rendit en partant des Abeilles, et le 30 avril il écrivait à M. Vève. « La mission des Abeilles a très bien réussi. Tous les hommes sont venus sans en excepter un seul. Je suis maintenant à Barret-de-Lioure, pays très haut placé sur le flanc du Ventoux. Au bas de la montagne, il fait chaud et la végétation y est assez avancée, au milieu, les amandiers commencent à fleurir, et les sommets sont encore couverts de deux mètres de neige.

« La population des Abeilles était bien un peu arriérée, et n'entendait guère ni mon français ni mon patois, il m'a fallu trouver un langage nouveau pour me faire comprendre, mais enfin j'en suis venu à bout. Ici je désespère ; ces braves gens ne comprennent ni français ni patois, ni jargon quelconque, et je crois qu'il n'ont jamais compris grand chose aux prônes de leur curé. Je me suis mis à étudier leur manière de parler et je vais les imiter de mon mieux.

« Les habitants de Barret de-Lioure sont encore moins avancés que ceux des Abeilles. Ils ont des cabannes pour habitation, on ne voit ici que poules, moutons et chèvres ; les œufs et les fromages abondent. Nous avons bien une cuisinière, mais elle est à peu près aveugle, ce qui est une défectuosité assez grave pour ses fonctions. Elle va se mettre en frais de cuisine pour préparer le dîner de Monseigneur l'Evêque. Sa Grandeur sera ici dans peu de jours, mais à coup sûr, Elle n'y arrivera pas en voiture.

Pour grimper jusqu'au village, il m'a fallu marcher à quatre pieds.

« C'est une vie pleine de contraste que celle du missionnaire. Aux Abeilles, ma vue s'étendait au-delà des vastes plaines de la Provence, jusqu'à la mer, et ici je suis entouré de montagnes qui s'élèvent jusque dans les nues, et ma vue ne va pas à une demi lieue. Aux Abeilles j'étais dans une solitude, dont rien ne venait interrompre le silence ; et ici je suis au milieu d'un tas de pierres en forme de cabanes, avec une multitude de chiens, de brebis, d'agneaux, de chèvres, dont les aboiements et les bêlements vous rompent la tête. Mon cher, si vous saviez combien notre vie est peu monotone, depuis long-temps vous seriez missionnaire. Cependant avant d'em-brasser cette vie, il faut penser à vous guérir, et à faire une bonne provision de santé, je vous prie de croire qu'il nous en faut. Mais la santé de l'âme est encore plus nécessaire que celle du corps. Je suis heureux d'avoir celle-ci, mon corps est vigoureux ; mais je suis bien mal-heureux de n'avoir pas la santé de l'âme. Elle est toujours malade, et j'ai bien besoin de vos prières.

De retour à N.-D. de Lumière, il écrivait, le 6 juin : « J'arrive enfin à mon bien-aimé couvent, après huit mois d'absence ; car depuis le mois d'octobre, je n'étais plus retourné ici. Je n'ai pu revenir plus tôt des montagnes. Après la retraite de Barret-de-Lioure, j'ai fait encore deux retraites. Je me suis rencontré trois fois avec Mgr l'Évêque de Valence, je lui préparais les voies. J'ai prêché une mission à Brantes chez M. le Curé Dumont. J'ai vu nos chers curés du Ventoux : M. Signoret à Savoillans, M. Tirand à S. Léger ; ils font beaucoup de bien dans ces petites, mais bonnes paroisses. J'ai fait ainsi tout le tour du Ventoux, et je m'étonne quand je ne suis pas mort dix fois. Mais il n'y avait pas moyen de reculer. Les curés de là-haut sont des hommes de fer, des marcheurs infatigables, au milieu des neiges et des pluies; je ne voulais pas avoir l'air d'être moins vigoureux que ces messieurs.

« J'étais tout disposé à partir aujourd'hui pour aller vous voir à Velleron, mais voilà-t-il pas que ce matin, j'ai eu une défaillance, qui m'a laissé dans un tel état de faiblesse; que je n'ai pu me mettre en route. Je crois qu'après tant de courses, j'aurai besoin de me reposer un peu. Je vais essayer de me guérir, un peu de repos sera mon remède. »

Quelques jours après, le Père Françon éprouvait une bien grande affliction, il recevait la nouvelle de la mort de sa mère, et il écrivait à M. Veve, le 3 juillet : « Bien cher ami, il faut que je vous apprenne une nouvelle bien funeste et bien désolante pour moi, et aussi pour vous, parce que, j'en suis sûr, vous partagerez mon affliction et mes peines.

« Depuis le jour où je passai chez vous, un poids écrasant oppressait mon âme, je ne pouvais me souffrir nulle part, il semblait que la mort me poursuivait partout. J'ai passé à Sarrians, à Violès, à Avignon, je n'ai pu m'arrêter nulle part, avant d'y arriver, je voulais déjà partir. Une lettre que j'ai reçue en arrivant à N.-D. de Lumières m'a donné l'explication du pressentiment qui me troublait le cœur. J'avais une mère que j'aimais beaucoup, et elle est tombée malade précisément le jour que je me trouvais chez vous, et deux jours après elle est morte. Si au lieu de partir pour Sarrians, j'étais parti pour Richerenches, j'aurais vu encore une fois cette bonne mère, j'aurais eu la consolation de lui dire un dernier adieu...

J'ai prié pour votre bon père, et je prie encore, je vous ai aidé à le secourir, ne me refusez pas cette grâce pour ma pauvre mère, aidez-moi, et venez vite à son secours... Il faut que j'aille consoler mon pauvre père qui était déjà malade ; la mort de ma mère va le mettre au tombeau. Mon Dieu ! que votre saint nom soit béni ! Que votre volonté s'accomplisse et non la mienne ! [1]

*

1845-46

Missions à St-Romain-de-Malegarde, à Montségur, à Richerenches, à Violès, à Tulette, à Sarrians, à Aurel. — Retraites à Flassan, à Gignac.

Le Père Françon alla consoler son vieux père et sa famille, et il trouva pour lui-même la meilleure consolation dans l'accomplissement de la volonté de Dieu, en se dévouant au service des pèlerins qui arrivaient à Notre-Dame de Lumière, et en reprenant le cours de ses missions. Il écrivait de Violès, le 28 janvier 1846 à M. Vève alors aumônier de la charité à Avignon : « Vous voulez savoir ce que je fais, le voici : Le lendemain de la Toussaint, je suis parti de Notre-Dame de Lumière, pour venir à S.-Romain-de Malegarde, où j'ai prêché en provençal une mission de trois semaines, ces bons habitants se sont empressés de venir entendre mes instructions, et tous en ont profité. J'ai ensuite prêché avec le Père Mille une mission à

[1] La mère du Père Françon mourut le 23 juin 1845 ; son père survécut deux ans et demi, il mourut le 26 décembre 1847.

Montségur. Malgré la difficulté pour arriver à l'église, bâtie à la cime du pays, malgré la pluie qui n'a presque pas cessé de tomber, les exercices ont été bien suivis, et la mission a été couronnée d'un plein succès.

« J'ai été encore plus content à la mission de Richerenches. J'étais seul missionnaire, il a fallu que M. Bessac, curé de Visan vienne m'aider à prêcher et à confesser. Nous avons eu non seulement les habitants de la paroisse mais aussi ceux de la paroisse voisine de Margerie, et des plaines de Valréas et de Visan. [1]

« Maintenant notre mission de Violès va très bien. Notre Supérieur le Père Ricard s'y trouve avec moi. Après Violès il y aura les missions de Tulette et de Camaret, et plusieurs retraites pascales. Voilà la vie de votre vieil ami : le confessionnal et la chaire, la chaire et le confessionnal. J'ai besoin que vous priiez pour moi, et que vous m'aidiez ainsi à remplir mon laborieux ministère. »

Dans ses *Annales* le Père Françon a noté que « la mission de Tulette réussit bien, et que M. le Maire, à la fin d'une séance du conseil municipal ayant dit : Nous venons de régler les affaires de la commune, il nous faut maintenant régler celles de notre conscience, si vous voulez me suivre, je vais me confesser ; tous ses conseillers le suivirent. »

En quittant Tulette, le Père Françon vint avec les Pères Martin et Magnan à la mission de Sarrians, et après Pâques, il alla prêcher à Aurel. Mgr Naudo s'y trouva en tournée pastorale, le jour de l'ouverture de la mission, il entonna

1 On se souvient encore à Richerenches, que le jour de la clôture de cette mission il ne manqua que trois hommes à la communion générale, et on ne parle du Père Françon qu'avec vénération, on le regarde comme un saint missionnaire, pieux, charitable et plein de zèle pour la gloire de Dieu et le salut des âmes.

le *Veni Creator*, et voulut que le missionnaire prêchât en provençal. Ce langage lui plut, et il remarqua que ce bon peuple avait écouté avec plus d'attention ce discours provençal, que lorsqu'il avait lui-même prêché en français. Cette mission réussit, tous les exercices furent bien suivis, même par les habitants des campagnes disséminées sur les flancs du Ventoux.

Le Père Françon prêcha ensuite des retraites pascales à Flassan et à Gignac. Il écrivait de cette dernière paroisse à M. Vève le 7 mai 1846.

« C'est des montagnes que je vous écris, de Gignac, petite paroisse à l'extrémité du canton d'Apt. Quel étrange ministère que celui du pauvre missionnaire des montagnes ! Je crie de toutes mes forces à des hommes qui semblent vivants, et ils sont morts. Ils ont des oreilles et ils n'entendent pas, des yeux et ne voient pas... il n'y a pas moyen de les convertir...

« Je vais me retirer auprès de la bonne Mère de Lumière, et je dirai, comme les Apôtres sur le Thabor : il fait bon être ici ! et non au milieu du monde ; je vais dans ma chère solitude, et je ne la quitterai plus de tout l'été, si ce n'est pour aller vous revoir. »

Ce qui avait troublé la sérénité du Père Françon à Gignac, c'est qu'il y avait trouvé un instituteur qui cherchait à empêcher le succès de la mission ; mais elle réussit assez bien ; il n'y eut que cinq ou six hommes qui manquèrent à la communion générale.

1846-47

Missions à Céreste, à Viens, à Rochegude, à Mondragon, à La Garde-
  Paréol. — Retraites à Bouchet, à Richerenches, à Flassan. — Mala-
  die du Père Françon. — Son désir d'aller aux missions lointaines
  On l'envoie résider à Aix.

Au mois de Novembre 1846, le Père Françon avec le
Père Rey alla prêcher une mission, de quatre semaines, à
Céreste, diocèse de Digne. Ils firent toutes les cérémonies
en usage, et tous les paroissiens même ceux qui habitaient
des campagnes fort éloignées venaient suivre les exercices,
et surtout les conférences. Les hommes chantaient avec
ardeur les cantiques de la mission, même dans la journée
quand ils travaillaient leurs terres. Il y avait une brigade
de gendarmerie, et tous ces braves gendarmes vinrent aux
instructions et à la communion générale. Il n'y manqua
que quelques hommes. A la clôture on planta une croix
dans le cimetière.

De Céreste, les deux missionnaires vinrent prêcher à la
paroisse limitrophe de Viens, dans le diocèse d'Avignon.
Le mauvais temps contraria la mission ; la neige qui tomba
resta plusieurs jours, et empêcha les habitants des campagnes de venir aux exercices ; cependant il y eut la grande
majorité des hommes à la communion générale.

Le 4 janvier 1847, le Père Françon était à Notre-Dame
de Lumière et il écrivait à Mgr de Mazenod, son Supérieur
général : « Avec mon cher compagnon le Rév. Père Rey,
nous avons fait deux missions et nous allons en faire encore
trois. La mission du Céreste a très bien réussi ; tout le
monde est venu avec empressement profiter de la grâce de
mission. Quelquefois on m'a reproché de faire un peu trop

rire, mais à Céreste on m'a reproché d'avoir trop fait pleurer. M. le Curé a envoyé la relation de la mission à l'évêché de Digne, et Mgr Sibour lui a répondu qu'il a été très heureux d'apprendre les belles choses que la grâce avait opérées dans la paroisse de Céreste, et qu'il remercie le Seigneur d'avoir choisi les hommes de sa droite pour faire toutes ces merveilles.

« Les habitants de Céreste nous ont accompagnés en versant des larmes, lorsque nous les avons quittés, pour aller prêcher la mission à Viens. Là nous avons eu la neige presque tout le temps, ce qui nous a un peu contrariés. Cependant, excepté quelques habitants des campagnes les plus éloignées, tout le monde est venu, et il n'y a eu qu'une vingtaine d'hommes qui n'ont pas profité de la mission.

« Avec le Père Rey, nous allons commencer la mission de Rochegude (Drôme). »

C'est de ce pays que le Père Françon écrivait à M. Vève, le 16 janvier : « J'ai été avant Noël missionnaire des montagnes, je suis maintenant dans la plaine, au beau pays de Rochegude. Grâce à vos bonnes prières, nos missions de Céreste et de Viens ont réussi au delà de nos espérances, mais celle de Rochegude s'annonce encore mieux. Il y a un Curé qui depuis vingt-cinq ans dirige cette paroisse dans la bonne voie. Aussi, dès le premier jour, nous avons trouvé ici un enthousiasme, et un zèle que rien ne saurait égaler. »

En quittant Rochegude les deux missionnaires vinrent à Mondragon. Là le travail ne leur manqua pas. « Tout le monde voulut faire sa mission. Les hommes avaient la patience d'attendre toute la matinée autour du confessionnal pour y passer à leur tour. La communion générale fut très

nombreuse, bien peu d'hommes manquèrent à l'appel. »
(*Annales*).

De Mondragon, le Père Françon et le Père Bey revinrent
à Rochegude, pour y planter la Croix de mission sur une
hauteur en dehors du pays. Ils étaient tous deux fatigués,
ils venaient de prêcher quatre missions, sans interruption
et sans se ménager ; ils avaient perdu la voix. Cependant
le Père Françon prêcha encore une mission à La Garde-
Paréol et des retraites à Bouchet, à Richerenches et à
Plaisians. Mais après, il se trouva à bout de force la voix
lui manqua tout à fait, et il fut condamné au silence et
au repos.

Il n'avait pas craint la peine et la fatigue quand il était
vicaire ou curé, il s'était encore moins ménagé depuis sa
profession religieuse; dans les sept campagnes apostoliques
qu'il venait de faire, il s'était montré un missionnaire laborieux et infatigable. Ses courses, ses prédications conti-
nuelles pendant la saison rigoureuse de l'année, la vie
dure qu'il menait, les mortifications qu'il s'imposait, le
froid qu'il endurait, dans des hivers rigoureux, surtout,
lorsque aux processions de pénitence, il en donnait l'exemple, en portant la croix et marchant nu-tête et nu-pieds
dans la neige où sur la glace, tout cela avait fini par affaiblir
sa robuste constitution. Un peu de repos qu'il prenait lui
rendait quelques forces ; il se croyait guéri, et il reprenait
ses travaux. Mais après ses missions de l'hiver de 1847, il se
trouva saisi d'une faiblesse générale et de douleurs aux
organes de la voix. Il parle de sa fatigue dans sa lettre du
12 août 1847. « J'ai tardé de vous écrire pour pouvoir vous
annoncer que je suis guéri. J'ai été bien fatigué, c'est mon
mal de larynx qui jouait de son reste et voulait m'effrayer,
j'ai observé sans y faire brèche trop souvent, les ordon-

nances de notre bien cher et charitable M. le docteur Cade, je vous prie de lui exprimer mes remerciements. Je vais mieux, je suis presque guéri ; la Sainte Vierge l'a voulu ainsi, afin que je puisse travailler encore dans les beaux jours de ses solennités. Nous avons placé sa grande statue sur un piédestal au fond du jardin, où elle fait un très bel effet. Nous la bénirons samedi soir, veille de l'Assomption, et tous nos pelerins assisteront à cette belle cérémonie.

« Le bon Père Rey a été envoyé à N.-D. de Bon Secours le Père économe va remplacer en Corse le Père Nicolas qui est malade, et le Père Chauvet de Cucuron, vient remplacer ici le Père Chauvet, de Digne. Nous sommes dans les changements, nous pouvons entonner le cantique : *Sous le firmament, tout est changement, tout passe.* Je suis ici seul inamovible.

Malgré le succès de ses prédications et l'affaiblissement de sa santé, le Père Françon avait toujours le désir d'aller aux missions dans les pays étrangers. On le voit bien dans ses lettres, lorsqu'il parle des Pères Oblats qui y sont envoyés ; il envie leur sort. Dans sa lettre du 16 janvier 1847, il annonce à M. Vève le départ du Père Ricard : « Vous me dites que vous allez écrire au Père Ricard, je crois que vous n'y serez pas à temps ; on le fait partir pour l'Orégon. » Quand donc arrivera mon tour ? »

Pendant les vacances de l'année 1847, le Père Françon demanda d'être admis au nombre des missionnaires qu'on envoyait aux missions étrangères. Sa demande fut agréé, cependant avant de le faire partir, on le fit passer à un conseil de révision, et le médecin déclara qu'il n'était pas bon pour le service des missions lointaines. C'est ce que nous apprend une lettre du Père Françon à M. Vève (4 octobre 1847) : « J'avais reçu l'ordre de partir pour la mission de Ceylan, mais un médecin qu'on a consulté est venu mettre des entraves à mon départ. J'étais heureux d'aller évangéliser les habitants de l'Asie. Le bon Dieu ne l'a pas permis, que sa sainte volonté s'accomplisse ! Au reste ce voyage n'est que différé, ; on m'a fait espérer que l'an prochain, ce sera mon tour. »

En attendant, on l'envoya en résidence à Aix, pour se reposer et rétablir sa santé.

CHAPITRE III

Résidence du Père Françon, a Aix

1. Ses occupations et ses prédications à Aix. — 2. Un peu de politique, république de 1848, élections. — 3. Lettres de M. Vève et du Père Françon sur la mort de Mgr Naudo. — 4. Missions dans la Drôme, à Montjoyer, et à Gervans. — 5. Pélerinage à la Louvesc au tombeau de St François Régis. — 6. Mission à Serves, retraites pascales à St-Martin-de-Castillon, à Château-Renard et à Aurel.

1847 — 1849

1. Le Père Françon, étant envoyé à Aix pour se reposer, profita des loisirs qu'il avait, peur entretenir avec son ami M. Vève une correspondance plus fréquente, dans laquelle il lui parle du silence auquel il est condamné, et des occupations auxquelles il peut se livrer. Il se laissa aller, cette année là seulement, à faire un peu de politique. Car, qui n'en faisait alors ? C'était en 1848, on était en république, le suffrage universel venait d'être établi, tous discutaient les événements qui se succédaient rapidement, tous s'occupaient d'abord des députés à nommer, et ensuite de leurs faits et gestes. Cependant on voit bien que la politique n'est pas le plus grand souci du Père Françon, et que ce qui le préoccupait le plus, c'était de reprendre au plus tôt le cours de ses prédications.

Il enviait le bonheur de ses frères, de ses élèves qui s'en allaient en Amérique. Il écrivait, le 4 octobre à M. Vève : « Aujourd'hui six de nos confrères s'embarquent au Havre, pour le Canada, et parmi eux, il y a le frère Arnaud, de Visan. Pour moi, je suis à Aix, et il paraît que j'y resterai encore quelque temps. Tous les jours, il me semble que je suis guéri, et à la moindre fatigue je ne puis plus parler. Cependant je suis content comme un bienheureux : je ne croyais pas qu'on pût vivre sans souci, comme je vis maintenant.

« Il n'y a rien de nouveau à Aix. On ne s'y occupe que d'études et de sciences, et moi-même je n'avais jamais eu autant de goût pour étudier, que depuis que je suis ici. J'ai appris la langue italienne, qui n'est pas difficile pour nous qui parlons provençal. Je vais commencer à étudier l'anglais, ce qui sera un peu plus long.

« Je reste dans ma cellule toute la semaine, le dimanche je suis obligé de sortir pour aller dire la messe en ville, et j'ai bien de la peine à distinguer si c'est dimanche ou lundi. Dieu est bien offensé. Dans les églises on fait de beaux sermons, et on ne va guère les entendre. J'ai assisté à un de ces sermons de ville. L'auditoire n'était composé que d'une soixantaine de dames et de servantes ; et de quelle manière elles écoutent ! Pauvres prédicateurs ! Je les plains.

« Vous me dites que votre digne archevêque se trouve bien fatigué. Il faut beaucoup prier, pour que le bon Dieu rende la santé à ce vénéré Prélat. Je suis bien fâché de ne pouvoir travailler cette année dans son diocèse. »

Dans sa lettre du 27 décembre, le Père Françon, après avoir exprimé ses souhaits de bonne année à M. Véve, lui donne de nouveaux détails sur ce qu'il fait à Aix : « Mon genre d'occupation est bien différent de celui des autres années, lorsque j'étais au milieu des braves habitants des montagnes, avec grand bonheur et beaucoup de consolation. Cette année je me trouve dans la brillante cité d'Aix.

Je prêche, et je n'ai plus pour auditeurs ces pauvres ignorants que j'instruisais. Ici, je ne vois dans mon auditoire que de grands chapeaux, avec de magnifiques plumes et plumages. Vous diriez un auditoire composé de toutes sortes d'oiseaux. Mais, ce qui vous paraîtra plus extraordinaire, c'est que je suis le confesseur de tout ce monde. Quelle métamorphose a dû s'opérer en moi ! Je n'étais et je ne suis guère fait pour ce ministère. Mais je vais en être bientôt déchargé ; notre Père Supérieur va revenir, et je n'en serai pas fâché. Je reste enfermé dans ma cellule et je ne m'ennuie pas ; je passe des mois entiers sans sortir de la maison, si ce n'est le dimanche pour aller dire la messe aux *Insensés*. »

*

2. Le 4 mars 1848, huit jours après la proclamation de la seconde république, le Père Françon répondait à une lettre de M. Vève, il lui disait ce qui se passait à Aix, et faisait quelques réflexions piquantes sur ce qu'il voyait et apprenait : « J'ai reçu, lui écrivait-il, votre lettre datée de l'an premier de la seconde république française. Eh bien ! je date la mienne du second jour de cette république à Aix. C'est hier, à midi, qu'on l'a proclamée ici. La ville a retenti du chant de la Marseillaise, tout le reste du jour et toute la nuit. Tout le monde est enthousiasmé, toute la noblesse s'est enrôlée dans la garde nationale. Cependant les hommes qui réfléchissent ne voient rien de bien rassurant dans tous ces événements. Que Dieu veille sur nous !

« Savez-vous, où j'ai appris que nous sommes en république ? J'étais allé à Ansouis et à Vaugines, et j'étais à Cucuron, lorsque la première nouvelle de la république est arrivée. M. le curé était fort effrayé. Je suis parti pour revenir à Aix ; on me disait, qu'en chemin, je pourrais bien être assassiné par Madame la République ; mais elle ne m'a ni rien fait, ni rien dit, et je suis arrivé ici sans difficulté. »

Ayant appris qu'à Avignon, les républicains avaient molesté les Jésuites, le Père Françon écrivait à M. Vève, le 5 avril : « Il paraît que la bonne ville d'Avignon voudra toujours se distinguer. Une lettre m'a donné tous les détails de l'expulsion des Jésuites. Vive notre ville d'Aix ! Ici les couvents et les religieux abondent, mais personne ne pense à les inquiéter.

« Nous nous sommes présentés à la mairie pour nous faire inscrire comme électeurs. L'employé qui a pris nos noms, nous a demandé sérieusement si nous étions Jésuites, et il a ajouté : Si vous êtes Jésuites, je ne puis vous inscrire, comme si le titre de Jésuite nous eût fait perdre celui de citoyen. Triste République ! Où va-t-elle nous conduire ? Après avoir bien crié : *liberté !* elle va nous asservir.

« A Avignon, vous ne serez pas en peine pour trouver des candidats, j'ai vu la liste des prétendants, elle est fort longue et un peu curieuse. Ici je n'ai pas encore vu de liste, mais on s'en occupe.

« Je reste dans ma cellule, où je ne pense guère à la République, et cependant tous les jours il me faut entendre bien des récits qui deviennent fatigants. Je vais avoir une première communion, composée de deux petits savoyards, ramoneurs de profession. Je suis aussi actuellement chargé de soigner les prisonniers et les enfants de la charité. Mais cela ne durera pas longtemps ; le Père que je remplace va revenir, et dès qu'il sera de retour, je lui remets ses prisonniers et ses *charitons*. Après Pâques, j'irai vous voir, si la République le permet.

« Nous avons besoin de prier beaucoup. Mgr l'archevêque va prescrire des prières publiques, le bon Dieu aura pitié de nous. Adieu, priez pour moi. »

*

3. Le jour des élections, le saint jour de Pâques, 23 avril 1848, Mgr Naudo, archevêque d'Avignon, mourut d'une attaque d'apoplexie, à l'autel, à la fin de la messe qu'il célébrait pontificalement dans sa métropole. Deux jours après, M. Vève écrivait au Père Françon : « Cher ami, la dernière fois que vous avez vu Monseigneur, auriez-vous cru ne plus le revoir ? Vous ne serez pas peu surpris en apprenant la nouvelle de sa mort. Ici ce coup a fait la plus grande sensation sur tous les esprits. Dimanche, il fit perdre de vue la grande affaire des élections qui occupait la France entière. Partout on voyait des groupes entourant quelqu'un des témoins de cette horrible catastrophe, pour en connaître les différentes circonstances, partout dans les rues on en entendait parler.

« Et comment n'être pas frappé d'un pareil événement ! Figurez-vous ce bon archevêque, entouré de son chapitre et d'une partie de son clergé, officiant pontificalement devant une foule immense. Tout était plein, car on était venu pour recevoir la bénédiction papale. Après avoir pris les ablutions, Monseigneur dit à M. Barrère son grand vicaire : Faites annoncer que j'officierai à vêpres. Il se tourne, et il se sent mal. On apporte un fauteuil, mais on n'a pas le temps d'arriver : Monseigneur tombe et roule sur les marches de l'autel.

« Un cri d'effroi se fait entendre de toutes parts, un saisissement pénible émeut et électrise toute l'assistance.

On accourt, on transporte avec grande peine le malade à la sacristie ; un médecin de l'armée, qui se trouvait là, se présente ; les docteurs Cade et Chauffard arrivent aussitôt ; on reconnaît une attaque d'apoplexie, mais si foudroyante, si terrible, que toutes les saignées et tous les révulsifs les plus violents ne peuvent la détourner, ni produire le moindre soulagement. On se hâte de donner au mourant l'absolution et l'extrême-onction.

« Un quart d'heure après, quatre hommes emportaient sur un brancard le corps du pauvre archevêque à son palais, suivi de la foule consternée, et du clergé récitant les prières des morts. Qui aurait dit à ce bon Prélat, en partant de l'archevêché, qu'il y retournerait ainsi ? Quand il tomba à l'autel, il changea de couleur, son visage fut tour à tour rouge, pâle, violacé ; mais peu après sa mort, il reprit ses couleurs naturelles, et hier encore, avant qu'on procédât à l'opération de l'embaumement, on aurait cru qu'il dormait ; ce qui faisait dire à bien des personnes qu'il pouvait bien n'y avoir qu'une syncope, que des soins actifs et soutenus pourraient dissiper ; mais vain espoir ! notre malheur n'est que trop réel.

« Voilà le Chapitre dans une bien difficile position : mille affaires sur le tapis, mille embarras compliqués étrangement par les circonstances actuelles. Dieu veuille l'éclairer !

« Voici le temps de la prière ; et la France et le diocèse en ont grand besoin. Que ce mois de Marie vient bien à propos ! Oh ! comme il est urgent que cette tendre Mère nous donne son secours ! Elle nous l'accordera, j'en ai la confiance : peut-on douter de son cœur maternel ? C'est vrai que nous avons péché ; mais n'est-elle pas le refuge assuré des pécheurs ? »

Le Père Françon, surpris par cette douloureuse nouvelle, répondait le 2 mai : « La mort subite de Mgr l'archevêque, qui a jeté dans la consternation le bon peuple d'Avignon et tout le diocèse, est un des événements ménagés par la Providence, pour faire entendre aux populations les divins enseignements de l'Evangile : *Soyez prêts, parce que, à l'heure que vous ne pensez pas, le Fils de l'homme viendra.* Ces paroles retentissent dans toutes les chaires chrétiennes, mais il y en a beaucoup qui ne veulent pas les savoir. *Ils ont des oreilles et ils n'entendent pas,* et Dieu met devant leurs yeux ces mêmes vérités, qu'ils ne voulent pas entendre, afin qu'ils les voient ; mais peut-être qu'ils *auront aussi des yeux pour ne point voir.*

« Mourir à l'autel, sur lequel on vient d'immoler la sainte victime, au jour solennel de la résurrection de Notre Seigneur, aux yeux de la foi, quelle belle mort ! [1] Notre saint archevêque avait beaucoup travaillé pour la gloire de Dieu, il était mûr pour le ciel ; il pouvait dire avec l'apôtre : *J'ai combattu le bon combat, j'ai gardé la foi, c'est pourquoi la couronne de justice m'est réservée.* Cependant nous prierons, afin que Dieu place dans le ciel, à côté de St Athanase, dont nous faisons aujourd'hui la fête, notre archevêque, qui a soutenu, lui aussi, de grands combats pour la défense de l'Eglise.

« Nous avons voté, le mardi, troisième fête de Pâques. J'ai remis mon bulletin dans lequel étaient inscrits les noms de Berryer, Lacordaire, Cormenin, Laboulie, Astouin, Sauvaire Barthélemy, Barthélemy maire de Marseille, Raybaud, Billot, Poujoulat. Les sept premiers ont passé.

[1] Le Père Françon admirait cette mort de Mgr Naudo ; la sienne fut semblable, lui aussi fut frappé d'apoplexie, à l'autel, à la fin de sa dernière messe.

« Vous vous faites jeune, et moi je vieillis. Je n'ai prêché qu'une passion bien courte, et j'étais fatigué. Mon gosier ne peut s'arranger ; les aliments passent bien, surtout lorsqu'ils sont bons, et la voix ne peut passer. Pour avoir un peu prêché et confessé pendant le carême, je me trouve presque dans l'état où j'étais l'année dernière. Je vais bien me soigner, maintenant que je n'ai plus rien à faire, et je viendrai bien à bout de réparer mon larynx, qui allait si bien autrefois. Je ne crois pas passer ici tout l'été, je ne sais où l'on m'enverra, et je suis assez indifférent sur ce point. Cependant s'il m'était donné de choisir, je partirai pour l'Amérique. Le Père Léonard va y retourner, et il emmènera avec lui une douzaine de nos jeunes Oblats. Qu'ils sont heureux, ces jeunes gens ! Si j'avais vingt ans de moins, on me ferait partir tout de suite. »

A la fin du mois de juin, le Père Françon écrivait à M. Véve : « Que vous dirai-je de mon mal de gorge ? Il ne veut pas s'en aller, quoique je lui fasse toutes les mauvaises manières qui sont en mon pouvoir. C'est assez ennuyeux d'avoir une langue, et de ne pouvoir s'en servir. Notre Père Supérieur qui devait revenir de Limoges, à Pâques, est enfin revenu après la Trinité ; je vais lui rendre son confessionnal et ses pénitentes, et je ne fais plus rien. J'irai faire une promenade à Avignon, et visiter tous les clochers du département de Vaucluse. »

*

4. Il ne tarda pas de venir dans le diocèse d'Avignon, mais ce ne fut pas pour visiter, en touriste ou en ami, les clochers et les presbytères, ce fut pour y reprendre ses fonctions de missionnaire. Tout en restant membre de la communauté des Oblats d'Aix, il passa à Notre-Dame de

Lumière les mois d'août et de septembre, pour aider les Pères de cette résidence, pendant les concours des pèlerins, qui cette année, à cause des événements politiques, vinrent moins nombreux que les années précédentes. Travailler à la sanctification des âmes et pour la gloire de Marie, c'était le meilleur remède au mal dont souffrait le Père Françon. Après être resté deux mois auprès de la bonne Mère de Lumière, il n'était pas entièrement guéri, mais il se trouvait mieux, et il se sentait plein d'ardeur pour reprendre le cours de ses missions.

Le travail ne lui manqua pas : à la fin du mois de novembre, il se rendit à Montjoyer, près de la Trappe d'Aiguebelle. Comme il fit à pied une bonne partie de ce voyage, il visita quelques-uns de ses anciens amis, et il écrivait à M. Vève, la veille de Noël 1848 : « Je suis allé voir M. Gay, curé à Piolenc, qui m'a reçu avec une affection toute fraternelle. J'ai passé un dimanche à Mondragon ; en y prêchant une mission, il y a bientôt deux ans, j'y avais laissé ma voix ; et cette fois en y passant je l'ai rattrapée. J'ai chanté la messe, j'ai prêché. Ces bonnes gens ont bien profité et de notre mission et du jubilé que M. le chanoine Saïn est venu ensuite leur prêcher. J'ai vu aussi le bienheureux curé de St-Pierre, M. Blanchet, qui ne rêve que la Trappe. [1]

« Dans tous les pays où j'ai passé, tout le monde a voté pour Louis Napoléon ; je n'ai pas voté, je n'étais pas à Aix, où je suis électeur. [2]

---

1 M. Blanchet ne tarda pas d'aller s'enfermer à la Trappe d'Aiguebelle, où il vécut de longues années en fervent religieux.

2 Louis Napoléon fut alors nommé président de la République.

« J'ai été bien charmé d'apprendre par votre lettre, l'offre que la ville d'Avignon a faite au Souverain Pontife ; il faut espérer que Pie IX n'aura pas besoin de l'accepter, et qu'il retournera bientôt à Rome. 1

« J'ai fini, il y a une dizaine de jours, de prêcher à Montjoyer, et après, je suis allé à Richerenches célébrer la messe anniversaire de la mort de mon pauvre père.

« Vous désirez savoir comment j'ai fait pour arriver au bout de ma prédication, si mon mal de gorge ne m'a pas arrêté. Je vous dirai que cette mission m'a guéri, j'ai prêché le matin et le soir, durant quinze jours, j'ai confessé tout le monde, car il n'a manqué que deux personnes, et avec tout cela, tous les jours, je me trouvais mieux, et à la fin, je n'ai plus eu aucune douleur, ma voix a repris son timbre ordinaire, je prêche, je chante et ne suis pas du tout fatigué ; il faut se confier à la Providence, et aller toujours son train. Les bonnes prières des bienheureux Trappistes m'ont été d'un grand secours auprès de Dieu. Le jour de l'Immaculée Conception, j'ai eu le bonheur d'assister à la profession du Père Marie-Edmond. J'ai vu aussi le Frère Apollinaire, que nous avons eu quatre ans à Lumière ; il est au comble du bonheur.

« Je suis maintenant à Gervans, chez M. Mazet, cet excellent curé, auprès duquel il y a tant à gagner ; car il est capable de faire des miracles. J'ai déjà évangélisé, il y a cinq ans, ses bons paroissiens. Presque tous ont persévéré, deux ou trois seulement ont manqué de faire leurs

---

1 Pie IX, ayant été obligé de quitter Rome, s'était réfugié à Gaëte. La ville d'Avignon, jadis habitée par les Papes, s'était empressée d'offrir de nouveau l'hospitalité à la Papauté.

Pâques. Cette mission ne sera pas difficile, et elle réussira malgré la neige qui tombe depuis deux jours.

« D'ici, j'irai en Provence, et je crois qu'après trois missions et autant de retraites que j'ai encore à prêcher, mon mal aura si bien disparu qu'il ne reviendra plus. »

*

5. Le Père Françon avait été ordonné prêtre à Nîmes, le 16 juin, fête de St François-Régis, et il avait une grande dévotion pour ce Saint, qu'il avait pris pour patron de son sacerdoce, et pour modèle de sa vie de missionnaire. Après sa mission de Gervans, pays assez rapproché de la Louvesc, où se trouve le tombeau de ce saint, il alla y faire, au plus fort de l'hiver, un pélerinage qu'il avait promis depuis longtemps. Il en fit le récit à M. Vêve son compagnon d'ordination ; il lui écrivit de Serves, le 16 janvier 1849 : « Je suis allé à St François-Régis pour accomplir mon vœu ; car depuis le jour à jamais mémorable, où nous eûmes le bonheur de recevoir l'imposition des mains et d'être ordonnés prêtres du Très-Haut, le jour de la fête de St François-Régis, j'ai toujours conservé dans mon cœur le désir et la volonté d'aller prier sur le tombeau de ce saint apôtre. Mes désirs sont enfin accomplis.

« Après avoir clôturé mes prédications à Gervans, le 7 de ce mois de janvier, je partis pour la Louvesc, je marchai depuis dix heures du matin, à travers les montagnes, et j'arrivai le soir à Notre-Dame d'Ay, jolie chapelle, à côté de laquelle se trouve la belle résidence, où les Jésuites font leur troisième année de noviciat. Les bons Pères m'ont reçu avec beaucoup de bonté, et le lendemain matin, je me suis mis en route pour aller dire la messe à la Louvesc. Le trajet n'était que de trois heures,

mais il fallait toujours monter, et supporter une pluie
continuelle. Je fus bientôt fatigué. Il était plus de onze
heures quand j'arrivai, tout trempé de pluie et de sueur.
J'allai m'agenouiller devant le tombeau du grand apôtre
du Velay. Les Pères Jésuites qui en sont les gardiens,
m'ont prodigué charitablement tous les soins, ils m'ont
fait chauffer et sécher, ils m'ont rendu la vie. J'ai pu dire
la messe, et j'ai passé la journée auprès de ce tombeau
chéri. Le lendemain, après avoir dit la messe une seconde
fois, à l'autel de notre saint patron, et l'avoir prié pour
vous, pour moi, pour tout le monde, je suis allé boire de
l'eau à la fontaine du Saint, et j'ai marché tout le jour
sans m'arrêter. Il faisait nuit, quand je suis arrivé chez
notre ancien ami, M. Queyras, curé de la Roche, près de
Tain. J'y suis resté deux jours, j'étais fatigué. Hélas !
qu'est devenue mon antique prouesse ? Autrefois je partais
le matin, et j'allais *déjeuner le soir*, à quinze ou dix-huit
lieues plus loin, et ce jour-là, après avoir fait seulement
neuf lieues, je n'en pouvais plus. Triste vieillesse qui
vient si vite ! »

*

6. « Je suis maintenant à Serves. Ce pays est proche de
Gervans, mais pour la religion il en est à une grande distance. A Gervans, les hommes comme les femmes ont profité
de la mission, c'est un bon peuple. Ici je ne sais ce que je
pourrai faire ; les hommes ne connaissent plus le chemin
de l'église, et bien des femmes ne le savent guère mieux.
Tout le monde travaille dans les fabriques, les filles et les
jeunes gens y sont mêlés ensemble ; pensez ce que cela
doit être. Le triste carnaval vient entraver mon œuvre, on
va au carnaval et on laisse la mission. »

En revenant de Serves, le Père Françon fit une petite station chez M. Vève, à Avignon ; et pour se rendre à Aix, il prit le chemin de fer jusqu'à Rognac ; mais de là, pour arriver à sa résidence, il eut assez de peine ; il raconte son aventure à M. Vève, dans la lettre qu'il lui écrivait de St-Martin-de-Castillon, le 27 mars 1849 : « Savez-vous que je fis une fameuse journée, le jour que je vous quittai à Avignon ? Arrivé en chemin de fer à Rognac, je n'y trouvai pas de voiture pour Aix. Je partis à pied, j'avais cinq lieues à faire. Je marchais depuis deux heures, quand la nuit me prit ; je ne savais plus où j'étais, il me fallut demander mon chemin. J'allai frapper à la porte d'une pauvre maison de campagne, où tout le monde fut effrayé. On me prenait pour un malfaiteur. Le mari sortit pour m'indiquer mon chemin, mais sa femme le rappelait bien vite, de crainte qu'il ne fût assassiné. J'arrivai à Aix, à neuf heures du soir. La sueur avait traversé et trempé tous mes vêtements ; mon manteau, ma besace, tout ce qu'elle contenait était mouillé. Une autre fois, je partirai avec la voiture, et non avec les vagons qui vous laissent à moitié chemin.

« J'ai reçu votre lettre, dans laquelle vous me faites le récit des belles choses qui se sont passées à Avignon, le 27 février, à la réception solennelle de Mgr Debelay. Si j'avais su que cette belle cérémonie dût se faire sitôt, j'aurais pu attendre pour y assister.

« Je finirai la retraite pascale de St-Martin-de-Castillon [1]

1 Le Père Françon a marqué dans ses *Annales* le bon résultat de la retraite pascale qu'il prêcha à St-Martin-de-Castillon : « Là les hommes ont été bien différents de ceux de Serves ; ils sont venus aux exercices de la retraite, et la communion générale les a presque tous réunis. En 1829, les Pères Honorat, Allard et Chauvet avaient

le beau jour de Pâques, et le lendemain j'irai du côté
d'Avignon, à Château-Renard, pour y prêcher quinze jours.
Vous allez me traiter de téméraire. Vous vous écriez déjà :
pauvre missionnaire des montagnes ! Comment ose-t-il
paraître dans la chaire de Château-Renard ? Vous avez bien
raison, mon cher, et si je vais dans ce pays, il faut toute
la force de l'obéissance pour m'y porter. J'aurais bien
préféré aller prêcher à Aurel, à Entrechaux ou à Roussillon, chez ces bons curés qui m'ont demandé, et qui sont
nos vieux amis, nos anciens condisciples. Là j'aurais été
avec des frères, tandis qu'à Château-Renard je ne connais
personne. Mais puisque le bon Dieu le veut ainsi, *fiat !*
Priez, priez pour le pauvre missionnaire des montagnes, et
pour les bonnes âmes que Dieu veut sauver par son
ministère. »

A Château-Renard le Père Françon ne vit pas se réaliser
les craintes que lui suggérait son humilité. Il fut bien
accueilli, bien écouté et fort content. Il écrivait à M. Vève,
le 15 avril : « Je suis si près d'Avignon, qu'il faut que
vous veniez me voir, et que ce ne soit pas toujours à moi
de faire les frais des voyages. Notre ami M. Pêtre, curé de
Rognonas, vous verra avec grand plaisir, et il vous accom-
pagnera à Château-Renard, où je suis encore pour une
douzaine de jours. J'y suis très content, ma retraite va
bien, l'église est remplie, je prêche comme j'ai toujours
prêché, à la bonne apostolique, et ce genre plaît à mes

prêché avec grand succès, dans cette paroisse, une mission qu'ils
avaient clôturée par la plantation d'une croix. Le grand Christ en bois
de cette croix, étant exposé aux intempéries de l'air, se détériorait,
M. le curé Tamisier, profita de la retraite prêchée par le Père Françon,
pour le faire réparer et placer dans l'église, vis-à-vis la chaire. »

auditeurs. Je ne suis pas fatigué, malgré les efforts de voix qu'il me faut faire, pour être entendu de tous dans cette vaste église, pleine de monde, depuis la porte jusque sur les marches du sanctuaire. Nous confessons les hommes qui viennent en foule ; c'est une petite mission que nous clôturerons par la plantation d'une croix. Après cette retraite j'irai prêcher la mission à Aurel, où je serai de nouveau missionnaire des montagnes. Priez pour moi. »

Le 25 mai, le Père Françon écrivait de Roussillon, où il était venu aider M. le curé Cortasse pendant les fêtes de la Pentecôte : « J'ai fini ma mission d'Aurel le beau jour de l'Ascension. Mgr l'archevêque en a présidé l'ouverture, le jour de son passage en tournée pastorale, la mission a très bien réussi. Trois hommes seulement n'ont pas voulu en profiter. J'ai été un peu fatigué, mais je suis arrivé heureusement à la fin de ma course apostolique, je vais me rendre à Aix, où je m'enfermerai dans ma cellule, j'ai besoin d'un peu de repos. »

Arrivé à Aix, le Père Françon essaya de se reposer un peu ; mais le repos était pour lui plus fatigant que le travail ; il écrivait le 19 juin : « J'aime bien ma cellule, mais c'est évident qu'elle entretient mon malaise. Croiriez-vous que, deux jours après mon arrivée ici, mon mal de gorge est revenu ? Il faut que je prêche, que je fasse des missions, sans cela je suis malade ; on fait même courir la nouvelle de ma mort, et l'on récite des *De profundis*. C'est une bonne fortune pour moi ; ces prières ne peuvent que me faire du bien ; c'est aussi un avertissement que Dieu me donne, et dont je ne profite pas assez. »

Ses Supérieurs furent de son avis ; ils comprirent que la vie active était pour lui le meilleur remède, et ils l'envoyèrent prêcher une retraite à Beaumes, et résider à Notre-Dame de Lumière. Là les pélerinages pendant l'été, et les missions le reste de l'année, devaient lui fournir les occupations qui lui étaient nécessaires, et auxquelles Dieu l'avait destiné.

CHAPITRE IV

SECONDE RÉSIDENCE DU RÉV. PÈRE FRANÇON
À NOTRE-DAME DE LUMIÈRE

Prédications du Rév. Père Françon
de 1849 à 1859

De la résidence d'Aix, le Père Françon fut envoyé de nouveau à celle de Notre-Dame de Lumière. Il y resta sans interruption dix ans, et ce fut l'époque la plus laborieuse, et la plus fructueuse de sa vie de missionnaire.

*

1849 — 50

Son *ex-voto* à Notre-Dame de Lumière. — Retraites à Beaumes, aux élèves du Grand Séminaire de Marseille. — Mission à Mane. — Retraite à Céreste. — Missions à Gigondas, à Rochegude, à Reillanette. — Retraites à Aurel, à Blauvac, à Brantes. — Missions à Lagarde-Paréol et au Castellet près Toulon.

Le Père Françon écrivait à M. Véve, le 9 août 1849 : « Je suis à Notre-Dame de Lumière, fixé probablement pour longtemps, à moins que la mort ne vienne m'en faire sortir bientôt. Je suis allé passer quelques jours à Beaumes, à l'occasion de la consécration solennelle de la nouvelle église. J'ai prêché une petite retraite, qui a été tout ce qu'elle pouvait être à cette époque de l'année. J'ai été trois jours assez malade, je croyais avoir le choléra ; cependant je n'ai pas interrompu ma prédication.

« ..... J'ai passé de bien beaux jours à Aix, je n'ai pas demandé à revenir ici ; mes Supérieurs ont jugé à propos de m'y replacer, je suis très content. Il me manque, ce que je n'ai pas, une grande ferveur pour m'aider à sanctifier ma solitude. Il me semble que, par la miséricorde de Dieu, je me trouverai bien partout où l'on me mettra, ce qui vient non de ma vertu, car je n'en ai pas, mais d'une certaine paresse, qui me fait chercher le repos plutôt que le travail. »

Le Père Françon était trop humble, il s'accusait de défauts qu'il n'avait pas ; ce n'est pas le trop de repos, mais le trop de travail qu'il aurait pu se reprocher. Se trouvant à Notre-Dame de Lumière à l'époque des pèlerinages, il reprit son ministère des années précédentes, il prêchait, il confessait, il dirigeait les divers exercices, il était constamment au service des pèlerins ; il les accueillait, il s'entretenait avec eux, il leur faisait raconter et il inscrivait, dans les *Annales de Lumière*, les grâces qu'ils avaient reçues de la Sainte Vierge, et dont ils venaient la remercier.

La première guérison qu'il relata aux pèlerinages de 1849, ce fut la sienne. Il le fit en ces termes : « Le Père Françon, qui continue à prêcher des missions et des retraites, avait eu une extinction de voix, telle que les médecins s'accordaient à dire qu'il ne pourrait plus prêcher, qu'il devait garder un silence absolu, et suivre un traitement, sous peine de ne guérir jamais, parce que son larynx était tellement irrité, que le mal serait bientôt incurable. Le Père Françon n'a pas tenu grand compte des prescriptions et des pronostics des médecins, il s'est recommandé à Notre-Dame de Lumière, il a continué de prêcher, et c'est en prêchant qu'il s'est guéri ; c'est-à-dire que la Sainte Vierge, qu'il a invoquée, l'a guéri. Revenu à Notre-Dame de Lumière pour y passer le reste de ses jours, il a fait une neuvaine en action de grâces, et il a placé dans la chapelle un tableau *ex-voto*, qui représente St François son patron en contemplation aux pieds de la croix. »

Au mois d'octobre, sitôt que les pèlerinages furent finis à Notre-Dame de Lumière, le Père Françon alla prêcher à Marseille la retraite aux élèves du Grand Séminaire, et aux quarante Frères scolastiques Oblats qui étaient avec eux. Il y arriva, à la date qui lui avait été fixée, le 17 octobre, jour de la rentrée des élèves ; mais quelques jours après, le 1er novembre, il écrivait à M. Véve : « Je suis à Marseille, où je ne croyais pas rester si longtemps ; j'y suis arrivé le jour de la rentrée des élèves, mais voilà que le choléra les a fait fuir. Au moment où ils arrivaient, le cuisinier est mort du choléra en quelques heures. Les séminaristes ont été saisis de frayeur, et ils sont retournés dans leurs familles. La rentrée a été renvoyée au 30 octobre, et demain je commence à prêcher la retraite. De Marseille, il faudra que je me rende à Mane (diocèse de Digne), pour y commencer la mission, le dimanche 11 novembre »

Quinze jours après il écrivait : « J'ai fini ma retraite à Marseille ; vous serez étonné, si je vous dis qu'on a été content, et que je me suis assez bien tiré d'affaire.

« Je suis à Mane avec les Pères Coste et Chavard, je suis venu remplacer le Père Martin, qui a fait ici dimanche, l'ouverture de la mission. Il est parti le lendemain, il a reçu son changement. Il va en Afrique, à Philippeville, évangéliser les Arabes. Le Père Bise le remplace comme Supérieur à Notre-Dame de Lumière.

« Notre mission de Mane ne peut aller mieux ; priez Dieu afin qu'il bénisse notre œuvre. »

Le Père Françon a dit dans ses *Annales*, que : « La mission de Mane n'offrait pas de graves difficultés, le pays est bon, il y a un curé très actif, M. Jean. Tous les exercices ont été bien suivis ; les conférences en provençal ont attiré tout le monde. Le sous-préfet de Forcalquier est venu assister à la procession et à la cérémonie de consécration à la Sainte Vierge. Le jour de la clôture, quatre cents pénitents en habit blanc étaient, le matin, à la communion générale, et le soir, à la plantation de la croix. De Mane, les missionnaires vinrent prêcher une retraite à Céreste. Les bons habitants de ce pays n'avaient pas oublié la mission que nous leur avions prêchée, il y a deux ans, et ils ont bien profité de la retraite, qui a duré huit jours, et que nous avons clôturée par la première communion des enfants. »

Le 6 janvier 1850, le Père Françon alla avec le Père Coste prêcher la mission de Gigondas. C'était la paroisse où, dix ans auparavant, il avait été curé pendant trois ans ; il y venait volontiers, et on y était encore plus heureux de le voir revenir, parce que l'on avait conservé le souvenir de ses vertus et du bien qu'il avait fait. Aussi, dès le premier jour, les exercices furent suivis avec une ferveur extraordinaire, malgré le mauvais temps, le froid, les chemins remplis de neige, et les rues couvertes d'une couche de glace, causes de bien des chutes.

On a conservé à Gigondas le souvenir de cette mission. Quarante après, M. le curé Lemariat, en interrogeant les anciens du pays, a pu rédiger le récit suivant : « Malgré les rigueurs de la saison, les habitants de Gigondas venaient en foule, même des campagnes éloignées, aux prédications et à tous les exercices de la mission.

« Le dimanche 13 janvier, jour de la communion générale des femmes et des filles, après les vêpres, le Père Françon, pour disposer les hommes à profiter de la mission, prêcha sur la pénitence, et ensuite, comme on allait faire la procession dans les rues du village, il se mit à dire : *Qu pourtara lou Christ ?* C'était une lourde croix en bois, sur laquelle était cloué un grand Christ, qu'on ne portait que dans les grandes solennités. *Sara iéu,* [1] reprit le Père ; et il quitte son surplis, se déchausse et porte le Christ, en tête de la procession. La journée était des plus froides, la neige était tombée en abondance l'avant-veille, les rues en étaient couvertes, et en plusieurs endroits il y avait de la glace. Toute la population était vivement impressionnée, en voyant le saint missionnaire s'avancer, nu-pieds et nu-tête, sur la glace et sur la neige, et porter le grand Christ avec un ardent amour et une vénération profonde. Quelle souffrance ne dut-il pas endurer ? Je m'en souviens, me disait naguère un octogénaire, les pieds du Rév. Père étaient violacés, comme si la gangrène les eût envahis.

« Le 20 janvier, jour de clôture de la mission, presque tous les hommes et les jeunes gens participèrent à la communion générale, et le soir, à la procession, tous voulurent à leur tour porter la croix, qui fut bénite par M. Veyrenc, curé de la paroisse, et placée au point culminant de la façade de l'Église. Avant de quitter Gigondas, le Père Françon donna à un membre de chaque famille, une grande image

[1] Qui portera le Christ ? — Ce sera moi.

représentant la Vierge de Lumière, Notre-Dame des Sept Douleurs. Cette image fut mise à la place la plus honorable, et on la voit encore dans plusieurs maisons, où on la conserve avec soin, parce qu'elle rappelle le souvenir de la grande mission prêchée par le Père Françon. »

Les souvenirs des habitants de Gigondas concordent bien avec ce que le Père Françon écrivait de N.-D. de Lumière, à M. Vève, le 25 janvier 1850 : « Nous avons clôturé, dimanche dernier, la mission de Gigondas ; notre fête a été magnifique : le matin nous avons eu trois cent trente hommes à la communion, c'est-à-dire qu'il n'en a manqué que deux ou trois ; le soir nous avons planté une croix ; l'affluence était grande, jamais on n'avait vu une si belle cérémonie. Nous avons laissé tout ce peuple uni sous le drapeau de la religion ; il ne s'agit plus de *rouges* ni de *blancs*, ceux qui étaient divisés sont maintenant unis comme des frères.

« Vous me demandez si je ne suis pas mort, si mon gosier n'est pas tout à fait en compote. Eh bien ! non, je ne suis pas encore mort. En partant de chez vous, à Avignon, j'étais fatigué ; mais, arrivé ici, j'ai pris un remède efficace, vous ne le devineriez pas,... je m'en vais vous le dire. Le second dimanche, à vêpres, je prêche sur la nécessité de faire pénitence, et en descendant de chaire, j'ôte mes souliers et mes bas, je prends un grand Christ, et je marche en tête de la procession. Après m'être ainsi promené trois quarts d'heure ou une heure, je me trouvai tout disposé à prêcher et à continuer la mission. Vous direz ce que vous voudrez de mon remède, si vous ne voulez pas en user, vous en êtes le maître ; mais ne le condamnez pas sans miséricorde, parce qu'il produit des effets efficaces et salutaires, sur ceux dont ce n'est pas le corps mais l'âme qui est malade.

« Il a fait grand froid pendant notre mission, mais personne, pas même les habitants des campagnes les plus éloignées, ne nous a allégué cette excuse si commune en pareille circonstance : *il fait froid*. On savait que j'avais une réponse toute prête. Aussi ces braves gens se rendaient à tous nos exercices malgré le mauvais temps.

« Je suis revenu à N.-D. de Lumière, en attendant d'aller prêcher deux petites missions et une retraite. Mon Père Supérieur veut que je me repose un peu ; je suis tout disposé à obéir, et volontiers je passerais non-seulement le reste de l'année, mais tout le reste de ma vie dans la solitude, occupé à méditer les années éternelles. En travaillant beaucoup, j'ai fait beaucoup de sottises ; et j'ai grand besoin de faire pénitence pour mes péchés, et pour ceux des autres. Cependant, avec l'aide de Dieu je ferai tout ce que me demanderont mes Supérieurs : j'ai toujours entendu dire que celui qui obéit, ne peut pas se tromper. »

Le Père Françon ne resta pas longtemps inactif. Au mois de février, il alla avec le Père Coste prêcher une retraite à Rochegude. « Cette paroisse n'avait oublié ni la mission, ni les missionnaires qui l'avaient prêchée trois ans auparavant. Cette retraite dura quinze jours, et tous voulurent en profiter. Les exercices ont été bien suivis comme ceux de la mission, ils en différaient en ce qu'ils étaient plus courts. Dans les retraites, les avis et les sermons sont moins longs, on n'y fait pas de conférences parce qu'elles sont ordinairement plus longues que les sermons. On n'y fait point aussi les processions et les grandes cérémonies des missions. » (*Annales*).

De Rochegude, le Père Françon alla visiter ses parents et amis à Visan et à Richerenches. MM. les curés de Donzère, de Tulette, de Mondragon et de Lagarde vinrent lui demander de prêcher des retraites pascales dans leurs paroisses, mais il écrivait de Reillanette (Drôme) à M. Vève le 19 mars 1850 : « J'ai tout refusé, pour venir ici, où j'avais promis de prêcher. J'y suis depuis trois jours, et je crois que je ne pourrai rien faire. Ici, il n'y a pas un brin de foi ; c'est un parti pris de ne venir jamais à l'Eglise. Dimanche, j'avais environ cinquante personnes à l'ouverture de ma mission ; hier soir, il y en avait une vingtaine. Si le nombre de mes auditeurs va ainsi en diminuant, je n'aurai bientôt plus qu'à partir. »

C'est le parti qu'il dut prendre, le quatrième jour, ainsi qu'il l'a écrit dans ses *Annales*. « A Reillanette, paroisse située sur les flancs du Ventoux, il y avait un saint curé, qui était malade et alité, quand le missionnaire arriva. L'ouverture de la mission fut annoncée, le matin à la messe, à une vingtaine de personnes présentes. Pendant qu'on disait la messe, la plupart des femmes étaient devant leurs maisons, assises au soleil et jouant aux cartes. Aux vêpres, au premier sermon de la mission, il n'y eut guère plus de monde qu'à la messe ; le missionnaire prêcha encore, le lundi et le mardi, et faute d'auditeurs, la mission finit là. »

Ne pouvant rien faire à Reillanette, le Père Françon se rendit à Aurel, où il avait prêché une mission, l'année précédente. Il fut bien accueilli par M. le curé (Tamisier Dominique), et il n'eut pas besoin d'aller chercher les gens dans leurs maisons. Tous accoururent à la première nouvelle de l'arrivée du missionnaire. Ils avaient bien profité de la mission, ils profitèrent aussi de cette retraite qui fut clôturée, le lundi de Pâques 1er avril.

Quatre jours après, le Père Françon prêchait une mission à Lagarde-Paréol, et il écrivait à M. Vève : « Je puis prêcher tous les jours, et je pense que mon mal de gorge sera plus tôt ennuyé de rester avec moi, que moi avec lui. » Il prêcha encore deux retraites pascales à Blauvac et à Brantes, et lorsqu'il fut de retour à Notre-Dame de Lumière, il fut saisi de nouveau par son mal de gorge.

Au mois de juin, le Père Françon fut appelé à Marseille, pour recevoir les soins que sa santé réclamait. Mais son meilleur remède était de prêcher, et on lui donna le moyen de l'employer, en l'envoyant faire une mission dans la paroisse de Castellet, près Toulon. Il écrivait de ce pays, le 12 juin : « Nous sommes bien contents des habitants de Castellet. On va bientôt moissonner les blés, et malgré la saison avancée, nous voyons arriver, tous les soirs, et les paroissiens qui sont près de l'Eglise, et ceux qui en sont éloignés. Nous avons eu à la communion générale, les femmes, les filles et la grande majorité des hommes.

« Lundi, je suis allé en pèlerinage à la Sainte-Baume, et j'ai eu le bonheur de dire la sainte messe dans la grotte, où sainte Madeleine habita et fit pénitence, durant trente ans. Je lui ai demandé de m'obtenir la grâce de pleurer mes péchés, comme elle pleura les siens. Ce pèlerinage laissera dans mon esprit de longs et précieux souvenirs.

« Hier mercredi, je suis allé à Toulon, j'ai visité l'arsenal et plusieurs navires de guerre. J'ai vu les forçats qui travaillaient dans le plus grand silence. Il me semblait que j'étais au couvent de la Trappe ; un peu avant midi, une cloche à sonné, et tous ces forçats se sont mis en rang, et ont défilé deux à deux, pour se rendre à leur réfectoire et prendre un repas, qui n'est guère meilleur que celui des Trappistes. Que leur manque-t-il pour être des religieux ? L'esprit de la Trappe et de la religion.

« La semaine prochaine, je retournerai à Marseille, où je resterai quelques jours. » Il y resta plus d'un mois, et il ne revint à Lumière que dans les derniers jours de juillet, pour préparer et organiser les concours des pèlerins. Le 3 août, il écrivait à M. Vève : « Je suis revenu à ma chère solitude. A Marseille, j'ai pris le lait d'ânesse pendant un mois, il m'a fait beaucoup de bien, et je pense qu'avant la fin de l'été, j'aurai entièrement chassé mon mal de gorge. Cependant, s'il ne veut pas s'en aller, je consens à le garder, pourvu qu'il me permette de prêcher. »

Son mal n'empira pas, et à la fin des concours de pèlerins à Notre-Dame de Lumière, il partit pour aller en mission.

*

1850 — 51

Jubilés à Montségur, à Suze-la-Rousse, à Buisson. — Missions à Mazan. — Jubilés à Malemort, à Visan. — Remèdes du Père Françon.

Le Père Françon écrivait, le 20 octobre : « Nous avons pour cet hiver un travail immense ; de partout, on nous demande des missions, des jubilés. J'ai bien besoin que le bon Dieu vienne à mon secours ; j'y compte : *Nullus speravit in Domino et confusus est.* Si la voix m'est nécessaire, Dieu me la rendra et me la conservera. »

Au mois de novembre, le Père Françon alla prêcher, avec le Père Sigaud, le jubilé à Montségur. Cette paroisse avait déjà été évangélisée par le Père Françon, et depuis vingt-huit ans, elle avait un excellent curé qui y jouissait de la confiance générale. Le jubilé y réussit aussi bien que la mission.

Il vint ensuite, avec les Pères Sigaud et Chavard, prêcher à Suze-la-Rousse, d'où il écrivait, le 16 décembre : « Le jubilé de Montségur a bien réussi, et nous avons été bien contents de ce bon peuple. Hier dimanche, nous avons commencé à Suze-la-Rousse le jubilé qui durera un mois. Priez le bon Dieu pour qu'il bénisse notre œuvre, qui a bien ses difficultés. L'église est neuve et magnifique ; mais la voix du prédicateur va se perdre dans la voûte, et il lui est difficile de se faire entendre ; pour parer à ce grave inconvénient, nous allons tacher d'élargir l'abat-voix de la chaire. »

Le 7 janvier 1851, il écrivait de nouveau : « Nous sommes bien occupés à Suze-la-Rousse. Nous ne pouvons trouver le temps de prendre nos repas et un peu de repos. Il nous a fallu confesser de quatorze à quinze cents personnes, nous étions loin de nous attendre à un pareil succès. On ne nous avait pas vanté ce pays, mais il est excellent. »

Dans ses *Annales*, le Père Françon a écrit ses souvenirs du jubilé de Suze-la-Rousse : « Les missionnaires faisaient des conférences, et cet exercice, qui est toujours du goût des populations, attirait tout le monde à l'église. Nous avons fait toutes les grandes cérémonies d'usage ; on a élevé de superbes reposoirs pour la consécration à la Sainte Vierge et pour la promulgation de la loi. Le jour de la fête des morts, l'Église était toute tendue en noir. Autour du catafalque, il y avait quatre grands cyprés qui s'élevaient jusqu'à la voûte, et au sommet, on avait placé une urne remplie d'esprit de vin. Au moment de l'absoute, on y mit le feu, et l'on vit jaillir une grande flamme bleuâtre, qui semblait sortir des feux souterrains du Purgatoire.

« En élevant un reposoir, le Père Sigaud fit une chute, où il ne fut sauvé que par un miracle. Il plaçait des tables les unes sur les autres, et les élevait en pyramide ; il était monté presque à la cime, lorsque ces tables mal consolidées s'écroulèrent. Le missionnaire s'élance pour éviter, dans sa chute, de se blesser contre la balustrade du sanctuaire ; mais il y tombe dessus par le milieu du corps, et roule à terre, où il reste évanoui. On l'entoure, on va chercher un cordial. Bientôt il reprend ses sens et se relève, en disant : Notre-Dame de Lumière m'a sauvé. Sa montre fut brisée, son corps aurait dû l'être de même, et il n'avait pas de mal. Pour témoigner sa reconnaissance, il offrit un *ex-voto* à Notre-Dame de Lumière. »

Après le jubilé de Suze-la-Rousse, le Père Françon prêcha celui de la paroisse de Buisson, d'où il écrivait, le 23 janvier : « Nous avons clôturé notre belle mission à Suze-la-Rousse ; elle a réussi au delà de toutes nos espérances. Nous sommes maintenant à Buisson, où nous avons commencé le jubilé, le 15 janvier, et nous le finirons, le 2 du mois prochain. Dès le premier jour, nous avons eu tout le monde, et il paraît que nous l'aurons aussi à la communion générale. On n'avait jamais prêché de mission dans cette paroisse, où tous sont heureux de suivre les exercices du jubilé. Je ne suis pas fatigué, j'ai ma voix très libre, je vais continuer de prêcher jusqu'à ce que je sois entièrement guéri. Cependant vos bonnes prières sont aussi un remède efficace ; vous continuerez donc de prier pour moi et pour mes missions. »

Au mois de février, le Père Françon, avec les Rév. Pères Bise, Rey et Sigaud, vint prêcher à Mazan une grande mission de quatre semaines, qui fut clôturée le 16 mars. Cette bonne paroisse n'avait pas encore entendu prêcher les missionnaires. Elle avait eu pendant près de quarante ans un excellent curé, confesseur de la foi pendant la Révolution, M. Saurel, qui n'appelait pas de prédicateurs étrangers, parce qu'il n'était pas embarrassé pour prêcher lui-même, et toujours en provençal. Ce bon curé mourut le 25 juillet 1845. Son successeur M. Bressy, ancien économe de Ste-Garde, excellent prêtre rempli de zèle, appela les Rév. Pères Oblats, en 1851, pour prêcher le jubilé à Mazan.

Voici ce que le Père Françon a écrit dans ses *Annales* sur la mission de Mazan : « Comme l'ancien curé M. Saurel prêchait toujours en patois, les habitants ont demandé des sermons en patois, et le Père Françon les a satisfaits. Pendant un mois, on a prêché deux fois par jour aux femmes, à 6 heures et à 10 heures du matin. Les sermons du soir n'étaient que pour les hommes, et le Père Françon les faisait en provençal. On venait l'entendre avec un empressement extraordinaire. Tous les soirs, une heure avant le sermon, l'église était remplie d'hommes et de jeunes gens, qui, sous la direction du Père Sigaud, chantaient les cantiques de mission avec un entrain admirable. Ce zèle s'est soutenu jusqu'à la fin. On a dû faire deux communions générales, l'une pour les jeunes gens, et l'autre pour les hommes. Quatorze cents la firent le même jour ; il n'en resta pas trente en retard. On fit toutes les cérémonies d'une manière très solennelle. Les processions furent magnifiques, surtout celle qu'on fit le jour de la clôture, et à laquelle vinrent assister les pénitents blancs de Carpentras. La croix fut portée triomphalement et successivement, par les trois escouades de jeunes gens, que le Père Sigaud avait formées et exercées. Elle fut plantée devant la chapelle de St-Roch. Le Père Françon monta sur le piédestal de la croix, fit ses adieux aux braves habitants de Mazan, et partit aussitôt pour aller, ce même soir, faire l'ouverture du jubilé à la paroisse voisine de Malemort. »

Quelques jours après, 26 mars, il écrivait à M. Vève : « Nous avons clôturé la mission de Mazan, le 16 de ce mois. Jamais je n'avais tant travaillé : depuis le commencement jusqu'à la fin, je ne sortais du confessionnal, que pour aller dîner à midi, et dormir à 11 heures du soir et souvent à minuit ; jamais je n'avais vu tel entraînement. Ces bons paroissiens ne pensaient plus à leurs affaires : ils ne s'occupaient que du jubilé. Tous les jours, une heure avant l'exercice du soir, l'église était remplie d'hommes et de jeunes gens qui chantaient des cantiques, jusqu'au moment du sermon. Il m'a fallu prêcher tous les jours ; ces braves gens voulaient du provençal, et j'étais seul à pouvoir leur en donner. Mes confrères leur faisaient de beaux discours en français ; mais nos auditeurs préféraient le patois, et j'ai dû leur faire des sermons en patois.

« A la communion générale, nous avons eu près de quatorze cents hommes. (Il y avait alors environ quatre mille âmes à Mazan). Il fallait voir, le soir, à la procession de clôture, ces hommes et ces jeunes gens, tous décorés d'une croix sur la poitrine, transportés de joie, et faisant retentir le chant des cantiques et les cris mille fois répétés de : *Vive la Croix !* Nous l'avons plantée devant la chapelle de St-Roch, et depuis notre départ, les jeunes gens y sont allés, tous les soirs, chanter des cantiques. Ils sont venus hier, au nombre de quatre-vingts, assister à notre sermon du soir à Malemort, et ils sont retournés à Mazan en chantant les cantiques de la mission.

« Voici ce qui est arrivé à Mazan, le jour de la plantation de la croix : Une jeune fille était retenue dans son lit par des douleurs rhumatismales. Lorsque la croix passa sous les fenêtres de sa maison, elle fit le signe de croix, et délivrée de ses douleurs, elle put se lever.

« Le même soir, tout le monde vint prier à la croix ; à minuit, il y avait encore trois hommes. Quand ils ont bien prié, ils se lèvent, et l'un deux, dont la maison était proche, invite les deux autres à venir boire un coup ; la nuit était si obscure, qu'il ne les reconnaissait pas. Arrivé chez lui, il alluma une lampe, et reconnaît que l'un de ses deux invités est son gendre, qui lui avait enlevé sa fille peu de temps avant la mission, et auquel il avait bien signifié qu'il ne voulait plus le voir, ni lui parler. Va-t-il le chasser de sa maison ? trois jours auparavant, il n'aurait pas manqué de le faire ; mais il l'embrasse affectueusement, en lui disant : Puisque la croix nous a réunis, restons unis, et oublions le passé. »

Dans la même lettre, le Père Françon parlait aussi du jubilé qu'il prêchait à Malemort : « Ici, disait-il, nous avons fait faire la communion aux femmes, dimanche passé, et les hommes sont presque tous préparés et confessés, pour dimanche prochain. Ils viennent tous avec empressement ; rouges et blancs, tous arrivent. Les rouges ont décrété dans une de leurs réunions, que celui qui ne fera pas son jubilé sera par ce seul fait retranché de leur société, et ne pourra plus y être admis à l'avenir. On pourrait croire que c'est une bravade, mais pas du tout, il paraît qu'ils y vont de bonne foi. Nous avons confessé presque tout ce monde ; nous finirons, dimanche prochain 30 mars, et le lendemain, nous irons commencer le jubilé de Visan. Vous voyez que nous ne prenons pas beaucoup de repos, et vous devez croire que je suis à bout de forces. Mais non, je ne suis pas fatigué ; je suis un peu gêné pour parler, mais non pour prêcher. »

A Visan, il trouva le même curé, M. Bessac, la même population qui le vénérait, aussi le jubilé réussit parfaitement.

Après tant de prédications et de fatigues, le Père Françon vint prendre un peu de repos à Notre-Dame de Lumière. Le 20 mai, il écrivait à M. Vève : « Je me repose un peu de mes fatigues, et je suis ici le plus robuste de tous. Mes confrères sont au régime et disent la messe de bon matin, et moi qui n'ai pas pris l'avis du médecin et ne suis pas au régime, je dis la messe à dix heures, et je déjeune à midi. Ces braves pèlerins qui viennent de loin ici pour entendre la messe, il faut bien les attendre. Quand mes Confrères seront guéris, alors je me mettrai au régime tout de bon. »

A la fin du mois d'août, il écrivait encore à M. Vève : « Depuis que je vous ai vu, je ne suis plus sorti de mon couvent. Il y a quatre jours que je me suis mis au régime. J'avale chaque matin une douzaine d'escargots, je porte sur ma poitrine un emplâtre de poix de bourgogne, et je bois de la tisane d'orge, sans sucre, ce qui ne causera pas grande dépense au Père économe.

Le 16 septembre il écrivait : « *Deo Gratias !* nous allons recommencer nos prédications, elles seront mon meilleur remède. Je laisse mes escargots tranquilles dans le jardin ; après les jubilés, si j'y suis encore à temps, je les reprendrai. Je vais partir pour prêcher à Lioux. »

*

1851 — 52

A Lioux, on n'avait jamais prêché de mission ni de retraite. Les habitants furent attirés par les sermons provençaux de leur missionnaire, et ils profitèrent tous du jubilé.

De Lioux, le Père Françon alla avec le Père Rey, à Grambois, d'où il écrivait, le 16 octobre : « Nous avons commencé, dimanche passé, les exercices du jubilé au milieu d'une assez grande indifférence. On est occupé aux vendanges, et nous avons peu de monde à l'église. Nous finirons le jubilé à Grambois le jour de la Toussaint, et deux jours après, il faudra que je sois rendu à l'autre extrémité du diocèse, à Grillon. J'ai bien besoin de vos prières pour moi et pour mes missions. Il me faudrait être un saint François Régis. J'ai fait ma retraite au commencement de ce mois, mais je l'ai mal faite ; au lieu d'avancer, je recule. Priez bien pour que, après avoir prêché aux autres, je ne sois pas réprouvé. »

Le jubilé de Grillon ne fut pas sans difficultés ; cependant le Père Françon et son compagnon le Père Sigaud, purent réunir la majorité des hommes à la communion générale. Cinq jeunes gens de vingt-cinq ans, n'avaient pas encore fait leur première communion, ils s'y préparèrent et ils la firent avec une grande édification.

Après le jubilé de Grillon, les mêmes missionnaires vinrent prêcher celui de Château-Renard. « M. le curé n'osait guère l'entreprendre. C'était au moment où, par suite du coup d'Etat du 2 décembre, toute la France était surexcitée. On ne parlait que d'insurrections. Mais bientôt des nouvelles rassurantes arrivèrent de Paris, et nous commençâmes les exercices du jubilé. La première semaine, les hommes n'y venaient guère ; ils montaient la garde, et les armes à la main, ils parcouraient le pays, pour repousser les insurgés, qui s'approchaient. Mais ils ne dépassèrent guère Cavaillon, et bientôt, n'ayant plus rien à craindre, les hommes de Château-Renard se rendirent au jubilé, et se trouvèrent réunis à la communion générale au nombre de douze cents. » (*Annales.*)

Le Père Françon prêcha ensuite toute une série de jubilés, à Richerenches et dans plusieurs pays de la Drôme : à Tulette, à Bouchet, à Suze-la-Rousse, à Rochegude ; il fut content dans toutes ces paroisses, où il avait déjà prêché, il le fut encore plus à Mirabel, et il termina ses prédications à St-Martin-en-Vercors, d'où il écrivait le 15 avril : « Nous avons clôturé, le lundi de Pâques, 12 avril, le jubilé de Mirabel, et nous sommes venus à l'autre extrémité du diocèse de Valence, à St-Martin-en-Vercors. Pour y arriver, nous avons marché cinq heures, à travers les rochers et les précipices ; la route côtoyait un abîme, au fond duquel un torrent se précipite avec un grondement épouvantable. Il faut les voir, pour avoir une idée de ces sublimes horreurs. Le pays que nous évangélisons est situé comme le couvent d'Aiguebelle, avec cette différence que les montagnes qui l'entourent s'élèvent à perte de vue, et sont presque toujours couvertes de neige et de brouillards. Je ne sais ce que nous ferons ici.

Cependant les habitants se rendent assez bien à nos exercices. »

Il fut satisfait de ce jubilé. Arrivé à N.-D. de Lumière, il écrivit cette note dans ses *Annales* : « Les habitants de St-Martin-en-Vercors étaient disséminés dans les bois, ils avaient de longs trajets à faire pour venir à l'église ; mais ils avaient bonne volonté ; l'esprit de religion vit encore dans ces montagnes. Les exercices furent bien suivis, et les missionnaires eurent la joie de voir tout le monde au confessional et à la communion générale. »

*

1852 — 53

Retraite au Grand Séminaire de Marseille. — Jubilés à Banon, à Corbières, à Mane, à Ste Tulle, à Grillon, à Château-Renard, à Lioux, à Pernes, à la Charité d'Avignon. — Retraites à Malaucène et à la Roque d'Antheron.

Après s'être reposé un peu à Notre-Dame de Lumière, pendant les mois de l'été, le Père Françon alla faire plusieurs missions dans le diocèse de Digne. Il écrivait à M. Vève, le 8 novembre 1852 : « Je vous écrivis de Marseille, lorsque je me trouvais avec les bons séminaristes. Je me trouve dans les Basses-Alpes pour une bonne partie de l'hiver. Depuis huit jours, je suis à Banon avec les Pères Rey et Sigaud, nous irons ensuite prêcher le jubilé à Corbières, à Mane, à Ste Tulle... »

Dans sa lettre datée de Mane, 23 décembre, il disait : « Nous avons été bien contents des habitants de Banon ; ils ont très bien fait leur jubilé que nous avons clôturé, le premier dimanche de l'Avent.

« Le lendemain, nous sommes venus commencer celui de Corbières. Dans ce pays, la plupart des hommes et des jeunes gens avaient pris les armes pour partir avec les insurgés. Jugez s'ils étaient disposés à gagner le jubilé. Cependant nous avons pu avoir un certain nombre d'hommes, plus que nous ne pouvions en attendre.

« Quelques jours avant Noël, nous sommes venus prêcher à Mane, où nous finirons le 2 janvier 1853. Ici encore les insurgés abondent ; ils avaient été envoyés en Afrique, et ils en sont presque tous revenus ; je ne sais ce que nous pourrons faire avec eux.

« Pendant mes prédications dans les Basses-Alpes, je n'ai aucune nouvelle : les curés ne reçoivent pas de journaux. J'ai appris cependant que nous avons un Empereur au lieu d'un Président. Le 3 janvier, nous irons commencer le jubilé à Ste Tulle, et après nous sortirons du pays des insurgés, pour aller prêcher une retraite à Grillon. »

Le Père Françon fut assez satisfait du jubilé de Ste Tulle. Il y avait une Confrérie de pénitents zélés, et il y eut à la communion générale la moitié des hommes.

Avec le Père Sigaud, il vint prêcher ensuite des retraites à Grillon, à Château-Renard, à Lioux, à Pernes, à la maison de la Charité, à Avignon. Il prêchait avec succès une retraite à Malaucène, bonne paroisse, disait-il, où le saint curé, M. Rigot, se donnait beaucoup de peine, pour soigner les âmes qui lui étaient confiées, lorsqu'il apprit que son grand ami, M. Vève, venait d'être nommé curé de Mazan. Il s'empressa de lui écrire, le 10 mars 1853 : « Vous voilà donc curé de Mazan, grand curé, avec trois vicaires ! Vous avancez à grands pas. Bon courage ! Vous avez un bon peuple, digne de tous vos soins. Je me réjouis de votre arrivée à Mazan : elle me fournira l'occasion de revoir vos bons paroissiens, qui ont si bien profité de la grâce du jubilé. Je ne sais quand je pourrai aller vous voir. Nous finirons à Malaucène, le dimanche des Rameaux, 4 avril, et nous irons sans retard prêcher à la Roque-d'Antheron (diocèse d'Aix), où nous resterons trois semaines. J'ai toujours avec moi mon intrépide compagnon, le Père Sigaud. Nous sommes inséparables, et nous passons ensemble d'heureux jours. »

Il fut content de sa prédication à la Roque d'Antheron, des belles cérémonies que l'on fit, de la communion générale qui réunit presque tout le monde : il n'y manqua qu'un petit nombre d'hommes.

*

1853 — 54

Missions à Ansouis, à Lauris. — Retraites à Malaucène, à Murs, à Malemort, à Monteux, à Ste Tulle, à Corbières, au Grand Séminaire de Fréjus. — Vocation des Rév. Pères Célestin et Cassien Augier.

Pendant tout l'été, le Père Françon resta ermite à N.-D. de Lumière. Le 17 octobre, il écrivait à M. Yéve : « J'ai tenu ma résolution, je suis resté dans ma cellule, j'étais heureux. Oh ! la belle vie que celle des Chartreux ! Mais l'été a passé, l'hiver arrive et nous crie : Solitaires, sortez de vos retraites. Il faut partir, il faut aller au combat, vous mesurer avec le prince du monde, et délivrer les peuples qu'il retient dans son affreux esclavage. En avant ! c'est le grand général des armées éternelles qui commande. Malheur aux lâches qui reculeraient ! Adieu, ma chère solitude, ton doux repos n'est plus fait pour moi. La trompette guerrière a sonné, le champ des combats me réclame. »

Il partit peu de jours après pour aller avec le Père Sumien, prêcher à Ansouis. Il y avait déjà prêché une première mission qui avait bien réussi, la seconde n'eut pas moins de succès.

Il prêcha ensuite avec le Père Sigaud, une seconde retraite à Malaucène, dont il a conservé le souvenir dans ses *Annales* : « Les missionnaires ont prêché chaque jour, et le matin et le soir, la vaste église était toujours pleine. Les hommes sont venus avec plus d'empressement que les femmes, et ils ont été bien nombreux à la communion générale. »

Le 8 janvier 1854, le Père Françon avec les Pères Rey et Sigaud, commença la mission de Lauris. Voici ce qu'il a écrit dans ses *Annales* : « Cette mission n'était pas facile ; peu d'hommes assistaient le dimanche à la messe, et ceux qui faisaient leurs pâques, étaient encore moins nombreux. La première semaine de la mission, ils ne vinrent pas aux instructions. Comment faire pour les y attirer ?

« Le dimanche soir, 15 janvier, ils étaient tous réunis dans leurs quatre chambrées, qui avaient chacune une centaine de membres. Les missionnaires eurent la bonne pensée d'aller les visiter dans leurs chambrées. Ils furent bien reçus partout, et l'invitation qu'ils firent fut acceptée. Le lendemain, les hommes arrivèrent en foule aux exercices de la mission, et continuèrent d'y venir. Bientôt, il fallut faire des exercices pour eux seuls, des conférences en provençal qui eurent un succès complet. On accomplit avec la plus grande pompe toutes les cérémonies de la mission ; un soir, après le sermon, on fit au cimetière une procession aux flambeaux, qui produisit la plus salutaire impression. A la communion générale, il y eut la plus grande partie des hommes, ce qui fut regardé à Lauris comme un prodige. Le jour de la clôture, on bénit une statue en pierre de la Sainte Vierge, pesant douze cents kilos, et destinée à remplacer sur la façade de l'église, une statue qui avait été mutilée pendant la Révolution. »

La veille de son départ de Lauris, 31 janvier 1854, le Père Françon, écrivait au Père C. Aubert, Supérieur de la maison du Calvaire à Marseille : « Hier, nous avons eu plus de trois cents hommes à la communion générale, et nous avons placé une statue de la Sainte Vierge, sur la façade de l'église. Cette Sainte Vierge de grandeur naturelle, a été portée à la procession sur un char de triomphe, traîné par quatre chevaux blancs, et escorté par trente hommes à cheval. Le Père Sigaud était aussi à cheval, et commandait cette cavalerie. Une nombreuse garde nationale manœuvrait, et faisait de fréquentes décharges de mousqueterie. La musique, les tambours, tout se réunissait pour compléter la solennité de cette belle fête. Ce bon peuple de Lauris était ivre de joie et de bonheur, en voyant cette statue de la Sainte Vierge, remplacer celle qui avait été brisée pendant la Révolution.

« Ce matin, nous avons dit la messe d'action de grâces ; ce soir, nous ferons notre dernier exercice, pour la clôture de la mission, et demain matin, nous partirons. »

Après la mission de Lauris, le Père Françon alla prêcher des retraites à Malaucène pour les femmes, à Murs, à Malemort, à Monteux, et ensuite dans les Basses-Alpes, à Ste Tulle et à Corbières paroisses qu'il avait évangélisées deux ans auparavant, où il dut se contenter d'un résultat médiocre. Il écrivait à M. Vève le 17 mai : « Après ma retraite de Monteux, je suis allé revoir les insurgés des Basses-Alpes. Cette fois ils ont été intraitables ; ils avaient fait le jubilé, et ils n'ont pas voulu faire les pâques. Infortunés ! ils sont plus éloignés du royaume du ciel que les païens et les publicains. »

Dans la même lettre, le Père Françon disait à son ami : « Vous m'invitez à venir clôturer le mois de Marie, à Mazan ; je ne puis y aller ni trois jours, ni même un seul, on m'envoie prêcher au grand séminaire de Fréjus la retraite qui précède l'ordination de la Trinité. J'y vais avec la confiance d'y réussir, parce que j'y vais pour obéir à mes Supérieurs. »

Il réussit, car à son retour il écrivait : « J'ai prêché la retraite aux bons séminaristes de Fréjus. J'ai été très content d'eux, et je crois aussi qu'ils ont été contents de moi. Je les ai traités, non pas comme des élèves, mais comme des curés, ce qu'ils seront un jour, s'ils persévèrent dans leur vocation. »

Le Père Françon qui avait déjà donné plusieurs sujets d'élite aux Oblats, décida un des grands séminaristes de Fréjus, à se rendre à leur noviciat de Notre-Dame de l'Osier. Ce fut un des fruits de la retraite qu'il prêcha à Fréjus. Il n'en a rien dit lui-même, mais ce séminariste, devenu Oblat et provincial du Canada, nous a écrit d'Ottawa, le 30 avril 1899 : « J'achevais en 1854, ma philosophie au grand séminaire de Fréjus, j'étais appelé à la tonsure, et je pris part à la retraite préparatoire à l'ordination de fin d'année. Cette retraite nous fut prêchée par le Père Françon. J'avais bien eu quelques fois la pensée d'entrer dans un Ordre religieux ; mais il n'y avait rien de précis et de déterminé dans mon esprit.

« Je commence ma retraite avec le désir de me préparer de mon mieux à entrer dans la cléricature, je prête une oreille attentive aux instructions simples, mais pénétrées d'onction du prédicateur. Soudain la pensée de ma vocation s'éveille dans mon âme, elle me préoccupe et me travaille. Je vais au Père Françon, je lui expose mon état, mes sentiments, et je lui demande conseil. Il me promet des prières particulières, afin que la lumière se fasse pour moi pleine et entière. Peu après, plus de doutes ni d'hésitation. J'avais ouvert le Nouveau Testament au hasard, et j'étais tombé sur ces paroles de Notre-Seigneur Jésus-Christ au jeune homme de l'évangile : *Si vous voulez être parfait, allez, vendez ce que vous avez, donnez-en le produit aux pauvres, et suivez-moi.* Cette parole me parut un ordre souverain, irrésistible. Aucune autre pensée dans mon esprit, aucun autre désir dans mon cœur. Dieu était là, il poussait, il insistait, il commandait ; pas moyen de résister, il fallut me rendre.

« Dès le milieu de la retraite, mon départ pour le Noviciat fut décidé avec le Père Lagier, Supérieur du grand séminaire ; et, tandis que mon vieux père se rendait dans une petite ville voisine, pour m'y attendre et me mener à la maison paternelle, où j'aurais passé mes premières vacances du grand séminaire, je prenais le chemin de Marseille, et de là, j'allais au noviciat des Oblats à Notre-Dame de l'Osier. Lorsque mon père apprit mon départ inopiné, il s'évanouit de douleur, devant les prêtres de la paroisse qui s'étaient réunis, pour le lui annoncer. A son retour dans mon village natal, la maison où j'étais né, et où j'avais grandi, retentit longtemps des cris et des sanglots d'une mère éplorée, et d'un tout jeune frère que désolait la crainte de ne plus me revoir.

« Sept ans plus tard, cette mère venait à Notre-Dame de Lumière, pour y voir ses deux fils, ¹ tout ce qui lui restait

¹ Dans une nuit obscure du mois de novembre 1860, à 2 heures du matin, je montai, à Apt, dans l'intérieur du courrier de Digne pour me rendre à Avignon. J'y trouvai un seul voyageur, un enfant qui me

des dons de la maternité. L'un était prêtre religieux Oblat et Directeur du juniorat ; l'autre, sur le seuil de l'adolescence, était élève de cette institution, et se préparait à suivre son frère aîné dans la voie des renoncements et des sacrifices. La mère put voir et entendre le Père Françon ; elle avait cessé de maudire le *ravisseur* de ses fils et elle commençait à le bénir. »

Elle avait raison, cette tendre mère, d'attribuer au prédicateur de la retraite de Fréjus l'*enlèvement* de ses deux fils : le plus jeune vint aux Oblats, parce que son frère aîné y était déjà ; mais c'est le Père Françon qui l'y avait dirigé, il était donc responsable de ces deux vocations, dont il put se glorifier : *Quod est causa causæ est causa causati.*

parut avoir une douzaine d'années. Eh ! où allez-vous ainsi tout seul, lui dis-je ? — Je vais à Notre-Dame de Lumière. — Vous y connaissez quelqu'un ? — Oui : il y a mon frère. — Et comment s'appelle votre frère ? — C'est le Père Célestin Angier. — Et vous allez être élève au juniorat, dont il est le Père Directeur. — Oui. — Quelle classe allez-vous faire ? — Les Humanités.

Arrivés à Notre-Dame de Lumière, où le courrier ne s'arrêtait que pour changer de chevaux, j'eus juste le temps de conduire mon jeune compagnon à la porte de la maison des Oblats, et, pour la faire ouvrir si matin, de sonner la clochette, dont je sus bien trouver la corde, malgré l'obscurité. Je remontai vite en voiture, sans me douter que je venais d'introduire à Notre-Dame de Lumière, le futur quatrième Supérieur général de la Congrégation des Oblats, le Rév. Père Cassien Angier.

1854 — 55

Retraite à Ste-Garde. — Missions, retraites ou jubilés à Gervans, à la
Bastide-des-Jourdans, à Ansouis, à Cheval-Blanc, à Saignon, à
Vénasque, à St-Martin-de-Castillon, à Cabrières-d'Aigues, à Ste-Garde.

A son retour de Fréjus, le Père Françon passa les mois
de l'été à Notre-Dame de Lumière, et au mois de novembre,
il alla prêcher la retraite aux élèves du petit séminaire de
Ste-Garde. Il prêcha ensuite des missions, des jubilés ou
des retraites à Gervans, à la Bastide-des-Jourdans, à
Ansouis, à Cheval-Blanc et à Saignon. Il écrivait, le
14 janvier 1855, à M. Vève : « J'ai été très content des
populations que je viens d'évangéliser ; elles sont venues
avec beaucoup d'empressement gagner le jubilé. Je suis
maintenant à Vénasque, où tout m'annonce que j'aurai les
mêmes consolations. »

De Vénasque, il vint prêcher le jubilé à St-Martin-de-
Castillon et à Cabrières-d'Aigues. Dans cette dernière
paroisse, les protestants sont plus nombreux que les catholiques ; ils vinrent aussi entendre les instructions du
missionnaire, mais sitôt qu'il fut question de la confession
ils disparurent. Les catholiques persévérèrent jusqu'à la
fin, jusqu'à la confession et à la communion.

A la fin du mois de mai, le Père Françon prêchait la
retraite de la première communion aux élèves de Sainte-
Garde. « Je me trouve au milieu de cette charmante
jeunesse, écrivait-il à M. Vève, le 28, et j'ai de la besogne,
il me faut confesser, prêcher quatre fois par jour ; je n'ai
pas le temps de respirer. »

1855 — 56

Au mois d'octobre, le Père Françon prêcha aux élèves
de Ste-Garde une troisième retraite, et il a écrit dans ses
Annales : « Ces petits séminaristes écoutaient volontiers
leur missionnaire, qui leur racontait beaucoup de traits
intéressants ; ils aimaient ce genre de prédication. » Parmi
les élèves qui furent alors ses auditeurs, il y en a qui se
souviennent d'un trait qu'il cita, et on s'en souvient aussi
au monastère des Cisterciennes de Notre-Dame des Prés, à
Reillanne : St Bernard allant prêcher fut accosté par
trois hommes qui lui dirent : Où allez-vous ? — Je vais
prêcher dans tel pays. — Et vous autres, où allez-vous ? —
Nous allons aussi prêcher dans le même pays. — Et
comment vous appelez-vous ? — Moi, dit l'un, je m'appelle
ferme bouche. — Moi, dit le second, je m'appelle *ferme
cœur*. — Et moi, dit le troisième, je m'appelle *ferme
bourse*. C'étaient trois diables qui allaient contrecarrer
l'œuvre du prédicateur, en poussant ses auditeurs à faire
de mauvaises confessions, par défaut de sincérité *claudens
os* ; de contrition *claudens cor* ; de réparation et de
restitution *claudens bursam*.

Le jour de la clôture de cette retraite, dans son dernier
sermon pour la consécration à la Sainte Vierge, le Père
Françon tira bien parti d'un fait arrivé deux ou trois jours
auparavant. Au milieu de la retraite, un élève était sorti du
séminaire, pour aller à son pays natal assister aux funé-

railles de sa mère, qu'une mort presque subite lui avait
ravie. Le prédicateur, après avoir vivement retracé la
douleur de l'enfant et de sa famille, supposait qu'au retour
du cimetière, le père conduisait son fils devant l'autel de
la Sainte Vierge, et lui disait : Mon enfant, tu n'as plus de
mère sur la terre ; mais tu as une mère dans le ciel ; c'est
Marie, la Mère de Dieu ; elle est si bonne et si puissante
qu'elle te servira désormais de mère sur la terre. Consacre-
toi à elle, prends-la pour ta mère, et elle te prendra pour
son enfant... En disant ces paroles, le Père Françon était
tout ému et versait des larmes ; son émotion se communiquait, tous ses auditeurs pleuraient avec lui.

Au mois de novembre, il donna avec le Père Sigaud
une retraite au Revest-du-Bion, et elle réussit aussi bien que
la mission qu'ils y avaient donnée quelques années auparavant ; presque tous les paroissiens en profitèrent. Il
prêcha ensuite des missions aux paroisses de Villedieu et
du Rasteau qu'il avait déjà évangélisées. Il vint ensuite à
Mirabeau avec le Père Bermes, natif de Monteux, qui
savait parler provençal. Ils firent des conférences en cette
langue. Tous les hommes de Mirabeau vinrent les entendre, et en grande majorité ils se trouvèrent réunis à la
communion générale.

Le 6 mai 1856, le Père Françon écrivait de Ste-Tulle
à M. Véve : « Je croyais avoir fini mes prédications, et
pouvoir prendre un peu de repos, à la fin du mois d'avril ;
mais il m'a fallu retourner au travail. Dieu soit béni ! Il
donne la santé et la force ; il est juste de les employer à son
service et à sa plus grande gloire. Je prêche à Ste-Tulle une
retraite qui finira dans quinze jours, et après, j'aurai encore
une petite retraite à donner aux gens de Mirabeau qui, il
y a peu de temps, ont bien profité de la mission. J'ai donné,

cet hiver, des retraites ou des missions aux bons religieux de Sénanque, à la Bastidonne, à Mirabeau, au Rasteau, à Villedieu, à Entraigues. Je commence à en avoir assez pour cette année. J'ai été bien content partout. La retraite de Ste-Tulle sera probablement celle qui me contentera le moins.

« Vous voilà curé de Pernes. — On m'a dit que vous avez eu beaucoup d'hommes à Pâques, et que vous allez faire de Pernes un pays modèle.

« Vous avez dû recevoir comme moi une lettre du Père Ricard, datée de sa résidence de l'Orégon. Les journaux ont annoncé qu'un de ses compagnons, le Père Pandosi, a été massacré par les sauvages. Dieu soit béni et loué éternellement ! *Fiat ! Fiat !*

*

1856-57

Retraite à Sénanque. — Missions, Jubilés aux Beaumettes, à Mazan, à St-Blaise, à Bioux, à Vedène, au Rasteau, à Caromb, à Malemort, à Saignon, à Mirabeau, à La Bastidonne, à Ste-Tulle, à Lagnes et à Croagnes.

Le Père Françon a noté dans ses *Annales*, qu'au mois de novembre 1856, il prêcha d'abord la retraite aux Religieux de Sénanque : « Ils n'étaient pas bien nombreux, mais ils étaient bien édifiants, et ils observaient leur règle d'une manière admirable, ils étaient déjà convertis et bien convertis. »

Dans sa lettre du 6 juin 1837, il énumère à M. le Curé de Pernes les prédications qu'il vient de faire pendant six mois : « Je suis revenu à Notre-Dame de Lumière, vers le milieu du mois de mai, après avoir évangélisé cette année

les paroisses des Beaumettes, de Mazan [1], de St-Blaise, de
Buoux, de Vedène, du Rastean, de Caromb, de Malemort,
de Saignon, de Mirabeau, de la Bastidonne. J'ai été
content partout, et je n'ai pas été fatigué. Dieu soit béni !
Vous avez bien prié pour moi. » Il oubliait des prédications
dont il a parlé dans ses *Annales* : une retraite de première
communion à Ste-Tulle, une retraite pascale aux hommes
de Noves qui, y compris les Pénitents, se sont trouvés bien
nombreux à la sainte table, et deux jubilés, l'un à Lagnes,
l'autre à Croagnes. Les oblats n'avaient pas encore prêché
dans ces deux bonnes paroisses. Ils furent contents surtout
à Croagnes, où les hommes ont l'habitude de faire leurs
pâques. Aucun ne manqua à la communion du jubilé.

En arrivant à Notre-Dame de Lumière, le Père Françon
eut la joie d'y trouver pour Supérieur son cher Père
Ricard. Quand il apprit son retour de l'Orégon, il s'écria :
Quel bonheur ! Je n'espérais plus le revoir sur la terre ce
bon Père. Sous sa direction il reprit avec plus d'ardeur
ses prédications.

1 M. Malachane, alors curé de Mazan, a consigné sur les registres de
la paroisse le souvenir de la retraite, que le Père Françon vint prêcher
aux hommes seulement, en 1854, du 15 au 26 décembre : « Par sa
parole simple, mais puissante, il a charmé et touché son auditoire de
plus de six cents hommes, qui sont venus communier le jour de Noël. Le
soir de cette belle fête, il a fait un sermon si touchant, que tous ses
auditeurs étaient attendris jusqu'aux larmes. Le lendemain, fête de
St-Étienne, il a conduit la population à la Croix de la Mission de 1858,
érigée devant la chapelle de St. Roch. Il est monté sur le piédestal de
ce monument, qui rappelait à tous tant de pieux souvenirs, et il a
adressé une chaleureuse allocution à la foule qui l'entourait. Ici encore
bien des larmes ont coulé, et l'infatigable missionnaire a pu constater
avec bonheur que la semence jetée, par lui et les Révérends Pères Bise,
Rey et Sigaud, cinq ans auparavant, avait germé et produit des fruits de
salut. »

*

1857-58

Jubilés et Missions à Plaisians, au Villars, à Beaumont de Pertuis, à
Aubignan, à St-Trinit, à Aurel et à St-Christol.

Le Père Françon a relaté dans ses *Annales* ses travaux
de l'année 1857-58. Il donna les exercices du Jubilé d'abord
à Plaisians où il avait déjà prêché plusieurs fois, puis au
Villars où il n'avait jamais été appelé. C'était une très
bonne paroisse. Les exercices furent très bien suivis, et il
ne manqua que quelques hommes à la communion générale. Il fut très content.

Il le fut moins à Beaumont de Pertuis, où il prêcha avec
le Père Bessac. « Les hommes vinrent bien entendre les
sermons et encore mieux les conférences ; mais on n'en
compta qu'un tiers à la communion générale. » (*Annales*).

Il vint ensuite avec son compagnon prêcher à Aubignan,
où l'on se souvenait encore bien de la mission prêchée par
le Père Honorat quarante ans auparavant. Les hommes
vinrent en foule entendre les missionnaires Oblats, et ils se
trouvèrent fort nombreux à la sainte table.

Après Pâques, le Père Françon prêcha le jubilé dans
le canton de Sault, à St-Trinit, à Aurel, à St-Christol.
Il fut content de ces trois bonnes paroisses, où les hommes
profitèrent bien des exercices du jubilé.

Le 20 juin 1858, il écrivait à M. Véve : « Me voilà de
retour à Notre-Dame de Lumière. Depuis six mois, je
prêche, je confesse, je parcours le diocèse de long en large.
J'ai terminé mes jubilés, le 2 juin à St-Christol. Je voudrais

aller m'ensevelir dans un désert pour ne plus en sortir. Que la sainte volonté de Dieu soit faite !

« Notre bon Père Ricard se trouve un peu mieux. Nous allons avoir un nouveau juniorat. Priez le bon Dieu de bénir cette entreprise, pour qu'elle nous procure de bons et saints missionnaires. »

*

1858 — 59

Jubilés et missions à Lioux, à Causans, à Margerie, à Montségur, à Gadagne, à Malemort, à Beaumes, au Bon Pasteur d'Avignon, à Bonnieux, à Gordes, à Aubignan, à Notre-Dame-des-Vignères et à St-Hippolyte.

Au mois d'octobre suivant 1858, le Père Françon se remit en campagne. Le travail ne lui manqua pas, de partout on le demandait pour prêcher le nouveau jubilé que Pie IX venait d'accorder. Il fut d'abord appelé à Lioux, où il avait déjà prêché plusieurs fois, et ensuite à Causans, où tous les paroissiens suivirent le bon exemple donné par la famille de leur châtelain, M. le marquis de Causans.

Il alla ensuite, avec le Père Martin, prêcher le jubilé dans deux paroisses de la Drôme, à Margerie et à Montségur qu'il connaissait, et où il était bien connu et vénéré. Il fut très content de toutes ces paroisses, ainsi que de celle de Gadagne, où la majorité des hommes se trouva réunie à la communion générale.

En quittant Gadagne, le Père Françon prit pour compagnon le Père Vivier, et alla prêcher le jubilé à Malemort, à Beaumes et à Bonnieux. Dans ces paroisses, il trouvait de bonnes populations qu'il avait souvent évangé-lisées, et des curés zélés qui étaient ses condisciples et amis ; il ne trouva aucune difficulté ; il eut beaucoup de travail et de succès.

Il eut un auditoire d'un autre genre au couvent du Bon Pasteur, à Avignon ; d'où il écrivait, le 23 janvier 1859, à son Provincial, le Père Aubert : « Depuis trois jours je prêche la retraite au couvent du Bon Pasteur. Mon auditoire est très varié, il se compose des religieuses, des madeleines, des préservées, des pensionnaires et des orphelines. Ce n'est pas facile d'intéresser tout ce monde, et de dire chaque fois quelque chose à l'adresse de chacune de ces différentes catégories d'auditrices.

« On m'a dit que vous êtes fâché de ce que je ne veux pas aller prêcher le jubilé à Gordes ; mais loin de le refuser, j'ai répondu à mon Rév. Père Supérieur, que je m'offrais de grand cœur pour aller donner ce jubilé. »

Le Père Nicolas, dans sa notice, explique les difficultés que le Père Françon rencontra pour prêcher ce jubilé, et comment il s'en tira : « M. Isnard, curé doyen, de Gordes était un lettré, amateur des formes les plus nobles du langage français, et pour ses paroissiens, qui ne manquaient pas de formes, il ne voulait ni du Père Françon, ni de son provençal, il comptait sur un beau diseur, qui au moment voulu, ne put venir. Le Père Françon étant seul disponible, il finit par l'accepter.

« C'est après le jubilé de Bonnieux que le Père Françon vint prêcher celui de Gordes. Il savait les préventions qu'on avait contre lui et contre sa manière de prêcher. Il prêcha en provençal dès son premier sermon ; mais son exorde fut si habile, si insinuant, si incisif, qu'il est resté dans toutes les mémoires. Il commença ainsi :

« *Mi fraire, vène de precha lou jubilè à Bouniéu, e quand n'en siéu parti, ai rescountra un brave ome que* m'a di : *Paire Françoun, mountei qu'anas mai prècha.* — *l'ai respondu : Vau à Gordo.* — *Anas à Gordo !* — *Marri pais ! Eh bèn ! vous n'en sourète ! A Gordo ! aquèu pais de roular, d'assassin, mounté se passo pas d'anado que noun se ié coumète quauque crime ! Anas au tribunau d'At, toujour de gent de Gordo ; anas eis assiso de Carpentras, toujour de gent de Gordo ! Escoutas, Paire Françoun, se voste jibilé ruissi à Gordo coume aquèu que renès de precha à Bounieu, vous doune un merlé blanc !*

Eh ben ! mi *Fraire,* s'écriait le Père Françon, *aquèu merle blanc, lou tène ! mè lou farés gagna, bravi gent de Gordo, farés touti voste jibilé, et lou farés mieu que li gent de Bounieu. Se ia eici quauqui pàuri peccadou, saran li proumié à veni au jibilé, e dounaran lou bon exemple !...* et il se mettait à faire l'éloge des habitants de Gordes, à leur témoigner son amour et sa confiance, et il finissait par dire : *Oh mai ! à Lumièro, sian dòu cantoun de Gordo ! E acò ei tout dire.* » [2]

·

1. « Mes Frères, je viens de prêcher le jubilé à Bonnieux, et quand j'en suis parti, j'ai rencontré un brave homme qui m'a dit, Père Françon, où allez-vous encore prêcher ? — Je lui ai répondu : Je vais à Gordes. — Vous allez à Gordes ! Eh bien ! Je vous en souhaite ! à Gordes ! ce pays de voleurs, d'assassins, où il ne se passe pas d'année, sans qu'on y commette quelque crime. Allez au tribunal d'Apt, il y a toujours des gens de Gordes ; allez aux assises de Carpentras, toujours des gens de Gordes ! Ecoutez, Père Françon, si votre jubilé réussit à Gordes, comme celui que vous venez de prêcher à Bonnieux, je vous donne un merle blanc !

« Eh bien ! mes Frères, s'écria le Père Françon, je le tiens ce merle blanc ! Vous me le ferez gagner, braves gens de Gordes. Vous ferez tous votre Jubilé, et vous le ferez mieux que les gens de Bonnieux. S'il y a ici quelques pauvres pécheurs, ils seront les premiers à venir au jubilé, et ils donneront le bon exemple.

2 Oh ! mais à Notre-Dame de Lumière, nous sommes du canton de Gordes, et cela est tout dire.

L'auditoire était gagné et le curé aussi. Le Jubilé eut un succès complet. Le Père Françon avait conquis la liberté de prêcher en provençal, même à Gordes. Il a écrit dans ses *Annales* : « Les exercices du Jubilé de Gordes n'ont duré que quinze jours, mais il y a eu un entrain admirable. Le Père Françon n'a prêché qu'en provençal, et ce langage loin d'offenser les habitants, les a tous attirés à l'église. Les autorités civiles ont donné le bon exemple, et la communion générale des hommes a été très nombreuse. Nous avons clôturé le Jubilé par la procession du saint Sacrement. »

Après Pâques, le Père Françon prêcha encore une retraite à Aubignan et le jubilé aux Vignères, où il eut à la communion générale la majorité des hommes, et à St-Hippolyte, où il les eut tous.

Après cette longue et laborieuse campagne d'hiver il était revenu depuis trois ou quatre semaines à Notre-Dame de Lumière, où il avait bien mérité de prendre un peu de repos, lorsque une lettre d'obédience l'envoya en résidence à Notre-Dame de Bon Secours, dans le diocèse de Viviers.

CHAPITRE V

RÉSIDENCE DU PÈRE FRANÇON À NOTRE-DAME DE BON SECOURS

1. Arrivée à Notre-Dame de Bon Secours. — 2. Prédications du Père Françon à Brahic, à St-Genest-de-Bauzon, à Dornas, à Bessège, à Valgorge, à Rosières, et à Chapias.

1. Le Père Françon se rendit à Notre-Dame de Bon Secours, sans annoncer son départ à personne, pas même à son intime ami, M. Vève. Celui-ci, quand il l'apprit, lui écrivit, et il reçut cette réponse, datée du 12 juillet 1859 :

« Oui, mon cher, je suis à Bon-Secours. On me croyait inamovible, mais j'ai reçu une lettre d'obédience, qui a fait voir à tout le monde que, dans les Communautés religieuses, il faut obéir et partir. Cependant je ne suis pas du tout fâché de ce changement. Je désirais connaître un peu les bons chrétiens du Vivarais, et je suis déjà bien content de me trouver au milieu d'eux. Dans ce pays, la foi est très vive, les dimanches sont bien sanctifiés, et les offices bien fréquentés. Dès le premier jour de mon arrivée, il m'a fallu confesser.

« Notre chapelle est située sur une petite hauteur et environnée de quelques habitations. Dans les champs, on ne voit que des vignes et des mûriers, pas une goutte d'eau, si ce n'est dans les citernes.

« J'ai passé à Nîmes, le 16 juin, le jour de la fête du grand St-François-Régis ; et vous savez que c'est ce même jour, en 1832, que nous avons été ordonnés prêtres, à

Nimes, dans la chapelle du Grand Séminaire. J'aurais voulu pouvoir m'arrêter, pour aller prier dans cette chapelle. Mais pas possible ; je n'ai eu que le temps de changer de vagon, pour prendre le train d'Alais et de Saint-Ambroix. J'ai vu tous ces pays par les fenêtres des voitures. Je vais donc exercer le saint ministère, dans ces pays bénis et sanctifiés par St-François-Régis qui les a évangélisés. J'espère, avec son secours, faire quelque chose pour le salut de ce bon peuple des montagnes du Vivarais. Priez pour moi.

« Vous me parlez d'un pèlerinage que vous voulez faire à Notre-Dame de la Salette. C'est excellent ; mais je crois que le pèlerinage au tombeau de S. François Régis doit passer avant. En revenant de la Louvesc, vous descendrez à Notre-Dame de Bon Secours ; je vous attends. »

2 Le Père Françon ne fit pas un long séjour à Notre-Dame de Bon-Secours ; habitué aux travaux continuels des pèlerinages et des missions, il trouvait qu'il n'avait pas assez de travail dans sa nouvelle résidence. Le 12 octobre 1859, il écrivait à son Rév. Père Provincial. « Je suis réellement confus de voir que je ne fais presque rien ici ; j'ai fait une fois le prône, j'ai confessé, le 15 août et le 8 septembre; j'ai prêché une fois dans une paroisse, et donné une retraite à des religieuses. Pour l'hiver, notre Père Supérieur m'a dit qu'il me fera prêcher une retraite, je ne sais si elle sera de trois jours ou de huit jours ». Cependant le travail ne lui manqua pas : il a écrit dans ses *Annales* que, dans l'hiver de 1859-60, il prêcha des missions à Brahic et à St-Genest de Banzon, une retraite à Dornas, et le carème à Bessége dans une église provisoire : c'était une vaste salle

sous laquelle se trouvaient les machines et les chevaux, qui servaient à l'exploitation des mines et forges de Bessége.

Nous n'avons pas la lettre dans laquelle il parlait à M. Vève de ses travaux dans le Vivarais ; mais nous avons la réponse de son ami, qui le félicitait de ses prédications. « Vous habitez, lui écrivait-il, le 16 juin 1860, les pays évangélisés par saint François Régis, notre patron du 16 juin. Vous avez eu la joie de parcourir les pays où il a prêché, de dire la messe aux autels où il a dit la messe ; vous avez déjà fait des missions dans plusieurs paroisses : Brahic, St-Genest, Dornas, Valgorge, Rosières, Chapias. Il est probable que S. François Régis a prêché dans ces pays. Comme cette pensée devait vous encourager dans vos travaux de missionnaire ! Mais ce n'est pas dans le Vivarais que vous devez être, c'est à Notre-Dame de Lumière, où l'on vous réclame, et où vous ne tarderez pas de revenir. Il faut que vous y soyez au mois d'août et de septembre, pour recevoir les pèlerins ».

Pour s'exprimer d'une manière si précise, M. Vève avait dû être informé du prochain retour du Père Françon à Notre-Dame de Lumière. En effet, ses Supérieurs l'y rappelèrent, avant la fin du mois de juillet.

CHAPITRE VI

TROISIÈME RÉSIDENCE DU PÈRE FRANÇON
A NOTRE-DAME DE LUMIÈRE

1860-1880

1 Retour du Père Françon à Notre-Dame de Lumière. — 2 Ses prédications pendant vingt ans, de 1860 à 1880.

1 Le Père Françon était resté à peine une année à Notre-Dame de Bon-Secours. Tout le monde le réclamait à Notre-Dame de Lumière ; Messieurs les Curés le demandaient pour lui faire prêcher des missions et des retraites ; les pélerins se plaignaient de ne pas le trouver à son poste, les jours de concours. Mais où est-il ? s'écriait-on. Quand est-ce qu'il reviendra ? Et lui aussi sans doute regrettait de n'être plus à Notre-Dame de Lumière. Il a écrit dans ses *Annales* : « Aux concours de l'année 1859, le Père Françon n'y était pas pour donner les avis en provençal ; on les a donnés en français ; mais il est revenu, le 21 juillet de l'année suivante, après avoir passé un an à Notre-Dame de Bon-Secours. Les pélerins ont été contents de le voir de nouveau présider les exercices des pélerinages, ils pouvaient lui parler, l'entendre ; et Messieurs les curés pouvaient le faire prêcher dans leurs paroisses. »

Revenu à Notre-Dame-de-Lumière, le Père Françon y continua encore pendant vingt ans ses travaux de missionnaire infatigable. Pour rendre compte de ses prédications, nous n'avons plus les récits que nous trouvions dans ses lettres à M. Vève. Ce bon curé de Pernes mourut en 1865. Il nous reste seulement les notes que le Révérend Père a consignées dans ses *Annales de Lumière*. Le compte rendu de ses missions serait bien monotone ; nous nous contenterons de les indiquer, année par année, de 1860 à 1880, et de relater les particularités qui pourront offrir quelque intérêt. Ce sera suffisant pour faire comprendre l'importance de ses travaux.

*

1860-61

Retraites à Blauvac, à Notre-Dame des Valayans, à St-Pierre-de-Vassols.
Mission à St-Didier-sur-Pernes, à St-Pierre de Bollène, à Loriol. —
Retraites à Monteux, à Aubignan, à Joncquières, à Vedène.

Au mois de novembre, le Père Françon alla prêcher des retraites à *Blauvac* et aux *Valayans* et ensuite une mission à *St-Pierre-de-Vassols*. Dans cette paroisse, tous les hommes participèrent à la communion générale. Un jeune protestant fit son abjuration et fut baptisé.

Au mois de février, le Père Françon prêcha avec le Père Gibelin une mission à *St-Didier*, près Ste-Garde. Il ne manqua que deux hommes à la communion générale. On fit deux belles processions : l'une pour la translation du corps de M. le curé Martin, fondateur de Ste-Garde ; l'autre pour la bénédiction de la Croix qui fut érigée au cimetière.

Il prêcha ensuite à *St-Pierre de Bollène*, à *Loriol*, à *Monteux*, à *Aubignan*, à *Joncquières* et à *Vedène*.

*

1861-62

Le Père Françon prêcha des retraites à *Goult*, aux *Frères Oblats* de Notre-Dame de Lumière, à *St-Didier*, à *Pernes*, à *St-Michel d'Uchaux*, à *Malemort*, et des missions à *Peypin-d'Aigues*, à *Suzette*, à *Verdolier*, au *Buis-les-Baronnies*. Au mois d'avril, il donna avec le Père Gibelin une mission à *St-Pierre-de-Bollène*. Il fut très content de cette paroisse qui n'est composée que de campagnes disséminées, et pour la plupart fort distantes de l'église. Avec M. le Curé (M. Gay), son condisciple et ami, il alla visiter les habitants, qui profitèrent tous bien de la Mission.

Au mois de janvier 1862, le Père Françon eut la douleur de perdre son cher Supérieur et ami, le Rév. Père Ricard. Ce bon Père eut une attaque d'apoplexie le jour de l'Epiphanie, et il mourut deux jours après. De tous les environs on accourut à ses funérailles, et le Père Françon, surmontant la douleur qui lui serrait le cœur, prononça l'éloge funèbre de son vénéré Supérieur ; il le pleura, et tous les assistants le pleurèrent aussi, et l'accompagnèrent à la chapelle de St-Michel, où il fut enseveli dans le tombeau des Oblats.

Quelques jours après, je passai à Notre-Dame de Lumière, et j'y trouvai le Père Françon vivement affecté par la mort du Père Ricard. Il était pâle et avait l'air souffrant. Nous nous promenions dans le jardin, lorsque levant les yeux vers la chapelle de St-Michel, il me dit : « *I'ès, amoundau, à san Michèu, lou bon Paire Ricard, e ièu tardarai pas de i'ana tèni coumpagno* [1]. — Oh ! non, pas encore, mon Père, lui dis-je ; *Grandis adhùc tibi restat via* ; vous avez encore du chemin à parcourir, il vous reste beaucoup de bien à faire, un grand nombre d'âmes à sauver. » Je ne me

[1] Il y est, là-haut, à St-Michel, le bon Père Ricard, et moi je ne tarderai pas d'aller lui tenir compagnie.

trompais pas : le Père Françon survécut vingt-sept ans au Père Ricard.

*

1862-63

Il prêcha des missions, et des retraites d'abord à *Ferrassières* (Drôme) et ensuite *au Thor* avec les Rév. Pères Nicolas et Bonnefoy, et, seul, au *Beaucet* à *Mors* et à *Monteux*.

*

1862-64

Prédications à *Barret-de-Lioure* (Drôme) à *St Michel-d'Uchaux*, à *Lacoste*, à *St-Pantaléon*, et à *Beaumes de Transit* (Drôme). C'était la première fois que le Père Françon prêchait dans cette paroisse. Tous les habitants suivirent les exercices de la mission, et à la communion générale, il ne manqua qu'un bien petit nombre d'hommes. Il vint ensuite prêcher une retraite pascale à *Visan*, où tous les hommes voulaient se confesser à leur ancien vicaire ; il y en eut cinq cents à la sainte table le jour de la communion pascale·

Après avoir donné une mission à *Auribeau*, le Père Françon alla prêcher, au mois de mai, dans une paroisse de Marseille, afin de préparer les fidèles à la fête que l'on célébra pour la consécration de l'église de Notre-Dame de la Garde. Il y assista, et il eut la joie d'y voir, au nombre des évêques, son ancien élève Mgr Faraud, qui venait d'être sacré à Tours par Mgr Guibert.

Au mois de juin, Mgr Faraud vint passer quelques jours à Notre-Dame-de-Lumière. Il alla ensuite visiter ses parents à *Bédarrides* et à *Gigondas*, son pays natal, qu'il n'avait plus revu depuis huit ans. Le Père Françon l'y avait devancé pour le recevoir à la tête de toute la population rangée en procession.

A la fin du mois de juillet, on célébra les fêtes du couronnement de Notre-Dame de Lumière, et le Père Françon y eut sa bonne part de travail, de joie et de consolation.

*

1864-65

Missions et retraites prêchées par le Père Françon à *St-Blaise* et à *St-Martin-de-la-Brasque*, ensuite avec le Père Gibelin, à *Cabrières-de-l'Isle*, aux *Valayans*, à *Bouchet*, à *Beaumes-de-Transit* et à *Bédarrides*, et il alla seul prêcher à *Pierrevert* (Basses-Alpes).

*

1865-66

A la fin du mois d'octobre, avant de partir pour les missions, le Père Françon apprit la mort de son plus intime ami, M. Vève, et il écrivit dans ses *Annales* : « M. Vève, curé de Pernes, est mort en odeur de sainteté ; c'était un ami des Oblats, il venait chaque année avec ses paroissiens à Notre-Dame de Lumière ; c'est lui qui a peint plusieurs des tableaux *ex-voto* qui sont dans la chapelle. Ce saint curé était l'intime ami du Père Françon. »

Au mois de novembre, le Père Françon prêcha le jubilé à *St-Pierre-de-Vassols*, et au mois de décembre avec le Père Bonnefoy, à *St-Saturnin-les-Avignon*. — Pendant le carême, avec le Père Trouin il prêcha une mission à *St-Restitut* (Drôme). Les Oblats n'étaient jamais venus dans cette paroisse, ils attirèrent tous les habitants à leurs instructions, et ils les eurent presque tous à la communion générale, le jour de Pâques. En quittant St-Restitut, le Père Françon alla encore donner les exercices du jubilé au *Revest-du-Bion* (Basses-Alpes).

*

1866-67

Missions, au mois de novembre à *Entrechaux*, par les Pères Françon et Bonnefoy, et, en décembre à *Tavel* (Gard) par les Pères Françon et Rouvière. « Il y avait dans cette paroisse, depuis vingt-cinq ans, un curé qui était un saint à faire des miracles ; aussi la mission a bien réussi. Toute la population est venue assister aux exercices, à toutes les cérémonies ; et il a manqué bien peu d'hommes à la communion générale. Le jour de la clôture, on a béni et porté en triomphe, dans les rues pavoisées, une statue en fonte de la Sainte Vierge, et on l'a placée sur la façade de l'église, aux acclamations de toute la population enthousiasmée. Le soir, il y a eu encore des illuminations et des chants devant la statue de Marie ». (*Annales*).

Le Père Françon prêcha ensuite des retraites pascales à *Suze-la-Rousse* avec le Père Bonnefoy, à *Monteux* avec le Père Trouin, et tout seul à *Richerenches* et à *Tavel*.

*

1867-68

Mgr Meirieu, évêque de Digne, ayant demandé aux Rév. Pères de Notre-Dame de Lumière, s'ils pourraient venir prêcher dans les paroisses pauvres de son diocèse, en se contentant de recevoir, pour tous honoraires, leurs frais de voyage, sa proposition fut acceptée. M. Terrasson, curé de Forcalquier, fut chargé de désigner les paroisses où des missions seraient données. Il appela d'abord les Oblats à *Mane*, où les Pères Françon et Mauran vinrent, au mois de décembre, prêcher une mission avec assez de succès. Ensuite le Père Mauran fut envoyé à Limans, où il réussit assez, et le Père Françon à *Mallefougasse*, d'où il fut obligé de revenir, sans pouvoir y commencer ses prédications. Aussi à son retour à Notre-Dame de Lumière, il écrivait dans ses *Annales* : « Il ne nous arrivera plus d'aller prêcher des missions, sans être appelés par Messieurs les les curés » [1].

[1] Le Père Françon n'a pas relaté dans ses *Annales*, comment il fut reçu à Mallefougasse; mais il a raconté plus d'une fois l'aventure qui lui arriva : « Cette petite paroisse, située au bas de la montagne de Lure, avait un curé vieux, infirme, et persuadé qu'il n'y avait rien à faire avec ses paroissiens. Son vieil ami, M. Terrasson, plein de zèle et d'activité, lui écrivit qu'il lui enverrait le Père Françon pour prêcher une petite retraite, et quoique il n'eût reçu aucune réponse à sa lettre, il fit partir le missionnaire.

« Pour ne faire aucun frais de voyage, le Père Françon, selon son habitude, fit à pied le trajet de quatre à cinq lieues qu'il y a de Forcalquier à Mallefougasse. Le sol était couvert de neige, et il faisait froid dans ces pays de montagne. C'était déjà nuit, quand le missionnaire arriva au presbytère : il trouva M. le curé devant sa cheminée, dont il accaparait toute la chaleur. « Bonsoir, Monsieur le Curé, lui dit-il. *Qu sias?* répond le curé qui était presque aveugle, et ne se retourna pas pour regarder son visiteur. — *Sieu lou missiounari, que Moussu lou Curat de Fourcauquié vous mando per precha la missien a vosto parroisso. — Eh ben ! qu'aqueu qué vous a manda vous rémande. — Mai, Moussu lou curat, es per vous ajuda a prépara vostis ome à faire si pasqua. — N'an pas besoun de vous,*

Le Père Françon donna ensuite une mission à *Pourrières*, diocèse de Fréjus ; au mois d'avril, il prêchait avec

fau proua icû ; è piei, ia ren a faire icí ; deqin venariè vous escouta. — Se assajaian un pòu, lis anaren cerca, lis one. — Vous dise que ia ren a faire, e vous ai di ; que ngacu que vous a manda vous rèmande. — Mais es nue, monte voules que vague, aro ? Me farés ou mens un pòu soupa et coucha.

« *Mioun*, dit alors M. le Curé à sa servante, *as pér faire soupa aqueu Moussu ?* — Oh! oui, *trouvaren ben quicon* » Et Mion prépare et sert le souper, où la conversation n'eut pas beaucoup d'entrain. A la fin, Mion demande à son maître : « *Mounté faren coucha Moussu lou missiounari ? — Fai lou coucha à la chambro dou porc !* »

« En entendant cette réponse, le Père Françon se demande si on va le faire coucher, sur la litière, à côté d'un goujard peu attrayant. Mais ses craintes étaient vaines. On le conduit dans la chambre, où l'on avait suspendu ou étendu les divers quartiers d'un porc récemment occis et salé. Ce voisinage n'avait rien d'incommodant. Le Père Françon dormit tranquillement, toute la nuit et, le lendemain matin, il retourna à Forcalquier, et il dit à M. Terrasson : *ia ren agu a faire à Mallofougasso ; Moussu lou curat n'a gi vouju de mission*, et il lui raconta tout ce qui s'était passé. »

« Qui êtes-vous ? — Je suis le missionnaire, que M. le curé de Forcalquier vous envoie, pour prêcher la mission à votre paroisse. — Eh bien ! que celui qui vous a envoyé, vous renvoie. — Mais M. le curé, c'est pour vous aider à préparer vos hommes à faire leurs pâques. — Ils n'ont pas besoin de vous ; je fais assez, moi ; et puis, il n'y a rien à faire ici, personne ne viendrait vous entendre. — Si nous essayions un peu ; nous irons les chercher, les hommes. — Je vous dis qu'il n'y a rien à faire, et je vous ai dit : que celui qui vous a envoyé, vous renvoie. — Mais c'est nuit ; où voulez-vous que j'aille maintenant ? Vous me ferez au moins un peu souper et coucher.

« Mion, as-tu pour faire souper ce Monsieur ? — Oh! oui, nous trouverons bien quelque chose... Où ferons-nous coucher Monsieur le missionnaire ? — Fais-le coucher à la chambre du porc. »

Il n'y a rien eu à faire à Mallefougasse; M. le curé n'a pas voulu de mission.

le Père Mauran à *Tavel*. Il y retrouva le même empressement et le même succès qu'à la mission de l'année précédente. La communion pascale réunit presque tous les hommes; quelques-uns qui n'avaient pas paru à la mission profitèrent de cette retraite, qui fut clôturée très solennellement. Aux côtés de la statue de la sainte Vierge inaugurée à la Mission, on plaça les statues des archanges St-Michel et St-Gabriel.

De Tavel, dans le Gard, le Père Françon alla prêcher dans la Drôme au *Buis-les-Baronnies* et à *St-Sauveur*, petite paroisse du canton du Buis. Mgr l'Evêque de Valence, en tournée pastorale, clôtura ces deux retraites, et fut très satisfait des communions, surtout à St-Sauveur, où personne ne manqua à l'appel.

*

1868-69

Retraites et missions prêchées par le Père Françon à la Congrégation des filles à *Mazan*, aux religieux de *Sénanque* qui étaient au nombre de 75, dont 17 étaient prêtres, à *Cabrières-de-l'Isle*, à *Vaugines*, aux pauvres de la *Charité* à Marseille, où il ne manqua à la communion que deux ou trois philosophes incrédules, à *St-Laurent-des-Arbres* (Gard), où à peu près tous les hommes firent leurs pâques, et, dans les Basses-Alpes, à *Redortier* à *La Roche-Giron* et à *Vachères*. Dans ces trois paroisses le missionnaire trouva beaucoup de foi et de bonne volonté, et il eut la joie de voir presque tous les hommes réunis à la sainte table. Il revint à Notre-Dame de Lumière, en faisant, sur sa route, de petites stations à Oppedette, au Villars et à Roussillon, où il prêcha le soir, au mois de Marie, gagnant ainsi son souper et son gîte.

*

1869 — 70

Retraites et missions prêchées par le Père Françon aux Religieuses de la *Charité* à Marseille, aux Religieux Cisterciens de *Segriés* (Basses-Alpes), à *Auribeau*, à *Roussillon*, à *Rustrel*, à *Velleron*, où il fut encore content de voir douze hommes à la sainte table ; à *Causans*, où il ne manqua personne à la communion ; et, dans la Drôme, *Aux-Blaches*, à *Beaumes-de-Transit* et à *La-Garde-Adhémar*. Le Père Françon paraissait dans cette paroisse pour la première fois ; il ne put y rester que huit jours, c'était trop peu au gré des habitants, qui voulurent tous gagner le jubilé ; il dut leur promettre de venir bientôt leur prêcher une mission. Il alla continuer ses prédications à *St-Laurent-des-Arbres*, à *Vaugines*, à *St-Roch-d'Uchaux*, bonnes paroisses qu'il avait déjà évangélisées plusieurs fois, et où il n'avait qu'à paraître, pour attirer tout le monde à ses sermons et à la sainte table. Il termina la longue série de ses jubilés aux *Abeilles* où il avait prêché vingt-cinq ans auparavant. Il trouva que les habitants avaient conservé leurs bons sentiments, il ne manqua que trois hommes à la communion.

*

1870 — 71

Ce fut l'année terrible, l'année de la guerre ; dans toutes les paroisses on était dans l'anxiété, dans la douleur. Le Père Françon resta à Notre-Dame de Lumière, où il notait dans ses Annales les principaux faits dont il était témoin : la joie que l'on eut, et la fête que l'on célébra, lorsqu'on reçut le décret du Concile du Vatican définissant le dogme de l'Infaillibilité du Pape ; le passage des mobiles de l'arrondissement d'Apt, qui firent une halte à Notre-Dame de Lumière, vinrent prier dans la chapelle, et firent dire des messes. Il y eut peu de monde aux pèlerinages des mois d'août et de septembre ; mais souvent des mères de famille venaient prier et faire brûler des cierges, pour la conservation de leurs enfants, exposés à la mort sur les champs de bataille.

Au milieu de toutes ces tristesses, le Père Françon eut à pleurer la mort d'un de ses meilleurs amis. Il écrivit dans ses *Annales* : « Le 19 décembre, on a célébré les funérailles de M. Ribail, curé de Monteux. Il est mort à l'autel, après l'élévation ; ses paroissiens ont perdu un saint curé, et les Oblats un excellent ami. »

Au mois de février, le Père Françon vit passer un millier de Garibaldiens qui se rendaient dans les Alpes. Ils firent une station à Notre-Dame de Lumière, où ils pillèrent tout ce qu'ils purent attraper ; ils continuèrent leurs pillages jusqu'à Sisteron, où l'on envoya des troupes pour les désarmer et les conduire à la frontière d'Italie. Quinze jours après, les mobiles des Basses-Alpes passèrent aussi ; mais ils étaient bien différents des Garibaldiens ; ils entraient dans la chapelle, pour remercier la Sainte Vierge de sa protection ; ils faisaient bénir des objets de piété qu'ils portaient à leurs familles.

Quand la tranquillité fut rétablie, le Père Françon prêcha des *Triduum* à *Roussillon* et à *Vaugines*, une retraite pascale à la *Roque d'Antheron*, et des retraites de première communion à *Lacoste* et à *Goult*.

*

1871 — 72

Jubilés prêchés par le Père Françon à *Lioux* et aux Religieux de *Segriès*. Le premier dimanche de carême, accompagné du Père Vigneron, il commençait la mission qu'il avait promise à *Lagarde Adhémar*. On l'attendait, on était avide de le revoir et de l'entendre. Durant trois semaines, tous accoururent aux exercices de la mission, et il ne manqua pas dix hommes le jour de la communion et de la clôture qui fut très solennelle. On bénit deux croix : l'une fut plantée le dimanche, et l'autre le lendemain par les enfants de la première communion.

Le jour de Pâques, le Père Françon terminait une retraite de trois semaines à *Châteauneuf-du-Pape*, où les hommes étaient toujours fidèles à remplir le devoir pascal, et il allait ensuite prêcher à *Mirabeau*, à *Maubec*, à *Oppède*, à *Velleron*, et à *St-Saturnin-les-Avignon*.

*

1872 — 73

Au mois d'octobre, le Père Françon va prêcher une retraite de huit jours aux Religieux de *Sénanque*. Ils étaient une quarantaine, tous fervents et fidèles observateurs de leur règle. Le Rév. Père Barnouin, leur abbé, n'était plus avec eux, il était parti pour aller restaurer l'abbaye de Lérins.

De Sénanque, le Père Françon alla prêcher huit jours aux *Religieuses Cisterciennes de Notre-Dame des Prés*, à

Reillanne. « Elles ont été fondées par le Rév. Père Barnouin, et elles suivent avec grande ferveur et régularité la même Règle que les Religieux de Sénanque. » (*Annales.*)

Après quelques prédications à *Roussillon*, à *Villes*, à *Blauvac*, à *Vaugines*, il alla commencer, le 8 décembre, la retraite des *Religieux de Lérins*. « Ils étaient bien disposés à en profiter, a-t-il écrit dans ses *Annales*. Dans cette île de bénédiction, les pierres parlent plus haut que les missionnaires. C'est un paradis. Les saints qui ont habité cette île sont innombrables. Cinq cents martyrs, immolés en un seul jour, l'ont fécondée, et lui font toujours produire des fruits de sainteté. Le Père Françon prêcha huit jours à ces bons Religieux, qui font revivre les vertus de leurs devanciers. Avec eux, il assista aux fêtes de Noël, aux offices pontificaux célébrés par le Rév. Père Abbé, son ami. A son retour, il s'arrêta un peu au grand séminaire de Fréjus, où le Rév. Père Balaïn, Supérieur, lui donna dix francs pour acheter des friandises et les distribuer aux juvénistes de Notre-Dame de Lumière. « Il dut être un peu embarrassé pour s'acquitter de cette commission, car il n'était pas fort sur la question des friandises.

Au mois de février 1873, il prêcha à *Roussillon* une retraite, et après, il se rendit à *St-Romain-de-Malegarde*, où il avait donné une mission, vingt-sept ans auparavant. Il trouva que cette paroisse s'était bien conservée. « Ces bons chrétiens, écrivait-il dans ses *Annales*, sont toujours aussi zélés et aussi dévoués à la religion et à leurs devoirs. Ils ont bien suivi tous les exercices, et les hommes sont à peu près tous venus communier.

« Pendant cette mission il arriva un accident au missionnaire : par mégarde il versa de l'eau bouillante sur sa jambe, et se fit une blessure assez grave. Malgré sa douleur, il monta en chaire, le soir, et commença son sermon; mais bientôt il tomba évanoui, et il fallut le descendre sans mouvement et sans vie. Il reprit ses sens, et tout en souffrant et en traînant la jambe, il continua sa mission jusqu'à la fin; et il constata que, si cet accident avait été douloureux pour lui, il avait fait une salutaire impression sur les bons habitants de St Roman. » [1] (*Annales*)

Il fallut conduire en voiture le Père Françon à Notre-Dame de Lumière, et là, le jour de la fête de St Joseph,

1. Il paraît que les paroissiens ne connurent pas la véritable cause de l'évanouissement du Père Françon. M. Jourdan, alors instituteur à St-Roman, bon chrétien, qui n'avait jamais entendu parler de neutralité scolaire, rédigea et transcrivit sur les registres de la paroisse le compte rendu de la mission. Après avoir fait l'éloge du nouveau curé, M. l'abbé Mille; « de son zèle pour la gloire de Dieu et le salut des âmes, qui lui avait inspiré l'heureuse pensée d'appeler à son aide le Père Françon, si connu dans toute la Provence par ses travaux apostoliques; » il raconte le fait de l'évanouissement. « Notre bon Père missionnaire, quoique épuisé par les austérités et les dures pénitences qu'il s'imposait, prêchait tous les jours, soir et matin.. Un soir ses forces trahissent son courage; au moment où il parlait avec le plus de véhémence, il s'arrête, s'affaisse et tombe dans la chaire. Un cri de douleur part à la fois de toutes les poitrines. On s'empresse de le relever et de le porter à la sacristie. Il était pâle, son pouls ne battait plus. On lui fait prendre un cordial. O bonheur ! il ouvre les yeux. Mais bientôt, il a une nouvelle défaillance ; on le transporte inanimé au presbytère. Grâce aux soins qu'on lui prodigue, il reprend ses sens, et le lendemain matin, il remonte en chaire et continue les exercices de la mission.

« Le jour de la clôture, premier dimanche de carême, à la communion générale des hommes, tous sont venus avec une cordialité touchante qui rappelle les plus beaux siècles de l'Eglise.

« Le soir, après les vêpres solennelles, on a béni une croix, on l'a portée en triomphe, et on l'a érigée sur un piédestal, au bord de la grande route, entre le village et le cimetière, comme trait d'union entre la vie et la mort. »

19 mars 1873, il écrivait au Rév. Père Fabre, son Supérieur général : « Je profite de mes loisirs pour vous écrire. Oui, mon Rév. Père, je me suis fait des loisirs sans le vouloir : j'ai fait, il y a un mois, prendre à ma jambe un bain d'eau bouillante. Cette pauvre jambe fut très mal traitée ; une plaie très mauvaise s'y forma aussitôt ; il me fallut cependant continuer les exercices de la mission. Maintenant depuis trois semaines, je suis dans ma cellule, la jambe sur une chaise, sans bouger. Mais la Sainte Vierge vient à mon secours ; j'ai mis de l'huile de la lampe de N.-Dame de Lumière sur ma blessure, et le mal disparaît et la plaie se cicatrise.

« Samedi prochain, je vais reprendre mes travaux qui m'occuperont, jusque bien avant dans le mois de mai. »

Il alla d'abord à *Villes*, où il avait prêché trente ans auparavant une mission, dont tout le monde avait profité ; « et maintenant, écrivait-il dans ses *Annales*, le pays n'est plus reconnaissable : peu d'hommes vont à l'église, et il n'y en qu'une septantaine qui fassent leurs pâques. La retraite n'en a pas fait venir un de plus. »

Il fut plus heureux dans les huit jours qu'il prêcha à *Bonnieux*, où il eut, le dimanche *in Albis*, une communion d'hommes assez nombreuse et bien édifiante.

Il alla ensuite à *St-Martin-de-Renacas* (Basses-Alpes), et il fut content de la bonne volonté des habitants qui vinrent l'entendre, quoiqu'ils fussent fort occupés aux travaux des champs.

Il termina ses prédications à *Goult*, où il prêcha la retraite aux enfants de la première communion.

1873-74

A la fin du mois d'octobre, le Père Françon prêcha une retraite à *Roussillon*. Au mois de novembre, il eut la joie de paser quelques jours à Notre-Dame de Lumière avec son élève Mgr Faraud, et de l'accompagner à l'Isle, à Carpentras, à Gigondas, à Causans, et il alla ensuite prêcher quelques sermons à Violès, à Visan et à Richerenches.

Au mois de février il commença une série de retraites pascales : à *St-Léger*, où il n'avait jamais prêché, les hommes hésitaient à venir aux exercices ; le maire ayant été révoqué, ils vinrent presque tous. — *Aux Grands Cléments*, M. le Curé Julien étant malade, le Père Françon confessa presque tous les paroissiens. A *Ste-Cécile* pays riche autre fois, devenu pauvre à cause de la perte des vignes, il y eut le jour de Pâques une belle communion d'hommes. A *Vénasque*, Mgr l'archevêque vint confirmer pendant la retraite, que l'on clôtura par la bénédiction d'une croix qui remplaça une des trois croix plantées à la mission de 1840. En rappelant le souvenir de cette mission, le Père Françon excite l'enthousiasme de la population et assure le succès de sa prédication.

Il va ensuite avec le Père Gibelin au *Revest-du-Bion*, où il avait déjà prêché plusieurs fois. Il y trouve toujours le même curé, qui depuis quarante ans jouit de la confiance et de l'estime de ses paroissiens, il a établi une chambrée chrétienne de 150 hommes et jeunes gens ; pas un ne manque à la communion générale, le jour de l'Ascension, et la retraite est clôturée, le dimanche suivant, par la première communion des enfants.

1874-75

Au mois d'octobre, le Père Françon prêcha la *retraite*, d'abord aux Junioristes de N.-D. de Lumière, et ensuite aux Rév. Pères et aux novices de la maison de *Notre-Dame de l'Osier*. Au milieu du mois de novembre, il va pour la quatrième fois prêcher la retraite aux religieux de *Sénanque*, « qui ont pour abbé le Rév. Père Gérard, un véritable saint ». Il va ensuite prêcher des triduum à *Caseneuve* et au *Villars* et quelques sermons, au *Beausset*, à *la Roque-sur-Pernes*, aux *Valayans*, à *Châteauneuf-du-Pape*, à *St-Saturnin-les-Avignon* et à *Robion*.

Au mois de février et de mars, le Père Françon avec le Père Bretagne prêcha le jubilé à *Caseneuve* et au *Villars* ; il fut content, et il a ainsi exprimé sa satisfaction dans ses *Annales* :

« A Caseneuve, bonne paroisse, les hommes vont à l'église, assistent aux offices, et en majorité font leurs pâques. Les deux tiers des habitants sont dispersés dans la campagne, à des distances considérables ; mais ils ont su surmonter toutes les difficultés, et ils ont bien fait leur jubilé. Leur bon curé, M. Bounot était un peu fatigué. Le jour de la clôture, après avoir célébré la messe de communion, à sept heures, il fut obligé de s'aliter et ne put assister à la cérémonie de la plantation de la Croix. Le lendemain et les jours suivants, il put dire la messe, mais le vendredi, il eut une violente crise d'asthme, et il mourut. Depuis longtemps ce saint curé était souffrant, le moment était venu, où Dieu voulait le récompenser de ses travaux et le couronner dans le ciel. Il avait fait beaucoup de bien dans sa paroisse, où tout le monde l'a regretté.

« La paroisse de *Villars* est aussi bonne. La plupart des hommes vont à la messe et font leurs pâques ; ils avaient bien profité du Jubilé que le Père Françon leur avait prêché en 1858 ; ils profitèrent bien aussi de celui de 1875. Le jour que le Rév. Père arriva pour commencer les exercices, M. le Curé dut partir pour se rendre à Morières où il était nommé curé, et le missionnaire fut laissé seul [1] pour les exercices du jubilé. Il fut aidé par les prêtres du voisinage, et le jour de la clôture, à peu près tous les hommes ont communié, le matin, et assisté, le soir, à la bénédiction de la croix qui a été plantée au cimetière ».

Le Père Françon prêcha ensuite pendant quinze jours une retraite à *Bollène*. Le jour de Pâques, la communion des hommes a été assez nombreuse et très édifiante ; le soir il y eut la bénédiction et l'érection d'une croix dans le nouveau cimetière.

Le Père Françon prêcha encore deux jubilés, l'un à *La Roque-sur-Pernes*, où les exercices furent bien suivis, l'autre à la *Motte-d'Aigues*. Il y a dans cette paroisse autant de protestants que de catholiques ; tous sont venus assister aux sermons ; toutes les femmes catholiques et un petit nombre d'hommes ont communié, et les protestants se sont contentés d'avoir une tenue convenable, en regardant passer la procession qu'on a faite pour la plantation de la croix.

---

[1] Il se mit en pension chez l'instituteur, M. Laurens ; il n'était pas difficile à nourrir. Les cuisinières des presbytères disaient : « Vivo lou Père Françoun que travaio ben, e manjo rèn ! Vive le Père Françon, qui travaille bien et ne mange rien ! »

*

1875-76

Dès les premiers jours du mois d'octobre, le Père Françon se mit à prêcher des jubilés, d'abord à *Joucas* et à *St-Pierre-de-Rollène*, paroisses qu'il avait déjà évangélisées, et qui de nouveau profitèrent bien de ses prédications.

Il vint ensuite à *Sablet*, où il n'avait plus prêché depuis quarante ans, à l'époque où il était curé de la paroisse voisine de Gigondas. Les difficultés qu'il y avait trouvées jadis n'avaient pas disparu ; cependant il réussit au delà de ses espérances, et M. le curé Beaulieu lui écrivait quelques jours après la clôture du jubilé : « Merci pour tout le bien que vous nous avez fait, pour la communion si édifiante et si nombreuse des femmes, pour celle des hommes qui remplissaient la grande nef de notre église. Ce jubilé laissera dans Sablet un souvenir impérissable. »

De Sablet le Père Françon alla prêcher pour la troisième fois à *Causans*. « Cette paroisse, lisons-nous dans ses *Annales*, est la meilleure du diocèse d'Avignon. Les hommes assistent à la messe et font leurs pâques ; ils suivent l'exemple qui leur est donné par M. le Marquis de Causans et sa famille ; ils sont dociles à la direction de leur bon curé. Aussi malgré le mauvais temps, tout le monde a gagné le jubilé, excepté le meunier qui n'a pas eu le temps. »

Le 8 décembre, le Père Françon commençait les exercices du Jubilé à *Loriol*, où il trouvait le même accueil et le même succès qu'à la mission qu'il y avait prêchée en 1860.

Au mois de janvier 1876, le Père Françon prêchait deux retraites : l'une à *Caseneuve*, l'autre à *Rustrel*, et deux jubilés ; à *Roussillon* et à *Veaux* petite paroisse au pied du Ventoux, du côté du Nord. Il y resta quinze jours ; toutes les femmes firent leur jubilé ; mais leur bon exemple ne fut suivi que par une douzaine d'hommes.

Au mois de février, le Père Françon prêcha le jubilé à *Gigondas*. Il avait bien connu cette paroisse, où il avait été trois ans curé, où il avait prêché une mission en 1850. « Il la trouva assez changée... Les hommes ne venaient pas nombreux à l'église ; il leur dit de dures vérités, en comparant leur religion d'autrefois avec leur négligence actuelle. Cependant il y eut à la communion un nombre d'hommes assez satisfaisant. » (*Annales*)

Pendant le carême et après Pâques, le Père Françon avec le Père Trouin prêcha le jubilé à *Morières*, à *Caderousse* et à *St-Martin-de-Castillon*, et il fut content de ces trois paroisses évangélisées déjà plusieurs fois par les Pères Oblats. Il termina ses prédications par le jubilé qu'il prêcha à *Lagarde*, paroisse la plus élevée du diocèse d'Avignon. « Elle est composée d'une centaine d'habitants dispersés dans les bois. Ils sont cependant venus aux exercices, et à la communion il y a eu les femmes et la moitié des hommes. »

*

1876 — 77

Au mois d'octobre, après avoir prêché à *Goult* la retraite de la première communion et de la confirmation, le Père Françon va donner à Marseille la retraite aux Rév. Pères Oblats de la maison du Calvaire, et avec eux il y avait un de leurs plus anciens Pères, Mgr Allard, évêque à la mission du Natal. Au mois de janvier, il prêcha aussi la retraite aux Rév. Pères de la maison de Notre-Dame-de-la-Garde, et ensuite avec les Rév. Pères Nicolas et Gallo il alla, pendant six semaines, prendre sa bonne part aux travaux de la mission donnée dans la paroise de *St-Chef* (Isère), où M. Gondran était curé. Il prêcha ensuite le carême à *La Mure*. Le travail ne lui manqua pas. Dans cette paroisse de six mille âmes, M. le curé, fort âgé, était malade, et les deux vicaires avaient leurs occupations. Le missionnaire dut prêcher deux fois chaque dimanche, et trois fois chaque semaine ; tous les jours, il eut de nombreuses confessions à entendre, et au grand jour de Pâques, il vit un millier d'hommes s'approcher de la Sainte table.

*

1877 — 78

Le Père Françon prêche, en janvier 1878, une retraite à la Congrégation des femmes et des filles à *Ménerbes*, et en février une mission à la paroise du *Rove*, banlieue de Marseille ; la moitié des hommes participent à la communion générale.

Il va ensuite prêcher à *St-Blaise-de-Bollène*, à *Collonzelle*, à *Bouchet* ; il avait déjà prêché plusieurs fois dans ces trois paroisses, où tout le monde le vénérait, et aimait à venir l'entendre et à profiter de ses instructions.

Le jour de Pâques, il clôturait une retraite à *Gordes* où la communion fut édifiante et assez nombreuse, et il finissait par une mission prêchée à la *Croisière-de-Bollène* et quelques sermons à *Mondragon* et à *Mornas*.

*

1878 — 79

Le 3 novembre, le Père Françon va, pour la cinquième fois, prêcher une retraite de dix jours à *Sénanque*. « Ces fervents religieux profitent toujours de la grâce ; leur piété et leur régularité sont vraiment édifiantes. » (*Annales*). Ils étaient aussi édifiés par leur prédicateur. « Chez eux, nous a écrit le Père Duvic, le Père Françon se trouvait à l'aise ; il assistait à tous les exercices de la Communauté ; il pouvait jeûner, veiller, prier, s'humilier, et se mortifier jusqu'à étonner les austères Religieux auxquels il annonçait la parole de Dieu. Il s'accommodait si bien de leur vie pénitente, que plusieurs fois il demanda l'autorisation de se retirer chez eux, pour y passer le reste de ses jours. »

À la fin de janvier, le Rév. Père prêche à *Caseneuve* une retraite préparatoire à la fête de la Purification, et il est toujours content de ces bons paroissiens, qui s'empressent de venir l'entendre, et viennent en grand nombre communier le jour de la fête.

Le premier dimanche de carême, il va prêcher le jubilé au *Crestet*, où l'on se rend bien aux exercices ; toutes les femmes et presque tous les hommes se trouvent réunis à la communion générale.

Du Crestet, il va prêcher à *Vaison*, et ensuite à l'hospice de la *Charité*, à Marseille, où les infirmes et les malades l'ont redemandé. Il en part le samedi soir, après avoir achevé de les confesser, pour venir ouvrir, le lendemain dimanche soir, les exercices du jubilé à Mirabel, où l'on se souvenait d'une mission qu'il y avait prêchée. Tous les fidèles sont venus de nouveau entendre le prédicateur, et, à la clôture, le jour de Pâques, les communions furent bien nombreuses. On appela ce jubilé, qui eut un plein succès, *le Jubilé de la cloche*, parce que un brave homme de Mirabel, en reconnaissance d'une grâce reçue, avait donné une cloche à l'église de Notre-Dame de Lumière, et les Rév. Pères Oblats, eux aussi par reconnaissance, avaient voulu, à la grande satisfaction de tous, prêcher le jubilé dans la paroisse du donateur.

Le Père Françon prêcha encore des jubilés, à *Lagarde-Paréol*, où il avait déjà prêché plusieurs fois et où de nouveau il réunit presque tous les hommes à la communion générale, et ensuite à *Sériguan* et à *Méthamis*. Dans ces deux paroisses les exercices ont été bien suivis, et la grande majorité des hommes est venue communier.

Le dimanche de la clôture, à Méthamis, le Père Françon, après avoir prêché son dernier sermon, vint commencer le jubilé à *Blauvac*. Dans cette excellente paroisse, les hommes avaient déjà fait leurs pâques, et il ne fut pas difficile de les amener de nouveau à la table sainte pour gagner le jubilé. Ce fut le dernier jubilé que prêcha le Père Françon ; il revint à Notre-Dame de Lumière, où depuis plus de six mois il n'avait plus paru. En revenant à pied à travers la montagne, il fit une petite station à Murs, où il prêcha le soir à l'exercice du mois de Marie.

Ce fut sa dernière campagne apostolique. Au mois de novembre suivant, au lieu de partir pour aller, comme les années précédentes, prêcher des missions, il s'alita et fut malade jusqu'au mois de février. Pendant sa maladie, pour lui préparer des occupations en rapport avec son âge et l'affaiblissement de sa santé, on le fit nommer curé des Beaumettes ; et alors, il fit encore quelques prédications, mais sa vie de missionnaire était terminée. Elle avait été bien remplie. Il avait prêché plus de quatre cents missions, jubilés ou retraites, et lorsque après quarante ans de courses et de travaux apostoliques, ses forces affaiblies l'obligèrent à déposer les armes, il pouvait dire, comme St-Paul : (2 *Timoth.* iv, 6.) *Tempus resolutionis meæ instat ; bonum certamen certavi, cursum consummavi, fidem servavi ; in reliquo reposita est mihi corona justitiæ, quam reddet mihi Dominus in illa die justus judex* : le temps de ma dissolution approche, j'ai combattu le bon combat, j'ai achevé ma course, j'ai gardé, j'ai prêché la foi. Reste la couronne de justice qui m'est réservée, et que le Seigneur, juste juge, me rendra en ce jour. Il pouvait compter sur cette récompense ; elles étaient nombreuses les années de son sacerdoce et de sa vie de missionnaire, et les jours de toutes ces années étaient pleins de bonnes œuvres et de mérites, *et dies pleni invenientur in eis* (Ps. lxxii, 10).

CHAPITRE VII

TRAVAUX DU PÈRE FRANÇON, A NOTRE-DAME DE LUMIÈRE

1. Ses travaux quotidiens. — 2. Aux jours des grands pèlerinages. — 3. Il en est le directeur. — 4. Ses allocutions et ses avis. — 5. Ses relations avec les pèlerins. — 6. Petits pèlerinages de tous les jours. — 7. Il est chargé de rédiger les Annales de Notre-Dame de Lumière

1840 — 1880

1. Lorsqu'en 1859, le Père Françon écrivait à ses Supérieurs : « J'ai prêché cent-dix missions ou jubilés et à peu près autant de retraites », il ajoutait : « Je me suis dévoué au soin des pèlerinages de Notre-Dame de Lumière. » En effet, les missions, les jubilés, les retraites ne remplissaient qu'une partie de sa vie. Chaque année, lorsqu'il revenait de ses longues courses apostoliques, il résidait quatre ou cinq mois à Notre Dame de Lumière, et il n'y restait pas oisif. Il étudiait, il brûlait ses vieux sermons, et il en composait de nouveaux. Sitôt que ses premières prédications l'eurent fait connaître aux populations de la Provence, il devint la cheville ouvrière des pèlerinages, et les pèlerins lui donnaient de l'occupation. Tandis que ses confrères disaient la messe, le matin après l'oraison, lui ne la disait jamais avant dix heures. Cette heure lui était chère, parce que, en même temps qu'il rendait service aux pèlerins, en leur donnant le moyen d'entendre la messe, il pouvait satisfaire son attrait pour la mortification et jeûner tous les jours ; et quand on voulait

l'engager à déjeuner, sa réponse était toute prête : Je n'ai pas encore dit la messe. Il passait la matinée à l'église, toujours à la disposition des pèlerins, qui voulaient lui parler ou se confesser, même quand ils arrivaient un peu tard et lui faisaient renvoyer sa messe jusqu'à onze heures.

Le 30 juin 1862, il écrivait à M. Vève : « En revenant de mes missions, à la fin du mois de mai, je croyais pouvoir me reposer un peu ; mais il faut confesser et prêcher, il faut parler à tous ces bons pèlerins qui arrivent de tous les pays. Nous avons eu les processions de Gordes, de Roussillon, de Murs, de Croagne, de Joucas et de Goult ; et les pèlerinages des congrégations ou des pensionnats de St-Saturnin, d'Apt, du Thor, de Gordes, de St-Remy, nous avons eu aussi vos bonnes congréganistes de Pernes, et les élèves de Ste Garde. La Sainte Vierge fait toujours des miracles, et continuellement nous voyons arriver des familles, qui viennent remercier cette bonne Mère des grâces obtenues par son intercession. »

2. C'était surtout aux jours des grands pèlerinages, que le travail surabondait pour le Père Françou. La veille des grandes fêtes et des dimanches des mois d'août et de septembre, dès le matin, les pèlerins arrivaient en foule, et le Rév. Père était toute la journée à son confessionnal pour confesser les femmes, et le soir et toute la nuit il était à son poste, à la sacristie, pour confesser les hommes. Il sentait la fatigue qui résultait de ce travail. Dans sa lettre du 13 septembre 1856, il disait à M. Vève, nommé curé à Pernes depuis peu de temps : « Si vous étiez un peu plus proche, j'irais vous prendre pour vous placer

dans mon confessionnal, vingt-deux heures sur les vingt-quatre de la journée. Ces nuits blanches qu'il nous faut passer chaque semaine, sont écrasantes. » Dans ses *Annales* il a écrit : « Quand, à la veille des fêtes, on a confessé toute la journée et toute la nuit, on sent le besoin d'aller dormir, et la tentation d'aller se coucher est bien forte. Cependant si le jour de la fête, il arrive toute la matinée des pèlerins qui veulent se confesser : Gloire aux hommes de Dieu, qui ont la bonne volonté de se dévouer et de dire : il y a temps pour dormir et pour veiller ; le soldat ne dort pas sur le champ de bataille ; quand il est en face de l'ennemi, il combat pour remporter la victoire. La Sainte Vierge sait inspirer ce dévouement aux prêtres qui confessent à Notre-Dame de Lumière ; ils restent à leur poste, tant qu'il se présente des pèlerins.

« Ce qui est encore plus fort, c'est lorsque plusieurs jours de fêtes se suivent. Après avoir passé au confessionnal, la veille, la nuit et la matinée d'une fête, on voit arriver, dans l'après-midi, une procession ou de nombreux pèlerins qu'il faudra confesser pendant la nuit suivante. Que faire? On va dormir une heure ou deux, et l'on revient au confessionnal. Le bon Dieu ne manque pas de donner des grâces d'état qui font fuir le sommeil. » Le Père Françon le savait par expérience : il donnait le bon exemple, et on le suivait.

Le 19 août 1846, il écrivait à Mgr de Mazenod, son Supérieur général : « Le Père Ricard, notre Supérieur, est malade. Si j'avais le Père Rey, qui est un grand confesseur, nous pourrions nous tirer d'affaire ; sans lui, je ne sais si je pourrai venir à bout de tout. Vous nous enverrez bien quelqu'un pour le 8 septembre ; mais ce ne sera que pour un seul jour, tandis que les concours et les pèlerinages ne discontinueront plus jusqu'au mois d'octobre. Le bon Dieu m'aidera, je n'ai jamais fui le travail et la peine, je ne commencerai pas à reculer dans cette circonstance. »

*

3. Aux pèlerinages de Notre-Dame de Lumière, le Père Françon avait d'autres fonctions que celle de confesseur ; il était chargé de l'organisation de tous les exercices.

Le soir, avant la procession aux flambeaux, il indiquait l'ordre à suivre, la place que chacun devait occuper. Il donnait ses avis en provençal et de manière à les bien faire comprendre. Un samedi soir du mois de septembre, l'église était pleine de monde, et dehors le vent soufflait avec violence, et la pluie tombait à verse. Impossible de faire la procession, et on s'y résignait ; mais le Père Françon paraît à la balustrade du sanctuaire et se met à dire : « *Mi fraire, fai vènt, plòu a bro, e disès : la proucessioun pourra pas se faire. Eh bèn! se fara, lou vènt boufara, la plueio toumbara, e pa 'n cierge s'amoussara.* » [1] Tous les pèlerins restent ébahis, incrédules, immobiles. Mais le Père Françon descend dans l'église, fait allumer les cierges, fait porter la statue de la Sainte Vierge, et se met en tête de la procession, qu'il fait circuler dans les corridors du rez-de-chaussée, et des deux étages de la maison des Rév. Pères contiguë à l'église. Le vent soufflait, la pluie tombait, mais les fenêtres étaient fermées, et pas un seul cierge ne s'éteignait. Cependant

---

[1] Mes frères, il fait vent, il pleut à verse, et vous dites : la procession ne pourra pas se faire. Eh bien! elle se fera, le vent soufflera, la pluie tombera, et pas un cierge ne s'éteindra.

les bonnes femmes provençales ne pouvaient s'empêcher de sourire et de dire : « *Aquéu sant ome de Paire Françoun! Qu auriè di que siguèsse tant farcejaire?* » [1]

Il était rare que le mauvais temps empêchât les pèlerins de faire la procession, qui parcourait les allées du jardin, montait jusqu'à la chapelle de St-Michel, et revenait à travers les pins de la colline. Le Père Françon était toujours en tête, pour diriger la marche. Au retour, les pèlerins rentraient dans l'église, pour recevoir la bénédiction du Saint Sacrement, et entendre le sermon.

*

4. Tous ceux qui ont assisté aux grands pèlerinages de Notre-Dame de Lumière savent combien il était difficile d'obtenir des Provençales et aussi des Comtadines le silence dans l'église, après la bénédiction du Saint Sacrement. Souvent des prédicateurs distingués étaient obligés d'interrompre leur sermon et ne pouvaient le continuer. Le Père Françon avait seul assez d'ascendant sur les pèlerins pour se faire écouter. Il était vraiment l'homme vénérable par sa piété et ses mérites qui n'a qu'à se montrer pour obtenir le silence : *Si fortè virum quem conspexère, silent.* Sitôt qu'il paraissait en chaire ou à la balustrade du chœur, le bruit cessait comme par enchantement : « Écoutez, disait-on en le voyant, le Père Françon va parler. » Et il parlait de la dévotion à Notre-Dame de Lumière, de sa puissance et de sa miséricordieuse bonté, des grâces qu'elle obtient, des miracles qu'elle fait... et tous les pèlerins l'écoutaient suspendus à ses lèvres... *Pendebant narrantis ab ore.* On

1 Ce saint homme de Père Françon! Qui aurait dit qu'il fût si farceur?

l'aurait écouté des heures entières. Mais il finissait par indiquer l'ordre des exercices pendant la nuit, la manière de se préparer à la confession et à la communion, et de s'approcher de la sainte table. Il faisait prier les pèlerins pour toutes leurs intentions, pour le Pape, pour l'Église, pour la France… et il finissait par leur demander encore une prière pour les élèves du juniorat qui étaient là présents, et parmi lesquels on voyait quelques figures bien bronzées venues de l'île de Ceylan. « *Anan recita*, leur disait-il, *encaro un Pater em'un Ave, pèr aquéli bràvis enfant, que soun aqui pèr deveni messiounàri, pièi s'envan bèn luen, en Americo, pu luen que lou Mississipi, precha i sàuvage, e pièi li sàuvage li manjon : Pater noster…* » [1] Il disait ces dernières paroles sans émotion, sur le même ton que les précédentes, comme si elles n'exprimaient qu'un accident tout naturel. Les Junioristes souriaient à la pensée du martyre ; mais les bonnes mères provençales frémissaient et trépignaient, comme si une étincelle électrique les avait frappées.

Il leur donnait la permission de dormir dans l'église : « *Mis enfant*, leur disait-il, *aro, es l'ouro de se coucha. Sabès que quand roulès que còstis enfant s'endormon, li bressas. Eh bèn ! la Santo Vierge vai vous bressa, sias sis enfant ; sara countènto de vous vèire dourmi. E vous autri, bràvis ome, anarès coucha sus còsti carreto. Sabès que fau pas li leissa, que ven quàuqui fes de voulur eici, que fan semblant de veni prega, e que, se*

<hr>

[1] Nous allons réciter encore un *Pater* et un *Ave* pour ces braves enfants qui sont là pour devenir missionnaires, puis ils s'en vont bien loin, plus loin que le Mississipi, prêcher aux sauvages, et puis les sauvages les mangent : *Pater noster*.

*poudien, vous escamoutarien ço qu' avès sus vòsti carreto.
— E vous àutri, mis enfant, poudès coucha eici pertout,
tout ei voste lié ; la Santo Vierge vous bressara pertout.* » [1]

Le poëte F. Mistral ayant fait, encore bien jeune, le pèlerinage de Notre-Dame de Lumière, y vit et entendit le Père Françon, et il a écrit dans l'*Aiòli* le souvenir qu'il en a conservé : « *Aquéu Paire Françoun predicavo jamai qu'en lengo prouvençalo. Me souvèn de l'aguè vist e ausi, quand ère enfant, à Nosto-Damo de Lumiero, ounte ma pauro maire me menavo en roumavage. Coucharian dins la glèiso, en pregant e cantant, agroura sus li bard. Pièi finissian pèr nous endourmi. Mai tout-d'un-cop, nous destressounavo uno voues broundo, que nous cridavo : femo, fiho, pichot, anen, dau, revihas-vous ! que vous anan faire beisa la Santo Vierge negro ! E autant que me souvèn, vesian un pichot prèire, à figuro rustico,* [2]*

1 Mes enfants, maintenant c'est l'heure de se coucher. Vous savez que lorsque vous voulez que vos enfants dorment, vous les bercez. Eh bien ! la Sainte Vierge va vous bercer ; vous êtes ses enfants, elle sera contente de vous voir dormir. Vous autres, braves hommes, vous irez coucher sur vos charrettes. Vous savez qu'il ne faut pas les laisser, qu'il vient quelquefois des voleurs ici. Ils font semblant de prier, et, s'ils pouvaient, ils vous escamoteraient ce que vous avez sur vos charrettes. — Et vous autres, mes enfants, vous pouvez vous coucher partout ici, tout est votre lit ; la Sainte Vierge vous bercera partout.

2 Cette figure rustique, mais fine, dont F. Mistral a gardé le souvenir, était celle du Frère Jourdan. Lorsque le Père Françon et le Père Magnan vinrent prêcher une mission à Saignon, son pays natal, il s'attacha si bien à eux, qu'il les suivit à Notre-Dame de Lumière, où il passa tout le reste de sa vie. Il faisait un peu tout, et il avait spécialement le soin de l'église et de la sacristie. Il était le bras droit du Père Françon ; comme lui il parlait toujours provençal, mais seulement le provençal de Saignon, et il se tenait toujours prêt à accueillir les pèlerins et à leur rendre service. Il fut ainsi, pendant plus de quarante ans, le serviteur dévoué de Notre-Dame de Lumière.

s'avança dins la glèiso, en nous turtant émé lou péd, em'acò à bèu boudre, beisarian la Madono que lou Paire Françoun pourtaro entre si man. » 1

En effet, de grand matin, avant la première messe, le Père Françon réveillait tout son monde de dormeurs : « *Eh bèn ! mis enfant*, leur disait-il, *es l'ouro de se reviha, fau se leva, aro qu'avès bèn dourmi. La Santo Vierge ei*

Le jour de l'expulsion, quand on vint attaquer et briser les portes de la maison des Pères Oblats, il monta au clocher, et se mit à sonner à toute volée la cloche récemment inaugurée, et aussitôt les habitants de Goult et de la vallée du Calavon accoururent pour acclamer les expulsés et honnir les expulseurs. Quelques jours après, le Frère Jourdan me demandait : *Mai, iéu péréu me faran parti ?* Oh ! non, lui répondis-je, on vous regardera ici comme un *immeuble. Qu'es acò ?* me dit-il, d'un air un peu méfiant... Et cependant je disais vrai. Deux ou trois ans plus tard, le Préfet de Vaucluse exigea qu'il ne restât à Notre-Dame de Lumière que quatre Pères ou Frères. — Mais, lui dit-on, il y a un vieux serviteur tout perclus de ses membres. — Eh bien ! celui-là gardez-le en plus. Ainsi, grâce à ses rhumatismes qui *l'immobilisaient*, le Frère Jourdan n'eut pas à quitter le sanctuaire de Lumière ; mais il n'y resta plus longtemps. Il mourut saintement, comme meurent les fidèles serviteurs de la Sainte Vierge, le 18 juillet 1885, âgé de 68 ans, et il fut enseveli au caveau, qu'il avait aidé à creuser, dans le roc, sous la chapelle de St Michel.

1 Ce Père Françon ne prêchait jamais qu'en langue provençale. Je me souviens de l'avoir vu et entendu, lorsque j'étais encore enfant, à Notre-Dame de Lumière, où ma pauvre mère me menait en pèlerinage. Nous couchions dans l'église, en priant et en chantant, accroupis sur les dalles. Puis nous finissions par nous endormir. — Mais tout-à-coup nous étions réveillés par une voix tonnante qui nous criait : femmes, filles, enfants, allons, debout ! Réveillez-vous ! Nous allons vous faire baiser la Sainte Vierge noire. Et autant qu'il m'en souvient, nous voyions un petit clerc à figure rustique, qui s'avançait dans l'église, en nous heurtant avec le pied, et de la sorte dans un beau pêle-mêle nous baisions la Madone que le Père Françon portait entre ses mains.

*counténto. Anas dire i carretié que vèngon entèndre la
messo que se vai dire pèr éli.* [1]

Un peu avant la messe, quand tous les pélerins étaient
réveillés et réunis, le Père Françon bénissait les croix,
chapelets et autres objets de piété, tableaux et images
représentant Notre-Seigneur, la Sainte Vierge et les Saints,
qu'il appelait *li capitani dóu bon Diéu.* [2] Il parlait encore,
quand on donnait la communion, il suggérait les sentiments de foi, de confiance, de contrition et d'amour, dont
il faut être animé en venant recevoir Notre-Seigneur Jésus-
Christ ; souvent il était ému, sa voix tremblait, et on
voyait que son émotion se communiquait aux pieux
communiants.

*

5. Mais il ne suffisait pas aux pèlerins de voir et
d'entendre le Père Françon, ils voulaient lui parler. « Ils
guettaient, nous a écrit le Rév. Père Duvic, le moment où
il sortait de l'église ; les habitués du pélerinage le montraient aux nouveaux venus. On accourait au-devant de lui,
on l'entourait ; et lui s'entretenait familièrement avec
tous. S'il avait quelque préférence, c'était pour les plus
pauvres, les plus humbles, surtout pour les enfants. —
D'où êtes-vous ? leur disait-il. — De tel pays, mon Père.
— Oh ! le bon pays ! J'y ai prêché la mission, il y a
vingt ans, trente ans. Comme les hommes sont braves
dans votre paroisse ! Ils sont tous venus communier. Et
un tel que fait-il ?.... — Puis, passant dans un autre

1 Eh bien ! mes enfants, c'est l'heure de se réveiller, il faut se lever,
maintenant que vous avez bien dormi. La Sainte Vierge est contente
de vous. Allez dire aux charretiers de venir entendre la messe qui va
se dire pour eux.

2 Les capitaines du bon Dieu.

groupe : Et vous, d'où venez-vous ? leur disait-il, et il recommençait son entretien, qui aurait duré longtemps, si la cloche ne l'eût appelé à quelque exercice de sa communauté. »

Les pèlerins étaient insatiables de l'entendre et de lui parler. « Ils avaient, disait le Rév. Père Mauran, tellement confiance en sa sainteté, que lorsqu'ils voulaient obtenir quelque grâce, ils s'adressaient d'abord à lui, avant d'aller faire leur prière à la Bonne Mère de Lumière. Plusieurs affirmaient que la Sainte Vierge accordait tout ce que le Père François lui demandait. »

*

6. Les jours des grands concours étaient des jours de grand labeur pour lui ; mais il prenait aussi sa bonne part de travail aux petits pèlerinages de congréganistes, de séminaristes, de pensionnats qui arrivaient plusieurs fois chaque semaine, du mois de mai à la fin de septembre. Il les recevait et se réservait pour leur dire une messe tardive : le plus souvent c'est lui qui leur adressait la parole ; et quand c'était un autre Père qui leur faisait le sermon, il les réunissait dans la crypte, pour leur faire vénérer et baiser la petite et antique statue de Notre-Dame de Lumière, et là, nous a écrit le Rév. Père Davic : « il avait toujours quelques bonnes paroles à leur dire, quelques traits édifiants à citer, quelque histoire émouvante à raconter. C'était, par exemple, un père de famille qui avait amené ses quatre petits enfants aux pieds de la Bonne Mère de Lumière. Ils étaient là agenouillés devant son autel, la priant avec ferveur. Et que demandaient-ils, ces pauvres enfants ? Ils disaient : O bonne Sainte Vierge, nous avons perdu notre mère ; elle est morte et nous a

laissés orphelins ; mais on nous a dit que vous la remplacerez, et nous sommes venus aujourd'hui vous demander d'être notre Mère. Nous vous aimerons de tout notre cœur, et vous prendrez soin de nous, vous serez notre Mère de la terre en même temps que notre Mère du ciel... Presque toujours le Père Françon versait des larmes en racontant ce trait simple et naïf, et ses auditeurs pleuraient avec lui. »

Dans ses *Annales*, le Père Françon a indiqué les sujets que l'on devait traiter dans les sermons adressés aux pèlerins : « Il faut toujours parler de la Sainte Vierge, de ses prérogatives, du mystère de celle de ses fêtes que l'on célèbre ; il faut aussi dire un mot de la dévotion et des concours à Notre-Dame de Lumière, des miracles qui s'y opèrent, et des grâces que l'on y obtient. »

Ce qu'il recommandait, il le pratiquait. Nous lisons dans le compte rendu du pèlerinage que les habitants d'Aix et d'Arles firent le 11 juin 1877 : « Nous avons entendu un saint et pieux enfant de Marie, le Père Françon, qui a bien voulu nous raconter, avec une sublime simplicité, les prodiges de tout genre que la Sainte Vierge ne cesse d'opérer dans le sanctuaire de Notre-Dame de Lumière ; il nous a montré, dans ce millier d'*ex-voto* et de béquilles, suspendus aux murs de la crypte et de l'église, les preuves non équivoques des guérisons obtenues, et dans le récit des confidences sans cesse reçues, le témoignage des conversions opérées dans ce sanctuaire béni. Cette parole simple et sans fard nous restera gravée pour nous redire longtemps encore la puissante protection de Marie. »

7. Le Père Françon était chargé de recueillir le récit des miracles et des grâces extraordinaires obtenues par l'intercession de la Sainte Vierge, et il s'acquittait avec zèle de cette fonction. Il écoutait et écrivait les récits des pèlerins, et pendant quarante ans il a rédigé fidèlement les *Annales de Notre-Dame de Lumière*. Il commence ainsi : « Avant l'arrivée des Oblats, les Rév. Pères Carmes avaient résidé ici environ deux cents ans. Ils publièrent dans un livre les nombreux miracles qu'il y eut, les six premières années qui suivirent les apparitions lumineuses, vers 1660. Tout ce qui s'est passé ensuite jusqu'après la Révolution est resté dans l'oubli. En 1803, quand le culte fut rétabli, des pèlerins vinrent de nouveau à Notre-Dame de Lumière ; mais ils étaient peu nombreux, et ils n'arrivaient que le 15 août et le 8 septembre. Le reste de l'année, l'église était fermée et servait de grenier à foin. Cependant la Sainte Vierge continuait d'exaucer les malheureux qui venaient l'invoquer dans son sanctuaire presque abandonné. Mais en 1837, les Pères Oblats s'établirent à Notre-Dame de Lumière, et annoncèrent que, du 15 août au mois d'octobre, tous les samedis seraient jours de concours, et alors les pèlerins arrivèrent en grand nombre. Ils venaient pour la plupart remercier la Sainte Vierge des grâces qu'elle leur avait obtenues : j'étais aveugle, disait l'un, et je me suis recommandé à la bonne Mère de Lumière, et j'ai recouvré la vue ; j'étais estropié, disait un autre, je ne pouvais plus marcher, j'ai fait une neuvaine à Notre-Dame, et elle m'a guéri. Tous les jours, c'étaient des récits de ce genre.

« Les Rév. Pères Oblats eurent la bonne pensée de recueillir ces récits. Ils se faisaient raconter tous les détails de la maladie et de la guérison, ils interrogeaient les personnes qui avaient été témoins des faits..... »

Le Père Françon transcrivit sur un grand registre les relations écrites par les premiers Pères Oblats, et de 1840 à 1880, il rédigea lui-même les *Annales de Notre-Dame de Lumière*, qui remplissent trois grands registres in-folio. Le premier a plus de quatre cents pages, et va de 1837 à 1867. « Il contient, dit le rédacteur, le récit de deux cent trente-cinq guérisons, sans compter celles qui ne sont pas arrivées à notre connaissance. En 1837, il y avait dans l'église de Notre-Dame de Lumière une trentaine d'*ex-voto* et une dizaine de béquilles, et en 1867, il y a plus de deux cent cinquante *ex-voto* et septante béquilles. »

Dans les trois grands registres de ses *Annales*, le Père Françon a consigné tout ce qui s'est passé à Notre-Dame de Lumière, de 1837 à 1880, les noms des Rév. Pères qui ont été ses Supérieurs et ses Confrères, les missions qu'ils ont prêchées, les constructions et réparations faites à l'église, au monastère et aux jardins, les fêtes solennelles et intimes qu'on a célébrées ; il n'oublie pas de parler avec un vif intérêt des élèves Junioristes qu'il y eut de 1840 à 1847, et de 1859 à 1880, et de la visite des Supérieurs, de Mgr de Mazenod et des autres Evêques Oblats.

Il termine en 1867 son premier registre par cette belle prière :

« Que le bon Dieu nous conserve longtemps notre Rév. Père Supérieur général (le Rév. Père Fabre), qui ne vit et ne respire que pour sa chère Congrégation !

« Que notre divine Mère, la Vierge Immaculée, veille sur ses chers enfants ! Qu'elle les dirige et les protège, comme elle l'a toujours fait !

« Que l'esprit de Mgr de Mazenod, notre saint fondateur, demeure à jamais dans sa Congrégation ! C'est un esprit de charité et de simplicité évangélique, de zèle et de dévouement pour sauver les âmes ; c'est un esprit de régularité, un grand amour de la règle et de la vie religieuse.

« Que tous ceux qui viendront dans la suite sachent suivre les exemples des premiers compagnons de notre saint fondateur ! Alors notre Congrégation vivra de sa propre vie, le petit arbre grandira, ses rameaux s'étendront jusqu'au bout du monde, et son ombre bienfaisante offrira un asile aux voyageurs fatigués et haletants qui viendront s'y reposer.

« Il a déjà grandi, ce petit arbre, déjà ses branches s'étendent jusqu'aux Indes, jusqu'au fond de l'Afrique et de l'Amérique. Déjà les pauvres sauvages viennent en foule, à l'appel des missionnaires Oblats de Marie Immaculée, se réfugier sous son ombre protectrice. Nos missionnaires chez les sauvages sont remplis d'ardeur et de zèle, comme de véritables apôtres. Les souffrances, les sacrifices ne leur coûtent rien, quand il s'agit de sauver les âmes. Comme l'Apôtre, ils savent se faire tout à tous pour gagner les sauvages à Jésus-Christ.

« Vierge Immaculée, à vous l'honneur et la gloire de ces œuvres merveilleuses ! »

CHAPITRE VIII

Vertus du Père Françon

1. Son humilité. — 2. Son obéissance. — 3. Son amour de la pauvreté. — 4. Sa vie mortifiée. — 5. Bons effets de sa mortification. — 6. Sa charité pour les pauvres et pour ses paroissiens. — 7. A l'égard de ses supérieurs, de ses confrères, de ses collaborateurs. — 8. Et des populations qu'il évangélisait. — 9. Il avait les mœurs de l'orateur, la sainteté du missionnaire.

Nous avons déjà cité plusieurs traits des vertus du Père Françon. Dans son enfance et sa jeunesse, il se montra pieux, charitable, studieux, ferme et fidèle à tous ses devoirs. A Visan et à Gigondas, où il fut vicaire et curé, sa charité fut encore plus grande, il donnait aux pauvres tout ce qu'il avait, et il était animé du zèle le plus ardent pour la gloire de Dieu et le salut des âmes. Dès ses premières années, il s'était habitué à mener une vie dure, et il augmenta encore ses austérités pour attirer les bénédictions de Dieu sur le ministère paroissial qu'il avait à remplir. Il était ainsi bien préparé à pratiquer, pendant les quarante-huit ans qu'il vécut dans la Congrégation des Oblats, toutes les vertus que requiert l'état religieux et le ministère apostolique des missions.

*

1. Toute sa vie, il fut très *humble*. Plein d'estime pour ses condisciples et ses confrères, dont il proclame les vertus et les mérites, il se regarde comme bien inférieur à eux. Dans ses lettres à M. Vève, il ne fait certainement point parade d'humilité, il exprime en toute simplicité les sentiments les plus intimes de son cœur, et il ne cesse de

répéter qu'il est pauvre, aveugle, misérable, digne de compassion : *pauper, cœcus, miser, miserabilis...*

Il ne se ménageait pas les qualifications qu'il croyait mériter. Lorsqu'il eut prêché avec succès une retraite aux grands séminaristes de Marseille, ses Supérieurs lui ayant dit de préparer des sermons pour une retraite pastorale, il écrivit à M. Vève : « Si je ne savais que je suis une franche bête, je serais tenté de m'enorgueillir. »

Se croyant le dernier de tous, il recherchait toujours ce qui lui paraissait la plus mauvaise part, la chambre la plus incommode, les travaux les plus humbles, les plus pénibles. Par obéissance, il allait prêcher dans les paroisses importantes, et il y réussissait ; mais son goût, ses préférences étaient d'aller dans les montagnes évangéliser les villages les plus pauvres et les plus abandonnés ; c'est avec les petits, les pauvres, les enfants, les junioristes qu'il aimait à s'entretenir, et il se recommandait à leurs prières, ce qui les surprenait, parce qu'ils le regardaient tous comme un saint : « Priez pour moi, leur disait-il, vos prières valent mieux que les miennes. »

Le jour où il célébra les noces d'or de son sacerdoce, les Junioristes le complimentèrent, et il leur répondit : « Vous m'avez grandement servi dans mes missions. Je disais aux populations que j'évangélisais : On prie pour vous à Notre-Dame de Lumière. Il y a des enfants qui ne rêvent que les missions chez les sauvages. Si on leur disait, tout jeunes qu'ils sont, il faut partir pour l'Amérique, il vous faudra marcher sur la neige ; souvent vous n'aurez rien à manger, vous serez chez les sauvages, et peut-être les sauvages vous mangeront ; pleins de joie et de bonheur ils partiraient tout de suite. Les prières de ces petits anges doivent être bien agréables au bon Dieu.

« Eh bien ! ces jeunes apôtres prient pour vous et ils vous obtiendront la grâce de faire une bonne mission. Et je voyais arriver les pauvres pécheurs disant : je viens me préparer pour faire ma mission ; il faut bien en profiter, puisque ces petits anges prient pour nous. »

*

2. Sur ce fondement profond et solide de l'humilité, on pouvait bâtir l'édifice des vertus que doit avoir un bon religieux, un zélé missionnaire. La première de ces vertus c'est l'*obéissance*. Le Père Françon l'avait pratiquée exactement à l'égard de ses parents dans son enfance, de ses maîtres, au petit et au grand séminaire, et de son curé et de ses supérieurs ecclésiastiques, quand il fut vicaire et curé. Lorsqu'il fut admis chez les Oblats, il était déjà bien formé à l'obéissance qui ne lui paraissait pas difficile, tandis qu'elle était insupportable à beaucoup d'autres. « Il nous arrive des novices de partout, écrivait-il à M. Véve, dès le début de son noviciat, et, après quinze jours ou trois semaines, ils en ont assez et ils partent. Il ne faut pas vous en étonner : ici nous ne pouvons faire un seul instant notre volonté. Cette propre volonté est si chère à l'homme, que pour s'en dépouiller, et cela pour toujours, ce n'est pas une petite affaire ; » et à la fin de son noviciat, il écrivait encore : « Je vois arriver des gens qui viennent passer ici huit jours ou quinze jours, et après, ils ont peur de mourir, et ils s'en vont, dès qu'ils entendent ce commandement : *abnega temetipsum* ; renoncez à vous-même. Ils croyaient venir faire ici leur propre volonté, commander avant de savoir obéir... Pensez-vous que je resterai à la Mission ? Vous connaissez l'homme, vous savez que quand il a dit, il a bien dit. »

Il resta ; il connaissait le mérite et les fruits de l'obéissance : « Je me souviens, écrivait-il, d'avoir souvent entendu M. Chameroy, notre Supérieur du grand séminaire, nous répéter ces paroles : *Tolle propriam voluntatem, et infernus non erit* : enlevez la volonté propre, et il n'y aura plus d'enfer. »

Depuis longtemps il avait appris à obéir. Lorsque, après avoir été quatre ans vicaire à Visan, il fut nommé curé à Gigondas, il ne s'y attendait nullement, et il fut bien contrarié : « La pilule est amère, dit-il, mais il faut l'avaler. » Il l'avala sans faire la grimace, sans délai, sans aucune réclamation, et alla remplir avec ardeur ses devoirs de curé.

Après avoir fait sa profession religieuse, le Père François s'appliqua à bien observer toutes les Règles de sa Congrégation. Il les aimait, il tenait à leur observation, et, quand dans sa communauté, il lui semblait voir quelque relâchement, quelque interprétation trop large, il répétait ces paroles de St-François d'Assise : « *La Règle, la Règle, la Règle, sans glose, sans glose.* »

Pour faire toujours la volonté de ses Supérieurs, il renonçait à la sienne ; car il en avait une, lui aussi. Plusieurs fois il envia le sort de ses frères, de ses anciens élèves qui partaient pour les missions lointaines : il eut un vif désir d'y aller, il demanda avec instance d'y être envoyé ; on ne le lui accorda pas, et il se soumit.

Souvent il désira d'aller s'enfermer à la Trappe, afin d'y suivre son attrait pour la vie la plus austère, il en demanda l'autorisation, il ne l'obtint pas, et il continua ses travaux de missionnaire. Comme son désir renaissait plus vif, il fit de nouvelles instances et il finit par obtenir la permission qu'il avait tant sollicitée. Mais alors, comprenant qu'on la lui avait accordée par condescendance à sa volonté propre, il s'abstint d'en user, il resta dans sa chère Congrégation, et bientôt il reconnut que son désir d'aller à la Trappe ne venait pas du bon Dieu.

Parfois il se sentait un grand attrait pour la solitude. « Si vous saviez comme je suis devenu, écrivait-il à M. Vève, le 30 juin 1862, vous ne m'appelleriez plus le *Père coureur*, et vous diriez de moi : *Quantùm mutatus ab illo !* Oh ! qu'il est changé ! Je me trouve bien dans ma cellule, dans un coin de jardin, tout seul, seul, seul… *O beata solitudo !* Oh ! heureuse solitude !… » Et cependant un de ses Supérieurs à Notre-Dame de Lumière, le Rév. Père Duvic, nous a écrit : « Quoique naturellement porté à s'isoler et à vivre dans la solitude, le Père Françon se faisait violence pour observer la règle, et venait prendre ses récréations avec les autres membres de la Communauté il s'y montrait joyeux, il parlait de ses missions et racontait des traits amusants et édifiants. » On nous a assuré qu'il prit de la même manière ses récréations, pendant les dernières années de sa vie qu'il passa à Notre-Dame de Bon Secours.

C'est l'obéissance qui décidait aussi le Père à aller de l'avant, lorsque son humilité et le sentiment qu'il avait de son insuffisance le portaient à éviter un travail, qui n'était pas dans ses goûts, ou qui lui paraissait trop honorable et au-dessus de ses moyens. Au mois de mars 1849, il annonçait à M. Vève qu'il allait prêcher quinze jours à Château-Renard : « Vous allez me traiter de téméraire, lui disait-il, vous vous écriez déjà : Pauvre missionnaire des montagnes ! comment ose-t-il paraître dans la chaire de Château-Renard? Vous avez bien raison, mon cher, et si je vais dans ce pays, il faut toute la force de l'obéissance pour m'y porter... Puisque le bon Dieu le veut ainsi : Fiat ! Priez pour le pauvre missionnaire des montagnes, et pour les bonnes âmes que Dieu veut sauver par son ministère. »

Au mois d'octobre suivant il écrivait de nouveau : « Je vais donner une retraite aux grands séminaristes de Marseille. Ne trouvez-vous pas que je suis bien téméraire en allant prêcher à des théologiens, des diacres, des sous-diacres ? Il me semble que vous ne me conseillez pas de l'essayer. Eh bien ! Je vais entreprendre cette œuvre, avec autant de tranquillité que si j'allais prêcher aux habitants du Ventoux. C'est une belle chose que d'obéir : on va tête baissée, sans se mettre en peine du reste. Le bon Dieu bénit ce qu'on fait par obéissance. L'an passé, j'ai prêché à Château-Renard, et Dieu y a fait son œuvre, en se servant d'un pauvre imbécile comme moi, là où il l'avait faite auparavant par des hommes renommés par leur éloquence. Cependant je vous prie de recommander ma retraite à Dieu et à tous les saints du paradis ; je comprends combien je suis au-dessous de ma mission.... Avec l'aide de Dieu, je ferai tout ce que me demanderont mes Supérieurs, j'ai toujours entendu dire que celui qui obéit ne peut pas se tromper. »

En 1854, il écrivait : « Je vais prêcher la retraite de l'ordination au grand séminaire de Fréjus. J'y vais avec la confiance de réussir, parce que j'y vais par obéissance à mes Supérieurs. S'ils me commandaient d'aller prêcher à Notre Dame de Paris, je partirais tout bonnement et tout bêtement, et le bon Dieu ferait son œuvre. »

*

3. C'était par son obéissance que le Père Françou remportait des succès et des victoires ; c'était aussi par la

vie pauvre et mortifiée qu'il menait, à l'exemple de son divin Maître, et des premiers Pères Oblats, dont il fut le collaborateur. Il avait vu comment les Rév. Pères Courtès, Honorat et Ricard pratiquaient la *pauvreté* en tout et partout : ils se rendaient à pied dans les paroisses où ils allaient prêcher, excepté lorsque le trajet était trop considérable, et alors ils prenaient toujours, en voiture, la place la plus humble qui coûtait le moins. Toute sa vie le Père Françon fit, comme eux, par esprit de pauvreté, ses courses à pied ; et les braves gens qu'il allait évangéliser, en le voyant arriver disaient : « Voilà un véritable apôtre ! »

Le Père Françon, ayant remarqué que le Père Honorat portait toujours une soutane d'une étoffe grossière et fort usée, fit comme lui ; il ne voulut jamais avoir deux soutanes : *neque duas tunicas ;* il n'en avait qu'une qu'il portait tous les jours, jusqu'à ce qu'elle fût complètement usée, et alors ce n'était pas sans peine que ses Supérieurs parvenaient à lui en faire accepter une autre. Il se servit, plus de trente ans du manteau court que le Père Ricard lui avait laissé en partant pour l'Amérique. Il n'avait aussi qu'une paire de souliers, et lorsqu'il était obligé de la faire raccommoder, il empruntait la chaussure d'un de ses confrères. Dans une paroisse où il prêchait, ses souliers étaient en si mauvais état, que M. le curé les lui enleva et lui en donna une paire presque neuve. Le Père Françon les accepta, mais soit qu'ils fussent trop étroits, ou plutôt parce qu'ils lui paraissaient trop élégants, il prit son rasoir et fit sur le dessus des souliers une bonne entaille en forme de croix, qui leur enleva toute élégance. Il les porta longtemps ainsi mutilés, et il disait que ses pieds y étaient bien plus à l'aise. Il ne donnait aucun travail aux perruquiers, il se rasait et se coupait lui-même les cheveux.

Ses vêtements, son chapeau étaient si usés, que plus d'une fois, lorsqu'il venait frapper à la porte d'un presbytère, la domestique qui ne le connaissait pas, le prenant pour quelque ermite gyrovague lui disait d'aller chercher un gîte ailleurs. Le Père Françon avait l'esprit de pauvreté, il en supportait les privations et il voulait aussi en avoir l'extérieur ; il était et voulait paraître pauvre ; il s'en allait content d'avoir subi ce refus, *ibat gaudens* ; et M. le Curé, quand il apprenait que c'était à ce saint missionnaire qu'on avait refusé d'ouvrir la porte de son presbytère, faisait une bonne réprimande à sa servante.

Quelquefois on usa de ruse pour remplacer la vieille soutane du Père Françon par une neuve. M. Malachane, curé de Pertuis, nous a rapporté le trait suivant : « Le Père Françon vint au mois de décembre 1856, par un froid très rigoureux, prêcher une retraite à Mazan, où j'étais alors curé, son manteau et sa soutane se disputaient un brevet de vétusté, les trous de l'un laissaient voir les déchirures de l'autre. Le saint homme tenait à ses pauvres vêtements. Pendant qu'il dormait, je les lui enlève, et je les remplace par une soutane neuve et un manteau bien doublé. Le lendemain matin, il prend ses vêtements et il est ébahi de se voir tout de neuf habillé. Il se rend à l'église en grommelant un peu, il rencontre la cuisinière et lui dit : *Sièu dins l'oustau d'un sant, ou d'un diable ; aièr ère abiha coume un paure, è aqueste matin, vè, coume sièu un bèu moussu !* [1] »

Il dut subir la même métamorphose à Vedène en 1861 ; il y prêchait avec le Père Bonnefoy une retraite préparatoire à la visite pastorale, mais sa soutane était tellement

[1] Je suis dans la maison d'un saint ou d'un diable ; hier, j'étais habillé comme un pauvre, et ce matin, voyez comme je suis un beau Monsieur !

délabrée, qu'il ne pouvait décemment paraître devant Mgr Debelay. Avec l'assentiment du Père Bonnefoy, le vicaire de Vedène, qui était natif de Visan, où l'abbé Françon lui avait fait le catéchisme, entre dans la chambre du Rév. Père profondément endormi, il lui prend sa vieille soutane, et la remplace par une neuve. Le lendemain matin, quand le Père Françon s'aperçoit de cette substitution, sans faire un jugement téméraire, il l'attribue au vicaire ; il va le trouver : *Es tu, marrias*, lui dit-il, *qué m'as pres ma soutano : rende mé la, ou ben me faché tout rouge*. [1] Comme M. le vicaire avait l'air de ne rien comprendre à cette réclamation : *Eh ben ! mé la payaras aquélo !* [2] ajouta le Rév. Père qui dut se résigner à porter une soutane neuve.

Le Père Françon pratiquait aussi la pauvreté dans sa chambre et son ameublement. A Notre-Dame de Lumière il avait choisi et toujours gardé la cellule la plus petite, la moins commode, la plus froide, où le soleil ne pénétrait que quelques heures de l'après-midi, en été. Les meubles les plus vieux, les plus simples, étaient ceux qu'il préférait ; un petit lit en fer avec une paillasse, deux chaises souvent boiteuses, une petite table en bois blanc, où il se servait, pour écrire, de petits roseaux, qu'il allait couper sur les bords du Calavon, et qu'il taillait en forme de plume, c'était tout son ameublement. Un ancien junioriste nous a dit que le bon Père Françon, ayant mis de côté sa paillasse, coucha pendant quelque temps sur une couverture qui recouvrait les fers de son pauvre lit : « Comment

1. C'est toi, mauvais sujet, qui m'a pris ma soutane. Rends-la moi, où je me fâche tout rouge.

2 Eh bien ! tu me la payeras celle-là !

pouvez-vous dormir là-dessus ? lui demanda-t-il. — *Ah !
rai ! sièu bèn proun bèn aqui.* [1] Telle fut sa réponse.

Il ne faisait jamais de feu, et ne se chauffait qu'au
soleil du bon Dieu. Il n'avait pas de cheminée dans sa
chambre, et il n'en demanda jamais. Pendant qu'il
prêchait des missions, on lui en fit une, dans les dernières
années qu'il passa à Notre-Dame de Lumière ; « mais cette
cheminée, nous écrit le Rév. Père Duvic, ne fut noircie
qu'une fois par le feu : ce fut pendant l'hiver très froid
de 1880, lorsque le Père Françon, atteint d'une fièvre
muqueuse, resta plus d'un mois alité. On voulut malgré
lui faire du feu à sa cheminée ; mais il fut impossible d'y
faire brûler du bois ; on ne réussit qu'à remplir la chambre
de fumée, à la grande joie du malade, qui fut heureux
de ne pas déroger à ses habitudes. Au printemps suivant, en
nettoyant les cheminées, on s'aperçut que des oiseaux de
nuit avaient installé leur nid dans celle du Père Françon,
et l'avaient complètement obstruée. » La seule douceur
qu'il s'accordait pour se préserver du froid, c'était
de placer sous sa table de travail une caisse remplie
de paille, dans laquelle il mettait ses pieds. Il connaissait
depuis longtemps ce mode primitif de chauffage ; il l'avait
fait pratiquer à son élève de Gigondas, le futur évêque des
régions glaciales d'Athabaska-Machensie.

4. En pratiquant si rigoureusement la pauvreté, le Père
Françon suivait l'attrait qu'il avait pour mener une vie
austère et mortifiée. La *mortification* fut toujours sa vertu
de prédilection. Nous avons vu comment il la pratiquait,

---

[1] Ah ! va, je suis bien assez bien là.

lorsqu'il était vicaire et curé. Doué d'une constitution de fer, d'une santé des plus robustes, il s'était, dès son enfance habitué à une vie sobre. Ordonné prêtre, il continua dans l'exercice du ministère paroissial ses mortifications, il voulut vivre de peu, et développer son endurance pour se livrer au travail, faire de longues marches à pied, supporter le froid et le chaud, et restreindre les heures de son sommeil. Devenu religieux Oblat, il fut encore plus mortifié, il voulut imiter la vie austère des Trappistes, des anciens Pères du désert.

Le 29 juin 1882, lorsqu'on célébra à Notre-Dame de Lumière ses noces d'or sacerdotales, le Rév. Père Célestin Augier, provincial, dans le toast qu'il lui porta, résuma en quelques mots sa vie austère : « Vous vous êtes approprié, lui dit-il, les rigueurs et les austérités de la vie religieuse. Les Paul, les Antoine, les Hilarion, ces vaillants athlètes du désert, furent vos modèles. Avec St-Augustin, vous n'avez pas cessé de vous écrier : Ce qu'ils ont pu, est-ce que je ne le pourrai pas? — Ils ont pu jeûner tous les jours, je me condamnerai aussi à un carême permanent. — Ils ont pu s'abstenir de viande, je ne me nourrirai que de légumes. — Ils ont pu coucher sur la dure et maltraiter leur corps, je ferai du mien une victime à Dieu, une hostie de propitiation. — Le poids des années et les infirmités de la vieillesse, loin de ralentir leur ardeur pour la pénitence, les ont excités davantage ; à soixante et quinze ans, je ne vivrai que d'un morceau de pain et d'une tasse de lait. — Dédaignant tout soulagement et tout moyen de transport, ils ont parcouru, à pied, le désert en tout sens ; je n'aurai pour voiture que mes souliers, et pour cheval que mon bâton de voyage. C'est, en effet, dans cet équipage très peu brillant, avec des souliers poudreux, un bâton à la main, et sur le dos un petit sac contenant quelques notes, une paire de bas, deux mouchoirs et une chemise, en un mot, c'est avec tous les insignes de la pauvreté apostolique qu'on vous a vu, pendant quarante ans, parcourir en apôtre tout le Comtat, et une bonne partie de la Provence »

C'était par esprit de mortification que le Père Françon faisait tous ses voyages à pied. « Plusieurs fois, disait M. Loubière, curé d'Uchaux, je l'ai vu arriver chez moi à dix heures du soir, après avoir parcouru à pied, et presque à jeûn, une soixantaine de kilomètres. — Il arriva un soir à Entrechaux, chez M. le curé Dumont ; il avait marché toute la journée, il s'assit fatigué, et il s'évanouit ; grâce aux soins qu'on lui donna, il reprit connaissance, et le lendemain il alla prêcher dans la Drôme. A Villes et à St-Léger, on se souvient, qu'en y arrivant pour donner une retraite, il avait les pieds meurtris et ensanglantés, ce qui ne l'empêcha pas de commencer ses prédications.

Quand il résidait à Notre-Dame de Lumière, il se chargeait toujours de dire la messe tardive de dix heures, et il avait ainsi une bonne raison de jeûner tous les jours. Toutes les fois qu'il le pouvait, à son principal et presque unique repas, il se contentait pour toute nourriture de manger du pain trempé dans du lait ; quand il prenait ses repas en communauté, il laissait ce qu'il y avait de meilleur, et se servait de ce qui était moins bon. Lorsqu'il était malade, ses Supérieurs usaient de leur autorité pour lui faire prendre une meilleure nourriture. Il obéissait, mais il savait alors assaisonner ses aliments de telle sorte qu'il trouvait toujours le moyen de se mortifier. Toujours partisan d'une nourriture frugale, il ramassait dans le jardin les fruits qui tombaient des arbres, et il en mangeait à ses repas ; mais bientôt cela lui parut une sensualité, et il s'en abstint complétement.

Quand on lui demandait pourquoi il s'imposait tant de mortifications, il répondait : « J'ai offensé le bon Dieu pendant plus d'un demi-siècle, il est bien juste que je fasse pénitence. » Bien souvent dans ses lettres, il dit à M. Vève : « Priez bien pour moi afin que, après avoir prêché aux autres, je ne sois pas réprouvé. » Il avait la même crainte que S. Paul, et pour se rassurer il employait le même moyen que ce grand Apôtre : *Corpus meum castigo et in servitutem redigo :* Je châtie mon corps et je le réduis en servitude. Il avait une bonne discipline, il s'en servait, et ne voulait pas s'en dessaisir. Il écrivait à M. Vève, curé de Pernes : « Une de vos paroissiennes m'a demandé une discipline ; je lui ai répondu : Je ne puis vous donner la mienne, je n'en ai pas d'autre ; adressez-vous à votre curé, et il vous en procurera une. »

Le Père Françon a noté, dans ses *Annales*, que le Père Honorat n'omettait rien de ce qui était prescrit par la règle ; qu'un peu avant d'aller prêcher une mission dans une paroisse, il envoyait à Monsieur le curé les articles de la règle qui interdisent aux missionnaires les viandes recherchées, les repas somptueux. Lui n'avait pas besoin de faire cette recommandation. Sa réputation était faite, on savait qu'il ne voulait aucun mets succulent, qu'il n'acceptait que les aliments les plus simples, les plus ordinaires ; que si parfois il ne pouvait refuser un morceau trop bon pour lui, il tâchait de le faire manger, sans qu'on s'en aperçût, au chien ou au chat.

Les cuisinières des presbytères n'avaient pas à se mettre pour lui en frais de cuisine : Vive le Père Françon, disaient-elles, qui travaille bien et ne mange rien ! C'était aussi une raison pour les Curés des pauvres et petites paroisses d'appeler le bon Père Françon qui se contentait de si peu de chose pour sa nourriture. Il est à croire que lui-même avait eu en vue ce résultat, en s'habituant à vivre de peu. S'il avait été exigeant pour la nourriture, s'il avait eu la réputation d'aimer les bons morceaux, il aurait eu à craindre, *ne reprobus efficeretur*, qu'on le laissât, et qu'on s'adressât à d'autres missionnaires pour prêcher aux habitants des montagnes. Mais Messieurs les Curés qui connaissaient sa frugalité le préféraient à tout autre, ils l'appelaient, et lui ne pouvait satisfaire tous ceux qui lui demandaient des prédications. Ses auditeurs savaient que sa nourriture était aussi frugale que la leur, et ils étaient édifiés de sa sobriété et de ses mortifications, qu'il pratiquait avec encore plus de soin lorsqu'il était en mission.

Dans plusieurs pays, à Ausonis, à Roussillon, où il vint prêcher plusieurs fois, on se souvient qu'un jour il laissa par mégarde dans sa chambre sa discipline armée de pointes acérées, que chaque soir il mettait de côté le matelas de son lit et le remplaçait par des fagots. En 1862, il prêcha, avec le Père Gibelin, une mission à la paroisse de S. Pierre de Bollène, dont le curé, M. Gay, était un de ses vieux condisciples et amis. Le premier soir, quand on l'introduisit dans sa chambre, il ne fut pas content. On lui avait préparé un bon lit qui ne faisait pas son affaire :
« *Mai*, dit-il, *avès gis de garèu eici? — Noun, n'acèn gis*. [1] Il s'arrange comme il peut pour dormir à son gré, et le lendemain, à l'instruction du matin, il se met à dire aux

[1] Mais, dit-il, n'avez-vous point de sarments ici ? — Non, nous n'en avons point.

braves gens de S. Pierre : *Es un pau estonnant que dins un païs, coume lou rostre, mounte t'a tant de vigno, t'ague gis de garèu, encô de Moussu lou curat. Adusès-n'in quàuqui fais, de vèspre ; me farès plesi.* [1] En venant au sermon du soir, les paroissiens apportèrent plus de fagots de sarments qu'il ne fallait, et que n'en voulait M. le Curé qui maugréait contre la réclame du prédicateur ; mais le Révérend Père était content ; il put choisir les sarments qui lui convenaient le mieux, pour en faire son matelas et son oreiller.

*

5. Le bon Père Françon était persuadé, et il avait bien raison, que les pénitences et les mortifications qu'il s'imposait, et les souffrances qu'il endurait, en prêchant ses missions, attiraient les bénédictions de Dieu sur ses travaux et contribuaient à la conversion et à la sanctification des âmes. En racontant à ses Supérieurs ce qui lui arriva à S. Romain de Malegarde, lorsque après s'être ébouillanté la jambe, il monta tout de même en chaire, où il tomba évanoui, et d'où il fallut le descendre inanimé, il ajoutait cette réflexion : « Si cet accident fut douloureux pour le prédicateur, il fit une salutaire impression sur les habitants de Saint-Romain. »

Il pouvait s'appliquer à lui-même ce qu'il disait de Mgr Faraud : « Ce saint évêque, écrivait-il, a été bien fatigué par ses rhumatismes ; il souffre depuis si longtemps qu'il doit être habitué aux souffrances ; il marche sur les

---

[1] C'est un peu étonnant que dans un pays comme le vôtre, où il y a tant de vignes, il n'y ait point de sarment chez M. le curé. Apportez-en quelques fagots, ce soir, et vous me ferezplaisir.

traces de notre divin Maître, et c'est par ce moyen qu'il convertit les âmes et les conduit au ciel. »

Notre Seigneur a donné l'exemple à tous ceux qui travaillent au salut des âmes : c'est parce qu'il *s'est humilié, et qu'il a été obéissant jusqu'à la mort de la croix, que Dieu lui a donné un nom au-dessus de tout nom.* [1] C'est ainsi qu'il nous a sauvés. Ainsi le nom de *Jésus*, de *Sauveur*, qu'il a reçu, a été la récompense de son humilité, de son obéissance, de sa mortification et de sa patience pour tout souffrir jusqu'à la mort ; et ce sont ces mêmes vertus, nous dit St-Jean-Chrysostome, *les vertus les plus nécessaires pour procurer le salut d'un grand nombre, qu'il demande à ses Apôtres,* » [2] et à tous ceux qu'il prend pour « *coopérateurs dans cette œuvre la plus divine des œuvres de Dieu.* » [3]

En choisissant le Père Françon pour en faire un de ses ouvriers évangéliques, Dieu lui avait donné les talents et les vertus nécessaires pour remplir la mission qu'il voulait lui confier. Dès son enfance, le futur missionnaire se montra humble, obéissant et mortifié, il avait de l'attrait pour ces vertus. Ces heureuses dispositions étaient le don de Dieu qu'il devait faire valoir. C'étaient des *sources excellentes qu'il devait faire couler* non seulement pour *son utilité personnelle, mais aussi pour celle des autres ;*

---

[1] *Christus.... humiliavit semetipsum, factus obediens usque ad mortem, mortem autem crucis ; propter quod et Deus..... donavit illi nomen quod est super omne nomen.* (Epist. ad Philip. ii, 8).

[2] *Idcirco illas ab eis (Apostolis) virtutes requirit, quæ maxime ad multorum salutem procurandam necessariæ sunt.* (Breviarium, viiie lectio doctorum 3e loco).

[3] *Omnium divinorum divinissimum est cooperari Deo in salutem animarum.* (Dionysius Areopagita).

sa vie devait être employée au bien commun, au salut des âmes. 1

C'est ce qu'il fit toute sa vie. Au petit et au grand séminaire, pendant les années de sa préparation au sacerdoce, il fut encore plus humble, plus obéissant, et plus mortifié qu'il n'avait été dans son enfance ; quand il fut vicaire et curé, ce sont ces mêmes vertus qu'il pratiqua d'une manière plus parfaite, et qui lui attirèrent la confiance et l'admiration de ses paroissiens, et firent produire à son ministère les plus heureux fruits.

Pendant les quarante-huit années qu'il vécut dans la Congrégation des Oblats, il se regarda toujours comme le dernier de tous, et il fut le plus obéissant des religieux à ses Supérieurs, même lorsque leur âge égalait à peine la moitié du sien. Sa mortification alla toujours croissant. Il faisait comme les athlètes qui s'imposent les plus grandes privations pour remporter une couronne corruptible : *Ab omnibus se abstinent, ut corruptibilem coronam accipiant* (Épitre 1, Corinth. iv, 25). Ce n'est pas cette couronne que voulait le Père Françon : c'était celle du ciel, et il voulait la mériter en remportant la victoire sur le démon, en lui arrachant les âmes qu'il tenait captives dans les liens du péché, en les convertissant et les remettant sur le chemin du ciel. Pour pouvoir soutenir ces combats, il s'était exercé de bonne heure à la vie pénible des missionnaires, il s'était habitué à se passer de beaucoup de choses, à se contenter de la nourriture la plus frugale, et

1 *Non intra se tantummodo hæc recte facta concludit ; verum in aliorum quoque utilitatem præclaros hos faciet effluere fontes. Igitur... in commune commodum vitam instituit.* (S. Joan-Chrysost. Breviarium viii lectio doctorum 3ª loco).

de quelques heures de sommeil, il avait développé et
poussé aussi loin que possible son endurance du travail, il
pouvait pendant cinq ou six mois de suite, prêcher deux
fois par jour, et passer des journées entières et une partie
de la nuit au confessionnal. Il ne reculait devant aucune
fatigue, lorsqu'il s'agissait de travailler au salut des âmes.
« J'ai prêché cette année le Jubilé dans quatorze paroisses,
écrivait-il, le 12 avril 1876, alors âgé de 69 ans ; j'en ai
encore une à évangéliser, et cependant je ne suis pas
fatigué. Le bon Dieu m'a donné les forces, et je m'en suis
servi, je crois, pour procurer sa gloire et sauver des
âmes ; tel a été du moins mon désir. »

A ces rudes travaux il ajoutait, dans le cours de ses
missions, d'austères mortifications, il s'imposait de dures
pénitences pour obtenir la conversion des pécheurs. « J'ai
prêché plusieurs missions avec le Père Françon, disait le
Père Mauran, et je suis obligé de reconnaître que ses pénitences ont été une des principales causes de ses succès.
En 1868, à la mission de Tavel, où j'étais son collaborateur, il resta trois jours sans manger, du mercredi saint au
samedi saint, et encore ce dernier jour, il ne mangea qu'un
peu de soupe. Je fais pénitence, disait-il, pour mes
péchés et pour les péchés des autres. »

Pendant cinquante ans, le Père Françon s'est livré aux
pénibles travaux de l'apostolat, et jusqu'à sa mort il a
pratiqué les austérités de la pénitence. Où avait-il puisé le
courage pour entreprendre un tel genre de vie, la force
pour y persévérer ? Dans sa *charité.*

*

6. Il faut avoir une grande charité pour se charger du
ministère de la prédication. Le Père Françon pouvait

l'accepter : toute sa vie il a montré qu'il aimait bien son prochain. Petit enfant, à l'école primaire, il donnait aux pauvres le pain qu'il avait reçu de ses parents pour sa nourriture ; étant vicaire et curé, il donnait tout : son argent, ses aliments, ses vêtements ; quand il fut religieux Oblat, ne possédant plus rien il ne pouvait rien donner ; [1] mais alors il fit plus, il se donna lui-même, il se consacra tout entier au service des âmes, et il n'y ménagea pas sa peine. Dès le début de son vicariat à Visan, il écrivait à M. Vève, son ami : « Il faut nous dire souvent : *Ad quid venisti ?* Pourquoi es-tu venu ? C'est pour sauver les âmes que Dieu nous a envoyés ; travaillons, mon cher, et travaillons sans relâche ! Heureux si nous étions jugés dignes de mourir au milieu de nos travaux !

« ...Nous sommes établis pour le salut de nos frères ; si nous ne travaillons pas à cette œuvre autant que nous le pouvons, nous ne sommes que des simulacres de prêtres... Nous entendons les cris des enfants qui demandent du pain,

---

1 Il aimait toujours les pauvres et les malheureux, et quoiqu'il ne pût disposer de rien sans permission, il supposa plus d'une fois cette permission, en donnant les choses les plus nécessaires à son usage. Après avoir marché une partie de la journée, il arriva, un soir d'hiver, chez des parents qu'il avait à Cairanne. Il fut très bien reçu, et comme parent, et comme saint homme de Dieu. Le soir, quand on le conduisit à la chambre où il devait coucher, il dit un peu confus à sa parente : « Faites-moi la charité de me donner une vieille chemise de mon cousin ; je n'en ai point. » Et comme sa parente exprimait sa surprise : « Oui, ajouta-t-il, j'ai rencontré un pauvre qui grelottait, avait la fièvre et n'avait point de chemise. Je lui ai donné la mienne, je puis m'en passer, moi qui suis bien portant. Cependant je ne voudrais pas arriver à mon couvent sans chemise : Qu'est-ce qu'on dirait de moi ? » Bien volontiers on lui donna une chemise, et il n'eut plus qu'à faire approuver par son Supérieur le don qu'il avait fait et celui qu'il avait reçu.

et notre cœur y serait insensible ! Nous avons les clefs de la vie éternelle, et nous en fermerions les portes aux autres et à nous-mêmes ! »

A Gigondas, il écrivait : « Je ne crois pas qu'un curé puisse prendre plus de soin de sa paroisse, et se sacrifier pour ses paroissiens plus que je n'ai fait, et s'il y en a qui ne soient pas contents, je suis prêt à leur donner la dernière goutte de mon sang. » Ce qu'il disait en toute sincérité, il l'aurait fait. On le savait et on l'aimait : *Si vis amari, ama*. C'est en aimant qu'on se fait aimer et qu'on devient maître des cœurs.

Il employa encore mieux la même méthode quand il fut religieux et missionnaire.

*

7. Le Pape St Grégoire remarque que Notre-Seigneur, lorsque pour la première fois il donna à ses soixante-douze disciples la mission d'aller prêcher, les envoya deux à deux, pour leur faire comprendre que, sans la charité, on ne doit pas se charger d'aller prêcher ; 1 il leur donnait le moyen de se former à cette vertu si nécessaire. Se trouvant deux ensemble, ils avaient constamment l'occasion de pratiquer la charité en se supportant, en s'aidant et en s'aimant mutuellement.

L'abbé Françon, étant vicaire et curé, aimait ses paroissiens et ceux des paroisses voisines qu'il allait évangéliser ; mais il était un peu seul, isolé ; il pouvait vivre selon sa volonté propre ; il devait prendre l'initiative pour les

1 *Ecce enim binos ad prædicandum discipulos Dominus mittit ; quatenus hoc nobis tacitus innuit, quia qui caritatem erga alterum non habet, prædicationis officium suscipere nullatenus debet.* (*Brevirium VIII lectio Evangelistarum.*)

bonnes œuvres qu'il entreprenait. Il souffrait de cet isolement, et il aspirait à vivre de la vie de communauté, où il ne serait pas seul et n'aurait plus qu'à obéir. Aussi lorsqu'il eut trouvé et suivi sa voie, en entrant dans la Congrégation des Oblats, il fut heureux ; il était dans son élément, comme le poisson dans l'eau. « Je suis enfin entré dans la terre promise, dans le paradis ! écrivait-il. Oh ! que j'ai du regret d'être venu si tard ! » Il avait des Supérieurs, des Confrères ; il avait sans cesse l'occasion de pratiquer les vertus d'obéissance et de charité. Il avait un respect affectueux pour tous ses Supérieurs [1] et une tendre charité pour ses frères. Il était patient, il évitait de faire de la peine et s'appliquait à rendre service à tous ; et pour cela, il savait renoncer à ses goûts et résister aux vivacités de la colère

---

[1] Le 19 mars 1873, le Père Françon écrivait au Rév. Père Fabre, son Supérieur général : « Si dans toutes vos nombreuses maisons, vos enfants sont aussi unis dans la charité, que ceux de Notre-Dame de Lumière, vous êtes le plus heureux des pères. Notre maison est l'image du paradis. Notre excellent Père Supérieur a été créé et mis au monde, pour nous rendre heureux et nous conduire au ciel. Depuis son arrivée, je n'ai pas eu un moment d'impatience. Qu'il est bon, qu'il est doux pour des frères d'habiter ensemble ! Nos junioristes vont si bien qu'ils nous étonnent par leur piété et leur régularité... Je remercie le bon Dieu de m'avoir conservé jusqu'à ce jour, pour me faire connaître et apprécier davantage le bonheur de la vie religieuse.

« Je prêchais, il y a quelque temps, une mission dans une paroisse, où il y avait un vénérable curé âgé de 96 ans. Mgr l'archevêque, qui lui avait donné un excellent vicaire, vint à la fin de la mission, et dit au bon curé : Je veux faire quelque chose pour vous, demandez-moi ce qui vous sera agréable. Et le vieillard de répondre : Monseigneur, vous m'avez donné un bon vicaire, laissez-le ici, jusqu'à ce qu'il m'ait enterré. — Mon très Rév. Père, permettez-moi de vous faire la même demande ; laissez à Notre-Dame de Lumière mon bon Père Supérieur, jusqu'à ce qu'il m'y ait enterré. *Fiat ! Fiat !* »

14

quand il était contrarié. Le Père Nicolas, son contemporain qui vécut longtemps avec lui, a écrit dans ses souvenirs : « Le Père Françon était naturellement très sensible, et même d'un caractère irascible ; mais il était tellement maître de lui-même, que la plupart de ses frères ont ignoré cette trempe de caractère, tant il était doux, affable, amical, bienveillant, plein de bonne grâce, toujours prêt à faire plaisir. » Le Père Duvic nous a aussi écrit que « le Père Françon était d'un caractère vif et impressionnable, mais il faisait de grands efforts pour se vaincre, et ceux qui le voyaient de près pouvaient, quand un acte ou une parole lui déplaisait, lire sur les traits de son visage, et reconnaître, au léger tremblement de ses lèvres, les signes de la lutte intérieure qu'il se livrait à lui-même, pour se contenir et ne blesser personne. »

Cette charité qu'il avait pour ses Supérieurs et ses Confrères, lorsqu'il vivait avec eux en communauté, il la pratiquait encore avec plus de soin dans le cours de ses prédications. Pendant les premières années qu'il fut missionnaire, il avait pour chef dans les missions où il fut envoyé, les Rév. Père Honorat, Ricard, Magnan, Bermond : il était plein de respect pour eux, il les aimait, les admirait, et tâchait de les imiter ; il leur obéissait et suivait fidèlement leur direction. Bientôt il fut lui-même chef de mission, et il se montra plein d'estime et d'affection pour les jeunes Pères qu'on lui adjoignit comme disciples et collaborateurs.

Il écrivait, le 2 mai 1850, à Mgr de Mazenod : « J'ai prêché des missions avec les deux jeunes Pères que vous m'avez donnés ; ils ont travaillé avec un zèle infatigable ; nous nous sommes toujours bien entendus, et nous avons toujours été unis comme de véritables frères. Aussi le Seigneur a béni notre œuvre. »

« Le Père Coste est toujours mon intrépide compagnon, écrivait-il à M. Vève ; nous sommes inséparables et nous passons ensemble d'heureux jours. » Et quand ces jeunes Pères le quittaient pour aller dans d'autres résidences, il était désolé, il écrivait encore à M. Vève : « Je ne puis conserver longtemps mes compagnons d'armes, je les aime trop ; c'est pour cela que le bon Dieu m'en sépare. Que son saint nom soit béni maintenant et toujours ! » On le consolait, en lui donnant d'autres jeunes collaborateurs dont plusieurs étaient natifs du diocèse d'Avignon, les Rév. Pères Bermès, Bonnefoy, Bessac, Gibelin, Mauran, Trouin... Ils parlaient provençal comme lui ; il les aima aussi ; il en fit ses disciples de prédilection, et il les forma par ses leçons et par ses exemples.

Quand il allait prêcher dans les petites paroisses, où un seul missionnaire suffisait, il était alors le collaborateur du curé qui l'avait appelé, et il avait pour lui une grande charité et une humble condescendance. Il écrivait de la mission de Plaisians en 1842 : « Lorsque je suis seul avec les bons curés des montagnes, nous n'avons jamais la moindre contradiction, et notre vie est des plus heureuses. » Ayant été lui-même petit curé, il connaissait les difficultés que rencontrent les pasteurs des petites paroisses, et il savait compatir à leurs peines et les encourager. C'est ainsi qu'il avait gagné leur confiance et leur amitié.

*

8. Si le Père Françon était si charitable à l'égard de ses Supérieurs et de ses collaborateurs lorsqu'il prêchait des missions, il ne l'était pas moins à l'égard des populations qu'il évangélisait. Aimer les âmes, les convertir, les sauver, c'était la passion qui faisait battre son cœur. S'il

s'imposait une vie si austère et si mortifiée, s'il ne reculait devant aucune travail, aucune fatigue, c'était pour procurer le salut des âmes. Quand il prêchait, c'est de son cœur embrasé de l'amour de Dieu et des hommes qu'il tirait les expressions les plus émouvantes, et au tribunal de la pénitence, quel amour, quelle miséricorde, quelle compassion ne montrait-il pas pour les pauvres pécheurs ! « Tout dans ses paroles, disait un de ses pénitents, portait à l'amour de Dieu et des âmes, et montrait qu'il avait lui-même ce double amour. »

Un pauvre pécheur qu'il avait converti dans une de ses missions disait : « Lorsque j'eus fini de lui faire ma confession, il me dit en pleurant : ne pourrai-je pas vous absoudre? Donnez-moi quelques signes particuliers de contrition, afin que je puisse vous réconcilier avec le bon Dieu, et que vous aussi vous puissiez profiter de ce temps de salut. Ces paroles pénétrèrent jusqu'au fond de mon cœur, elles furent une révélation de l'amour qu'il avait pour mon âme ; je me mis aussi à pleurer, et je fus heureux de recevoir l'absolution de mes péchés. »

Le Père Françon aimait bien les âmes, mais il aimait Dieu par-dessus tout, et il ne voulait pas l'offenser en donnant l'absolution à ceux qui n'avaient pas les dispositions nécessaires pour la recevoir. Il avait parfois des craintes à ce sujet. Dans une paroisse voisine de Notre-Dame de Lumière, où il prêchait, M. le curé le trouva un soir, à genoux contre son lit, et versant des larmes ; « Qu'avez-vous ? mon Père, lui dit-il... vous pleurez. — Je pleure, répondit-il, les absolutions que j'ai données, et que j'aurais dû ne pas donner. »

Pendant cinquante ans, le Père Françon parcourut les villages du diocèse d'Avignon et des diocèses voisins, toujours avec le même zèle et le même succès. Il était connu partout, et partout on se souvenait de ses prédications. On connaissait ses vertus et sa sainteté, et on avait pour lui une véritable vénération. Un ancien Junioriste, neveu de Mgr Faraud, nous a raconté que, le 5 novembre 1874, il accompagna le Père Françon dans un voyage qu'ils firent à pied de Notre-Dame de Lumière à Gigondas. « Nous traversâmes plusieurs villages, où il avait prêché des missions, des jubilés ; du plus loin que les gens qui travaillaient à leurs champs le reconnaissaient, ils suspendaient leur travail, et accouraient au-devant de lui, exprimant leur joie de le revoir et leur respectueuse vénération. Ils étaient heureux de lui rappeler une de ses paroles qui les avait touchés davantage, quelqu'une des cérémonies organisées par ses soins. Le souvenir de ses actions restait gravé dans leur mémoire ; après vingt ans, trente ans, il leur était aussi présent qu'au lendemain de la mission. »

*

9. Par ses vertus, par ses austérités et ses mortifications, par l'ardeur de son zèle et de sa charité, par sa vie tout à fait apostolique et dévouée à l'œuvre du salut des âmes, le Père Françon, en répandant partout la bonne odeur de Jésus-Christ, s'était acquis la confiance et la vénération des populations qu'il évangélisait, et il exerçait sur elles une grande puissance de persuasion. Il n'avait qu'à paraître, à parler, et il tenait suspendus à ses lèvres tous ses auditeurs, qui le regardaient comme le représentant, l'envoyé de Dieu. « La réputation de sainteté qui le précédait partout, a dit le Père Duvic, assurait le succès de ses prédications. »

On a dit que l'orateur est *l'homme de bien, habile à parler* : *Vir bonus dicendi peritus*, et Fénelon, dans sa Lettre à l'Académie, a complété cette définition, en demandant que l'orateur soit : « *homme de bien, et cru tel.* » Le Père Françon avait ces qualités morales, ces *mœurs* de l'orateur ; mais il était missionnaire, et pour remplir sa mission, il lui fallait des qualités, des vertus plus parfaites, et il les avait. C'était *un saint* et tout le monde le regardait *comme tel* ; de plus, à la sainteté il joignait l'éloquence : il était *dicendi peritus*.

CHAPITRE IX

Le Père Françon Prédicateur

1. Le Père Françon et le Père Bridaine, parallèle. — 2. Dons et talents naturels. — 3. Formation du Père Françon, en paroisse, au noviciat, dans ses premières missions. — 4. Il prêche en provençal, le langage de ses auditeurs. — 5. Il se met bien à leur portée. — 6. Conférence en provençal sur la confession, réfutation de deux objections. — 7. Une page du discours provençal sur le blasphème. — 8. Extraits de sermons français : la Communion indigne, le Retour de l'enfant prodigue. — 9. C'est le cœur qui rend le Père Françon éloquent. — 10. Ses prières avant, pendant et après ses missions. — 11. Ses allocutions à Visan, ses adieux à Vénasque.

1. « Par dessus tout, a dit le Rév. Père Nicolas, le Père Françon était missionnaire, on l'a appelé le Bridaine des campagnes ; c'est un grand éloge, et il était mérité. » Il y a en effet de nombreux traits de ressemblance entre ces deux grands missionnaires.

Tous deux encore enfants, (tellement leur vocation se montra de bonne heure) [1] ils réunissaient leurs jeunes

---

1. *Lou Paire Françoun*, a dit Fr. Mistral, *quand ero jouine, avié agu garda l'avé. E dison que de fès, talamen la voucacioun iero vengudo de bono ouro, mountavo sus un amelié, e aqui, touto la batudo, fasié de sermoun à si fedo. Tau sant Frances d'Assise predicavo is aucèu, i cigalo e i peissoun.*

Le Père Françon, quand il était jeune, avait gardé les brebis ; et on dit que parfois, tellement la vocation lui était venue de bonne heure, il montait sur un amandier, et là, pendant des heures entières, il faisait des sermons à ses brebis. Ainsi S. François d'Assise prêchait aux oiseaux, aux cigales et aux poissons.

compagnons, et se mettant à prêcher devant eux, ils savaient se faire écouter, en leur répétant ce qu'ils avaient entendu au catéchisme ou au prône de leur curé.

Ils eurent tous deux le bonheur de faire leurs études et de se former aux vertus ecclésiastiques au grand séminaire de S. Charles à Avignon, sous la direction des prêtres vénérables de la Compagnie de S.-Sulpice. 1

Bridaine n'était encore que diacre, lorsque son Evêque d'Uzès le donna comme collaborateur aux missionnaires de son diocèse. Il réussit si bien, il montra de telles aptitudes pour la prédication apostolique, qu'il y consacra toute sa vie, depuis son ordination sacerdotale, 26 mai 1725, jusqu'à sa mort, 22 décembre 1767. Il donna de grandes missions dans les principales villes de France, à Marseille, à

1. Le cardinal Maury, qui fut un des plus brillants élèves du séminaire de S. Charles à Avignon, y habita quelque temps la cellule que le Père Bridaine, alors encore en vie, avait occupée, quarante ans auparavant, et quand il composa son *Essai sur l'éloquence de la chaire* il cita quelques pages du discours de ce grand missionnaire sur l'*Eternité :* « .... Eh! savez-vous donc ce que c'est que l'Eternité ? c'est une pendule dont le balancier dit et redit sans cesse ces deux mots seulement : Toujours! jamais! jamais! toujours! et toujours! Pendant ces effroyables révolutions, un réprouvé s'écrie : Quelle heure est-il ? Et la voix d'un autre misérable lui répond : L'éternité! »

Cette comparaison du balancier est un souvenir du séminaire de St-Charles. La chambre que Bridaine et Maury y avaient habitée, était contiguë à l'horloge qui marquait les heures pour les exercices de la communauté. La nuit, pendant les heures d'insomnie, l'oreille du futur missionnaire avait été souvent frappée par le bruit lent, sourd et monotone des oscillations du balancier. C'est ce souvenir qu'il dramatisa ensuite dans son discours, en faisant retentir aux oreilles de ses auditeurs le bruit strident de l'inflexible balancier, qui ne cesse de redire ces mots sinistres : *Toujours! jamais!*

Aix, à Montpellier, à Valence, à Grenoble, à Lyon, à Sens, à Paris, à Chartres, au Puy, à Clermont etc... Mais il prêchait aussi dans les villes moins importantes, 1 et même dans les villages, à Chusclan son pays natal et dans les petites paroisses des diocèses d'Uzès et de Nîmes. Le 25 novembre 1767, après avoir terminé à Villeneuve-les-Avignon sa 256me mission, il vint prêcher l'Avent à Roquemaure, où il mourut sur son champ de bataille, le 22 décembre, âgé de 66 ans.

Comme Bridaine, le Père Françon fut missionnaire pendant plus de quarante ans. Il n'eut pas à prêcher dans les grandes villes, mais quand l'obéissance l'envoya dans des pays considérables, il y alla, et il y réussit, et quand on le laissa suivre son attrait, il fut infatigable pour évangéliser les habitants des campagnes et des plus petites paroisses des montagnes. Ses missions furent moins importantes que celles de Bridaine, mais elles furent plus nombreuses. Bridaine prêcha 256 missions, et le Père Françon en 1859, écrivait à son Rév. Père Provincial : « Depuis vingt ans que je suis missionnaire Oblat, j'ai donné 110 missions ou jubilés et à peu près autant de retraites. » Il en prêcha bien encore autant dans les vingt dernières années de sa vie de missionnaire, de sorte que le nombre de ses missions, jubilés ou retraites s'élève à plus de quatre cents.

*

2. Pour parcourir une si longue et si laborieuse carrière, pour convertir et sauver tant d'âmes, par le

1 Bridaine donna deux missions à Avignon, l'une en 1734, l'autre en 1742. Il évangélisa aussi Cavaillon, Carpentras, Orange, Caderousse, Mondragon, Séguret, Vaison, Malaucène, Bédoin, Sault.

ministère de la prédication et l'efficacité de la parole, il fallait que le Père Bridaine et le Père Françon eussent reçu des aptitudes spéciales. On a souvent répété que l'on naît poëte et que l'on devient orateur : *nascuntur poetæ, fiunt oratores* ; mais cette assertion n'a pas été admise par tout le monde. On a prétendu aussi que l'on *naît orateur*, Cicéron a dit (De Orat. 1.) « que c'est surtout le talent naturel qui contribue à former l'orateur, ... qu'il y a des avantages physiques que l'homme reçoit certainement en naissant : une langue souple et déliée, une voix sonore, des poumons vigoureux, une organisation forte, enfin une certaine dignité dans les traits et dans toute la personne... Il est des hommes dont la langue est si embarrassée et la voix si ingrate, dont la physionomie et les mouvements du corps ont si peu de grâce et tant de rusticité, que, malgré les ressources du génie et de l'art, ils ne sauraient prendre rang parmi les orateurs. Il en est d'autres, au contraire, si richement pourvus de ces mêmes avantages, et tellement favorisés par la nature, qu'il semble qu'un Dieu a pris plaisir à les former de ses mains : *ita naturæ muneribus ornati, ut ab aliquo Deo ficti esse videantur.* »

C'est ainsi que Bridaine et le Père Françon étaient nés prédicateurs. Dieu qui les destinait à être missionnaires, leur donna une intelligence qui saisissait promptement la vérité, une bonne mémoire pour la retenir, une imagination vive, un cœur sensible pour aimer le bien et haïr le mal, une âme remplie d'une bonté communicative, une forte constitution, des poumons vigoureux, une voix forte et sonore qui savait tonner et s'attendrir, une vraie dignité dans les traits de la figure et dans toute leur personne.

Ainsi doués et organisés, ils se mirent, encore enfants, à prêcher, comme l'oiseau en sortant de son nid se met à voler.

*

3. Il leur fallut certainement cultiver et développer les talents, les dons du corps, de l'esprit et du cœur qu'ils avaient reçus. Mais ils eurent du goût, de l'attrait pour cette culture ; et pendant leur éducation sacerdotale, ils s'y appliquèrent avec ardeur et avec succès, de sorte que lorsqu'ils furent ordonnés prêtres, ils montrèrent une aptitude évidente pour la prédication. Bridaine qui avait déjà prêché des missions, n'étant encore que diacre, continua toute sa vie de remplir admirablement ce ministère apostolique.

L'abbé Françon fut d'abord quatre ans vicaire et trois ans curé. Il prêchait, et les paroissiens de Visan et de Gigondas accouraient à ses prédications, et ne se lassaient jamais de les entendre, quoiqu'elles fussent fréquentes et parfois un peu longues. Il instruisait ses auditeurs, il les charmait et se rendait maître de leurs cœurs. Messieurs les Curés voisins, ses confrères, ne tardèrent pas à reconnaître ses talents pour la prédication, et ils se le disputèrent pour lui faire prêcher des missions, des retraites dans leurs paroisses.

Pendant l'année de son noviciat chez les Oblats, ses Supérieurs qui connaissaient son aptitude pour le ministère de la prédication qu'il avait déjà pratiqué, lui firent prêcher des sermons et des retraites dans la ville de Marseille, et ils l'adjoignirent aux Pères qui allaient prêcher des missions dans des pays considérables et assez difficiles à convertir. Ce fut une école pratique pour sa formation de missionnaire. Il prêcha, il confessa, et il vit comment prêchaient et agissaient les premiers compagnons du Fondateur des Oblats ; il admira la série et l'enchaînement des instructions, des exercices et des cérémonies qu'ils faisaient pour obtenir le résultat désiré : la conversion et la sanctification de toute une paroisse ; et il comprit que, quoiqu'il eût déjà écrit et prêché bien des prônes et des sermons, il ne savait pas prêcher comme doit le faire un bon missionnaire. Lorsqu'il fut de retour à Marseille, il écrivit à son ami, M. Vève : « Après avoir prêché sept ans à Visan et à Gigondas, je suis arrivé ici, sans avoir un seul prône dont je puisse me servir ; je travaille, je passe parfois une partie de la nuit à écrire pour composer des instructions ; j'ai analysé St Jean Chrysostome et St Augustin, j'ai lu et relu Bossuet. J'ai écrit des canevas et des plans de discours, j'aurai bientôt rempli ma malle de cahiers. »

Sitôt qu'il eut fait sa profession religieuse, le Père Françon fut envoyé en résidence à Notre-Dame de Lumière, où il eut pour Supérieur d'abord le Père Honorat, et ensuite le Père Ricard. Il fut leur collaborateur dans les grandes missions qu'ils prêchèrent, et à leur école, il devint bientôt un parfait missionnaire, qui, tout en restant lui-même, sut s'approprier les qualités les plus remarquables de ses deux maîtres : l'ardeur et la véhémence entraînante du Père Honorat, et la bonté, la douceur insinuante et attrayante du Père Ricard. Il les vit à l'œuvre, et il se mit à faire comme eux. Dès le début d'une mission, il allait visiter toutes les maisons de la paroisse pour inviter tout le monde à venir assister aux exercices ; et il y attirait les hommes par les conférences intéressantes qu'il faisait en provençal.

Le Père Honorat et le Père Ricard faisaient dans les missions les exercices et les cérémonies, qu'ils avaient vu faire à leur vénéré Fondateur Mgr de Mazenod, et à son plus illustre compagnon, qui fut ensuite le Cardinal Guibert. Le Père Françon, en suivant fidèlement leurs exemples, apprit à disposer si bien les cérémonies et les sermons d'une mission ou d'une retraite, que l'effet produit allait toujours croissant, et aboutissait à la conversion des pécheurs, à la communion générale de tous les habitants de la paroisse qu'il évangélisait.

Sa prédication était véhémente, mais simple, sans recherche ni prétention : elle était si naturelle qu'elle semblait improvisée et couler de source. Oui, elle coulait de source, mais il avait soin de tenir bien alimenté le réservoir de cette source. Nous avons dit à quels travaux il se livra, pendant son noviciat, pour composer des sermons ; il travaillait aussi dans les mois de l'été, qu'il passait chaque année à Notre-Dame de Lumière, il étudiait, il prenait des notes, il faisait des recueils de traits édifiants. Il écrivit au point de vue de la prédication un traité complet de la doctrine chrétienne, comprenant le dogme, la morale et les sacrements ; il brûlait ses vieux sermons et les recomposait, en se servant de tout ce que l'étude et l'expérience lui apprenaient chaque jour. Nous avons pu retrouver seulement vingt-trois de ses sermons et dix-huit de ses conférences.

*

4. Le Père Honorat et le Père Ricard, suivant l'exemple de leur Fondateur Mgr de Mazenod, prêchaient toujours en provençal, même dans les paroisses importantes, parce que la plupart de leurs auditeurs comprenaient et aimaient

mieux le provençal que le français, et que par ce moyen ils attiraient, charmaient et convertissaient les populations. Le Père Françon les admira, et n'eut pas de peine pour se mettre à les imiter ; lui aussi aimait et parlait avec une grande facilité la langue provençale, que sa mère lui avait apprise. Il fut vraiment *missionnaire provençal*.

Son provincial, le Rév. Père Célestin Augier, lui disait, le jour de ses noces d'or, en 1882 : « Quelle paroisse de ce diocèse n'a pas entendu votre grande voix réveillant de salutaires terreurs dans l'âme des pécheurs, affermissant les justes et secouant les tièdes et les indifférents ? Les grandes vérités de notre sainte religion, de fortes pensées semées au milieu d'histoires simples et familières, le tout dit dans la belle et harmonieuse langue des troubadours, vous avaient gagné l'oreille et le cœur du peuple, et votre nom seul a été souvent une victoire. »

Dans ses missions, le Père Françon prêchait toujours en provençal ; il parlait la langue des populations qu'il évangélisait. « Cette langue, a dit le Père Nicolas, que le peuple parle et comprend, la langue qu'il retient et qu'il répète ; c'est la langue de l'intelligence, du cœur, du sentiment et de la mémoire populaire. Un Père Oblat prêcha un jour à Maillane un sermon très relevé pour le fond, mais en langue provençale. Le lendemain, il reçut la visite de Mistral qui lui dit : Mon Père, si vous aviez dit les mêmes paroles en français, personne n'y aurait rien compris, et surtout n'aurait rien retenu, tandis que tous nos hommes non-seulement ont compris, mais ils peuvent tout répéter. Après le sermon, hier soir, ils m'ont entouré et gardé là sur la place, pendant une heure, pour me dire chacun quelque chose de votre sermon. Si vous aviez un Père sachant bien le provençal littéraire, qui prêchât un carême à la Madeleine à Aix, l'église serait comble : vous auriez le peuple ; la noblesse et la bourgeoisie ne feraient pas défaut, et les succès de zèle seraient grands... »

Le Père Françon remportait ces succès partout où il prêchait en provençal. Cependant le langage dont il se servait n'était pas toujours celui des félibres. Il connaissait les divers dialectes du provençal, les nuances, les variétés qu'il y avait dans la manière de parler, usitée dans des pays même assez rapprochés, et il s'appliquait à prêcher comme parlaient ses auditeurs. Il écrivait de Barret-de-Lioure (paroisse de la Drôme située sur le versant nord-est du Ventoux) : « La population des Abeilles (paroisse du canton de Sault) n'entendait guère ni mon français, ni mon patois ; il m'a fallu trouver un langage nouveau pour me faire comprendre ; mais enfin, j'en suis venu à bout. Ici, j'en désespère. Ces braves gens ne comprennent ni français, ni patois, ni jargon quelconque ; je me suis mis à étudier leur manière de parler, et je vais les imiter de mon mieux. »

C'est ce qu'il fut obligé de faire dans les nombreuses missions qu'il prêcha aux habitants des petites paroisses des montagnes, qui n'entendaient rien au français, et ne comprenaient que le patois de leur village, dont le vocabulaire n'avait qu'un petit nombre de mots, et dont les locutions n'étaient pas toujours celles du pur provençal. Grâce à la facilité qu'il avait pour saisir et observer ces variétés du langage populaire, il parvenait vite à imiter la manière de parler de ses auditeurs qui le comprenaient bien, et étaient charmés d'entendre leur prédicateur parler leur propre langage : « Il parle comme nous, » disaient-ils, émerveillés. S'il leur avait parlé autrement, son langage leur aurait paru étrange et leur aurait déplu.

Lorsqu'il évangélisait les paroisses des vallées et des plaines du Comtat et de la Provence, le Père Françon ne rencontrait pas ces difficultés pour se faire comprendre. Le vrai provençal était alors le langage de ses auditeurs, et lui le parlait si bien et avec tant de facilité, qu'on aurait pu croire qu'il ne savait prêcher qu'en provençal. Et cependant, dans les séminaires, dans les couvents, et toutes les fois qu'il le jugeait convenable, il prêchait en français et en bon français. Tout ce que nous avons vu de ses manuscrits : ses lettres, ses trois volumes des *Annales* de Lumière, ses recueils de notes, ainsi qu'une cinquantaine de sermons ou de conférences, tout est écrit en français ; mais il possédait si bien tous les secrets de sa langue maternelle, que, sans aucun effort, il exprimait, en poovençal, ce qu'il avait écrit en français.

Dans plus de deux mille pages de ses papiers, que nous avons parcourues, nous n'avons trouvé qu'un membre de phrase, écrit en provençal, parce qu'il ne savait guère comment exprimer sa pensée en français. C'est dans sa conférence sur la confession : il réfutait cette objection : *Ce sont les prêtres qui ont établi la confession* ; et il répondait : « Non ! les prêtres n'auraient jamais voulu l'inventer, et, quand même ils l'auraient voulu, ils ne l'auraient jamais pu. Car s'il y a quelque chose de pénible dans notre ministère, c'est la confession. Au confessionnal, nous sommes entre quatre planches, et nous prenons mesure de notre caisse de mort : celui-ci parle français, celui-là parle patois : celui-ci *a mangea d'ayé, aques d'ey-la a mangea de cébe...* » [1] Voilà les seuls mots écrits en provençal que

---

[1] Celui-ci a mangé de l'ail, celui-là a mangé de l'oignon.

nous ayons du Père Françon ; et s'il avait consulté le vocabulaire, il les aurait écrits autrement.

*

5. Ainsi le Père Françon n'écrivait pas en provençal. Ce n'est pas dans la grammaire qu'il l'avait appris ; c'est en l'entendant parler, d'abord dans sa famille et ensuite un peu partout dans toute la Provence ; mais il le parlait très bien, et toujours d'une manière digne et sans trivialité. « Il avait, nous dit le Père Nicolas dans sa notice, des ressources précieuses et de genres divers pour arriver à ses fins : compliments délicats et bien tournés (comme dans son exorde du *Merle Blanc* à Gordes), badinages de bon goût, traits d'esprit, réflexions fines, paroles proverbiales, drôleries charmantes, à-propos heureux, tout servait son zèle et secondait ses prédications. » C'est ainsi que pour dire que nous avons tous ici-bas notre part de douleur, il citait ce proverbe : *Au peiròu di sèt doulour chascun a soun escudello.* 1 Il se mettait à la portée des habitants des campagnes, par des comparaisons tirées des choses qu'ils connaissaient bien, et qu'ils manipulaient tous les jours. Ainsi pour leur faire comprendre qu'il faut dire tous ses péchés en confession, qu'il n'en faut cacher aucun, il leur disait : *Acò es coume quand anas derraba de grame*, c'est comme lorsque vous allez arracher du chiendent, plante qui envahit et stérilise les champs. Quand on veut l'extirper, ses racines, si on en laisse quelques fragments dans le sol, sont douées d'une telle vitalité et d'une telle force de crois- sance, qu'elles pullulent, envahissent bientôt le champ et

1 Au chaudron des sept douleurs chacun à son écuelle.

15

rendent absolument inutile le travail qu'on avait fait pour le détruire. Le Père Françon disait donc : *Quand vous anas counfessa, e que disès pas tóuti cósti pecat, es coume quand derrabas de grame, e que lou trias pas bèn ; se n'en leissas quàuqui moussèu dins la terro, es coume s'avias rèn fa. Aquéli moussèu de grame qu'avès leissa van cadela, e l'aura bèn lèu dins vosto terro mai de grame après qu'avans.* [1]

*

6. C'était surtout aux conférences prêchées en provençal que l'on accourait, pour entendre le Père Françon répondre d'une manière si intéressante aux objections que lui faisait un de ses confrères. Un de ses auditeurs a écrit de mémoire la conférence qu'il fit sur la confession, dans une mission à Vangines en 1869. Les quatre objections qui sont réfutées dans ce compte rendu provençal, sont aussi dans le manuscrit français de la conférence qui contient la solution d'une trentaine d'objections. Le Père Françon ne pouvait les réfuter toutes dans une seule conférence ; il choisissait seulement celles qui convenaient le mieux à son auditoire.

Nous citerons deux pages de la conférence écrite en provençal.

1 Quand vous allez vous confesser, et que vous ne dites pas tous vos péchés, c'est comme lorsque vous arrachez du chiendent ; si vous ne le triez pas bien. Si vous en laissez quelques fragments dans la terre, c'est comme si vous n'aviez rien fait. Ces fragments que vous avez laissés vont pousser des rejetons, et bientôt dans votre terre il y aura plus de chiendent après qu'avant.

Après avoir démontré l'obligation de se confesser, le Père Françon disait : [1] *Eh bèn! mi Fraire, aro, vous anas prepara à vous counfessa, pèr bèn faire vosto santo messioun. Vendrés tôuti, parai?*

Alors le Père Gibelin, son collaborateur, chargé de faire les objections se lève, et un dialogue s'engage entre eux.

— *Ièu, pèr eisèmple*, dit le Père Gibelin, *me i' agantarés pas ; se m'esperas, pourrés langui.*

— *Oh! mai, perquè?*

— *Pèr-ço-que n'ai rèn à vous dire. Ai ni tua, ni voula, ai gis fa de mau en degun...*

— *Oh! que sias un brave ome! Avès ni tua, ni voula. Eh bèn! es just pèr acò que devès vous counfessa. S' arias tua, es pas la counfessioun que vous faudriè, es la guihoutino ; s'érias un voulur, sariè la galèro. Sias ni assassin, ni voulur, es la counfessioun que vous fau.*

— *Mai ai gis fa de pecat : perquè voulès que me counfèsse?*

— Arès ni tua, ni coula, e am' acò cresès d'avé gis fa de pecat ? Mai t'a pas que lou cinquième e lou setième coumandamen ; lis àutri vue, lis avès-ti óusserva ? Lou premiè vous coumando de faire vòsti preiero ; lis avès-ti facho vèspre e matin ?

— O, tôuti li jour.

— E t' avès gis agu de destracioun ?

— Pènse pas.

— Ah!... Eh bèn ! escoutas aquesto istòri : Sant Francés de Salo anavo à chivau dins li mountagno de la Savoio, e un jour rescountrè sus soun camin un d'aquéli bràvis ome, que ié disiè perèu : ièu n'ai jamai rèn fa de mau, e quand prègue n'ai jamai de destracioun. Eh bèn ! ié diguè lou sant Avesque, se disès sucamen lou Noste Paire sènso destracioun, vous doune moun chivau. Vole bèn ! ié replico noste ome, e se met à dire : Noste Paire, que sias au cèu..... e pièi s'arrèsto, e dis : Mai, Moussu

—Vous n'avez ni tué ni volé, et avec cela vous croyez n'avoir pas fait de péché! Mais il n'y a pas que le cinquième et le septième commandement ; les autres huit, les avez-vous observés? Le premier vous commande de faire vos prières, les avez-vous faites, soir et matin?

— Oui, tous les jours.

— Et vous n'avez pas eu de distractions?

— Je ne pense pas.

— Ah!... Eh bien! écoutez cette histoire : Saint François de Sales allait à cheval dans les montagnes de la Savoie, et un jour, il rencontra sur son chemin un de ces braves hommes, qui lui disait aussi : Moi, je n'ai rien fait de mal, et quand je prie, je n'ai jamais de distraction. Eh bien! lui dit le saint Evêque, si vous dites seulement le Notre Père sans distraction, je vous donne mon cheval. Je veux bien, réplique notre homme, et il se met à dire : Notre Père qui êtes au ciel,... et puis il s'arrête, et dit : Mais, Monsieur l'Evêque, me donnerez-vous aussi la

l'Avesque, me dounarés peréu la brido? — Ni l'un ni
l'autre, moun ami. Erian-ti pas counvengu que devias
dire lou Noste Paire sènso destracioun? — Oh bèn! se
acò es de destracioun, n'ai agu dins tóuti mi preiero ; en
li disènt, pènse quouro à mis obro, quouro à uno causo,
quouro à uno autro.

Citons encore la réfutation d'une objection.

— Ai encaro quaucarèn que me troto pèr la tèsto, e
que m'empacharié de me counfessa, fau que vous lou
digue. Vès! fau pas vous facha : Dison que li femo an
la lengo longo, qu saup se n'en es pas de même di capelan ;
se quand nous ié sian counfessa, van pas repeta ço que i'
avèn di. I'a plus qu'acò que me chirouno ; se me fasès
coumprendre que li capelan gardon bèn lou secrèt de la
counfessioun, vous proumete de veni me counfessa.

— Ço que pode vous aferma es que dins gis de païs
s'es entendu dire qu'un prèire ague vióula lou secrèt de
la counfessioun. S'acò avié pouscu arriva, sarié esta au

bride? — Ni l'un, ni l'autre, mon ami. N'étions-nous pas convenus que
vous deviez dire le Notre Père sans distraction? — Oh! bien, si cela
est des distractions, j'en ai eu dans toutes mes prières ; en les disant,
je pense à mes travaux, tantôt à une chose, tantôt à l'autre...

— J'ai encore quelque chose qui me trotte dans la tête, et qui
m'empêcherait de me confesser, il faut que je vous la dise. Voyez-vous,
ne vous fâchez pas : on dit que les femmes ont la langue longue, qui
sait s'il n'en est pas de même des prêtres? Si, quand nous nous sommes
confessés à eux, ils ne vont pas répéter ce que nous leur avons dit? Il
n'y a plus que cela qui me met en souci. Si vous me faites comprendre
que les prêtres gardent bien le secret de la confession, je vous promets
de venir me confesser.

— Ce que je puis vous affirmer, c'est que dans aucun pays on n'a
entendu dire qu'un prêtre ait violé le secret de la confession. Si cela

tèms de la grando Revoulucioun, quand i avié proun prèire qu'avien manca à si devé, e qu'avien apoustasia, e quita la soutano. Eh bèn ! s'es pas entendu dire que n'ague un soulet que ague vióula un tau secrèt. Diéu a permés que nosto religioun siegue estado atacado de tóuti li maniero ; mai sa Prouvidenço a riha sus lou secrèt de la counfessioun, e a pas permés que siguèsse vióula, meme pèr li prèire que perdon la tèsto e devènon fóu.… Vès, quand vous counfessas, es coume se parlavias à la muraio. Lou counfessour es tengu a garda lou secrèt pèr touto sorto de lèi. Se un juge l'interroujavo, ié respoundrié : n'en sabe rèn ; e dirié pas de messorgo, per-ço-que, ço que a après au counfessiounau, lou saup coume representant de Diéu, e noun coume ome. Se un tiran ié demandaro lou secrèt de la counfessioun, en lou menaçant de lou tua, se leissarié tua, coume faguè Sant Jan Nepoumucène ; coume anavo faire un brave curat, qu'èron vengu querre pèr counfessa un paure mouri-

avait pu arriver, ç'aurait été au temps de la grande Révolution, lorsqu'il y avait assez de prêtres qui avaient manqué à leurs devoirs, qui avaient apostasié et quitté la soutane. Eh bien ! on n'a pas entendu dire qu'il y en ait eu un seul qui ait violé un tel sècret. Dieu a permis que notre religion ait été attaquée de toute manière, mais sa Providence a veillé sur le secret de la confession, et n'a pas permis qu'il fût violé, même par les prêtres qui perdent la tête et deviennent fous.… Voyez-vous, lorsque vous vous confessez, c'est comme si vous parliez à la muraille. Le confesseur est tenu à garder le secret par toute sorte de lois. Si un juge l'interrogeait, il lui répondrait : Je n'en sais rien, et il ne dirait pas un mensonge, parce que ce qu'il a appris au confessionnal, il le sait comme représentant de Dieu, et non comme homme. Si un tyran lui demandait le secret de la confession, en le menaçant de le tuer, il se laisserait tuer, comme fit St Jean Népomucène, comme allait faire un brave Curé, qu'en était venu chercher pour *bound, dins uno bastido de mountagno, luen de tout village. Après que l'aguè counfessa, passavo, en revenènt, dins un endré desert, quand tout-d'un-cop fuguè arresta pèr tres ome que iè braquèron lou pistoulet davans l'estouma, e l'un d'éli iè diguè : De dos causo l'uno ; o bèn nous vas repeta ço que noste coulègo, qu'es un voulur coume nautre, vèn de te dire en counfessioun, o bèn te tuan à l'istant. — N'ai rèn à vous dire, iè respond lou Curat ; tuas-me, se voulés, vous demande sucamen un moumen pèr recoumanda moun amo à Diéu. Se metè à ginous, fai uno preiero, se relèvo e dis : Eh ben ! poudès me tua. — Avès chausi lou bon partit, iè dis alor lou chèfe di voulur, voulèn pas vous tua, voulian saupre se gardavias ben lou secrèt de la counfessioun, vesèn que preferas mouri pulèu que de lou decela. Vous proumete, e mi camarado faran caume iéu, de m'ana counfessa à vous ; avèn pas pòu que nous dènounciès.*

confesser un pauvre moribond, dans une campagne de montagne, loin de tout village. Après qu'il l'eut confessé, il passait, en retournant dans un endroit désert, lorsque tout à coup il fut arrêté par trois hommes qui lui braquèrent le pistolet devant l'estomac, et l'un d'eux lui dit : De deux choses l'une ; ou bien tu vas nous répéter ce que notre collègue, qui est un voleur comme nous, t'a dit en confession, ou bien nous te tuons à l'instant. — Je n'ai rien à vous dire, leur répond le Curé, tuez-moi, si vous voulez ; je vous demande seulement un moment pour recommander mon âme à Dieu. Il se met à genoux, fait une prière, se relève et dit : Eh bien ! vous pouvez me tuer. — Vous avez choisi le bon parti, lui dit alors le chef des voleurs ; nous ne voulons pas vous tuer, nous voulions savoir si vous gardiez bien le secret de la confession ; nous voyons que vous préférez mourir plutôt que de le dévoiler. Je vous promets, et mes camarades feront comme moi, d'aller me confesser à vous, et nous n'aurons pas peur que vous nous dénonciez.

*

7. Le Père Nicolas, en parlant de l'éloquence du Père
Françou, a dit que cet infatigable missionnaire était
terrible comme Bridaine, quand il tonnait contre les vices,
quand il prêchait les grandes vérité ; mais comme Bridaine
aussi, il était ravissant de piété, quand il célébrait les
mystères d'amour... Cependant il se plaisait davantage
dans les sujets qui inspirent la crainte. Il prêchait plus
volontiers sur l'enfer, le jugement, la mort, l'impénitence
finale. Sa voix forte, énergique, un peu rude se prêtait à
ce genre de prédication. Il fallait l'entendre, quand il
tonnait contre le blasphème et les blasphémateurs : [1] *Qu*
vous a douna lou dre de jita de pouisoun dins lis èr ? Qu
vous a permés d'empesta lis oustau, li carriero, li champ,
amé voste alen empouisouna, miserable qu'empruntas à
l'infèr la lengo di demoun, e qu'atiras lou tron sus la
terro ? Vosto lengo, aquèu cratère d'infer, farias miéus
de l'embarricada..... Pàuris enfant, que rivès, que
grandissès au mitan d'aquélis èr, d'aquéli coulèro,
d'aquéli blasfème, d'aquéli malédicioun, de qu'anas
deveni ? Paire de famiho, blasfemadou, vòstis enfant,
aquéli flour tèndre, délicato, li tourturas, li esbrandas,
li ternissès, en ié fasènt respira aquéli pèsto, aquélis

infernàlis infamio. L'on s'estouno de vèire sus la terro de moustre capable de tout, de maudi, d'assassin, de parri-cide, de gènt capable de metre lou fiò au mounde pèr se satisfaire. En vivènt, se soun façouna, an grandi dins aquèu fió d'infèr ; alor, au mai n'en fan, au mai soun countènt....

« Quand le Père Françon parlait ainsi, sa voix tremblait, ses dents s'entrechoquaient ; il avait le frisson et il le donnait à ses auditeurs. Il poussait plus loin encore, quand, levant les yeux au ciel, il s'écriait : 1 *Moun Dièu, quant de tèms encaro soufrirés-ti aquéli lengo messourguiero, perverso, maudicho e blasfemadouiro, que atacon vosto santeta, vosto majesta ? N'avès-ti plus li clau de l'abime ? Lou noun-rèn sarié-ti sourd à vosto voues ? Refusarié-ti d'englouti li miseràbli blasfemaire de vosto sant Noum, li proufanatour de vosto sant jour ?* »

Nous avons ouï dire que dans plusieurs pays, à Mazan, à Mirabeau, les hommes, après avoir tremblé en entendant ce sermon sur le blasphème, étaient atterrés, sortaient de l'église en silence, et rentraient en toute hâte dans leur maison, sans desserrer les dents.

ces pestes, ces infernales infamies! On s'étonne de voir sur la terre des monstres capables de tout, des maudits, des assassins, des parricides, des gens prêts à mettre le feu au monde! Ils ont vécu, se sont façonnés, ont grandi dans ce feu d'enfer, et alors plus ils en font, plus ils sont contents.

1 Mon Dieu, combien de temps encore souffrirez-vous ces langues menteuses, perverses, maudites, blasphématoires, qui attaquent votre vérité, votre sainteté, votre majesté? N'avez-vous plus les clefs de l'abime? Le néant serait-il sourd à votre voix? Refuserait-il d'engloutir les misérables blasphémateurs de votre saint Nom, et les profanateurs de votre saint jour?

8. Le Père Nicolas ne se trompait pas en disant que le Père Françon excellait dans la prédication des grandes et terribles vérités. Parmi ces sermons écrits en français que nous avons pu recueillir, nous n'avons pas trouvé celui qu'il prêchait sur le *blasphème*, mais il y a ses sermons sur *la pénitence, le péché mortel, la rechute, la mort, le jugement dernier, l'enfer…*

Pour donner une idée de sa véhémence en traitant ces sujets, et de la simplicité des moyens oratoires qu'il employait, pour produire les plus grandes impressions de crainte et de terreur, nous citerons deux pages de son sermon sur la *Communion indigne*. Il expose d'abord les dispositions requises pour bien communier, et il fait ensuite ressortir l'énormité du crime que commet celui qui, sans ces dispositions, communie *indignement* :

« *Probet autem seipsum homo* : que l'homme s'éprouve, s'examine, avant d'approcher de la table sacrée, et s'il trouve dans son cœur souillure et iniquité, qu'il s'éloigne ! Si dans son cœur réside le démon de l'orgueil, il s'approcherait de Dieu comme Lucifer, et comme Lucifer il serait foudroyé ; qu'il s'éloigne ! Si l'avarice et l'attachement désordonné aux biens de la terre possède son âme, il s'approcherait comme Judas, et comme Judas il trahirait son Maître et son Dieu, il se rendrait coupable du plus horrible sacrilége ; qu'il s'éloigne ! *discedat !*

« …Comprenez, mes frères, l'énormité du crime détestable que commet l'indigne communiant qui va recevoir le Saint des Saints dans son cœur souillé par le péché… Quel courage infernal ne faut-il pas pour oser s'approcher, comme un autre Judas, de Celui qui est trois fois Saint, et en présence duquel le ciel et la terre sont saisis d'épouvante !

Judas a livré le Fils de Dieu aux Juifs qui l'ont crucifié, l'indigne communiant le livre au démon ; Judas le vendit trente deniers, le nouveau Judas le vend pour satisfaire une vile passion. Oh ! malheur à ce profanateur sacrilège ! Il vaudrait mieux qu'il n'eût jamais existé ; il crucifie de nouveau Jésus-Christ dans son cœur, comme sur un horrible Calvaire ; il fait tout à la fois l'office infernal de persécuteur, de juge et de bourreau.

« Suivons, mes frères, ce nouveau Judas à la sainte table, où il va s'asseoir. A son approche, tout crie vengeance autour de l'autel ; mais le profanateur n'est point déconcerté. De sa bouche impure s'exhalent des prières qui sont autant de blasphèmes. — Je crois, dit cet impie, je crois que je vais recevoir votre corps, votre sang... — Tu crois ! et les démons aussi croient, et ils tremblent. — Tu crois, et tu sais aussi que, comme Judas, tu vas profaner mon corps et mon sang.

« — Mon Seigneur Jésus-Christ, j'espère que lorsque je vous aurai reçu, vous purifierez mon cœur, vous sanctifierez mon âme, vous m'accorderez une sainte mort. — Tu espères, et ton espérance est réprouvée, comme celle d'Antiochus. Non, ton cœur ne sera pas purifié ; non, ton âme ne sera pas sanctifiée ; ce ne sera pas par des profanations et des sacrilèges que tu obtiendras une bonne mort. Tu mourras de la mort des réprouvés, comme Judas ton exécrable modèle.

« — Mon Seigneur Jésus-Christ, je vous aime de tout mon cœur. — Tu mens au Saint-Esprit : tu aimes tes passions et toutes les abominations de ton cœur ; tu veux vivre et mourir pour le démon qui possède ton âme.

« — Mon Seigneur, je confesse que je suis un pauvre pécheur. — Confession de Judas qui livre le sang du juste : *Peccavi tradens sanguinem justi.*

« — Dites seulement une parole, et mon âme sera guérie. — Oui, je dirai une parole, et ton âme sera damnée. Retire-toi, maudit, au fond de l'enfer, avec tous les profanateurs de mon sang.

« — Mon Seigneur, je désire vous recevoir, venez dans mon cœur. — Judas aussi désirait me recevoir ; j'enretrai dans ton cœur pour y imprimer le sceau de ton éternelle réprobation.

« Le moment approche ; le profanateur est déjà assis à la table sainte, et à sa vue Jésus est saisi de crainte, de tristesse et d'une frayeur mortelle : *cœpit pavere, tœdere et mœstus esse*. Dans sa douleur profonde, il s'écrie : *Pater, si possibile est, transeat à me calix iste* : O mon Père, si c'est possible, faites que ce calice passe loin de moi ! Dispensez-moi d'entrer dans cette âme sacrilége, pour y être crucifié de nouveau ; toutefois que votre volonté se fasse, et non la mienne ! *Fiat !*

« Le prêtre lève la main sur le nouveau Judas, et dit : Que le Seigneur ait pitié de toi, et qu'après t'avoir pardonné tes péchés, il te conduise à la vie éternelle ; et Jésus-Christ présent dans la sainte hostie répond : *Non miserebor* : non, point de pardon, point d'absolution, point de pitié pour le profanateur de mon sang.

« *Ecce Agnus Dei*, dit le prêtre, tenant dans sa main l'Agneau immolé, qui porte les péchés du monde ; et une voix formidable, sortie du Saint des Saints, dit : Que les iniquités de cet impie retombent sur sa tête coupable, pour l'écraser à jamais !

« Au moment où le nouveau Judas ouvre la bouche pour recevoir le corps du Seigneur, tout tremble autour de l'autel, tout crie vengeance, les Anges, la divine Marie versent des larmes. Arrête, profanateur !... Mais déjà le déicide est consommé... Que le corps du Seigneur garde ton âme! a dit le prêtre. — Oui, elle sera gardée cette âme sacrilège, mais pour la damnation. Le nouveau Judas a reçu le Dieu qui l'a jugé ; sa divine vengeance poursuivra le coupable... O mon Dieu !... »

Le Père Françon savait que la crainte de Dieu est le commencement de la sagesse et de la conversion des pécheurs, et c'est pour cela que dans ses prédications il s'appliquait à inspirer cette crainte salutaire. Mais il n'ignorait pas que la terreur ne suffit pas pour allumer dans les âmes le feu de l'amour de Dieu, et « il parlait aussi admirablement, a dit le Père Nicolas, la langue de l'onction et de la piété ; par la terreur et l'effroi il préparait les voies à toutes les suavités de la grâce et de l'amour, et il convertissait les pécheurs. Comme Bridaine, il traitait aussi les sujets les plus touchants, les plus doux, les plus délicats. Il prenait alors des des tons suaves et mélodieux ; il attendrissait sa voix quand il annonçait aux pécheurs la miséricorde, le pardon, l'absolution, et quand il les appelait au banquet céleste, il multipliait les invitations tendres et pressantes, il avait les larmes aux yeux, et souvent ses larmes arrêtaient son discours. Alors tout le monde était touché et pleurait avec lui. » C'est ce qui arrivait, quand il prêchait son sermon sur l'*Enfant prodigue*, dont nous citerons la fin de la seconde partie.

« L'espérance ayant pris la place du désespoir dans l'âme du *prodigue*, il s'écrie : *Surgam et ibo*. Je me lèverai et j'irai. Il faut qu'il se lève, parce qu'il était tombé dans les profondeursde la dégradation. Le démon promet toujours à ses malheureuses victimes de les élever bien haut, et c'est pour les faire descendre bien bas, dans les abimes de l'enfer.

« *Surgam*, je me lèverai. Ce n'est pas une même chose de s'élever contre Dieu, ou de s'élever pour aller à Dieu. Lucifer s'est élevé contre Dieu, et le prodigue se lève pour aller à Dieu.

« *Surgam et ibo* : je me lèverai et j'irai. Mais où iras-tu malheureux prodigue ? — *Ibo ad Patrem* : j'irai à mon père. — Mais as-tu oublié toutes tes ingratitudes à son égard ? — Non ! je ne les ai pas oubliées, mais mon père les a oubliées. — Quel ami, quel protecteur, voudra se charger de te présenter à ton père, et intercéder pour toi ? — D'amis, de protecteurs, je n'en veux pas ; je vais à mon père : la tendresse paternelle parlera en ma faveur, elle plaidera pour moi, ma cause est gagnée.

« Animé de cette confiance, le prodigue se lève et part. Son père venait chaque jour à l'endroit, où il avait vu disparaître ce jeune enfant, le jour qu'il s'éloigna de la maison paternelle. Il portait au loin ses regards, et il versait des larmes en s'écriant : Mon fils, ô mon fils, me sera-t-il donné de vous revoir, avant que je descende dans la tombe ?... Mais vain espoir, mon fils n'est plus !... Ainsi se lamentait le patriarche Jacob sur la perte de Joseph, son fils chéri. Sa douleur était si grande, qu'il ne pouvait recevoir aucune consolation. Hélas ! disait-il, une bête féroce a dévoré mon fils Joseph ; mes yeux ne le verront plus, et dans ma douleur je descendrai dans la tombe.

« Cependant l'enfant prodigue approchait de la maison paternelle. Son père l'aperçoit au loin, et sent ses entrailles palpiter de joie et d'amour. L'enfant reconnaît son père, et se rappelant toutes ses ingratitudes envers lui, il n'ose plus avancer. Mais le père a reconnu aussi son fils, quoique couvert de haillons et tout défiguré ; et malgré le poids des ans, il court à sa rencontre, il se jette sur son cou, il l'embrasse et l'arrose de ses larmes. L'enfant prodigue, pâle, tremblant, suffoqué, tombe à genoux devant son père, comme un criminel devant son juge, il ne peut proférer une parole, tant sa douleur est grande, Il lève ses yeux noyés de larmes et regarde son père. Ce regard fait renaître la confiance dans son cœur, il lit son pardon dans les yeux de son père, et il s'écrie, avec l'accent de la douleur la plus profonde : J'ai péché contre le ciel et contre vous ; je ne mérite plus de pardon. Malheureux que je suis ! Comment ai-je pu offenser le meilleur des pères ? Je ne mérite plus d'être appelé votre fils. Recevez-moi au nombre de vos esclaves, et c'est encore trop pour moi.

« Mais le père ne se possédant plus de joie et de bonheur, presse son fils sur son cœur : Qu'on apporte la robe de mon fils ! s'écrie-t-il. — O mon père, je ne mérite plus de la porter, cette première robe, j'en suis indigne — Qu'on mette mon anneau à son doigt, qu'on tue le veau gras, qu'on rassemble tous les amis ; que tout le monde se réjouisse ; mon fils était perdu, et il est retrouvé ; il était mort, et il est ressuscité !

« Voilà ce qui se passe dans une véritable conversion. Pauvres pécheurs, quand la grâce vous presse, comprenez combien vous êtes coupables et malheureux, et ne tardez pas de revenir à votre Père céleste. Quand vous étiez dans sa maison, vous aviez tout à souhait, vous étiez assis à sa table, et il vous comblait de ses bienfaits ; mais lorsque vous l'avez quitté, lorsque vous vous êtes éloignés de lui, vous êtes tombés dans l'avilissement ; vous êtes devenus esclaves du démon qui s'est réjoui et a célébré une grande fête dans l'enfer, où il vous a préparé une place au fond des abîmes. Oh ! revenez à Dieu qui est toujours votre bon père, toujours disposé à vous pardonner, à vous recevoir ; il a déjà commandé le festin, il vous y admettra à côté de lui, et il y aura ainsi une grande joie dans le ciel, pour un pécheur qui fait pénitence : *ita gaudium erit in cœlo super uno peccatore pœnitentiam agente.* »

*

9. Le Père Françon avait véritablement l'éloquence d'un d'un saint missionnaire. Dans ses prédications il joignait la force à la douceur, il inspirait à ses auditeurs des sentiments de crainte, d'espérance et d'amour, il les convertissait. C'est surtout son cœur qui le rendait éloquent, *pectus est quod disertos facit.* C'est dans son cœur qu'il puisait les sentiments qu'il exprimait si vivement. Le Père Nicolas a dit : « qu'il était pénétré jusqu'au fond de l'âme des vérités qu'il annonçait. Il ne prêchait pas ses lectures ; ses discours étaient moins le fruit de ses études que celui de ses méditations de chaque jour et de ses retraites. C'était un homme d'oraison et de prière. »

Il connaissait et savait observer le précepte d'Horace et de Boileau : *Si vis me flere dolendum est primùm ipsi tibi :*

Pour me tirer des pleurs il faut que vous pleuriez. Doué d'une grande sensibilité, il s'émouvait facilement, il pleurait et faisait pleurer. Après avoir prêché une mission à Céreste en 1846, il écrivait à Mgr de Mazenod. « On m'a quelquefois reproché de faire trop rire, mais ici on a dit que j'ai trop fait pleurer. » Et cependant il gémissait de n'être pas assez ému des grandes vérités qu'il annonçait. Il écrivait à M. Vève, en 1861 : « Depuis vingt-neuf ans, je prêche aux autres, et je ne sais pas me prêcher à moi-même ; je leur dis : soyez saints, et je ne suis pas saint... Tous les jours je me mets en colère contre moi-même, de ce que la vue de la mort, du jugement, de l'enfer ne peut me rendre plus sage, et me laisse toujours dans mon engourdissement et ma paresse. Priez donc bien pour moi. »

« Pour émouvoir, a dit le Père Ravignan, il faut être ému, et c'est d'abord dans la prière qu'on puise cette véritable émotion. »

A la vue des pauvres, des malheureux qui souffrent, nous sommes naturellement émus de compassion et portés à les secourir, parce que leurs misères, leurs souffrances frappent nos regards : *irritant animos oculis subjecta fidelibus*. Mais nos yeux ne voient pas les choses spirituelles : la bonté et la miséricorde de Dieu, sa majesté outragée par l'ingratitude du pécheur, la misère d'une âme envahie et asservie par le péché, les jugements et les châtiments que lui réserve la justice divine..... La foi seule nous fait comprendre et voir ces grandes vérités, qui doivent nous faire craindre et espérer. Mais cette foi vive, ces sentiments d'espérance et de crainte, d'amour et de contrition, ce sont des dons de Dieu que l'on n'obtient que par la prière, par la méditation calme et solitaire.

C'est aussi à la prière que le Père Françon avait recours pour s'émouvoir. Quand il était en mission, il ne prenait pas de récréation, il passait tous ses moments libres à l'église, et là, devant Dieu, il méditait sur les grandes vérités qu'il allait prêcher. En sortant de cette méditation qui avait allumé dans son cœur le feu de l'amour de Dieu et des âmes, il montait en chaire, et sa parole enflammée communiquait les sentiments de crainte, d'espérance et d'amour qu'il éprouvait lui-même.

Cependant il ne comptait pas sur ses efforts. Il travaillait, il étudiait, il préparait ses sermons, il se dépensait tout entier pour procurer le salut des âmes ; mais il savait qu'il lui fallait l'aide de Dieu qui par sa grâce éclaire, touche et convertit les cœurs ; et alors, suivant la recommandation de St Ignace : « *Il faisait tout comme s'il était seul à agir, et il attendait tout de Dieu comme s'il n'avait rien fait.* »

*

10. Pour obtenir ce concours, cette action de Dieu dans l'œuvre qu'il entreprenait en allant prêcher des missions, l'œuvre de la conversion et de la sanctification des âmes; le Père Françon priait et faisait beaucoup prier avant et pendant le cours de ses prédications. Étant encore curé de Gigondas, il annonçait à M. Vève curé de Velleron le succès de la retraite qu'il venait de prêcher à Violès, et il ajoutait : « Pour obtenir ce résultat, nous avons beaucoup prié et fait prier. » Au retour d'une des premières missions qu'il prêcha pendant son noviciat, il disait : « Il a fallu nous débattre et prier comme des anges pour faire quelque chose. Priez pour moi, priez pour ma mission » tel était le refrain de toutes les lettres qu'il écrivait à son ami.

Quand il avait fini ses prédications dans un pays, il n'oubliait pas les braves gens qu'il avait évangélisés. Entre le missionnaire et les populations qu'il avait converties, un lien indestructible s'était formé. Il les aimait, et il leur donnait des témoignages de son affectueuse charité, quand il les retrouvait parmi les pèlerins de Notre-Dame de Lumière. Il priait pour eux, et pour leur obtenir à tous la grâce de la persévérance, il récitait des litanies qu'il avait composées, et qui étaient fort longues, car il y invoquait tous les saints patrons des pays où il avait prêché.

Il aimait à venir évangéliser de nouveau ces paroisses, où il avait déjà donné plusieurs fois des missions et des retraites ; il avait alors l'avantage de connaître ses auditeurs et d'en être connu. On savait ses vertus, ses mérites, sa sainteté ; il n'avait qu'à paraître, à parler, et tous l'écoutaient avec un religieux respect ; ils subissaient le charme et l'action pénétrante de sa parole, et se laissaient convaincre, émouvoir et persuader :

Tum, pietate gravem ac meritis si forte virum quem
Conspexére, silent, erectisque auribus adstant.
Ille regit dictis animos et pectora mulcet.

VIRGILE, ENÉIDE I. 155

Dans ses courses apostoliques, il allait parfois demander l'hospitalité aux curés qui l'avaient eu pour prédicateur. Tous la lui accordaient bien volontiers ; mais il la lui faisaient payer, ils le faisaient prêcher. Le bon Père ne s'y refusait pas, il était heureux d'adresser quelques paroles d'édification à ces bons paroissiens, qui n'étaient pas moins heureux de le revoir et de l'entendre.

« Toutes les fois que le Père Françon venait chez moi, nous a écrit M. Loubière, curé d'Uchaux, il prêchait et faisait précéder son sermon du Chemin de la Croix.

*

11. A Visan, son premier poste, où ses relations de famille l'appelaient plus souvent, il ne pouvait jamais passer, sans qu'on lui demandât de prêcher. Sitôt que l'on savait qu'il était arrivé, on venait dire à M. le curé : Le Père Françon est ici, il faut qu'il prêche. On sonnait la grosse cloche, et bientôt tout le monde savait que le Père Françon allait prêcher, et l'église se remplissait. Il montait en chaire, et les habitants de Visan se souviennent encore de l'allocution simple, mais bien émouvante, qu'il leur adressait chaque fois. Il gardait quelques moments le

silence, en parcourant du regard les rangs de ses auditeurs, comme s'il les comptait. Puis désignant du doigt différentes places : *aqui, sus aquéu banc*, disait-il, *la darriero fes que siéu vengu, i'avié un tau, èro un ome encaro jouine, roubuste, e i'éi plus — Mount'ei ? Es mort — aqui i'avié uno jouino fiho dins touto la frescour de sa jouinesso... la vese plus... Mount'ei ? Es morto — aqui i'avié uno talo, èro uno mairo de famiho qu'avié de bràvis enfant... ies plus... Mount'ei ? Es morto.* [1]

Il continuait lentement cette lugubre énumération, et l'émotion gagnait ses auditeurs ; c'étaient d'abord des larmes versées au souvenir de ces morts aimés ; puis c'étaient des sanglots dont retentissait toute l'église. Enfin le Père Françon tirait cette conclusion : *Soun mort aquéu paire, aquelo maire, aquel enfant que plouras, soun mort, soun dins l'eternita ! E nàutri tóuti peréu mouriren, pu lèu que ço que crèsén. Sias-ti lèst ? Sias-ti prepara à mouri ? Pensas-ié, e preparas-vous sènso tarda, se voulès pas estre surprés...* [2] et il exhortait à bien vivre pour bien mourir parce que telle vie, telle mort, *talo vido, talo mort*. On finissait par se mettre à genoux, et il faisait prier pour les vivants et les morts.

<hr>

1 Là, sur ce banc, il y avait, la dernière fois que je suis venu, un tel, c'était un homme encore jeune, robuste ; il n'y est plus. Où est-il ? Il est mort ! — Là il y avait une jeune fille dans toute la fraîcheur de la jeunesse. Je ne la vois plus ; où est-elle ? Elle est morte !... Là il y avait une telle ; c'était une mère de famille qui avait de braves enfants, elle n'y est plus. Où est-elle ?... Elle est morte !...

2 Ils sont morts ce père, cette mère, cet enfant que vous pleurez ; ils sont morts, ils sont dans l'éternité. Et nous tous nous mourrons aussi plus tôt que nous ne croyons. Etes-vous prêts ? Etes-vous préparés à mourir ? Pensez-y et préparez-vous sans tarder, si vous ne voulez pas être surpris.

En 1874, le Père Françon donna pour la troisième ou quatrième fois une retraite pascale à Vénasque, où en 1840 il avait prêché sa première mission en qualité de religieux Oblat. Le jour de la clôture, à la fin de son dernier sermon, il fit ses adieux, disant qu'il était vieux et que probablement on ne le verrait plus revenir prêcher à Vénasque. Après la bénédiction du Saint Sacrement, un groupe d'hommes un peu âgés, qui connaissaient le Père Françon depuis la mission de 1840, vinrent à la sacristie pour le remercier et lui dire aussi adieu ; ils pleuraient tous en l'embrassant. C'est ainsi qu'ils l'aimaient ; ils renouvelaient la scène qui se passa à Milet, lorsque les anciens de l'Eglise d'Ephèse accompagnèrent St Paul jusqu'au vaisseau qui allait l'emporter à Jérusalem ; ils l'embrassaient et ils pleuraient, parce qu'il leur avait dit qu'ils ne le verraient plus. *Magnus autem fletus factus est omnium, et procumbentes super collum Pauli osculabantur eum, dolentes maximé in verbo quod dixerat, quoniam amplius faciem ejus non essent visuri. Et deducebant eum ad navem.* (Act. Apost. xx. 37, 38.)

Le Père Françon ne revint plus à Vénasque, il fit encore cinq campagnes apostoliques ; et à la fin de l'année 1879, au lieu de partir pour aller prêcher des missions, il fut obligé de s'aliter. Quand il fut rétabli de sa maladie, ses forces épuisées ne lui permirent plus de reprendre ses pénibles travaux. Il vécut encore huit ans. Il fut quatre ans curé, d'abord aux Beaumettes et ensuite à St-Pantaléon, et il passa les quatre dernières années de sa vie dans la retraite, à Notre-Dame de Bon Secours, dans le diocèse de Viviers.

CHAPITRE X

Le Père Françon, Curé aux Beaumettes
et a Saint-Pantaléon

1. Sa maladie, il est nommé curé des Beaumettes. — 2. Ses occupations et son genre de vie. — 4. Expulsion des Oblats à Notre-Dame de Lumière. — 4. Ses lettres à une de ses petites nièces. — 5. Il est nommé curé de Saint-Pantaléon. — 6. Même genre de vie qu'aux Beaumettes. — 7. Les noces d'or de son sacerdoce. — 8. Lettres à sa petite nièce. — 9. Il donne sa démission de curé et va rester quelques mois chez le Père Trouin, curé à Goult.

1879-1884

1. En 1879, vers le milieu du mois de novembre, le Père Françon accompagna le Père Nicolas qui allait prêcher la retraite aux Religieux de Sénanque, il s'arrêta à Gordes pour visiter M. Isnard, curé doyen de cette paroisse, déjà atteint de la maladie qui le mit au tombeau. Il retourna le même jour à Notre-Dame de Lumière, et il fut malade lui aussi. Quand il fut guéri, il écrivit dans ses *Annales* : « A son retour de Gordes, le Père Françon fut atteint d'une fièvre muqueuse, qui ne pouvait plus s'en aller. Heureusement que le mal ne le prît pas en chemin, car il n'aurait pu arriver. Il est resté alité cinq semaines, et ce n'est qu'au bout de trois mois, qu'il a été délivré de son mal. Pendant qu'il était malade, M. Redon, vicaire-général, le fit curé des Beaumettes. »

Il m'en voulait un peu de ce que après avoir été quarante ans missionnaire, il était de nouveau curé. Il aurait mieux aimé prêcher des missions, des jubilés ; mais il avait plus de soixante-douze ans ; sa santé et ses forces s'affaiblissaient. Ses supérieurs comprirent que, malgré sa bonne volonté, il ne pourrait plus continuer son pénible ministère, et pour lui trouver une occupation proportionnée à ses forces, ils demandèrent à Mgr l'archevêque d'Avignon de le nommer curé d'une des paroisses voisines de Notre-Dame de Lumière. Celle des Beaumettes, la plus rapprochée, était vacante ; le Père Françon y fut nommé le 21 décembre 1879, et sitôt qu'il fut débarrassé de sa fièvre muqueuse, il y fut installé par son Rév. Père Provincial.

*

2. Il nous a raconté lui-même dans ses *Annales* sa manière de vivre et ses occupations : « Le Père Françon est établi curé des Beaumettes, il y dit la messe les dimanches et fêtes, et il y fait un petit prône ; dans la semaine, il y chante de temps en temps une messe de mort, et les autres jours, il va dire la messe de dix heures à Notre-Dame de Lumière. Après, il déjeune avec du pain trempé dans du lait, et cela lui suffit jusqu'au soir. »

Il retournait ensuite dans sa paroisse, où il passait de longues heures à prier à l'Eglise, ou bien sous les rochers qui dominent le village, et là, dans la solitude, il disait son office et récitait le rosaire et ses autres prières. Il n'avait besoin de personne pour le servir dans la journée ; le soir, un serviteur de Notre-Dame de Lumière, le vieux Poncet, venait lui tenir compagnie, lui préparer un peu de soupe, lui faire bouillir quelques pommes de terre. C'était tout ce qui lui fallait pour son souper.

A la fin du carême de l'année 1880, le Père Françon se trouva assez vigoureux, pour aller avec le Père Trouin prêcher quinze jours à *Céreste*. Il y trouva bien des changements. « A la mission qu'il y avait donnée en 1846, tous les hommes sont venus communier, et à la retraite pascale de 1880, la moitié seulement est venue faire ses pâques, et c'est encore beaucoup dans les temps où nous sommes. » (*Annales*.)

Aux mois d'août et de septembre il prit sa bonne part de travail aux pèlerinages qui furent les derniers, car l'église de Notre-Dame de Lumière allait être bientôt fermée.

*

3. A la fin du mois d'octobre, il alla faire un pèlerinage à Notre-Dame de Bon Secours. Il revint à pied, et il s'arrêta chez son parent, M. Héraud, curé, à Châteauneuf-du-Pape. Celui-ci voulait le garder quelques jours, mais il ne fit qu'une courte station. Il présumait qu'on ne tarderait pas d'appliquer les décrets d'expulsion à la maison des Oblats de Notre-Dame de Lumière. Il partit à pied, et il arriva juste à temps. Dans la matinée du 5 novembre, on apprit que les expulseurs mettaient les religieux de Sénanque, hors de leur couvent, et que dans l'après-midi ils seraient à Notre-Dame de Lumière. Ils arrivèrent, en effet, mirent les scellés aux portes de l'église, brisèrent à coups de hache les portes de la maison des Pères et de leurs chambres.

On avait signalé aux expulseurs dix religieux à mettre dehors, et ils ne trouvèrent pas leur compte ; ils n'en purent expulser que neuf ; le dixième, c'était le Père Françon. Pour lui épargner les vives émotions que cette violente expulsion lui aurait causées, son Supérieur l'avait prié de rester à son presbytère des Beaumettes.

Le lendemain quand il vint et qu'il vit les portes du couvent éventrées, et celle de l'église fermée et scellée, il ne put retenir ses larmes. Ce qui lui fut bientôt encore plus pénible, c'est que l'église étant fermée, les pèlerins ne pouvaient plus y venir prier la Bonne Mère de Lumière, et lui ne pouvait plus les recevoir et leur réserver tous les jours sa messe de dix heures. Alors il sortit moins souvent de sa résidence des Beaumettes ; il venait cependant quelques fois à Notre-Dame de Lumière, visiter ses confrères et assister aux fêtes intimes de la famille des Oblats.

*

4. Une de ses petites nièces qui allait faire sa première communion à Valréas, lui écrivait quelquefois, il ne manquait pas de lui répondre, et ses lettres, qu'on nous a communiquées, nous montrent qu'il savait aussi se faire petit avec les petits, et donner aux enfants le lait de la doctrine spirituelle approprié à la délicatesse de leur estomac encore tendre. Il répondait à sa petite nièce : « Tu désires me voir arriver à Valréas, pour faire connaissance avec ton oncle que tu n'as jamais vu, et moi aussi je désire connaître ma petite nièce que je n'ai jamais vue, surtout en sachant qu'elle est bien sage, et qu'elle se prépare pour bien faire sa première communion. J'espère que dans peu de temps nous aurons ce bonheur ; j'irai vous voir à Valréas, et après ta première communion ton père t'amènera à Notre-Dame de Lumière, pour te mettre sous la protection de la Bonne Mère du ciel. Elle aime bien les petits enfants, qui, comme toi, ont perdu leur mère de la terre, je la prierai pour toi tous les jours. »

Il lui écrivait encore le 17 janvier 1880 : « Je vous ai fait attendre ma réponse, parce que j'ai été malade. Je suis resté couché pendant un mois, et pendant un second mois, j'ai été tantôt couché tantôt levé ; je commence d'aller mieux, mais je ne suis pas encore guéri ; du reste je ne crois pas que la mort me laisse encore longtemps sur la terre ; je suis vieux, je suis à la fin de ma vie...

« Je pense que vous êtes toujours à la pension. Vous devez avoir appris beaucoup de choses ; mais l'essentiel est de bien savoir la science de la religion. Vous êtes heureuse ; vous avez un excellent père, vous n'avez qu'à suivre ses exemples, pour être, toute votre vie, une bonne chrétienne. »

*

5. Il venait quelquefois dire la messe à Notre-Dame de Lumière, il trouvait la grande porte de l'église couverte de couronnes, mais cette porte était fermée et dans cette église où il avait fait célébrer de si belles fêtes, où il avait reçu tant de nombreux pèlerinages, plus personne ne pénétrait. La tristesse envahissait son cœur, lorsqu'il venait des Beaumettes ; le chemin qu'il suivait et où passaient naguère tant de pieux pèlerins, était comme *les voies de Sion qui pleuraient parce qu'on ne venait plus aux solennités saintes.* Il était trop rapproché de Notre-Dame de Lumière ; il sentait sa douleur se renouveler, chaque fois qu'il y venait, et il ne trouvait pas beaucoup de consolation dans sa paroisse. Celle de St-Pantaléon, qui était un peu plus éloignée, lui fut offerte. Il l'accepta, et il y fut nommé curé le 2 octobre 1881.

*

6. Le Père Françon à la cure de St-Pantaléon continua et perfectionna le genre de vie qu'il avait suivi aux Beaumettes. Il s'était senti souvent attiré à la vie austère de la

Trappe ; il avait fini par reconnaître que cet attrait ne venait pas du bon Dieu, et qu'il devait persévérer dans sa vocation de religieux Oblat. Cependant à St Pantaléon il fut heureux de pouvoir suivre ses goûts, et de vivre en vrai Trappiste. Il venait plus rarement dire la messe à Notre-Dame de Lumière, et y faire avec du lait et du pain son repas quotidien. Il ne consentit jamais à ce qu'une femme demeurât dans son presbytère. On lui avait d'abord trouvé une ménagère du village, qui venait seulement lui préparer un peu de nourriture ; mais bientôt il ne voulut plus de ce service. Pour ne pas le laisser seul, on lui donna de nouveau le brave et vieux Poncet ; mais il ne put longtemps supporter la pensée d'occuper toute la journée, un domestique à son service ; il ne voulut le garder que la nuit. Tous les matins il l'envoyait travailler à la maison de Lumière.

Il ne restait guère dans son presbytère, il passait presque toute la journée à l'église, qui est remarquable par sa vieille architecture, et située sur une petite hauteur, à deux à trois cents mètres au nord du village. Là il ne s'ennuyait jamais, il priait, il adorait le Saint Sacrement, à la place de ses paroissiens, qui étaient occupés à cultiver leurs champs. Il passait aussi de longues heures dans le cimetière qui est contigu à l'église, il méditait sur la mort en regardant la terre fraîchement remuée qui recouvrait ceux de ses paroissiens qu'il avait ensevelis ; il les appelait par leur nom : pauvre Jacques, pauvre Marie, disait-il, on t'oublie, on ne pense plus à toi, je vais prier pour toi » et il s'agenouillait et disait des *De profundis*.

Le soir, quand il rentrait chez lui, il semait encore de prières le sentier qu'il parcourait. Son souper était bientôt prêt ; il ne faisait jamais de feu pour se chauffer, et s'il allumait quelques brindilles, c'était pour préparer un peu de soupe, pour faire bouillir quelques pommes de terre. Un jour, cependant, il y eut un festin à son presbytère ; ce fut en 1882, le dimanche de Passion. « C'était, nous a écrit le Père Duvic, la fête de l'adoration du Saint Sacrement à la paroisse de St Pantaléon. Nous allâmes aider le Père Françon à célébrer cette fête, le chœur de nos junioristes chanta une messe en musique. Nous eûmes la précaution de porter notre dîner, parce que nous n'aurions trouvé chez M. le Curé ni un verre de vin, ni même du pain ; quant à la viande il n'en était pas question chez lui. Il mit bien volontiers son presbytère à notre disposition, pour préparer et prendre notre modeste repas, mais il ne nous fit pas l'honneur d'y assister. Il resta tout le temps en adoration devant le Saint Sacrement, avec quelques junioristes délégués à cet effet. »

*

7. Le 29 juin suivant, il y eut une belle fête à Notre-Dame de Lumière. C'était le quarante-deuxième anniversaire de la profession religieuse du Père Françon, et quelques jours auparavant, le 16 juin avait été le cinquantième anniversaire de son ordination sacerdotale. On voulut faire les noces d'or de son sacerdoce, et il s'y prêta de bonne grâce. Il vint célébrer la messe à Notre-Dame de Lumière, assisté à l'autel par le Rév. Père Augier, Provincial du midi, et entouré des Révérends Pères, des junioristes et de nombreux amis. Au dîner, après avoir reçu la bénédiction que Notre Saint Père le Pape Léon XIII envoyait à *l'Apôtre du Comtat*, il répondit aux félicitations et aux souhaits, qui lui furent adressés par le Père Provincial et par les junioristes en les remerciant, et en faisant le résumé

bien modeste de sa vie sacerdotale et religieuse ; il faisait l'éloge des Rév. Pères qui avaient été ses maîtres et ses confrères, et des junioristes qui étaient l'espoir de la Congrégation, et il finissait en s'humiliant et en disant : « Voilà donc mes cinquante années de prêtrise ! Si je les avais employées uniquement au salut de mon âme, une grande récompense me serait réservée dans le ciel. O mon âme, ne perdons pas les quelques jours que nous avons à passer encore sur la terre, afin de mériter une place avec les élus du bon Dieu ! »

Il retourna à St-Pantaléon, et comme ses fonctions de curé ne lui donnaient pas beaucoup d'occupations, il employait ses journées à la prière, à la lecture et aux exercices de la mortification.

*

8. Il continuait de répondre aux lettres de sa petite nièce. Il lui écrivait le 5 janvier 1882 : « Je pense que vous n'êtes plus à l'école, vous êtes assez savante, tâchez de faire un saint usage de votre science. Pratiquez toujours le bien comme on vous l'a appris. Fuyez le mal, soyez pour tout le pays un exemple de vertu, et que toutes les jeunes filles puissent vous prendre pour modèle en tout et partout. » Et le 8 janvier 1884, il lui disait : « J'apprends avec bonheur que vous êtes toujours enfant zélée de Marie. Conservez bien ces bons sentiments dans votre âme. Vous avez le bonheur d'appartenir à de bons parents, votre bonne mère était une excellente chrétienne. Malheureusement vous ne l'avez jamais connue, mais elle prie pour vous dans le ciel ; votre père vous a toujours donné de bonnes leçons et de bons exemples. Vous ne cesserez de les suivre et Dieu vous bénira ; continuez aussi de prier

pour votre pauvre vieil oncle, afin que Dieu le prépare à bien mourir. Je ne sais si je verrai finir l'année que nous venons de commencer ; je suis vieux, je ne puis plus guère voyager. Depuis que je suis curé de St-Pantaléon, je n'ai plus fait de voyage. Je suis ici tout seul, je n'ai ni provision, ni cuisinière. Je prends tous les jours un peu de pain et de lait, et cela me suffit jusqu'au lendemain. Je me porte assez bien, tout à la volonté du bon Dieu ! »

*

9. La santé et les forces du Père Françon s'affaiblissaient ; c'était la suite de ses austérités et de la nourriture peu fortifiante qu'il prenait en si petite quantité. Son sang avait peine à circuler jusqu'à l'extrémité de ses doigts, qui tremblaient et n'avaient plus le sens du toucher. Il ne pouvait plus donner la sainte hostie aux fidèles qui venaient communier à sa messe. On lui donna un aide. Le Père Morard de la maison de Notre-Dame de Lumière, vint, pendant quelques temps, dire la messe le Dimanche à St-Pantaléon, et faire les fonctions de curé pendant la semaine sainte et les fêtes de Pâques. Ce Rév. Père ayant été envoyé en résidence à Notre-Dame de l'Osier, le Père Françon se voyant dans l'impuissance de remplir ses fonctions, obtint de ses Supérieurs l'autorisation de se démettre de sa charge de curé de St-Pantaléon, et de se retirer chez le Rév. Père Trouin, curé à Goult. Là entouré des soins que lui prodiguait son confrère et ami dévoué, il passa quelques mois dans le calme et la tranquillité, et même les éclats de la foudre ne lui causèrent pas la moindre émotion. Ce fut pendant la nuit qui suivit la fête patronale de St-Michel, où l'on avait tiré les boîtes en signe de réjouissance. Un orage se forme, le tonnerre gronde, et le Père

Françon dormait tranquillement du sommeil du juste. La foudre éclate et frappe sur le presbytère. Le Père Trouin se relève heureusement sans blessure, sous un tas de plâtras que le coup de foudre avait fait tomber du plafond de sa chambre sur son lit. Il court vite à la chambre voisine du Père Françon. Père, lui dit-il, vous n'avez pas de mal ? — *Noun : Es l'ouro de se léva ?* — Non, mais vous n'avez rien entendu ? — *Si, aï entendu un grand bru, an belèu mai tira li bouito.* [1] Il n'était pas plus effrayé : *Imparidum feriunt... fulgura !*

1. Non : Est-ce l'heure de se lever ? — Si, j'ai entendu un grand bruit, on a peut-être encore tiré les boîtes.

CHAPITRE XI

Dernière Résidence du Père Françon à Notre-Dame de Bon Secours. — Sa Mort

1884 — 1888

1. Après avoir résidé quelques mois au presbytère de Goult, le Père Françon eut le désir de passer ses dernières années dans une maison de sa Congrégation, pour y suivre tous les exercices de la vie religieuse, et se préparer à la mort. Il serait bien venu se fixer à la maison de Notre-Dame de Lumière, où il avait exercé son ministère quarante ans, et où il aurait été et reçu et soigné par des confrères, des disciples qui l'aimaient et le vénéraient ; mais c'était pour lui un crève-cœur de voir que les portes de ce béni sanctuaire étaient fermées, et qu'il n'y venait plus ni pèlerins ni pèlerinages. Etre à Notre-Dame de Lumière, et n'avoir plus rien à y faire du bien qu'il y avait fait si longtemps, lui paraissait insupportable. Il se souvint du bonheur qu'il avait eu à Notre-Dame de Bon Secours, pendant l'année qu'il y avait passée, vingt-six ans auparavant, et il désira d'y retourner. Il écrivit au Rév. Père Martignat, Supérieur de cette maison : « Depuis quatre ans j'étais curé, et comme dans le

ministère paroissial, il y avait des choses que je ne pouvais plus faire, notre Rév. Père Provincial m'a permis de quitter la paroisse de St-Pantaléon, et de me retirer chez le Père Trouin, curé à Goult. Mais il m'a dit aussi que si je voulais aller dans une communauté de notre Congrégation, je pouvais choisir la maison que je voudrais, qu'il me permettrait de m'y retirer. Or, c'est dans votre Communauté que je voudrais aller passer les quelques jours, que le bon Dieu me laissera encore sur la terre. Je viens donc vous prier mon Rév. Père, de vouloir bien me dire, si vous pouvez me recevoir. Si vous y trouvez la moindre difficulté, je n'y penserai plus ; sinon, j'écrirai au Rév. Père Provincial, et je quitterai Goult pour me rendre à Notre-Dame de Bon Secours. Je ne pourrai pas vous être d'une grande utilité, cependant je crois que je pourrai faire encore quelque chose, et je serai heureux de me trouver auprès de vous. »

La réponse du Père Martignat fut très favorable, et non seulement le Rév. Père Gandar, Provincial, accueillit la demande du Père Françon, mais il voulut lui-même le conduire à la maison de Bon-Secours, dans les premiers jours de novembre 1884. Il fut reçu à bras ouverts par ses frères, qui lui prodiguèrent les soins les plus affectueux et dévoués.

*

2. Par suite de la vie trop austère et de l'insuffisance de sa pauvre nourriture, pendant les années qu'il venait de passer aux Beaumettes et à St-Pantaléon, le Père Françon était tombé dans un état de faiblesse et d'anémie. Son sang privé de sa force et de plusieurs de ses éléments constitutifs, n'affluait qu'avec peine aux extrémités des membres. Ses doigts n'avaient plus le sens du tact, ils s'atrophiaient, prenaient une couleur violacée à leurs extrémités, qui se

couvraient de gerçures, d'où transsudait une humeur purulente. Un excellent médecin des Vans, M. Tourvielle, fut appelé. Il attribua la maladie du Père Françon au fonctionnement anormal du cœur. Il prescrivit des remèdes, et par-dessus tout une nourriture fortifiante.

Le bon Père Françon, toujours désireux de se rendre utile et de travailler au salut des âmes, se soumit, non sans quelques regrets, aux prescriptions du médecin, et consentit à manger de la viande et à boire du vin. Quand son voisin de table lui en offrait, il acceptait ; on voyait bien cependant qu'il y avait en lui un combat intérieur ; mais la charité de son voisin triomphait des résistances de sa mortification.

Grâce aux remèdes qu'il prit, et aux bons soins dont il était entouré, il recouvra peu à peu ses forces, et au mois de janvier 1885, il pouvait d'une main assez ferme écrire à sa petite nièce : « J'étais curé de la petite paroisse de St-Pantaléon, en attendant que l'on rouvre notre chapelle de Notre-Dame de Lumière ; mais cette réouverture ne se faisant pas, j'ai demandé d'être déchargé de cette paroisse et de venir à Notre-Dame de Bon Secours. Tout cela m'a été accordé. Maintenant, si on ouvre bientôt la chapelle de Lumière, j'aurai encore l'espérance d'y retourner ; sinon, il est probable que je n'y reviendrai plus, et que je n'aurai plus l'occasion d'aller vous revoir, à mon cher pays de Valréas. »

*

3. Au mois de février suivant, un de ses confrères le Père Vassereau, le pria de l'accompagner à la mission de Prades, paroisse de douze cents âmes, près Vals (Ardèche). Il accepta. Sa santé n'était pas encore bien florissante ; mais son zèle de la gloire de Dieu et du salut des âmes, et le

bonheur d'être encore missionnaire ranimèrent ses forces. Il prêcha presque tous les matins et deux ou trois fois le soir. Sa voix n'avait plus l'ampleur et la sonorité d'autrefois, néanmoins il se faisait très bien comprendre. Ses instructions en beau et bon français étaient claires, pratiques, et parfois émouvaient profondément l'auditoire.

Au presbytère de Prades, des cœurs vraiment sacerdotaux témoignaient au Rév. Père Françon les plus grands égards, sans oublier les soins que réclamaient son âge et l'affaiblissement de sa santé. Et lui s'y résignait, recevant tout avec reconnaissance et soumission. Tout le temps que lui laissaient les exercices de la mission et le ministère de la confession, il le passait en prières à l'église. Aussi la mission eut-elle des résultats bien satisfaisants. A Prades, comme partout où il prêcha, il s'attira l'estime et la vénération de la population tout entière, et particulièrement du clergé de la paroisse confiée aux Rév. Pères Basiliens.

M. Bord, curé de Prades, vint à Notre-Dame de Bon Secours, dans le courant de l'été suivant, pour y faire son pèlerinage, et pour tenir la promesse qu'il avait faite au Père Françon de le ramener à Prades. Il procurait ainsi au vieux missionnaire quelques jours de repos, et l'avantage de fortifier sa santé en respirant l'air pur de ce pays salubre, et en même temps il s'édifierait lui-même par le bon exemple des vertus de ce saint prêtre et fervent religieux.

*

4. En 1886, la santé du Père Françon s'était assez bien rétablie ; il répondait le 20 janvier à la lettre de bonne année de sa petite nièce : « L'année que nous venons de commencer est pour moi la septante-neuvième. Je me porte très bien, je n'ai pas d'infirmités et je puis encore

travailler ; mais à mon âge, il faut peu de chose pour ruiner les santés les plus robustes. Je suis content, et si ma santé se maintient, je ne désespère pas d'aller encore revoir le beau pays de Valréas, avec tous nos bons parents. Tu leur souhaiteras de ma part une bonne et heureuse année. Que le bon Dieu les bénisse tous sur la terre, et leur donne ensuite le repos du ciel dans l'éternité ! »

Le Père Françon ne pouvant exercer son ministère à Notre-Dame de Lumière, était heureux à Notre-Dame de Bon Secours. « Ici, écrivait-il, la religion est bien pratiquée. Presque tous les hommes font leurs pâques, et il y en a beaucoup qui communient plusieurs fois dans le courant de l'année. Ici les folies mondaines ne sont pas connues. Nous avons beaucoup de pèlerins, et il y en a qui viennent de fort loin. »

Il était heureux de recevoir ces bons pèlerins, de s'entretenir avec eux, il leur adressait de touchantes et familières allocutions, et de préférence, il leur prêchait les grandes vérités du salut. A cause de sa dureté d'oreille, il ne pouvait guère entendre les confessions, cependant quand on le demandait, il confessait à la sacristie. Il fut ainsi missionnaire zélé jusqu'à la fin.

Il édifiait ses confrères par sa piété et sa régularité, et résistant à l'attrait qu'il avait pour la solitude, il venait passer les récréations avec eux ; il se plaisait à leur raconter ses souvenirs de vieux missionnaire, et on l'écoutait encore avec plus de plaisir. Son Supérieur le Père Martignat l'a bien jugé, quand il a écrit : « Le Père Françon a été au milieu de nous, un parfait religieux par son amour pour la sainte règle et par son esprit d'obéissance et de pauvreté ; c'était un chartreux par son silence et son recueillement, un anachorète par ses austérités. Malgré ses infirmités, il a pu prêcher, et l'on retrouvait toujours en lui l'apôtre embrasé du feu de la charité. »

*

5. A la fin du carême de 1886, le Père Françon, jouissant d'une meilleure santé, alla de nouveau avec le Père Vassereau à Prades, pour y prêcher, du 28 mars au 11 avril, un retour de mission qui coïncidait avec le jubilé. Mais alors se trouvant assez fort, il voulut reprendre ses austérités et sa vie rude d'autrefois. Déjà depuis quelque temps, il faisait la sourde oreille aux insinuations de son voisin au réfectoire. A Prades, il fut encore plus intraitable. Les repas lui étaient insupportables ; les instances de M. le Curé et de son digne vicaire n'aboutissaient à rien, il refusait carrément de toucher à la plupart des plats. Il avait recouvré sa voix tonnante des plus beaux jours de son apostolat, et il en usa, il prêcha, il confessa, à Prades, et ensuite il en fit autant, pendant quinze jours, pour le jubilé de St-Cirgues-de-Prades, pays de cinq cents âmes. Dans ces deux paroisses, ses austérités et ses prédications véhémentes furent bénies de Dieu, et obtinrent des résultats bien consolants.

Ce furent ses derniers travaux : sa surdité et ses infirmités ayant augmenté, il fut dans l'impuissance de prêcher et de confesser. Il employait son temps à la prière, il passait de longues heures devant le saint tabernacle, et devant l'autel de Notre-Dame de Bon Secours.

Le 9 janvier 1887, ne pouvant plus écrire lui-même, il dictait à un de ses confrères cette dernière lettre qu'il adressa à sa petite nièce : « Je vais avoir bientôt mes 80 ans révolus. Cette année, je ne suis pas allé prêcher.

Il y a cinquante et quelques années que cela ne m'était pas arrivé. Je crois que je me serai arrêté tout de bon, et que je ne prêcherai plus sur la terre... J'ai gardé la maison avec deux autres Pères ; nous avons reçu les pèlerins et nous avons fait aussi bien que possible tout ce qu'il fallait faire. »

6. Il ne se trompait pas. Il s'affaiblissait de jour en jour ; il disait sa messe, il priait, il édifiait ses confrères et les pèlerins qui venaient à Notre-Dame de Bon Secours ; il se préparait à la mort. Elle arriva mais elle ne fut ni tout à fait subite, ni surtout imprévue.

Le mardi 4 septembre 1888, il achevait sa messe à l'autel de Notre-Dame, il venait de prendre les dernières ablutions, lorsqu'il se sentit frappé d'une attaque de paralysie ; il fallut l'aider à descendre de l'autel et se dévêtir des ornements sacerdotaux. Puis il fallut lui donner le bras et le soutenir pour le conduire dans sa chambre. A un de ses confrères qui le rencontre montant ainsi péniblement l'escalier, il dit en souriant, et en branlant doucement la tête à droite et à gauche : « Que m'est-il donc arrivé ? Me voilà comme un petit enfant qu'il faut aider à marcher ! »

Le médecin promptement appelé prescrit des remèdes, sans exprimer une grande confiance sur leur efficacité. Le lendemain matin, un peu avant cinq heures, le Père Françon reçoit la visite d'un de ses confrères, et sitôt que la cloche sonne le lever, malgré les instances de son ami, malgré son mal et les fatigues de la nuit, il veut quitter son lit pour aller à l'oraison ; il sort vivement une jambe, mais l'autre se refuse d'obéir au commandement de la volonté : elle reste immobile, elle est paralysée. Ah ! s'écrie le malade, je ne puis ! — Vous le voyez bien, mon bon Père Françon, vous ne pouvez pas bouger. Vous êtes dispensé d'aller à la méditation, lui dit le charitable visiteur, qui admire ce suprême effort de son ami pour être fidèle à la règle.

Ce trait d'édification ne fut pas le seul que donna le Père Françon pendant sa maladie. Comme son mal empirait, on lui proposa dans la journée du jeudi de recevoir les derniers sacrements. Il accepta avec bonheur cette proposition, et il reçut, avec la plus grande édification, en répondant lui-même aux prières, le Saint-Viatique et l'Extrême-Onction, qui lui firent administrées par le Père Martignat, son Supérieur, en présence de toute la Communauté.

Pendant sa courte maladie, le Père Françon qui avait eu toute sa vie une crainte salutaire de la mort et des jugements de Dieu, se trouva calme et sans inquiétude. Il avait dit tant de fois à la Sainte Vierge : Priez pour moi à l'heure de ma mort; il ne pouvait manquer d'être exaucé. Il parlait peu, il acceptait les remèdes qu'on lui administrait, il se laissait faire en silence. Mais la prière ne discontinuait pas sur ses lèvres ; c'étaient des versets des psaumes, des réminiscences du saint office ; c'était surtout le chapelet, dont sa main gauche, qui n'était pas paralysée, déroulait continuellement les grains. A cause de la paralysie de sa langue, on ne comprenait pas toujours les mots des prières qu'il faisait, mais souvent les premières paroles de l'*Ave Maria* étaient entendues distinctement par ceux qui l'entouraient. Quelquefois il était dans le délire, et alors il voulait aller dire la messe, réciter son bréviaire, faire sa visite à la Sainte Vierge.

Le samedi matin, 8 septembre, fête de la Nativité de la Sainte-Vierge, un Père qui avait sa confiance lui demanda : Comment allez-vous, mon Père Françon ? Et ce bon Père lui répondit très distinctement, avec pleine connaissance, et comme par manière de confidence : Je souffre baucoup. Ce fut la première et la seule fois qu'il parla de ses souffrances. Ainsi, il a pu jusqu'au dernier moment gagner des mérites et enrichir sa couronne de gloire, en unissant ses souffrances à celles de son divin Maître.

*

7. Dieu ne tarda pas de récompenser son bon et fidèle serviteur. Le bon Père Françon, rendit doucement son âme à Dieu, le dimanche à 2 heures du matin, au moment où venait de finir la fête de la Nativité de la Sainte Vierge, et où commençait celle du Saint Nom de Marie, ces deux belles fêtes qu'il avait tant de fois fait célébrer à ses chers pélerins de Notre-Dame de Lumière. La Sainte Vierge qu'il avait tant aimée et fait aimer, avait choisi ce jour pour l'introduire dans le ciel.

Les pélerins étaient nombreux à Notre-Dame de Bon Secours, le dimanche matin 9 septembre. Ils versèrent des larmes, quand ils apprirent la mort du Père Françon, et quand son corps fut descendu et exposé dans l'église, ils vinrent l'entourer de leurs prières, ils faisaient toucher leurs chapelets et autres objets de piété à ses mains, qu'il avait levées tant de fois pour bénir et pour absoudre ; à ses lèvres qui avaient tant de fois annoncé la parole de Dieu. Ils admiraient la sérénité de son visage qui, avec l'empreinte de la mortification, leur semblait un signe de sa transfiguration glorieuse au jour de la résurrection. Au lieu de prier pour lui, ils étaient plutôt portés à réclamer pour eux son intercession auprès de Dieu.

En présence du corps du vénéré défunt, le Père Martignat adresse une touchante allocution aux pélerins :

en quelques mots il retrace la vie et les vertus de ce grand missionnaire, et il conclut en disant : « Nous avons un bienheureux et un protecteur de plus dans le ciel. »

Le lendemain, au milieu d'un nombreux concours de prêtres et de fidèles, on célébra les funérailles du Père Françon. Après le chant de l'office des morts, et la célébration de la sainte Messe, on déposa son corps dans le cimetière des Pères.

Quelques jours après, le Père Martignat recevait cette lettre d'un curé du diocèse d'Avignon qui avait bien connu et vénéré le Père Françon : « J'ai pris une grande part à la perte que vous venez de faire dans la personne du Père Françon, mon dévoué et vieil ami. Il m'avait promis de venir me donner une dernière accolade fraternelle ; mais hélas ! il ne l'a pu. J'offre à Dieu ce grand sacrifice.... Nous nous retrouverons dans le ciel, car nous sommes assurés que toutes les âmes qu'il a converties et sauvées sont déjà venues à sa rencontre.

« Tous mes paroissiens qu'il a évangélisés plusieurs fois partagent mes sentiments à son égard, tous sont venus assister à la messe solennelle que nous avons chantée pour le repos de son âme, dans la pensée que nous aurons aussi une large part à sa protection dans le ciel, et qu'il nous aidera à pratiquer les vertus, dont il nous a donné de si beaux exemples. »

*

8. Depuis longtemps la sainteté du Père Françon était reconnue. A Visan et à Gigondas on ne l'appelait que notre saint vicaire, notre saint curé. Cette réputation le suivit à Notre-Dame de Lumière. « J'y suis resté trois ans au juniorat, nous écrivait récemment le Rév. Père Achille

Rey ; j'y ai connu le Père Françon, et nous le regardions tous comme un saint. » « Vous êtes un Saint. » lui disait son Rév. Père Provincial le jour de ses noces d'or.

Le Rév. Père Mauran qui avait été son collaborateur et avait prêché bien des missions avec lui, a dit aussi : « J'ai la conviction que le Père Françon est un saint, et s'il faisait des miracles, je n'en serais nullement étonné. Il avait acquis à Lumière et dans tout le Comtat un tel renom de sainteté que les pélerins recouraient d'abord à ses prières, avant de s'adresser à Notre-Dame, qui accordait, disaient-ils, tout ce que ce que ce bon Père lui demandait. » Et le Rév.-Père Nicolas terminait ainsi les pages qu'il m'a écrites : « Je finis en disant, que, si comme autrefois le peuple canonisait les saints, le Père Françon aurait déjà des autels ; ses auditeurs du diocèse d'Avignon et les pélerins de Lumière lui auraient tous donné leur voix. »

*

9. Dans toutes les paroisses où le Père Françon a prêché, on conserve une haute idée de sa sainteté et l'on regrette de ne pouvoir venir prier sur son tombeau. Il est enseveli bien loin, à Notre-Dame de Bon Secours, et il avait maintes fois désiré de l'être dans la tombe des Pères de Lumière, à la chapelle de St Michel. Le premier qui y fut enseveli, au mois d'octobre 1850, ce fut le frère Pellarin. En revenant de ses funérailles, le Père Françon écrivait à M. Vève : « Nous venons d'inaugurer notre cimetière, creusé dans le roc, sous la chapelle de St Michel. Si j'ai le bonheur de mourir à Notre-Dame de Lumière, je connais l'endroit, où j'irai attendre le grand réveil. » C'est là que, douze ans plus tard, il voulait aller tenir compagnie à son ami le bon Père Ricard.

Si on annonçait aux populations du Comtat et de la Provence, qu'on va transférer le corps du Père Françon au caveau de St Michel, à Notre-Dame de Lumière, on les verrait accourir et faire de cette cérémonie funèbre une fête triomphale ; on les verrait revenir prier sur la tombe du *missionnaire provençal* qui les a évangélisées ; elles se rappelleraient ses vertus, ses leçons et ses exemples, et ces souvenirs seraient toujours une prédication éloquente : *defunctus adhuc loquitur*.

TABLE DES MATIÈRES

VIE SÉCULIÈRE DU PÈRE FRANÇON

CHAPITRE Ier

SA FAMILLE, SON ENFANCE, SON ÉDUCATION

CHAPITRE II

L'ABBÉ FRANÇON VICAIRE A VISAN

CHAPITRE III

L'ABBÉ FRANÇON CURÉ A GIGONDAS

VIE RELIGIEUSE DU PÈRE FRANÇON

CHAPITRE Ier

SON NOVICIAT

CHAPITRE II

PREMIÈRE RÉSIDENCE DU PÈRE FRANÇON
A NOTRE-DAME DE LUMIÈRE

CHAPITRE III

RÉSIDENCE DU PÈRE FRANÇON, A AIX

CHAPITRE IV

SECONDE RÉSIDENCE DU RÉV. PÈRE FRANÇON
A NOTRE-DAME DE LUMIÈRE

CHAPITRE V

RÉSIDENCE DU PÈRE FRANÇON A NOTRE-DAME DE BON SECOURS

CHAPITRE VI

TROISIÈME RÉSIDENCE DU PÈRE FRANÇON
A NOTRE-DAME DE LUMIÈRE

CHAPITRE VII

TRAVAUX DU PÈRE FRANÇON, À NOTRE-DAME DE LUMIÈRE

CHAPITRE VIII

VERTUS DU PÈRE FRANÇON

CHAPITRE IX

LE PÈRE FRANÇON PRÉDICATEUR

CHAPITRE X

LE PÈRE FRANÇON, CURÉ AUX BEAUMETTES
ET A SAINT-PANTALÉON

CHAPITRE XI

DERNIÈRE RÉSIDENCE DU PÈRE FRANÇON
A NOTRE-DAME DE BON SECOURS. — SA MORT

TABLE

DES PAYS ÉVANGÉLISÉS

PAR LE PÈRE FRANÇON

		Diocèse de Viviers	
Montségur 89, 121, 144.	3		
Plaisians 74, 81, 93, 143.	4		
Reillanette 119.	1	Brahic 149.	1
Rochegude 92, 118, 128.	3	Chapias 150.	1
St-Martin-en-Vercors 129.	1	Bornes 149.	1
St-Restitut 136.	1	Prades 258, 261.	2
St-Sauveur 159.	1	Rosières 150.	1
Serves 107.	1	St-Cergues-de-Prades 261.	1
Suze-la-Rousse 122, 129, 156.	3	St-Genest-de-Beauzon 149.	1
Tulette 89, 129.	2	Valgorge 150.	1

D'après cette Table le Père Françou a prêché 354 missions ou retraites dans 181 pays. Dans ses lettres il parle de plusieurs autres missions et retraites, mais il n'a pas indiqué les noms des pays où il les a prêchées.

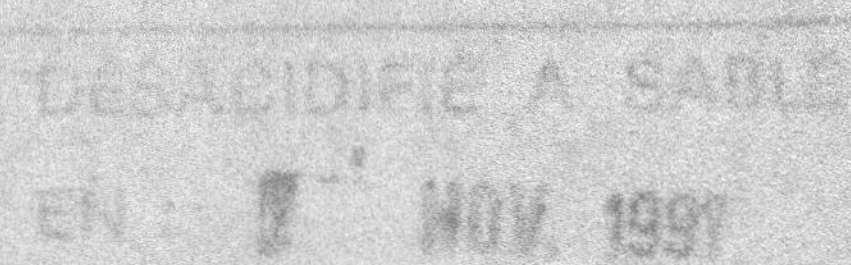

Vie du R. Père Françon, Oblat de Marie, Missionnaire Provençal, par l'abbé REDON, vicaire général d'Avignon, in-8° couronne, XIV-280 pages. Prix broché.. 1 fr. 50

DU MÊME AUTEUR

I *Biographie du Père Dom Charles Marie Saisson, général des Chartreux*, grand in-8°, 84 pages, avec un portrait et trois simili-gravures hors texte. 1 fr. 25

II *Vie de l'abbé Sadrin, R. Père Joseph de Jésus Marie, de l'ordre des Carmes*, in-8°, 172 pages, avec un fac-simile, et quatre simili-gravures hors texte. 1 fr. 50

III *Vie séculière de l'abbé Léon Barnouin, abbé de Sénanque et de Lérins*, grand in-8° 72 pages... 1 fr. 25

IV *Vie séculière de l'abbé Léon Barnouin, et sa vie religieuse à la Cavalerie. Aperçu historique sur la Cavalerie*, grand in-8°, 168 pages, avec portrait et simili-gravure de la Cavalerie............ 2 fr. 25

V *Les Fondateurs de Sainte-Garde*, 70 pages, avec deux portraits hors texte................ 0 fr. 75

VI *Sainte-Garde pendant la Révolution*, in-8° avec deux portraits................ 0 fr. 50

VII *Notice sur la vie et les œuvres de l'abbé Pougnet, architecte religieux*, grand in-8°, 148 pages, avec le portrait de M. Pougnet et hors texte dix-neuf simili-gravures des principales églises qu'il a élevées................ 2 fr. 50

CATALOGUE

DES LIVRES

ET DES MANUSCRITS,

COMPOSANT LA BIBLIOTHÈQUE

DE FEU M. LE PROFESSEUR BERN. LORI,

*Dont la vente se fera du Mardi 21 Avril au Jeudi 7 Mai
1840, à six heures de relevée,*

MAISON SILVESTRE,

RUE DES BONS-ENFANTS, Nº 30,

Par le ministère de Mᵉ FOURNEL, commissaire-priseur,
place du Châtelet, nº 2.

———

*Les Acquéreurs paieront, en sus du prix d'adjudication,
5 cent. par franc applicables aux frais de vente.*

———

PARIS,

R. MERLIN, LIBRAIRE, QUAI DES AUGUSTINS, Nº 7.
1840.

ORDRE DES VACATIONS.

—

1re Vac. *Mardi 21 Avril 1840.*				**8e Vac.** *Mercredi 29.*			
Jurisprudence.	95	à	123	Belles-Lettres.	414	à	429
Belles-Lettres.	430	—	460	Histoire.	1200	—	1247
Histoire.	909	—	953	Belles-Lettres.	533	—	580
2e Vac. *Mercredi 22.*				**9e Vac.** *Jeudi 30.*			
Théologie.	31	—	64	Sciences et Arts.	202	—	223
Belles-Lettres.	461	—	490	Histoire.	995	—	1048
Sciences et Arts.	300	—	339	Belles-Lettres.	853	—	881
3e Vac. *Jeudi 23.*				**10e Vac.** *Samedi 2 Mai.*			
Théologie.	1	—	30	Belles-Lettres.	627	—	659
Histoire.	1049	—	1076	Sciences et Arts.	124	—	153
Belles-Lettres.	809	—	852	Histoire.	954	—	994
4e Vac. *Vendredi 24.*				**11e Vac.** *Lundi 4.*			
Sciences et Arts.	154	—	176	Belles-Lettres.	660	—	697
Belles-Lettres.	763	—	808	Sciences et Arts.	280	—	299
Histoire.	1077	—	1113	Histoire.	1175	—	1199
				Supplément.	1438	—	1448
5e Vac. *Samedi 25.*				**12e Vac.** *Mardi 5.*			
Jurisprudence.	65	—	94	Belles-Lettres.	730	—	762
Histoire.	1321	—	1355	Supplément.	1395	—	1437
Belles-Lettres.	340	—	381	Sciences et Arts.	250	—	279
6e Vac. *Lundi 27.*				**13e Vac.** *Mercredi 6.*			
Sciences et Arts.	224	—	249	Belles-Lettres.	698	—	729
Belles-Lettres.	581	—	626	Histoire.	1248	—	1320
Histoire.	1140	—	1174	**14e Vac.** *Jeudi 7.*			
7e Vac. *Mardi 28.*				Belles-Lettres.	882	—	908
Sciences et Arts.	177	—	201	Histoire.	1114	—	1139
Belles-Lettres.	491	—	532	Supplément.	1449	—	1472
Supplément.	1356	—	1394	Belles-Lettres.	382	—	413

—

CATALOGUE
DES LIVRES

COMPOSANT LA BIBLIOTHÈQUE

DE FEU M. LE PROFESSEUR BERN. LORI.

THÉOLOGIE.

1. Origine des dieux du Paganisme, par Bergier. *Paris*, 774, in-12, 2 vol., br.—Mémoire sur les oracles des anciens, par Clavier. *Paris*, 806, in-8, br. —Discours sur la nature et les dogmes de la religion gauloise, par Chiniac de la Bastide. *Paris*, 769, in-12, v. m.
2. Ant. van Dale de oraculis ethnicorum dissertationes II. *Amst.*, 683, in-8, v. br.
3. Du polythéisme romain, considéré dans ses rapports avec la philosophie grecque et la religion chrétienne ; ouvrage posthume de Benj. Constant, publié par J. Matter. *Paris*, 833, in-8, 2 vol., br.
4. Bienfaits de la religion chrétienne, trad. de l'angl., de Ryan, par Boulard. *Paris*, 823, in-8, dem.-rel.
5. La religion chrétienne, prouvée par les faits, par Houteville. *Paris*, 722, in-4, v. br.
6. Dictionnaire de la Bible, par Simon. *Lyon*, 693, in-fol., v. br.
7. Dictionnaire historique, critique, etc., de la Bible, par Aug. Calmet. *Paris*, 722, in-fol., fig., 2 vol., v. br.
8. Classical recreations, interspersed with much biblical criticism ; vol. the first ; by Edm. Henr. Barker. *London*, 812, in-8, dem.-rel.

9. Horæ biblicæ, ou recherches littérales sur la Bible , trad. de l'angl., de Ch. Butler, (par Boulard). *Paris*, 810, in-8, br.

10. Biblia hebraica accentuata, operâ et curis G. Christoph. Dachselii. *Lipsiæ*, 729, in-4, 2 vol., br.

11. Vetus testamentum, ex versione septuaginta interpretum, edidit Dav. Millius. *Amst.*, 725, pet. in-8, 2 vol., v. m.

12. Vetus testamentum, ex versione septuaginta interpretum, emendatum à Joa. Ern. Grabe, summâ curâ edidit Joa. Jac. Breitingerus. *Tiguri Helvet.*, 730, in-4, 4 vol., v. br.

13. Sainte Bible, trad. par M. Eug. Genoude. *Paris*, 821, in-8, 23 vol., dem.-mar. vert.

14. Bible, en langue russe. *S. Pétersb.*, 819, gr. in-8, v. br.

15. Nova versio græca Pentateuchi, edidit Ch. Fr. Ammon. *Erlangæ*, 790, in-8, 3 vol., dem.-rel

16. Obadias Armenus, quo, cum analysi vocum armenicarum grammatica, et collatione versionis armenicæ cum fontibus, aliisque maximam partem orientalibus versionibus, exhibetur primum in Germania specimen characterum armenicorum in academia Lipsiensi procuratorum ab And. Acolutho. *Lipsiæ*, 688, pet. in-4, parch.

17. Psalterium Davidis et libri sapientiales. *Parisiis*, 662, pet. in-12, dem. mar. puce. (*Thouvenin.*)

18. Les psaumes, trad. en franç., par le P. Berthier. *Paris*, 807, in-12, 5 vol., dem. v.

19. Novum testamentum, gr. *Paris.*, *Rob. Steph.*, 649, in-16, 2 vol., bas.

20. Le Nouveau Testament de notre Saulveur Jésu-Christ, traslate selon le vray texte en franchois. *Imprimé en Anvers par moy Jehan Grapheus*, l'an 1532, pet. in-12, goth., v. rose, fil.

Fatigué au commencement, taché à la fin.

21. Le Nouveau Testament, trad. en franç. avec le grec et le latin en regard. *Mons*, 673, in-8, 2 vol., v. br.

22. S. Pauli epistolæ, gr. *Excud. H. Stephanus*, 546, in-16, mar. vert, fil., tr. dor.

23. D. Pauli epistolæ ad Romanos, Titum et Philemonem, gr. et lat., cum scholiis gr. et animadv. criticis Chr. Frid. Matthæi. *Rigæ*, 782, in-8, 5 tom. en 3 vol., dem.-rel.

24. S. Ignatii epistolæ; accedit S. Barnabæ epistola, gr. et lat., edidit Is. Vossius. *Londini*, 680, in-4, v. br.

9	1	„	V
10			
11	8	60	Labitte
12	24	„	Labot
13	31	50	Sauvaignat
14	8	95	Martin
15			
16	3	„	Coussin
17			
18	3	„	p
19			
20	3	50	moore
21	4	95	Schambeck
22	~~12~~	„	~~Potelet~~
23	12	„	Potelet
24	2	„	moore

(12 50)

25	1	"	[illegible]
26	4	»	Ducru
27	2	»	Dumont
28	52	50	
29 30 }	2	»	Labot
31	5	50	Silvestre
32	18	"	[illegible] Silvestre
33	1	80	Leureux
34	2	»	Daprat
35	7	"	Atelier
36	4	40	moore
37	3	75	carpetter
38	6	»	moore
	9	95	Austin

25. Morale de Jésus-Christ et des apôtres. *Paris*, 785, in-18, 2 vol., bas. — Morale di Moise. *Parigi*, 785, in-18, v. gr., fil.

26. Recherches sur la nature du feu de l'enfer, et du lieu où il est situé, trad. de Swinden, par Bion. *Amst.*, 757, pet. in-8, fig., br.—Melchisédech, ou discours auquel on voit qui est ce grand prestre-roy, par J. d'Auzoles Lapeire. *Paris*, 622, in-8, v. br.

27. Traité de la morale des PP. de l'église, par J. Barbeyrac. *Amst.*, 728, in-4, br.

28. Bibliothèque sacrée des PP. de l'église grecque et latine, par M. Nic.-Silv. Guillon. *Paris*, 824, in-8, 26 vol., dem.-rel.

29. Greg. Nazianzeni orationes lectissimæ XVI (gr.). *Venetiis, in œdib. Aldi et Andreæ Soceri*, 516, in-12, dem.-rel.

30. Dionysii Areopagitæ opera', græcè. *Paris.*, 562, pet. in-8, dem.-rel. — G. Pachymeræ paraphrasis in omnia Dionysii Areopagitæ opera. *Paris.*, 561, pet. in-8, dem.-rel.— S. Maximi scholia in eos B. Dionysii libros qui extant (gr.). *Paris.*, 562, pet. in-8, dem.-rel.

31. S. Justini mart. et phil. Apologiæ, gr., edidit J. W. J. Braunius. *Bonnæ ad Rh.*, 830, in-8, br.

32. B. Theodoreti operum tomus IV (gr. et lat.). *Lutefiæ-Paris., Seb. Cramoisy*, 642, in-fol., v. f., fil. *Total. 10 50*

33. Aur. Augustini confessiones. *Paris.*, 776, in-16, mar. vert, fil., tr. dor.—Le retour en Afrique, ou veilles de S. Augustin, trad. de l'ital., par H. Gazzera. *Paris*, 826, in-8, br.

34. Confessions de S. Augustin, trad. par Dubois. *Paris*, 823, in-12, 2 vol., dem. v.

35. Salviani et Vincentii opera. *Paris.*, 684, in-8, v. br.— B. Serv. Lupi opera. *Paris.*, 664, in-8, v. br. — Opuscula Petri de Marca. *Paris.*, 681, in-8, v. br.—Ejusd. dissertationes III. *Paris.*, 669, in-8, v. br. *Total. 7. 50*

36. Thomæ à Kempis opera. *Coloniæ Agrip.*, 759, in-4, 2 vol., br.

37. Dictionnaire des conciles, suivi d'une collection des canons les plus remarquables. *Besançon*, 823, in-8, br.

38. Georgii de Rhodes disputationes theologiæ scholasticæ in quibus deus, angelus, homo, sex tractatibus explicantur. *Lugduni*, 671, in-fol., 2 vol., v. br.

39. Theologia moralis universa, à P. Gab. Antoine. *Venetiis*, 796, in-4, 2 vol., br.

40. Méditations sur l'Evangile, par Bossuet. *Paris*, 752, in-12, 4 vol., v. m. — Conférences monastiques, par un religieux bénédictin. *Orléans*, 766, in-12, 4 vol., v. m.

41. Sermons pour le carême et l'avent, par Clément. *Paris*, 1770, in-12, 4 vol., v. m.

42. Les imaginaires et les visionnaires, par Nicole. *Liège,* (*Elzev.*), 667, pet. in-12, 2 vol., v. br.—Les provinciales. *Paris, Renouard*, 803, in-12, 2 vol., Brad.

43. Commentarius de sacris ecclesiæ ordinationibus secund. antiquos et recentiores latinos, græcos, syros, et Babylonios, (aut. Morino). *Paris.*, 655, in-fol., v. br.

44. Tractatus de antiqua ecclesiæ disciplina in divinis celebrandis officiis, studio et operâ D. Edm. Martène. *Lugd.*, 706, in-4, v. br.

45. Commentarius historicus de disciplina in administratione sacramenti pœnitentiæ, auct. J. Morino. *Antuerpiæ*, 682, in-fol., v. br.

46. Pontificale romanum. *Paris.*, 615, in-fol., v. br.

47. Preces piæ. Pet. in-8, parch. vert.

Ms. goth. d'une belle écrit. sur vél.; lettr. en or ; imparf. du comm.

48. Preces piæ. In-16, v. br.

Manuscrit goth. sur vélin; plain chant noté.

49. Preces piæ. In-8, mar. noir.

Manuscrit sur vélin.

50. Heures nouvelles, tirées de la Sainte-Ecriture, écrites et gravées par L. Senault. *Paris, s. d.*, in-8, fig., mar. vert. — La Passion de J.-Christ, et les actions du prêtre à la sainte messe; av. des fig. grav. par Séb. Leclerc. 729, in-12, v. br.

51. Manuel du Chrétien, choix d'ouvrages de piété, par Eug. de Genoude. *Paris*, 822, in-18, 12 vol., br.

52. Choix d'ouvrages mystiques, trad. du lat. *Paris, Desrez*, 836, gr. in-8., br.

53. De imitatione christi lib. IV, in grecum versi interprete G. Mayr. *Paris.*, 824, in-18, dem.-rel. —De l'imitation de J.-Christ (trad. par Gence). *Paris*, 820, in-12, dem.-rel.

54. De imitatione Christi lib. IV, edidit J.-B. Gence. *Paris.*, 826, in-8, dem.-rel.

55. Orpheus eucharisticus, auth. P. Aug. Chesneau. *Paris.*, 657, in-8, fig., 2 tom. en 1 vol., v. br.—Pia desideria, em-

39	2	"	[illegible]
40	3	of	[illegible]
41	1	70	Début
42	1	95	[illegible]
43	6	2/	[illegible]
44	4	"	[illegible]
45	4	10	[illegible]
46	4	2/	[illegible]
47	5	20	faure
48	3	"	;)
49	5	"	:)
50	4	"	Defloremu
51	3	"	Début
52	4	80	[illegible]
53	5	20	Duprat
54	4	80	:x
55	5	"	:)

56			
57	9	"	Dupont
58	1	45	Jouye
59	"	"	
60	2	"	Méy
61	2	50	Crozu
62	2	15	France
62 63	4	60	id
63	1	55	Martin
64	3	05	Dupont
65	4	50	Dupret
64 [illegible]	3	[illegible]	[illegible]

blematis illustrata , auth. Hermanno Hugone. *Antuerpiœ, Bolswert,* 624, in-12, fig., v. br.

56. Tratado llamado el Desseoso, y por otro nombre, Espejo de religiosos. *Burgos,* 554, in-4, goth., parch.

57. OEuvres spirituelles de Fénelon. *Paris,* 822, in-12, 4 vol., dem.-rel.—OEuvres de Ste. Thérèse, trad. par Arnauld d'Andilly. *Lyon,* 818, in-12, 6 vol., bas.

58. Lettres chrétiennes et spirituelles de J. Duverger de Hauranne, abbé de Saint-Cyran. *Lyon,* 674, in-12, 3 vol., v. br., tr. dor.—Lettres ascétiques et morales, par le P. Marin. *Avignon,* 769, in-12, 2 vol., bas.

59. De l'abus des nudités de gorge. *Paris,* 677, in-12, v. f., fil., tr. dor.

60. Résolutions de plusieurs cas de conscience, touchant la morale et la discipline de l'église, par Jacques de Sainte-Beuve. *Paris,* 715, in-8, 3 vol., br.

61. Traité des études monastiques, par Mabillon. *Paris,* 692, in-12, 2 vol., v. br.

62. Tableau naturel des rapports qui existent entre Dieu, l'homme et l'univers. *Edimbourg,* 782, in-8, 2 vol., br. — Opuscule ou essai tendant à rectifier des préjugés nuisibles, et à former des vertueux éclairés. *Londres,* 791, in-12, br.

62 *bis.* Des erreurs et de la vérité, avec la suite (par S. Martin). *Edimbourg,* 782, in-8, 2 vol., br.—L'homme de désir (par le même). *Lyon,* 790, in-8, br.

63. Code religieux et moral des théophilantropes, par Chemin. *Paris,* an vi, in-18, br. —Disamina filosofica de' dommi e della morale religiosa de' teofilantropi, scritta dal sac. Giamb. Ferrero. *Torino,* 805, in-8, bas., fil.

64. Le bhaguat-geeta, ou dialogues... contenant un précis de la religion et de la morale des Indiens, trad. du sanscrit en angl., par Ch. Wilkins, et de l'angl. en franç., par Parraud. *Paris,* 787, in-8, dem.-rel.

JURISPRUDENCE.

65. De l'influence des mœurs sur les lois, et de l'influence des lois sur les mœurs, par M. Matter. *Paris, F. Didot,* 1832, in-8, dem.-rel.

(6)

66. Dom. Soto de justitia et jure libri. *Lugd.*, 569, in-fol., vél.
67. M. T. Ciceronis de legibus lib. III, cum omnium eruditorum notis quas Joa. Davisii editio ultima habet, recensuit G. Henr. Moser, edidit Frid. Creuzer. *Francof. ad M.*, 824, in-8, dem.-rel., n. rog.
68. Traité philosophique des loix naturelles, trad. de Rich. Cumberland, par Barbeyrac. *Amst.*, 744, in-4, v. m.—Le droit des gens, par de Vattel. *Amst.*, 775, in-4, 2 tom. en 1 vol., v. m.
69. Droit des gens moderne de l'Europe, par Jean-Louis Klüber. *Stuttgart*, 819, in-8, 2 vol., br.
70. Sam. Pufendorfii de jure naturæ et gentium lib. VIII, cum commentariis J. N. Hertii et Barbeyracii, recensuit Gott. Mascovius. *Francof.*, 759, in-4, 2 vol., br.
71. Guide diplomatique, par Martens. *Berlin*, 801, in-8, 2 vol., br.
72. Recueil d'actes et négociations, mémoires et traités de paix, par Rousset. *La Haye*, 728-55, in-12, 21 tom. en 23 vol., br.
73. Traité des loix politiques des Romains, du temps de la République, par Pilati de Tassulo. *La Haye*, 780, in-8, 2 vol., br.
74. Histoire du droit romain, par P. T... (Taisand). *Paris*, 678, in-12, v. br.—Histoire du droit romain, par Ferrière. *Paris*, 788, in-12, v. m. — Du droit privé des Romains, par Ulb. Schweppe. *Altona*, 819, in-8, cart. *(En allem.)*.
75. Justiniani institutiones, cum Fr. Accursii glossis. *Lugd.*, 577, pet. in-8, v. br.
76. Epitome juris et legum Romanarum, auct. Montvalon. *Tolosæ*, 786, in-12, bas.
77. Herm. Cannegieteri observationes juris Romani. *Lugd.-Bat.*, 672, in-4, br.—Codicis Justinianei illustrationes a triga eruditorum profectæ, curante Eus. Begero. *Francorf.*, 767, in-4, bas.
78. Ever. Ottonis ad Justiniani institutiones notæ et commentarius. *Traj. ad Rh.*, 729, in-4, v. m.
79. Liber legis salicæ, ex bibliotheca Fr. Pithœi. *Paris.*, 602, in-12, parch. — Karoli Magni et Ludovici Pii capitula, sive leges ecclesiasticæ et civiles ab Ansegiso et Bened. Levita collectæ. *Paris.*, 603, in-8, v. f., fil.
80. Traité de la personnalité et de la réalité des loix, par L. Boullenois. *Paris*, 766, in-4, 2 vol., br. *La 5*

66			Lemoine
67	6	05	Labitte
68	1	85	Martin
69	1	50	Dupret
70			
71	2	„	Dupret
72			
73	3	05	Lebrun
74	5	10	
75 76 77	1	50	Blaque
78 79			
80	24	50	

81	4	10	moore
82	2	75	moore
83	4	10	it
84			
85	3	.	moore
86	6	,	Lebrun
87	1	20	asselin
88			
89	4	"	moard
90	3	"	1°
91	2	50	
92	30	.	Th. Leclerc
93	1	40	Lebrun
94	1	50	jouy
95	7	30	Martin
96.	3	05	Martin (ffrancky)

81. Traité des testamens, codicilles, donations, etc., par Furgole. *Paris*, 777, in-4, 4 vol., br.

82. Coutume de Paris, par Le Maistre. *Paris*, 741, in-fol., v. m.

83. Coutume de Normandiè, par Ducastel. *Rouen*, 783, in-12, bas. — de Montfort Lamaulry, par Thourettte. *Paris*, 731, in-8, v. br, —de Mante et Meulant, par Guyot. *Paris*, 739, in-12, v. m. — de Chartres, par Louart. *Chartres*, 687, in-8, v. br. — de Melun, par Champy. *Paris*, 687, in-12, v. br.—de Ponthieu, par Delegorgue. *Amiens*, 766, in-12, 2 tom. en 1 vol., dem.-rel. — de Bourbonnois, par Ducher. *Paris*, 781, in-12, bas.

84. Commentaires sur la coutume d'Auxerre, par J.-B. Née de La Rochelle. *Paris*, 749, in-4, v. m.

85. Coutumes de Vermandois, par J.-B. Buridan. *Reims*, 630, in-4, parch.— de Senlis, par de S. Leu. *Paris*, 703, in-4, v. br.

86. Coutumes générales de la ville de Metz et pays Messin, avec les procès-verbaux de correction. *Metz, Antoine*, pet. in-12, v. br. — Coustumes de Valenciennes. *Valenciennes*, 703, pet. in-8, bas. — Coutume de Bretagne, par Poullain du Parc. *Rennes*, 783, in-12, bas. — Coutumes de Bretagne, par Sauvageau. *Rennes*, 742, in-12, v. m.

87. Coutumes de Vitry-le-Français, par Salligny. *Chaalons*, 676, in-4, bas.

88. Commentaires sur la coustume de Sainct Jean d'Angely, par Maichin. *Saint Jean d'Angely*, 653, in-4, v. m.

89. Nouveau commentaire sur la coutume de La Rochelle, par René Jos. Valin. *La Rochelle*, 756, in-4, 3 vol., v. m.

90. Journal du Palais, par Blondeau. *Paris*, 713, in-fol., 2 vol., v. br.

91. Œuvres de J. Bacquet. *Lyon*, 744, in-fol., 2 vol., v. m.

92. Œuvres du chancelier d'Aguesseau. *Paris*, 759, in-4, 13 vol., br.

93. Corps de droit français, ou recueil de tous les codes. *Paris, Corby*, 832, in-12, br.

94. Jurisprudence du conseil, ancienne et moderne, sur la matière des amortissemens, francs-fiefs, etc., par Dubost. *Paris*, 759, in-4, 3 vol., v. m.

95. Histoire du droit municipal en France, par M. Raynouard. *Paris*, 829, in-8, 2 tom., en 1 vol., dem.-rel.

96. Privilegia universitatum, collegiorum, scholasticorum et

bibliopolarum, aut. Petro Rebuffo. *Paris.*, 549, pet. in-8, parch.

97. Recueil des lois et règlemens concernant l'instruction publique, depuis 1598. *Paris*, 814-28, in-8, 9 vol., av. la table, dem.-rel.

98. Bulletin universitaire, contenant les ordonnances, règlemens, etc., concernant l'instruction publique (N°⁰ 1 à 20, tom. 1ᵉʳ). *Paris*, I. R., 830, in-8, bas.

99. Code universitaire, par Amb. Rendu. *Paris*, 827, in-8, dem.-rel.

100. Considérations sur les compagnies, sociétés et maîtrises. *Londres, la présente année*, in-12, br. — Guide des corps des marchands et des communautés des arts et métiers, tant de Paris que du royaume. *Paris*, 766, in-12, v. m.

101. Code de la librairie et imprimerie de Paris. *Paris*, 774, in-12, bas. — Projet d'organisation de l'imprimerie - librairie, etc., par Cholet de Jetphort. *Paris*, 807, in-4, br. — Observations et projet de décret sur la librairie, par Bonet de Treiches et Catineau-La-Roche. *Paris*, 808, in-4, br.

102. Statuts.... des maîtres-experts jurés-écrivains, expéditionnaires, etc. 754, in-4, br.— Statuts... des parcheminiers. *Paris*, 758, in-4, br. — Statuts... des papetiers, in-4, br.

103. G. Rud. Ribiez dissertatio de prœrogativis, officio et privilegiis pharmacopæorum. *Viennæ*, 729, pet. in-4, bas. — Statuts... des chirurgiens de Paris. *Paris*, 727, in-4, v. m.—Mémoires concernant les épiciers-droguistes et les apothicaires. In-4, br.

104. Recueil et mémoire historique sur l'origine du tableau votif des joailliers. *Paris*, 685, in-8, v. br.—Statuts... des tireurs, écacheurs et fileurs d'or et d'argent. *Paris*, 720, in-4, br. — Statuts... des maîtres passementiers, boutonniers, erépiniers, blondiniers, etc. *Paris*, 761, in-4, br.

105. Statuts... des fondeurs, mouleurs, sonnetiers, bosseliers et fabricateurs d'instrumens de mathématiques. *Paris*, 774, in-12, v. m.

106. Statuts... des tapissiers-hauteliciers-couverturiers.*Paris*, 756, in-4, v. m.

107. Statuts... des menuisiers et ébénistes.*Paris*, 751, in 12, v. m.—Statuts... des charrons, carrossiers, etc.*Paris*, 741, in-12, v. br.

97	25	50	Museum (rhonehy)
98	3	„	50	id
99	2	„	id	id
100	2	95	M. Fournel	
101	7	50	Dentu	
102	5	50	id	
103	7	„	id	
104	7	50	id	
105	8	„	id	
106	9	„	id	
107	6	50	id	

108   10   „   Deuter

109   8   „   ;.)

110   9   ſu   ;.)

111   20   „   ;.)
112   6   „   Martin
113   1   „   p.
114   2   os   p.
115   5   „   Lalor
116   2   „   pays
117   2   „   Leurry
118   2   „   pays

119

120   8   ſc   Martin
121   3   „   Labar

122   ann 119
123   3   „   moore

108. Statuts des charcutiers de Paris, 755. = Statuts... des chirurgiens des provinces. *Paris*, 765. = Statuts... des miroitiers, des lunetiers, bimbloticrs, doreurs sur cuirs, garnisseurs et enjoliveurs de la ville de Paris. 759. = Statuts... des vinaigriers, verjutiers, moutardiers. 744, in-4, cart., pap. mar.

109. Mémoire concernant les bouchers. in-4.—Statuts... des rotisseurs. *Paris*, 748, in-4, br.—Statuts .... des maîtres chandeliers et huiliers. *Paris*, 775, in-12, Brad.

110. Statuts..... des bourreliers, bâtiers et hongroyeurs. *Paris*, 764, in-4, bas. — Renouvellement de statuts..... des tanneurs et hongroyeurs. In-4, br. —Arrêt, etc., concernant les tanneurs, in-4, br.

111. Statuts... des maîtres en fait d'armes. *Paris*, 766, in 4, br. — Statuts... des fourbisseurs. *Paris*, 765, in-4, br.

112. Recueil d'édits, arrêts, etc., en faveur des musiciens du royaume. *Paris*, 774, in-8, Brad.

113. Barreau français. Annales de l'éloquence judiciaire en France, par Aylies et Clair. *Paris*, 825-26, in-8, 2 vol., br.

114. Plaidoyers et mémoires, par Mannory. *Paris*, 759, in-12, 18 vol., v. m.

115. Nouveau commentaire sur l'ordonnance de la marine de 1681, par Valin. *La Rochelle*, 776, in-4, 2 vol., v. m.

116. Compte général de l'administration de la justice criminelle en France, pendant les années 1829, 1830, 1832, 1833 et 1835. *Paris*, 830-37, in-4, 5 vol., br.

117. Medulla juris canonici, aut. Th. Schmitz. *Colon.-Agr.*, 740, in-4, 3 vol., br.

118. P. Leurenii Forum beneficiale. *Colon.-Agr.*, 735, in-fol., 4 vol., br.

119. Tractatus de promulgatione legum ecclesiasticarum ac speciatim bullarum et rescriptorum curiæ romanæ, auct. Zeg. Bern. Van Espen. *Bruxellis*, 712, in-4, v. br.

120. Collectio bullarum sacro sanctæ Basilicæ Vaticanæ. *Romæ*, 737, in-fol., 3 vol., br.

121. Defensio declarationis conventûs cleri gallicani an. 1682, de ecclesiasticâ potestate, aut. J. Ben. Bossuet. *Amst.*, 745, in-4, 2 vol., v. m.

122. Commentaire sur le traité des libertés de l'église gallicane, de P. Pithou. *Paris*, 652, in-4, gr. pap., v., fil.

123. Tractatus de politia ecclesiæ anglicanæ. *Londini*, 683, in-8, v. br.

L.

SCIENCES ET ARTS.

I. SCIENCES PHILOSOPHIQUES ET MORALES.

124. Dictionnaire des sciences et des arts, par Lunier. *Paris,* 805, in-8, 3 vol., d m.-rel.
125. The portable cyclopedia, by C. T. Watkins. *London,* 814, in-8, fig., 2 vol., Brad. (Interfoliés.)
126. Cours d'étude, par Condillac. *Paris,* an vi, in-18, 26 vol., bas.
127. Dictionnaire de la conversation et de la lecture. *Paris,* 832-39, in-8, 104 livr. form. 52 vol.
> Les 34 1ers vol. sont en dem. v., le reste est br.
128. Le même, pap. vél., 52 vol., br.
> Il n'a été tiré que très-peu d'exempl. sur ce papier.
129. De Jos. Droz : Etudes sur le beau dans les arts. *Paris,* 815.=De la philosophi morale. 823.=Applications de la morale à la politique. 825, in-8, dem.-rel.
130. M. T. Ciceronis historia philosophiæ antiquæ, collegit Frid. Gedike. *Berolini,* 782, in-8, dem.-rel.—Joa. Jonsii de scriptoribus historiæ philosophicæ lib. IV, ad præsentem ætatem usque perducti curâ J. Ghr. Dornii. *Ienæ,* 716, pet. in-4, dem.-rel.
131. Bibliothèque des anciens philosophes, par Dacier. *Paris,* 771, in-12, 9 vol., v. m.
132. Platonis opera, cum commentariis Procli in Timæum et Politica (gr.). *Basileæ, J. Valderus,* 534, in-fol., dem.-rel.
133. Platonis opera, gr. *Basileæ, H. Petrus,* 556, pet. in-fol., v. br.
134. Platonis Timæus (gr. et lat.), edidit A. F. Lindau. *Lipsiæ,* 828, in-8, dem.-rel.
135. Seb. Foxii Morzilli in Platonis Timæum commentarii.

124	3	„	Laurens
125	4	„	Girard
126			
127	125	„	Bachelier
128	169	„	Martin (Morales)
129	1	So	Dubois
130	1	7S	Lahitte
131	16	So	P.
132	5	„	Laurens
133	4	of	ᵒᴰ
134	4	„	Defloreanu
135	3	„	Laurens

136   5   «   Labitte ainé

137   2   10   Schaubeck

138   3   «   Duprat

139   3   50

140 ⎫
    ⎬   3   40   Schaubeck
141 ⎭

142   15   «   Lemving
143   25   50   Labot

144 ⎫
    ⎬   5   «   Duprat
145 ⎭
146   16   50   ;»

Basileæ, 554, pet. in-fol., parch.—Ejusd. commentatio in decem Platonis libros de Republica. *Basileæ*, 556, in-fol., parch.

136. Platonis Phædon, explanatus et emendatus prolegomenis et annotatione Dan. Wyttenbachii. *Lugd. - Bat.*, 810, in-8, dem. mar. vert.—Platonis dialogi IV, Meno, Crito, Alcibiades uterque (gr.), cum animadv. varior., curavit Biester. *Berolini*, 790, in-8, dem.-rel.

137. Platonis Menexenus et Periclis Thucydidei oratio funebris, recensuit J. Chr. Gottleber. *Lipsiæ*, 782. = Platonis Phædo, curâ Lud. Fr. Heindorfii. *Berolini*, 809, in-8, dem.-rel.

138. Dialogues de Platon (trad. par Grou). *Amst.*, 770, in-8, 2 vol., br. —Dissertations de Maxime de Tyr, trad. par Combes-Dounous. *Paris*, 802, in-8, 2 part. en 1 vol., dem.-rel.

139. Pensées de Platon, recueillies et trad. par M. Vict. Le Clerc. *Paris*, 824, in-8, dem.-rel.

140. Xenophontis de Socrate commentarii; item Socratis apologia (græcè). *Glasguæ, Foulis*, 761, pet. in-8, v. gr.—Xenophontis Œconomicus, apologia Socratis, Symposium, Hiero, Agesilaus, cum animadv. J. Aug. Bachii. *Lipsiæ*, 749, in-8, v. br.

141. Apologie de Socrate, d'après Platon et Xénophon, avec des remarq. et la trad. franç., par Thurot. *Paris*, 806, in-8, cart.—Epicteti manuale et Cebetis tabula, gr. et lat., edidit Joh. Schweighæuser. *Lipsiæ*, 798, in-8, bi .

142. Aristotelis opera, gr. et lat., edente Guill. Duval. *Lutetiæ-Paris.*, 619, in-fol., 2 vol., v.

143. Simplicii commentarii in IV Aristotelis libros de Cœlo, cum textu ejusdem. *Venetiis, in œdib. Aldi et Andr. Asulani soc.*, 526, pet. in-fol., dem.-rel.

> Cet exempl. a appartenu au célèbre Huet; il est précieux à cause de ses collations sur manuscrits.

144. Simplicii commentarius in Epicteti enchiridion, cum ipso Epicteti textu, græcè. *Venetiis, Joa. Ant. et fratres de Sabio*, 528, pet. in-4, dem.-rel.

> Première édition; notes mstes.

145. Arriani diatriba in Epictetḙm (gr.), edente Coray. *Paris.*, 827, in-8, 2 tom. en 1 vol., dem.-rel.

146. Procli opera, gr. et lat., edidit Vict. Cousin. *Paris.*, 820, in-8, 6 tom. en 4 vol., dem.-rel. (Le tom. 6 est br.)

147. Plutarchi moralia in latinum translata à J. Cornario. *Basileæ*, 554, in-fol., v. br.

148. OEuvres morales de Plutarque. *Paris, Vascosan*, 575, in-fol., v. br.

149. Theophrasti characteres, græcè, edit. Jo. Gottl. Schneider. *Ienæ*, 799, in-8, v. rac.—T. Ciceronis tusculanæ quæstiones. *Lipsiæ*, 807, in-8, vél.

150. Caractères de Théophraste, trad. avec le texte gr. et des notes, par Coray. *Paris*, an VII, in-8, dem.-rel.

151. Les offices de Cicéron, trad. en franç. *Paris*, 691, in-8, mar. rou., fil., tr. dor.

152. M. T. Cicero, de senectute. *Paris., A. A. Renouard*, 796, in-18, pap. vél., cart.—Lælius, seu de amicitia diafogus. *Ibid.*, 796, in-18, pap. vél., cart.—Ciceronis et Porcii Latronis in Catilinam orationes. *Ibid.*, 796, in-18, br.

153. L. Ann. Senecæ opera. *Amst., Janssonius*, 633, pet. in-12, v. f. — Cicero's cato major, and Lælius with notes by Barker. 813, in-12, cart.—Nemesii de natura hominis lib. unus, cum lat. versione Nic. Ellebodii. *Antuerpiæ*, 566, pet. in-8, dem.-rel.

154. L. An. Senecæ phil. opera. *Amst., Elzev.*, 659, pet. in-12, 3 vol., v. br.

155. Raym. Lullii opera. *Argent.*, 617. = Clavis artis Lullianæ, opera J. H. Alstedii. *Argent.*, 633, in-8, v. br. — Hier. Cardani de rerum varietate libri XVII. *Basileæ*, 557, in-8, dem.-rel. — Ejusd. de subtilitate lib. XXI. *Paris.*, 554, in-8, parch.

156. Iter per mundum Cartesii. *Amst.*, 694, pet. in-8, vél.— Principes de philosophie, par Descartes. *Paris*, 781, in-4, v. br.—Le monde de Descartes. *Paris*, 664, in-8, v. br.

157. OEuvres de Franç. Bacon, trad. par Lasalle. *Paris*, an VIII, in-8, tom. 1 à 9, br.

158. Les Essais de Montaigne, avec des remarques, par P. Coste. *Londres, Tonson*, 724, in-4, 3 vol., br. — Mémoires pour servir aux Essais de Mich. de Montaigne. *Londres*, 741, in-4, cart.

159. De la sagesse, trois livres, par P. Charron. *Paris, Barrois*, 789, in-18, pap. vél., 2 vol., dem. v.

160. Maximes et réflexions morales du duc de La Rochefoucauld. *Paris, I. R.*, 778, pet. in-8, mar. rou., fil., tr. dor. (*Derome.*)

On a ajouté un portrait gravé par Choffard.

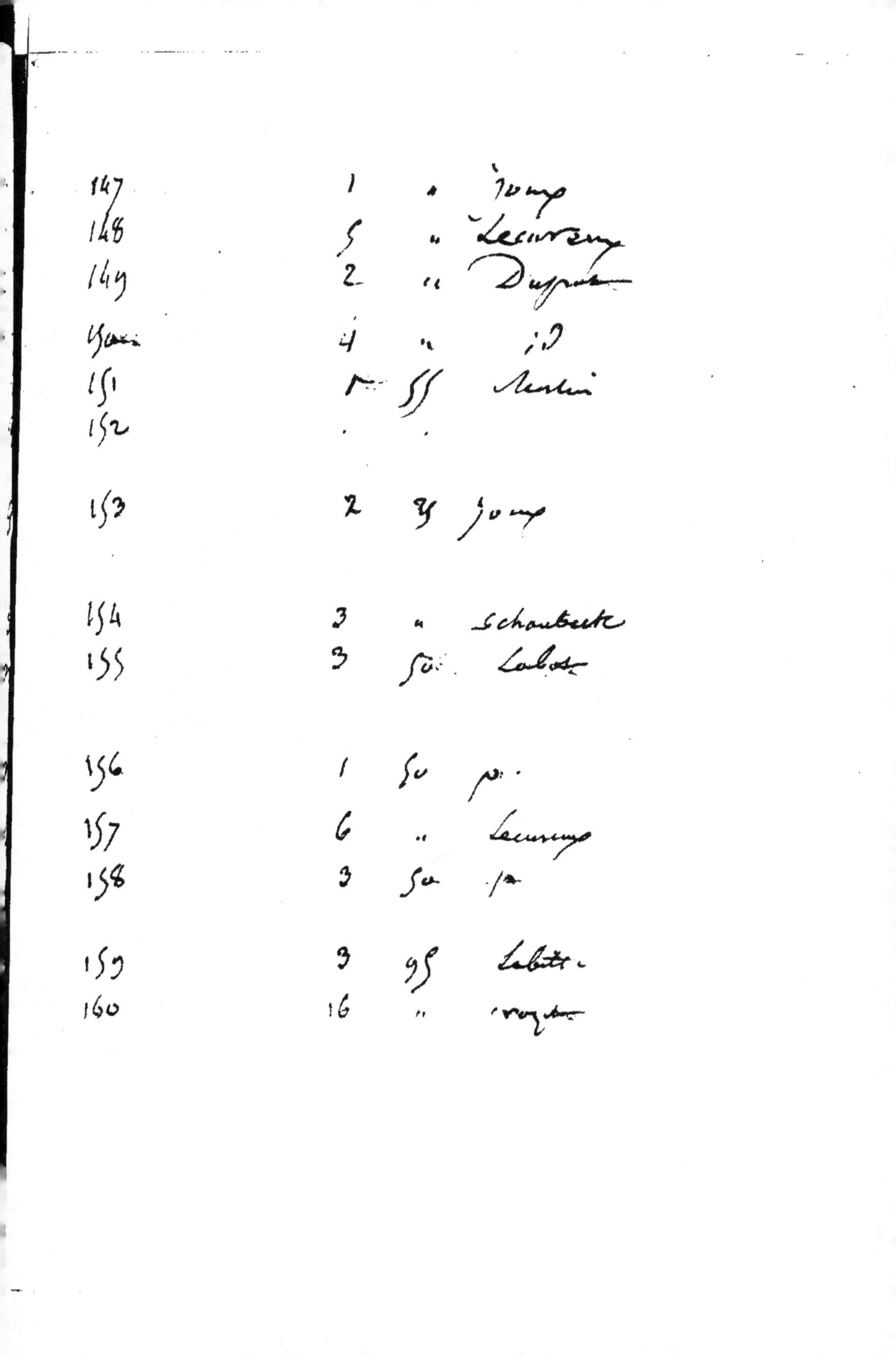

147	1	"	[illegible]
148	5	"	Lecourbe [?]
149	2	"	Dupont [?]
150	4	"	id
151	[illegible]	ʃʃ	Merlin [?]
152			
153	2	ʒ	[illegible]
154	3	"	Schoubeck [?]
155	3	ʃū	Calas [?]
156	1	ʃū	[illegible]
157	6	"	Lecourbe [?]
158	3	ʃū	[illegible]
159	3	gʃ	Labitte [?]
160	16	"	[illegible]

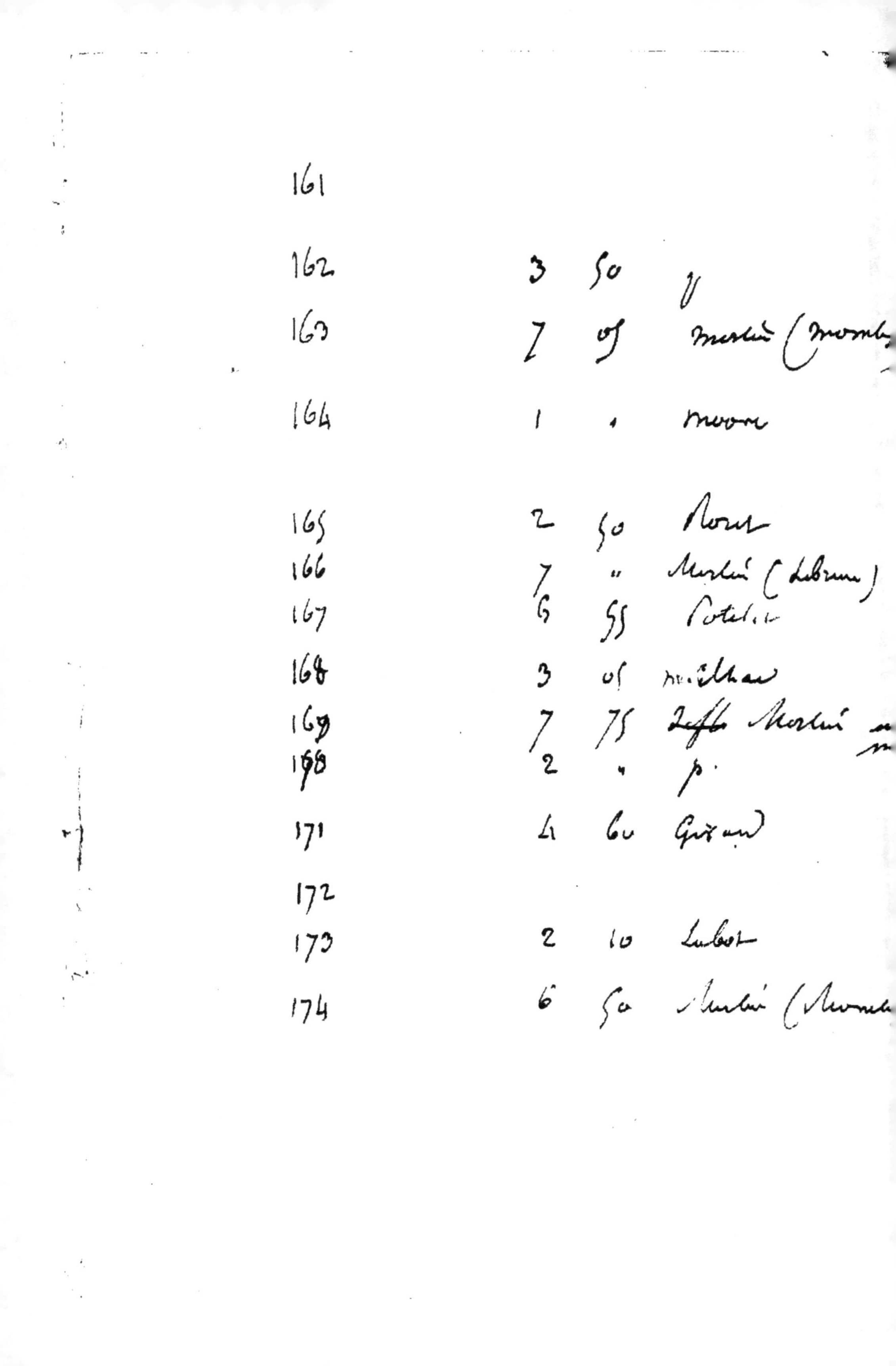

161			
162	3	50	[illegible]
163	7	05	Martin (Mombr [illegible]
164	1	,	moom
165	2	50	Roux
166	7	"	Martin (Lebrun)
167	6	55	Potel..
168	3	05	millhau
169	7	75	Leffe Martin [illegible]
170	2	,	p.
171	4	60	Girard
172			
173	2	10	Lebot
174	6	50	Martin (Mormb [illegible]

161. Essai phil. concernant l'entendement humain, par Locke, trad. par Coste. *Paris*, an VII, in-12, 4 vol., cart.— Instruction de réprimer courroux et les moyens d'éviter ire, par P. de St-Julien. *Lyon*, 546, etc. In-8, vél.

162. Leçons de philosophie, par Laromiguière. *Paris*, 815, in-8, 2 vol., dem.-rel. — Doctrine philosophique, par Gatien Arnoult. *Paris*, 835, in-8, br.

163. De l'influence de la philosophie du XVIIIe siècle sur la législation et la sociabilité du XIXe, par Lerminier. *Paris*, 833, in-8, Brad.—Lettres philosophiques adressées à un Berlinois par M. Lerminier. *Paris*, 832, in-8, Brad.

164. Les souvenirs (sur les caractères de la beauté), lettre à Luce de Lancival (par Eug. Dandrée). *Paris*, 807, in-8, mar. vert, fil., tr. dor.—Rêveries sur la nature primitive de l'homme, par M. de Sénancourt. *Paris*, 802, in-8, dem. v.

165. Caractères et portraits des femmes, par Hip. Lucas. *Paris*, 836, in-8, 2 vol., br.

166. Letters of lord Chesterfield to his son. *London*, 815, in-12, 4 vol , dem.-rel.

167. Les oiseaux et les fleurs, allégories morales d'Azz-eddin Elmocadessi, publ. en arabe, avec une trad. et des notes, par M. Garcin de Tassy. *Paris*, 821, in-8, dem. mar. vert.

168. Livres classiques de l'empire de la Chine, recueillis par le P. Noel. *Paris, Debure*, 784-86, in-18, 7 vol., br.

169. Q. Horatii emblemata, imaginibus notisque illustrata studio Oth. Vænii. *Antuerpiæ*, 607, in-4, fig., v. br.

170. La doctrine des mœurs, par Gomberville. *Paris*, 681, in-12, fig., v. br. — Recueil d'emblèmes, par Baudouin. *Paris*, 678, in-12, 2 vol., v. br.

171. Devises et emblèmes d'amour, anciens et modernes, moralisés en vers françois et expliqués en sept langues, par Pallavicini. *Amst.*, 696, pet. in-4, fig., br.

172. Pasigraphie et pasilalie, par le C. J. de Maimieux. *Paris*, 801, in-4, br.

173. Essai sur l'instruction publique et particulièrement sur l'instruction primaire, par Amb. Rendu. *Paris*, 819, in-8, 3 vol., dem.-rel.

174. Les plans et les statuts des établissements ordonnés par Catherine II, pour l'éducation de la jeunesse, par Betzki, trad. par Clerc. *Amst.*, 775, in-4, gr. pap., fig., 2 tom. en 1 vol., v. f., fil.

✕ 175. Direction pour la conscience d'un roi, par Fénelon. *Paris,*
A. A. Renouard, 825, in-12, br. *Lebr.*

176. Catéchisme royal (par Fortin, seign. de la Hoguette).
Paris, 645, pet. in-4, v. f., fil.

II. SCIENCES POLITIQUES. — SCIENCES NATURELLES ET MÉDICALES.

177. La politique d'Aristote, trad. par Champagne. *Paris,*
797, in-8, 2 tom. en 1 vol., dem.-rel.

178. Plutarchi politica (gr.), edente Coray. *Paris.*, 824, in-8,
dem.-rel.

179. Ex libris Polybii selecta de legationibus et alia fragmenta Dion. Halicarnassei, Diod. Siculi, Appiani, Dion. Cassii
de legationibus, græcè. *Antuerpiæ*, 582, in-4, dem.-rel.

180. M. T. Ciceronis de republica quæ supersunt, ex pri-
maria editione Ang. Maii. *Paris.*, *A. A. Renouard*, 823,
in-8, br.

181. Instituts politiques et militaires de Timour, trad. par
Langlès. *Paris*, 787, in-8, dem.-rel.

182. Œuvres politiques de Jacq. Harrington, trad. de l'angl.
Paris, an III. in-8, 3 vol., br.

183. Testament politique du cardinal duc de Richelieu (par
Paul Hay, marquis du Chastelet). *Amst.*, *H. Desbordes*
696, pet. in-12, 2 part. en 1 vol., v. rose, fil.

184. Traité d'économie politique, par Say. *Paris*, 814, in-8
2 vol., br.

185. Des affaires d'état, des finances du prince et de sa no
blesse, par le prés. de Lalouete. *Paris*, 598, pet. in-8, v. f
(*Mouillé.*)

186. Traité du commerce, par Sam. Ricard. *Amst.*, 781
in-4, 2 vol, dem.-rel.

187. Commerce (Encycl. méth.). *Paris*, 783, in-4, 3 vol.
br. en cart.

188. Mémoires qui intéressent particulièrement Paris, publié
par P. Patte. *Paris*, an IX, in-4, fig. br., et 9 broch. , in-
et in-8, concernant les canaux et les eaux de Paris.

189. Magasin pour la connaissance de la physique et de l'hist
naturelle. *Gotha*, 781, in-12, fig., 8 tom. en 4 vol., v. m

175	2	90	[illegible]
176	1	"	[illegible]
177	1	"	Dupuis
178	5	"	id
179	1	"	Joux
180	1	"	Bibl. selon
181	1	50	Dupuis
182	1	"	Labor
183	1	"	Labor
184	1	"	Joux
185	1	"	id
186	1	"	Joux
187	1	50	id
188			.
189	2	"	[illegible]

No.	Qty		Name
190	4	"	Joseph
191	1	"	id
192	1	"	id
193	4	of	Rost[?] Dumont
194	3	of	Dumont
195	7	60	Roux
196	3	"	id
197	4	"	Dumont
198	[crossed out]	"	
199	9	"	Lefbas[?]
200	9	"	Schaubut[?]
201	8	"	Dumont
202	3	"	Moore
203	9	"	Roux
204	1	"	Mathue[?]
205			
206	3	"	Martin
195 bis.	3	"	Laher[?]

190. Acta physico-medica academiæ Cæsareæ naturæ curio-
sorum. *Norimbergæ*, 738, pet. in-4, fig., 7 vol., v. f., fil.

191. Essai d'un cours des sciences physiques, par Beudant.
Paris, 815, in-8, bas.

192. Petri Van Musschenbroek physica experimentalis et geo-
metrica. *Viennæ*, 756, in-4, fig., v. m.

193. Histoire du galvanisme, par Sue. *Paris*, 802, in-8,
2 vol., bas. gr.

194. Manuel du galvanisme, par Jos. Izarn. *Paris*, an xiii,
in-8, fig., br. — Traité élém. sur le fluide électrico-gal-
vanique, par J. A. de Luc. *Paris*, 804, in-8, fig., 2 vol., br.

195. Chimie appliquée aux arts, par Chaptal. *Paris*, 807,
in-8, fig., 4 vol., bas.

196. Chimie appliquée à l'agriculture, par Chaptal. *Paris*,
823, in-8, 2 vol., Brad.

197. Traité sur le pastel et l'extraction de son indigo, par
Giobert. *Paris, I. I.*, 813, in-8, fig., pap. vél., v. gr., fil.

198. C. Plinii liber II de mundi historia, cum comment.
Jac. Melichii. *Lipsiæ*, 573, in-4, v. br.

       Exempl. de De Thou.

199. Morceaux extraits de l'histoire naturelle de Pline, par
Gueroult. *Paris*, 809, in-8, 2 vol., br.

200. Histoire natur. des animaux de Pline, trad. par Gueroult.
Paris, 802, in-8, 3 vol., dem.-rel.

201. Cl. Salmasii plinianæ exercitationes in C. Julii Solini
polyhistora. *Trajecti ad Rh.*, 689, in-fol., 2 vol., vél.

202. Kiliani Stobæi opera, in quibus petrefactorum, numismatum et antiquitatum historia illustratur. *Dantisci*, 753,
in-4, fig., br.

203. Etude des gîtes houillers et métallifères du bocage ven-
déen, faite en 1834 et 35, par Henri Fournel. *Paris, Impr.
Roy.*, 836, in-4, et atlas, gr. in-fol., br.

204. Essais sur les montagnes, par le C. de N***. *Amst.*, 785,
in-8, 2 vol., v. gr.

205. Minéralogie de Valmont de Bomare. *Paris*, 774, in-8,
2 vol., v. gr., fil.

206. Des pierres précieuses et des pierres fines, par Dutens.
Paris, 776. == Pronostiques d'Hippocrate, trad. par Le-
fevre de Villebrune. *Paris*, an iii. == De la bastonnade et
de la flagellation pénales, par le comte Lanjuinais. *Paris*,
825, in-18, dem.-rel.

207. Dictionnaire de botanique, par Philibert. *Paris*, 80
in-8, fig., 3 vol., br.

208. Gasp. Bauhini theatri botanici lib. I. *Basileæ*, 65
in-fol., fig., v. br.

209. De natura stirpium, lib. III, aut. J. Revelio. *Basile*
587, in-fol., v. f., fil.

210. Remberti Dodonæi stirpium historia. *Antuerpiæ, Plat*
tinus, 583, in-fol., fig., vél.

211. Flore française, par Lamarck. *Paris*, an III, in-
3 vol., br.

212. Histoire des conferves d'eau douce, par J. P. Vauche
Genève, 803, in-4, br.

213. Des jacintes, de leur anatomie, reproduction et cultur
Amst., 768, in-4, fig., bas. rac., fil.

214. L'heritier de Brutelle sertum anglicum, seu plantæ r
riores quæ in hortis juxta Londinum imprimis in hor
regio Kewensi excoluntur. *Paris.*, 788, in-fol., fig., br.

215. Histoire des plantes de la Guiane françoise, par Fus
Aublet. *Paris*, 775, in-4, fig., 4 vol , br.

216. Trois cents plantes choisies d'Amérique. *Nurember*
789, in-8, fig. col., 3 vol., dem.-rel. (*Texte en allemanc*

217. Nic. Jos. Jacquin selectarum stirpium americanaru
historia. *Vindobonæ*, 763, in-fol., fig., v. m.

218. Libri de re rustica à Nicolao Angelio recogniti. *Flore*
tiæ, 521, in-8, dem.-rel. (*Gâté au commencement et à la fi*
— Geoponica. De re rustica selectorum lib. XX; ite
Aristotelis de plantis lib. II, (gr.). *Basileæ*, 539, in-8,

219. Libri de re rustica, M. Cato, Terentius Varro, J. Mc
Columella et Palladius. *Venetiis, in œdibus hæredum Al*
534, in-8, vél.

220. De l'agriculture des anciens, trad. de l'angl. de Dic
son. *Paris*, 802, in-8, 2 vol., br.

221. Cours d'agriculture anglaise, par Ch. Pictet. *Genè*
808, in-8, 10 vol., br.

222. Histoire des animaux d'Aristote, trad., texte en regar
par Camus. *Paris*, 783, in-4, 2 vol., dem. mar. vert.

223. Les figures des plantes et animaux d'usage en médecir
décrits dans la matière médicale de M. Geoffroy, des
nées par Garsault, gravés par Defehrt, Prévost, etc. *Par*
767, gr. in-8, 5 vol., v. m.

224. P. S. Palla miscellanea zoologica, quibus novæ imp

207			
208	2	[illegible]	Milhau
209	2	[illegible]	[illegible]
210	2	[illegible]	[illegible]
211	7	[illegible]	[illegible]
212	2	[illegible]	Reynault
213	2		
214	2	[illegible]	Lachaise R.S.Y. 102
215			
216	14	[illegible]	[illegible]
217	4	[illegible]	Eyriès
218			
219	1	[illegible]	Milhau
220	6	[illegible]	Dumont M.
221	5	[illegible]	Legros
222	8	[illegible]	[illegible]
223	5	[illegible]	Lachaise
224	8	[illegible]	[illegible]

225	2	30	V
226			
227	1	50	Roux
228	21	5a	Deuter
229	3	"	Reynault
230			
231	12	"	Reynault
232	2	"	Dufour
233	30	"	Merlin
234	8	"	Deuter
235	2	"	Joury
236	1	50	iJ
237	14	"	H. Fournel
238	1	95	Vendus

mìs atque obscuræ animalium species describuntur. *Hagæ-Com.*, 766, in-4, fig., dem.-rel.

225. C. Gesneri historia avium et piscium. *Tiguri*, 555, *et Francof.*, 620, in-fol., fig., 2 vol., v. br.

226. Histoire nat. des oiseaux, par Buffon. *Paris, I. R.*, 770, in-12, fig., 18 vol., br.

227. Mémoire sur des cignes qui chantent, par Mongo. *Paris*, 783, in-8, br.

228. Histoire naturelle des oiseaux-mouches, par Lesson. *Paris, A. Bertrand*, 829, in-8, fig. col., br.

229. Th. Moufeti Insectorum sive minimorum animalium theatrum. *Londini*, 634, in-fol., fig., vél.

230. Histoire natur. des insectes, par Goedaert. *Amst.*, 700, pet. in-8, fig., 3 vol., v. br.

231. Histoire des insectes, par Geoffroy. *Paris*, 764, in-4, 2 vol., fig., v. m.

232. Traité d'insectologie, par Ch. Bonnet. *Paris*, 745, pet. in-8, fig., 2 vol., v. m. — Entomologie helvétique (par Clairville). *Zuric*, 798, in-8, pap vél., dem.-rel. (*Sans fig.*)

233. Dictionnaire abrégé des sciences médicales. *Paris*, Panckoucke, 821, in-8, 15 vol., dem.-rel.

234. Curieuses recherches sur les escholes (*sic*) en médecine de Paris et de Montpellier (par J. Riolan). *Paris*, 651, pet. in-8, parch. — Statuta facultatis medicinæ parisiensis. *Paris.*, 696, in-12, v. br.

235. OEconomia Hippocratis, edente An. Foesio. *Francof.*, 588, in-fol., parch.

Les notes marginales de ce précieux exempl. sont de Foesius lui-même.

236. Hippocratis aphorismi, gr. et lat., edid. A. C. Lorry. *Paris.*, 784, in-18, dem.-rel. — Les aphorismes et les prognostics d'Hippocrate, en grec, latin, français, par Dornier. *Paris*, 826, gr. in-8, dem.-rel.

237. Traité d'Hippocrate, des airs, des eaux et des lieux, trad. avec le grec, par Coray. *Paris*, 800, in-8, 2 tom. en 1 vol., dem.-rel.

238. Hippocratis de hemorrhoidibus libellus ; item Galeni de locis affectis lib. VI (gr.). *Basileæ*, 540. == Galeni liber de pulsibus (gr.). *Paris.*, 529, pet. in-8, dem.-rel. — Regimen sanitatis Magnini mediolanensis medici ; insuper opusculum de flebothomia editum à Reginaldo de Villanova ; additur quoque astronomia Hippocratis de variis egritudinibus et morbis ; item secreta ejus-

dem, etc. *Lugd.*, *Jac. Myt*, 517, pet. in-4, goth., v. br.

239. J. B. Van Helmont opera. *Lugduni*, 655, in-fol., v. br.

240. Alb. Halleri de partium corporis humani præcipuarum fabrica et functionibus opus. *Bernæ*, 778, in-8, 8 vol., br.

241. OEuvres de P. Camper. *Paris*, 803, in-8, 3 vol., et atlas, in-fol., br.

242. Dissertation sur les variétés naturelles qui caractérisent la physionomie des hommes des divers climats et des différents âges, par P. Camper. *Paris*, 794, in-4, fig., br.

243. Physiologie de l'homme aliéné, par Sc. Pinel. *Paris*, 833, in-8, br.—Système physique et moral de la femme, par Roussel. *Paris*, 805, in-8, dem.-rel.

244. Lexperience et approbation Ulrich de Hutem, touchant la medecine du boys dict Guaiacum, pour circonvenir et déchasser la maladie indeuement appellée françoyse..., traduicte et interprêtée par maistre Jehan Cheradame. *Nouvellement imprimée à Paris, par Phelippe-le-Noir, s. d.*, pet. in-4, goth., v. br

245. Etudes sur les organes de la voix humaine, par F. Bennati. *Paris*, 833, in-8, fig., br.

246. Almanach de la vieillesse, ou notice de tous ceux qui ont vécu cent ans et plus. *Paris*, 764-73, pet. in-12, 12 vol., v. m.

247. Hygiène philosophique des artistes dramatiques, par le docteur Brouc. *Paris*, 836, in-8, 2 vol., br.

248. Hier. Mercurialis de arte gymnastica lib. VI. *Venetiis*, 601, fig.==Ejusd. variarum lectionum in medecinæ scriptoribus et aliis lib. VI. *Venetiis*, 698, in-4, dem.-rel. (*Quelques déchirures.*)

249. Pelagonii veterinaria, ex richardiano codice exscripta et a mendis purgata ab Jos. Sarchianio, nunc primum edita cura C. Cionii ; accedit Sarchianii versio italica. *Florentiæ*, 826, in-8, dem.-rel.

III. SCIENCES MATHÉMATIQUES,

APPLICATIONS, ETC.

250. Dav. Sanclari pro Archimede et Euclide dikaiologia. *Paris.*, 662. == Direction cyclométrique, ou réfutation de

239	6	8v	Vendru
240	5	„	jour
241	7	2	Vendrin
242	5	„	Roses
243	2	95	Vendru
244			
245	3	of	Deflorum
246	5	„	roses
247	2	of	Murlin
248	3	„	:)
249	2	„	Moore
250	3	„	Moore

251   1   „   Schaubeck
252   1   50 Labot
253   „   „
254 }
255 }   1   70 Labot
256   4   „   Léurains
257   5   „   Meilhac
258 }
259 }
260   3   of Labot

261   12 „   Mūrūn (Cann
262   1   „   [illegible] Rows
263   3   50 Deflormum

264   3   „   [illegible]

de la faulse et chemin de la vraye quadrature. *Paris*, 622,
in-fol., gr. pap., parch.

251. Essai philosophique sur les probabilités , par de La
Place. *Paris*, 825, in-8, dem.-rel.

252. Essai sur l'application de l'analyse à la probabilité des
décisions rendues à la pluralité des voix, par Condorcet.
Paris, I. R., 785, in-4, br.

253. Traité complet sur la théorie et la pratique du nivelle-
ment, par Fabre. *Draguignan, Fabre, s. d.*, in-4, fig. ,
dem.-rel.

254. Spiritali di Herone Aless. ridotti in lingua volgare da
Aless. Giorgi da Urbino. *Urbino*, 592, pet. in-4, fig.,
parch. (*Mouillé*.)

255. Histoire de l'astronomie ancienne, par Bailly. *Paris*,
781, in-4, fig., bas.

256. Composition mathématique de Cl. Ptolémée, trad. par
Halma, avec les notes de Delambre. *Paris*, 813, in-4,
2 vol., dem.-mar. vert.

257. Hypothèses et époques des planètes de Ptolémée, et hy-
potyposes de Proclus Diadochus, trad. par Halma. *Paris*,
820, in-4, br.

258. Arati phænomena , Theonis scholia et Leontii mecha-
nica, gr. *Paris*, 559, pet. in-4, parch.

259. Exposition du système du monde, par **P. S. Laplace**.
Paris, an iv, in-8, 2 vol., v. m.

260. Essai historique sur le problème des trois corps, ou dissertation sur la théorie des mouvemens de la lune et des
planètes, abstraction faite de leur figure, par Alf. Gautier.
Paris, v° Courcier, 817, in-4, fig., br., rog.

261. Annuaire du bureau des longitudes, ann. 1823, et 1827
à 1837. *Paris*, in-18, 12 vol., dem.-rel.

262. Jugements astronomiques sur les nativités , par Auger
Ferrier. *Lyon, J. de Tournes*, 582, in-16, bas., fil.

263. Discours sur les influences des astres. *Paris*, 671 , pet.
in-12, v. b. — Traité des talismans ou figures astrales.
Paris, 671, pet. in-12, br. — La superstition des temps,
reconnue aux talismans, figures astrales et statues fatales,
par Placet. *Paris*, 667, in-12, v. br.

264. Commentarius de præcipuis generibus divinationum,
aut. Casp. Peucero. *Witebergæ*, 560, pet. in-8, parch. —
Præcepta chiromantica Nic. Pompei. *Hamburgi*, 682 , pet.

in-12, fig., n. rel.—Ben. Pererii de magia, de observatione somniorum, etc., lib. III. *Lugd.*, 592, pet. in-8, bas.

265. L'art de se rendre heureux par les songes, c'est-à-dire en se procurant telle espèce de songes que l'on puisse désirer, conformément à ses inclinations. *Francf.*, 746. In-12, v.
RARE. *Voir* Mélanges tirés d'une petite bibliothèque, *page* 209 *et suiv.*

266. Pronosticon libri tres, Symph. Champerio auct. *Lugd.*, 518, in-4, n. rel. — Proximi prognostica, auth. Petro à Moerbeca. *Hantuerpiæ*, 546, pet. in-8, parch.

267. Les vrayes centuries et prophéties de maistre Michel Nostradamus. *Amst.*, *J. Jansson à Waesberge (Elzev.)*, 668, pet. in-12, v. f., fil.—Eclaircissement des véritables quatrains de Maistre Michel Nostradamus (par A. Jaubert). 656, pet. in-12, dem. v.

268. Disquisitionum magicarum libri VI, auct. Mart. Delrio. *Moguntiæ*, 612, in-4, parch.—Const. Franc. de Cauz de cultibus magicis eorumque perpetuo ad ecclesiam et rempublicam habitu, libri II. *Vindobonæ*, 771, in 4, br.

269. Magiæ omnifariæ vel potius universæ naturæ theatrum, auct. Strozzio Cigogna. *Coloniæ*, 607, pet. in-8, parch. — Joa. Laz. Guttierri opusculum de Fascino. *Lugd.*, 653, in-4, vél.

270. Traité sur la magic, le sortilège, les possessions, obsessions et maléfices, par M. D***. *Paris*, 732, in-12, v. m. — Recueil de lettres au sujet des maléfices et du sortilège, par Boissier. *Paris*, 731, in-12, v. br.

271. Essais sur les évolutions navales, suivis de quelques tables destinées à en faciliter l'exécution et à en apprécier la durée, par M. Chopart. *Paris*, *I. R.*, 839, in-4, br.

272. Nouvelle théorie du jaugeage des batimens de mer, d'après le système métrique, par J. A. Faubert. *Paris*, 814, in-4, fig., br.

273. La milice des Grecs, ou tactique d'Elien, trad. par Bouchaud de Bussy. *Paris*, 757, pet. in-12, 2 vol., v. m. — S. J. Frontini strategematicon libri III. *Lutetiæ*, 763, pet. in-12, v. m.

274. Annibal et Scipion, ou les grands capitaines, avec les vues et plans de batailles, et les remarques du comte G. L. de Nassau. *La Haye, J. et Dan. Steucker (Elzev.)*, 675, pet. in-12. *broché.*

275. La pyrotechnie ou art du feu, trad. de Van. Birringuccio. *Paris*, 556, in-4, fig., parch.

265	3	„	Merlin
266	3	„	Crozet
267	6	80	Rose
268	1	„	jury
269	1	50	moore
270	5	50	merlin (morales)
271	2	„	Bachelier
272	1	„	;J
273			
274	1	50	Julien
275	5	70	Crozet

276
277
278

279

280   1   ſo   p.

281   9   „   ſ

282   3   og   Tabary

283   2   ſo   Austin

284   2   bo   Lakot

285   2   „   maure

276. La fortification démontrée, par Errard. *Paris*, 620, in-fol., parch.
277. De la défense des places fortes, par Carnot. *Paris*, 810, in-8, dem. v.
278. Atlas de l'art de combattre à cheval contre toute espèce d'arme blanche, représenté par 54 figures, par Alex. Muller. *Paris, Anselin*, 828, in-4, br.
279. Figures pour l'ancien maniement des armes. Pet. in-4, br.—La théorie pratique de l'escrime, pour la pointe seule, par Batier. *Paris*, 772, pet. in-8, fig., dem.-rel.

IV. BEAUX-ARTS.—ARTS ET MÉTIERS.

280. Histoire universelle, traitée relativement aux arts de peindre et de sculpter, par d'André Bardon. *Paris*, 769, in-12, 3 vol., br.—Analyse de la beauté, trad. de G. Hogarth. *Paris*, 805, in-8, fig., 2 vol., br.
281. Histoire de l'art chez les anciens, par Winkelmann, trad. de l'allem. *Paris, Jansen*, an II, in-4, fig., tom. 1 et 2, dem.-rel.
282. Discours (1er) historiques sur la peinture moderne, par Eméric David. *Paris*, 812, in-8, br. — Histoire de l'art chez les anciens, par Winckelmann. *Paris*, 766, in-8, fig., 2 tom. en 1 vol., bas.
283. De la peinture et de son influence, par G. M. Raymond. *Paris*, 804, in-8, br. — Théorie du geste dans l'art de la peinture, par Paillot de Montabert. *Paris*, 813, in-8, br.
284. Traité sur la peinture, par Bern. du Puy-du-Grez. *Paris*, 700, in-4, fig., v. br. — Le peintre converty aux règles de son art (par Bosse). *Paris*, 667, in-8, v. br. — Sentimens sur la distinction des diverses manières de peinture, dessin, gravure, etc., par Bosse. *Paris*, 649, pet. in-12, fig., v.
285. La cire alliée avec l'huile ou la peinture à l'huile-cire, expérimentée et décrite par Jos. Fratrel. *Manheim*, 770, in-8, dem. rel. — L'art nouveau de la peinture en fromage ou en ramequin (par Rouquet). *Marolles*, 775. = Sentimens sur quelques ouvrages de peinture. 754. = L'histoire et l'exécut. de la peinture en cire. In-12, v. m. — De la peinture à l'huile, par C. Br. *Gotha*, 820, in-12, br. (*Ce dern. en allem.*)

286. L'art de laver, par Gautier. *Lyon*, 687, pet. 12, ba
— Règles du dessin et du lavis pour l'architecture, p
Buchotte. *Paris*, 754, in-8, fig., v. m. — Traité de m
gnature. *Paris*, 674, pet. in-8, v. br.—Traité de la peintu
en miniature. *Leipzig*, 753, in-12, br. (*Ce dern. en allem*

287. Traité de la peinture au pastel, par P. R. de C..... *P
ris*, 788, in-12, br. — Traité des couleurs pour
peinture en émail et sur la porcelaine, par d'Arclay
Montamy. *Paris*, 765, in-12, br.

288. Essai sur la peinture sur verre anc. et mod., et les v
traux les plus remarquables, par E. H. Langlois. *Roue
É. Frère*, 832, in-8, tiré in-4, fig., br. *H. Boss. 2*

289. Les images ou tableaux de platte peinture des de
Philostrate, et les statues de Callistrate, mis en franç. p
Blaise de Vigenère. *Paris*, 637, in-fol., fig., v. f., fil.

290. Tableaux du temple des Muses, avec les descriptio
remarques et annotations composées par Mich. de Mar
les. *Amst., Abr. Wolfgank*, 676, pet. in-4, fig., v. m.

291. Elémens de perspective pratique à l'usage des artist
par P. H. Valenciennes. *Paris*, an viii, in-4, fig., der
rel., non rog.

292. Christ. Scheiner pantographice seu ars delinean
Romæ, 631, pet. in-4, fig., v. f.

293. Principes de dessin, par Seb. Le Clerc. *Paris, s.*
in-8, fig., dem.-rel. — Caractères des passions, grav. s
les dessins de M. Lebrun. In-12 obl., bas.

294. Costumes des anciens peuples, à l'usage des artist
par Dandré Bardon. *Paris*, 784, in-4, fig., 4 part. e
vol., v. éc., fil.

295. L'artiste, pour 1836. In-4, fig., dem.-v. vert.

296. Manuel du muséum français. OEuvres de Vernet et
Lesueur. *Paris*, 805, in-8, fig., 2 vol., br.

296 *bis*. Galérie du Palais-Royal, gravée d'après les tableaux
la composent, par Couché, avec une description hist
par l'abbé de Fontenay. *Paris*, 786, gr. in-fol., fig. (*L
1 à 47.*)

297. Dictionnaire des peintres espagnols, par Quilliet. *Pa
816, in-8, br.

298. Notices sur les graveurs qui nous ont laissé des estam
marquées de monogrammes. *Besançon*, 807, in-8, fi
2 vol., br.

299. Cabinet des singularités d'architecture, peinture, g

286   2   40   Labot

287   1   50   moore

288   9   45   Horst

289

290   3   45   Jump

291

292

293

294   7   ..   J. Labitte

295   17   50   Rousseau
296
297 (..)   90   ..   Lenoir

298   2   14   moore

299   2   50   Afflorann

300 ⎫
      ⎬   2   "   moore
301 ⎭

302   3   "   Durand j.e

303   5   "   Dumont

304   10   "   Durand j.
305   3   Joup
306   4   95 amray
307   9   "   Dupont
308 ⎫
309 ⎬   3   Durand j.
310 ⎭
311 ⎫
312 ⎭   1   So   "
313   1   So   p
314
304 bis   2   35 Joup

vure et sculpture, par Florent le Comte. *Paris,* 699, in-12, 3 vol., v. br.

00. Catalogue des différens objets de curiosité dans les sciences et arts..., du marq. de Ménars, par Basan. *Paris,* 781, in-8, fig., dem.-rel. — — du duc d'Aumont, par F. Julliot. *Paris,* 782, in-8, fig., br.

01. Catalogue d'un magnifique cabinet de dessins des plus grands maîtres et d'estampes de choix, de M***. *Amst., P. Yver,* 761, in-8, dem.-rel.

> Avec les prix, les noms des acquéreurs, la table des maîtres et la note des frais de la vente, de la main de l'appréciateur, P. **Yver.**

02. Catalogue des tableaux, dessins, estampes, de Coypel. *Paris,* 753, in-12, br. — — de M. Le Bas. *Paris,* 783, in-8, dem.-rel. (*Prix.*)——de P. Fr. Basan, par L. F. Regnault. *Paris,* an VI, in-8, br.—— de J. Boydell. *Londres,* 779, in-4, br. — Description des dessins... et des pierres gravées, de Crozat, par P. J. Mariette. *Paris,* 741, in-8, v. f.

03. Dissertation sur l'origine de l'art de graver en bois, par Fournier le jeune. *Paris,* 758. ═ Observations sur un ouvrage intitulé : Vindiciæ typographicæ. *Paris,* 770. ═ Remarques sur un ouvrage intitulé : Lettre sur l'origine de l'imprimerie.═Traité de l'origine et des progrès de l'imprimerie, par le même. *Paris,* 761, in-8, v. m.

304. Portraits de tous les hommes illustres anciens et modernes. In-fol., v. br. (*Mouillé.*)

304 *bis.* Illustrium virorum ut extant in urbe expressi vultus. *Romæ,* 569, pet. in-fol., v. br.

305. Portraits d'hommes célèbres anciens et modernes. In-fol., cart.

306. Recueil d'ornements gravés (36 planches). In-4, br.

307. 191 figures pour les Œuvres de Berquin. In-12.

308. 7 figures d'après Moreau, pour les Œuvres de Boileau, In-8.

309. Les mêmes, 1res épreuves.

310. Les mêmes, avant la lettre.

311. 10 vignettes d'après Moreau, pour les Œuvres de Crébillon. In-8.

312. Les mêmes, 1res épreuves.

313. 37 vignettes d'après Moreau, pour les Lettres à Émilie. In-8, 1res épreuves.

314. 16 vignettes d'après Moreau, pour la Mort d'Abel. In-8.

24

315. 54 vignettes d'après Moreau, pour les Œuvres de Gess
In-4, avant la lettre.

316. 7 vignettes d'après Moreau, pour les Œuvres de Gre
In - 8.

317. 4 vignettes d'après Moreau, pour les Contes d'Hamil
In - 8.

318. 5 vignettes d'après Moreau et Prud'hon, pour l'Im
tion de J.-C. Gr. in-8, 1res épreuves.

319. 12 vignettes d'après Moreau, pour les Fables de La
taine. In-8.

320. 9 vignettes d'après Moreau, pour Psyché. In-12.

321. 31 vignettes d'après Moreau, pour les Œuvres de
lière. Gr. in-8, 1res épreuves. *Humb.*

322. Les mêmes, avant la lettre.

223. 13 vignettes d'après Moreau, pour Racine. In-8.

334. Les mêmes, 1res épreuves.

325. 26 vignettes d'après Moreau, pour Télémaque. Gr.

326. Les mêmes, avant la lettre.

327. 24 vignettes d'après Lefèvre, pour Télémaque. In
tiré in-8.

328. Les mêmes, in-12, avant la lettre.

329. Recherches sur l'art statuaire, considéré chez le
ciens et chez les modernes, par M. Emeric David. I
Nyon, 805, in-8, dem.-rel.

330. Alphabet architectural, consistant en trente pla
élévations des bâtimens les plus renommés, avec des e
cations, publ. par J. Dav. Steingruber. *Schwabach,*
in-fol., fig., 2 part., cart. (*En allem.*)

> Tour de force d'architecture, dans lequel chaque plan repr
> une des lettres de l'alphabet.

331. Cours d'architecture, par Franç. Blondel. *Paris,*
in-fol., fig., parch. vert.

332. Discours sur les monumens publics de tous les âges
tous les peuples connus, par de Lubersac. *Paris,* 775
fol., fig., v. f., fil.

333. Temples anciens et modernes, par May. *Londres,*
gr. in-8, fig., br.

334. Plans et dessins de différentes maisons des Dames
mélites de la rue de Grenelle-St.-G. In-fol., fig. co
bas. m. (*Manuscrit.*)

335. Annales de l'industrie nationale et étrangère, ou

No.			
315	4	»	Durand ;»
316 avec 314	1	80	;d°
317			
318	1	20	v……
319	2	50	Confette
320	1	"	Eyriès
321	7	50	Martin (……
322	8	50	Durand
323	1	50	;d
324	3	"	
325	3	60	Eyriès
326	6	"	J. Ledoyen
327	2	..	Eyriès
328	2	60	Tillard
329			
330	11	50	Fave
331	6	»	Jouy
332	1	.	;d
333			
334	11	50	Faubourg p……
335	1	..	Jouy

336

337
338   3   .   Dumon
339

340   1   65   Duprat
342   12   50   Merlin (Laf.)

343   3   #   Raport

344   2   20   Duprat

345   1   20   Calot

346   1   .   Jiop

cure technologique, par Lenormand et de Moléon. *Paris*,
820, in-8, fig., livr. 1 à 15.

336. Description des machines et procédés spécifiés dans les
brevets d'inventions, depuis 1790. *Paris, Huzard*, in-4,
fig., 20 vol., dont 16 bas. rac., les 4 dern. br.

337. Manuel typographique, par Fournier. *Paris*, 764, pet.
in 8, fig., 2 vol., v. m.

338. Traité élém. de l'imprimerie, par Momoro. *Paris*, 793,
in-8, cart.

339. Planches de l'imprimerie, art. de l'encyclopédie. In-4,
dem.-rel.

BELLES-LETTRES.

I. LINGUISTIQUE,

A. GRAMMAIRE GÉNÉRALE. — COMPARAISON

DES LANGUES.

340. Du langage et des langues. In-4, cart. (*Manuscrit.*)

342. Naturæ et scripturæ concordia. Commentatio de literis
ac numeris primævis, aliisque rebus memorabilibus, cum
ortu literarum conjunctis (aut. G. Wachter). *Lipsiæ*, 752,
in-4, dem.-rel.

343. Hermès, ou recherches philosophiques sur la grammaire universelle, trad. de l'angl. de J. Harris, par Fr.
Thurot. *Paris*, an VI, in-8, pap. vél., bas.

344. Abrégé de grammaire générale, par Sicard. *Paris*, 808,
in-8, 2 vol., dem. rel.—Principes de grammaire générale,
par M. S. de Sacy. *Paris*, 803, in-12, dem.-rel.

345. Glossologie ou philosophie de langage, par Jac. Lud.
Thomas. *Vienne*, 786, in-8, 2 vol , br. (*En allem.*)—Coup
d'œil sur la philosophie du langage en Allemagne, par J.
S. Vater. *Gotha*, 799, in-12, br. (*En allem.*)

346. Histoire naturelle de la parole, ou origine du langage et
de la parole, par Court de Gébelin. *Paris*, 775, in-4, fig.,
br. en cart.

347. Lingua per Des. Erasmum conscripta. *Basileœ*, 547, in-8, v. br.

348. Discours sur l'étude fondamentale des langues, par Goulianoff. *Paris*, 822, in-8, br.—La mécanique des langues, par Pluche. *Paris*, 751, in-12, v. m. — L'art des langues, (par Clém. de Boissy). *Paris*, 777, in-12, v. m.

349. L'harmonie étymologique des langues, en laquelle par plusieurs antiquitez et étymologies de toute sorte, se démonstre évidemment que toutes les langues sont descendues de l'hébraïque, par Est. Guichard. *Paris*, 610, in-8, parch.

350. Tripartitum, seu de analogia linguarum libellus (auctt. Merian et Klaproth.) *Viennœ, C. Beck*, 820, in-fol., obl., dem.-rel.

350/ Comparaison de quatorze langues anciennes et modernes de l'Europe, par Jenisch. *Berlin*, 796, in-8, br. (*En allem.*)

351. Nouveau système de lecture applicable à toutes les langues, par Maudru. *Paris*, an viii, in-8, 2 vol., et atlas in-fol., br.

352. Tableau de la parole perfectionné...., pour apprendre aux enfans à lire en jouant, par Mme Poulain de Nogent. *Paris*, 787, in-12, v. éc., fil., tr. dor.

B. LANGUES D'EUROPE.

1. LANGUE GRECQUE.

353. Laur. Ing. Elingii historia græcæ linguæ. *Lipsiœ*, 691, pet. in-8, vél.

354. Th. Chr. Harles introductio in historiam linguæ græcæ. *Altenburgi*, 792, in-8, 2 tom. en 3 part., dem.-rel. — Ejusd. supplementa... (tom. I). *Jenœ*, 804, in-8, dem.-rel.

355. Jo. Daniel a Lennep etymologicum linguæ græcæ. *Traj. ad Rh.*, 790. == Valckenaerii observationes academicæ, et Jo. Dan. à Lennep prælectiones academicæ, recensuit Ev. Scheidius. *Ibid.*, 790, in-8, 3 vol., cart.

356. Parallèle du grec ancien et moderne, par J. David. *Paris*, 820.==Mélanges divers. *Paris*, 813, in-8, dem.-rel. (*Ces deux ouvrages sont en grec.*)

347 } 348 }	3	15	Déflorann
349	3	50	id
350	12	50	Morceau
350 bis	14	50	id
351	2	25	id
352	2	"	Morceau (morceaux
353			
354	9	10	Schaubeck
355	10	"	id
356	1	80	Déflor.......

357	1	of	Dupret
358	2	ss	Labot
359	3	40	[illegible]
360	2	of	Labot
361	2	10	[illegible]
362	2	,,	[illegible]
363	9	50	[illegible]
364	14	,,	Thorot
365	2	ss	Schaubek
366	1	,,	Dupret
367	1	50	Schaubek

357. H. Stephani dialogus de bene instituendis græcæ linguæ
studiis ; Ejusd. dialogus de parum fidis græcæ linguæ ma-
gistris et de cautione in illis legendis adhibenda. 587,
pet. in-4, dem.-rel. (*Mouillé; raccommodé.*—H. Stephani de
abusu linguæ græcæ admonitio, edidit Fr. Guil. Roloffius.
Berolini, 736. == Phil. Cattieri gazophilacium græcorum.
Traj. ad Rhen., 757, pet. in-8, dem.-rel.

358. Joa. Cheki de pronuntiatione græcæ linguæ disputationes. *Basileæ*, 555, pet. in-8, dem.-rel. (*Mouillé.*) —
Tractatus de elementorum græcorum pronunciatione,
auct. Anastasio Georgiade; gr. et lat. *Paris.*, 812.
== Rapport sur un ouvrage intitulé : Antipanacée, écrit en
grec littéral, par An. Georgiades..., fait en franç. par M.
Bosquillon. *Paris*, 811, in-8, cart.

359. Calliope, ou traité sur la véritable prononciation de la
langue grecque, par Minoïde Mynas. *Paris*, 825, in-8,
pap. vél., br.

360. Urbani grammatica græca. *Basileæ*, 535, in-8, dem.-
rel.—Theod. Gazæ institutiones grammaticæ lib. IV, gr.
et lat. *Paris.*, 539, pet. in-8, dem.-rel.

361. Grammaire grecque de Constantin Lascaris. *Venise*,
645, pet. in-8, dem. rel. (*En grec moderne.*)—Grammaire
grecque (mod.) de Moschopoulo. *Vienne en Autr.*, 773,
in-8, dem.-rel.

362. P. Rami grammatica græca ; Ejusd. lib. II de veris
sonis literarum et syllabarum. *Paris.*, 562, in-8, vél.

363. Nouvelle méthode pour apprendre la langue grecque,
(par Port-Royal). *Paris*, 754, in-8, v. m.

364. Jac. Welleri grammatica græca nova, curavit. Joh. Fr.
Fischerus. *Lipsiæ*, 781, in-8, cart. — Animadversionum
ad Jac. Velleri grammaticam græcam specimina tres, auct.
J. F. Fischero. *Lipsiæ*, 798, in-8, 4 vol., cart.

365. Grammatica græca harmonica golio-welleriana, curâ
ac studio J. Fr. Koeberi. *Hauniæ*, 745, in-8, br. — Livre
élémentaire de la langue grecque, par Fred. Jacobs. *Iéna*,
819, in-12, 4 vol., dem.-rel. (*En allem.*).

366. The elements of greek grammar. *London*, *Valpy*, 822,
in-8, cart.

367. Grammaire grecque, par Aug. Matthiæ. *Leipsik*, 824,
in-8, dem.-rel. (*En allem.*).

28

+ 368. Grammaire raisonnée de la langue grecque, par Aug.
Matthiæ. *Leipsig*, 835, in-8. 2 vol., bas. (*En allem.*). *Jh*

+ 369. Grammatica compita della lingua greca, di Aug. Matthiæ, volgarizzata con aggiunte da Am. Peyron. *Torino*,
823, in-8, 2 vol., br.

370. A copious greek grammar, by Aug. Matthiæ, transl.
by Edw. Val. Blomfield. *London*, 829, in-8, 2 vol., cart.

371. Théorie de la grammaire et de la langue grecque, par
Minoïde-Minas. *Paris*, 827, in-8, pap. vél., br.

372. Grammaire de la langue grecque, et de ses différens
dialectes, par A. Gerfaux. *Paris, Kilian*, 828, in 4, br.

373. Méthode pour étudier la langue grecque, par Burnouf.
Paris, 830, in-8, pap. fort, br.

374. Grammaire grecque, principalement adaptée aux dialectes homériques, par Fr. Thiersch. *Leipsik*, 818, in-8,
dem.-rel. (*En allem.*).

375. Erotema Chrysoloræ; de anomalis verbis; de forma-
tione temporum ex libro Chalcondylæ; quartus Gazæ de
constructione, etc , (hæc omnia gr., ex recens. Aldi Ma-
nutii.) *Venetiis, in ædibus Aldi et Andr. Soceri*, 517, pet.
in-8, dem.-rel.

376. Matt. Devarii liber de græcæ linguæ particulis, emendavit J. G. Reusman. *Lipsiæ*, 775, in-8, dem.-rel.

377. Doctrina particularum linguæ græcæ, auct. et editore
Henr. Hoogeveen. 769, in-4, 2 part. en 1 vol., dem.-rel.

378. Gregorii Corinthii et aliorum grammaticorum libri de
dialectis linguæ græcæ; quibus additur nunc primum
editus Man. Moschopuli libellus de vocum passionibus, recensuit et cum not. divers. edidit G. Henr. Shæfer.
Lipsiæ, 811, in-8, dem.-rel.

379. Phrynichi eclogæ nominum et verborum atticorum,
cum not. var. edidit Chr. Aug. Lobeck... *Lipsiæ*, 820,
in-8, dem. v.

380. Atticorum nominum eclogæ, gr., cum not. varior.,
ex dispositione Nic. Blancardi, curâ Joa. Steph. Bernard.
Lugd.-Bat., 757, in-8, cart.

381. Th. Magistri dictionum atticarum collectio; Phrinichi
atticorum verborum et nominum collectio; Man. Moschopuli vocum atticarum collectio; ex scriptis Æliani libellus, etc., (gr.). *Paris., M. Vascosan*, 532, pet. in-8,
dem.-rel.

368	14	50	Labor
369	18	50	Schaubeck
370	14	"	renau
371	2	"	~~[struck out]~~
372	2	"	
373	7	~~15~~	~~Martin~~
374	1	15	Martin
375	1	"	renault

376	3	50	renau
377	2	50	Martin
378	13	50	renau

379	8	75	Schaubeck
380	2	"	~~Labor~~
381	2	"	G.

372 pap. ord. — 1 50 renau

No.			
382	3	„	Menaux
383	7	85	Labitte
384	3	„	Menaux
385	4	„	Labitte
386	10	„	Menaux
387	1	55	Schaubeck
388	8	15	Quatremère
389	2	30	Defflorenne
390	2	„	Labot
391	18	50	Schaubeck
392	35	50	Tabary
393	280	„	Quatremère
394	3	25	Quatremère
395	1	50	V.
396	3	„	Merlin (ote)

382. Mœridis Atticistæ lexicon atticum. cum varior. notis, edidit Joa. Piersonus. *Lugd.-Bat.*, 759, in-8, cart.

383. Lamb. Bos ellipses græcæ, edidit God. Henr. Schæfer. *Lipsiæ*, 808, in-8, cart.

384. Pleonasmi græci, sive commentarius de vocibus quæ in sermone græco abundare dicuntur, aut. Benj. Weiske. *Lipsiæ*, 807, in-8, cart.

385. Epithetorum græcorum farrago, per Conr. Dinnerum collecta. *Francof.*, 589, in-8, vél. — J. A. Comenii janua linguarum reserata, cum gr. vers. Th. Simonis et gallica St. Curcellæi. *Amst. (Elzev.)*, 665, pet. in-8, v. br.

386. Ammonius de adfinium vocabulorum differentia; accedunt opuscula nondum edita, edidit Lud. Casp. Valckenaer. *Lugd. Bat.*, 739, pet. in-4, v. gr., fil.

387. Traité des synonymes et des homonymes grecs, trad. d'Ammonius, par Al. Pillon. *Paris*, 824, in-8, dem.-rel.

388. Photii lexicon, gr., è cod. galeano descripsit Ric. Porsonus. *Cantabrigiæ*, 822, in-8, 2 vol., cart.

389. Hesychii lexicon. *Venetiis, Aldus*, 514, pet. in-fol., dem.-rel. (*Le titre manque.*)

390. Julii Pollucis vocabularium. *Florentiæ, Bern. Junta*, 520, pet. in-fol., dem.-rel.

391. Julii Pollucis Onomasticum, gr. et lat, cum comment. varior., curâ et cum notis J. Henr. Lederlini et Tib. Hemsterhuisii. *Amst.*, 706, pet. in-fol., 2 vol., v. br.

392. Thesaurus græcæ linguæ, ab Henr. Stephano constructus, cum appendicibus. *Excud. H. Steph.*, 572, in-fol., 4 vol., v.

Le vol. des appendix est incomplet du 1er feuillet.

393. Thesaurus græcæ linguæ, ab Henr. Stephano constructus, editio nova auctior et emendatior. *Londini, in ædibus Valpianis*, 816-28, in-fol., 9 vol., dem. v. à nerfs, non rog.

Exempl. parfaitement complet.

394. Auctarium lexicorum græcorum præsertim Thesauri linguæ græcæ ab H. Stephano conditi, editore Fred. Osanno. *Darmstadii*, 824, in-4, cart.

395. Corn. Schrevelii lexicon manuale græco-latinum, edidit Fl. Lécluse. *Paris*, 820, in-8, dem. mar. vert.

396. Griechisch-Deutsches Wœrterbuch... Dictionnaire grec-allemand pour la lecture des écrivains profanes, par J. G. Schneider. *Iéna*, 805, in-4, 2 tom. en 1 vol., dem.-rel.

397. Abrégé du vocabulaire grec allemand de J. G. Schneider, par Fr. W. Reimer. *Iéna*, 802, in-8, 2 vol., v. rac.

398. Dictionnaire français-grec, par Planche. *Paris*, 830,
in-8, cart.

399. Dictionnaire français-grec, par Alexandre. *Paris*, 824,
in-8, dem-rel.

400. Lexique francais-grec, avec le mot latin, par Lécluse.
Paris, 823, in-8, dem.-rel. — Lexique grec-français, par
Mourcin. *Paris*, 828, in-8, br.

401. Dictionnaire grec-français, de Planche, publié par Ven-
del-Heyl et Alex. Pillon. *Paris*, 838, gr. in-8, br.

402. Novum lexicon græcum etymologicum et reale, cui pro
basi substratæ sunt concordantiæ et elucidationes Homericæ et Pindaricæ, collegit et digessit Christ. Tobias Damm.
Berolini, 765, in-4, v. m.

403. Glossarium græcum in sacros novi fœderis libros, ex mss.
primus edidit, notisque illustr. Joh. Alberti ; accedunt
ejusd. miscellanea critica in glossas nomicas, Suidam et
Hesychium. *Lugd.-Bat.*, 735, in-8, cart.

404. Apollonii Sophistæ lexicon græcum Iliadis et Odysseæ,
edidit J. B. Casp. d'Ansse de Villoison. *Lutetiæ Paris.*,
773, in fol., 2 tom. en 1 vol., v. m., fil., tr. dor.

405. Apollonii Sophistæ lexicon græcum Iliadis et Odysseæ,
recensuit Herm. Tollius. *Lugd.-Bat.*, 788, in-8, v. gr.,
fil., tr. dor.

406. Lexicon herodoteum, instruxit J. Schweighæuser. *Argent.*, 826, in-8, 2 vol., br.

407. Indices tres vocum fere omnium quæ occurrunt in Dion.
Longinum, in Eunapium et in Hieroclem, concinnavit Rob.
Robinson. *Oxonii, e typ. Clar.*, 772, in-8, br.

408. Tresor de la grammaire grecque, par Const. Ka-
raïoannes, publié par Polyzoes Contou. *Bude*, 796,
in-8, 2 vol., dem.-rel. (*En grec moderne.*)

409. Grammaire grecque (moderne) et turque, par Deme-
trius Alexandride. *Vienne*, 812, in-4, dem.-rel.

410. Dictionarium latinum, græco-barbarum, et litterale,
auct. Sim. Portio. *Lutetiæ-Paris.*, 635, in-4, dem.-rel.

411. Joa. Meursii glossarium græco-barbarum, in quo...
officia atque dignitates imperii Constantin. explicantur et
illustrantur. *Lugd.-Bat.*, 610, in-4, dem.-rel.

412. Lexique français-grec (mod.), par Grég. Zalicoglou. *Paris*, 809, in-8, dem.-rel.

397	1	50	Jaup
398	5	50	Martin (Dächt)
399	3	30	Labor
400	2	20	V.
401	10	"	Scharbeck
402	6	20	Quatremère
403	1	"	Labitte
404			
405	6	"	Quatremère
406	7	10	Renouard
407			
408	2	"	Gidon père
409	8	"	Quatremère
410	1	"	Jaup
411	2	"	Labitte
412	11	50	Gidon

413   7   a   Quatremère

414

415   .

416

417

418   3   .   Treuttel
419   avec 415   1   .   [illegible]

420

421

422

423   22   a   J. Labitte
424   3   .   Labat
425   1   Go Leureux
426   2   .   moo[illegible]
427   12   Go Martin

413. Osservazioni grammaticali nella lingua Albanese, del P. Francesco Maria da Lecce. *Roma*, 716, in-4, dem.-rel.

2. LANGUE LATINE.

414. Laur. Vallæ de linguæ latinæ elegantia lib. VI. *Paris.*, 544, in-4, v. f. — Dissertatio de verborum latinorum conjugatione, auctore G. Bruining. *Groningæ*, 789, in-8, br.

415. Fr. Sanctii Minerva, seu de causis linguæ latinæ commentarius, cum animadv. Jac. Perizonii. *Amst.*, 714, in-8, v. br.

416. Cours de latinité, par Vanière. *Paris*, 799, in-8, 3 tom. en 2 vol., br.

417. La grammaire latine réduite en jeu de cartes ou de dez, par Dom Cés. Jos. Montpié de Negré. *Paris*, 745, in-4, parch.

418. Nouvelle méthode pour apprendre la langue latine (par Port-Royal.) *Paris*, 736, in-8, v. br. *Creutt — 4*

419. Synonymes latins, par Gardin Dumesnil. *Paris*, 788, in-8, dem.-rel. — Racines latines, par Desuere Duplan. *Paris*, 789, in-12, dem.-rel.

420. Catholicon abbreviatum. *Paris.*, *Le Noir*, 497, in-4, rel. en peau.

421. Invantaire des deus langues françoise et latine, par Th. Monet. *Lyon*, *Rigaud*, 636, in-fol., v. br.

422. Facciolati lexicon totius latinitatis, edente Æg. Forcellini. *Patavii*, 771, in-fol., 4 vol., br. en cart.

423. Dictionnaire françois et latin..., de Trévoux. *Paris*, 771, in-fol., 8 vol., v. gr.

424. Novitius. *Lutetiæ*, 750, in-4, 2 tom. en 1 vol., v. m.

425. Dictionarium latino gallicum. *Parisiis*, *Rob. Stephanus*, 538, in-fol., v.

426. Lexicon Plautinum, industriâ Phil. Parei. *Hanoviæ*, 634, in-8, vél.

427. Glossarium ad scriptores mediæ et infimæ latinitatis, auct. Car. Dufresne du Cange. *Lutetiæ-Paris.*, 678, in-fol., 3 vol., v. br.

428. Grammatica daco-romana, sive valachita, latinitate donata, aucta, ac in hunc ordinem redacta operâ et studio Joa. Alexi. *Viennæ, Jos. Gestinger*, 826, in-8, dem. mar. vert.

429. Lesicon romanescu... Lexicon valachico-latino-hungarico-germanicum, quod a pluribus auctoribus decursu triginta et amplius annorum elaboratorum est. *Budæ, typis Reg. univers. Hungar.*, 825, in-8, dem. v.

3. LANGUES D'ORIGINE LATINE.

(Ital., Espagn., Portug. et Franç.)

430. Grammaire italienne, par Biagioli. *Paris*, 825, in-8, br.—Le nouveau Peretti, revu par Ballin. *Paris*, 826, in-8, br.—Cours de thèmes, par V. Peretti. *Paris*, 829, in-12, br.

431. Il dittionario imperiale nelle quattro principale lingue dell' Europa cioè l'italiana, francese, tedesca et latina, da G. Veneroni. *Colonia*, 743, in-4, v. m.

432. Dictionnaire français-italien, et ital.-franç., par **F. Alberti**. *Bassano*, 796, in-4, **2** vol., dem.-rel.

433. Dictionnaire français-italien et ital.-franç., de Cormon et Manni. *Lyon*, 813, in-8, 2 vol., br.

434. Dictionnaire français-italien et ital.-franç., par Cormon et Manni, revu par C. Chapellon. *Paris*, 823, in-8, 2 vol., bas.

435. Grammaire portugaise, par G. Hamonière. *Paris*, 829, in-12, dem.-rel.—Nouveau dictionnaire portatif des langues française et portugaise, par Constancio. *Paris, Rey et Gravier*, 834, in-16, 2 vol., dem. v.

436. Recherches sur l'ancienneté de la langue romane, par Raynouard. *Paris*, 816, in-8, br. — Elémens de la grammaire de la langue romane, avant l'an 1000, par Raynouard. *Paris*, 816. == Les templiers, tragédie, par le même. *Paris*, 805, gr. in-8, dem. mar. rou.

437. Grammaire romane ou gramm. de la langue des troubadours, par Raynouard. *Paris*, 816, gr. in-8, dem. mar. rou.

438. Project du livre intitulé : De la précellence du langage françois, par H. Estienne. *Paris*, 579, pct. in-8, dem.-rel.

428	12	„	Dentu
429	24	Go	id
430	3	„	Girard frères
431	1	„	Joux
432	7	25	Girard
433	3	„	id
434	6	y	id
435	10	„	Trenomp
436	6	of	Murin
437	10	„	Th. [illegible]
438	13	„	Trenamp

439	5	„	Labot
440	1	80	Sch
441			
442	2	„	Labot
443	1	60	id
444	4	„	id
445	2	„	Girard
446 avu lly ℔ 122	1	„	Jorge
447			
448	2	of	Jorge
449	2	„	id
450			

33

439. Remarques nouvelles sur la langue françoise (par le P. Bouhours). *Paris*, 676, in-12, v. br. — Discussion de la suite des remarques du P. Bouhours... (par Nic. Thoynard). *Paris*, 693, in-12, v. br. — Observations de Ménage sur la langue françoise. *Paris*, 672, in 12, v. br. — Suite des réflexions critiques sur la langue françoise, par A. D. B. *Paris*, 694, in-12, v. br. — Doutes sur la langue françoise, par un gentilhomme de province (le P. Bouhours). *Paris*, 675, in-12, v. br. —Remarques et décisions de l'Académie, recueillies par L. T. (l'abbé Tallemant). *Paris*, 698, in-12, br.

440. Observations de l'Académie sur les remarques de M. de Vaugelas. *Paris*, 704, in-4, v. br.

441. Remarques sur la langue françoise, par l'abbé d'Olivet. *Paris*, 771, in-12, bas. — Remarques de grammaire sur Racine. *Paris*, 738, in-12, v. br. — Essai sur les convenances grammaticales de la langue françoise, par Roussel de Bréville. *Lyon*, 784, in-12, br. — L'art de bien parler françois, par M. de La Touche. *Amst.*, 747, in-12, 2 vol., v. m.

442. Elémens de grammaire française, par Jacquemard. *Paris, Michaud*, 805, in-4, v. rac., fil. — Cours de grammaire et de belles-lettres, par Andrieux. In-4, br.

443. Grammar of the french tongue, by de Levizac. *London*, 819, in-12, bas. — Art de parler et d'écrire, par Levizac. *Paris*, 801, in-8, 2 vol., br.

444. Journal grammatical et didactique de la langue française, rédigé par Marle. *Paris*, 827, in-8; livrais. 1 à 14, 16, 18 à 35 et 36.

445. Grammatica franceza, ou arte para aprender o francez por meyo da lingua portugueza, por D. Luiz Caetano de Lima. *Lisboa*, 756, in-4, bas.

446. Grammaire française, à l'usage des Allemands, par l'abbé Pierrard. *Brunswick*, 797, in-8, 2 vol., br. *(En allem.).*

447. The brachygraphy of the french verbes, by the chev. de Sauseuil. *London, Dilly*, 772, in-4, v. br.

448. Dictionnaire étymologique de la langue françoise, par Ménage. *Paris*, 694, in fol., v. br.

449. Dictionnaire critique de la langue françoise, par l'abbé Féraud. *Paris*, 787, in-4, 3 vol., dem. mar. vert.

450. Dictionnaire françois, contenant tous les mots tant

vieux que nouveaux, par **P**. Richelet. *Amst.*, *Elzev.*, 706,
in-fol., bas.

451. Le même. *Amst.*, 732, in-4, 2 vol., v. m.

452. Dictionnaire de la langue française, par Gattel. *Paris*,
833, in-4, 2 vol., br.

453. Dictionnaire français, par Napoléon Landais. *Paris*, 834
in-4, dem. v. (Tom. I.)

454. Des mots à la mode et des nouvelles façons de parler
par de Caillières. *Paris*, 692, pet. in-12, bas. — Dic
tionnaire néologique (par Desfontaines). *Amst.*, 756, in-12
v. m.—Dictionnaire des richesses de la langue françoise e
du néologisme qui s'y est introduit. *Paris*, 771, in-12,v. m

455. Néologie, ou vocabulaire de mots nouveaux, par Mer
cier. *Paris*, 801, in-8, 2 vol., br. — Dictionnaire de
onomatopées, par Ch. Nodier. *Paris*, 808, in-8, br.

456. Dictionnaire comique, satyrique, critique, burlesque, li
bre et proverbial, par Leroux. *Amst.*, 787, in-8, 2 vol., cart

457. Nouvelles remarques sur les germanismes, par Jacq
Boulet.*Halle*, 773, in-12, cart.—Les gasconismes corrigés
par Desgrouais. *Toulouse*, 768, in-12, bas.

458. Nouvelles recherches sur les patois, par Champollion
Figeac. *Paris*, 809, in-12, bas. m.

458 *bis.* Dictionnaire françois-provençal et prov.-franç. (pa
Achard). *Marseille*, 785, in-4, 2 vol., br.

459. Dictionnaire rouchi-français, par Hécart. *Valenciennes*
Lemaitre, 83 , in-8, dem. v.

460. Lou triñfe de la lengouo gascouo, per J. G. d'Astros
Toulouso, 762, in-12, br.

4. LANGUE CELTIQUE. — LANGUES TEUTONIQUES.

461. Dictionnaire roman, walon, celtique et tudesque, pa
un relig. bénéd. de la congrég. de S. Vannes. *Bouillon*,
777, in-4, dem.-rel.

462. Grammaire françoise-celtique ou bretonne, par Grég
de Rostrenen. *Rennes*, 738, pet. in-8, v. br. (*Atteint par*
l'humidité.)

463. Grammaire française-celtique, ou française-bretonne,

451			
452	4	30	Maguié
453	1.	50	Lewrang
454	3	40	Crozier
455	1	„	Débat
456	3	50	Martin (Côté
457	1	„	Demoulin
458	3	10	Martin
459	14	50	Martin
459	6	„	Letur
460	4	05	Crozier
461	10	50	Martin
462			
463	3	55	Regnault

464

465 9 " Duprat

466 3 les henaux

467 1 of Debat

468 9 " Orgue

469 2 " Guiraud

470 3 40 id

471 2 60 id

472 5 of Duprat

473 2 95 Duprat

474 14 " Dautier

475 avec 477 8 " henaux

476 1 " Debat

477

478 4 " henaux

(35)

par Grégoire de Rostrenen. *Guingamp, Jollivet,* 833, in-12,
dem. v.

464. Elémens de la langue des celtes gomérites ou bretons,
par Le Brigant. *Strasbourg,* 779, pet. in-8, br.

465. Dictionnaire celto-breton, ou breton-français, par Le-
gonidec. *Angoulême, F. Trémeau,* 821, in-8, dem. v.

466. Vocabulaire nouveau, ou dialogues français et bretons.
Vannes, Galles, 829, in-12, dem. v.

467. Histoire de la langue allemande, par Reichard. *Hambourg,* 747, in-12, br. (*En allem.*).—Elémens de la langue
allemande, par Jos. Wismayr. *Salzbourg,* 796, in-8,
2 vol., br. (*En allem.*).

468. Nouvelle grammaire allemande, par Ch. Benj. Schade.
Leipsic, 808, in-12, dem. v. —Méthode Robertson. Cours
de langue allemande, par J. Savoye. *Paris, Lance,* 835,
in-8, 2 vol., dem. v.

469. Grammaire allemande, par Simon. *Paris,* 819, in-8,
dem.-rel.

470. Nouveau dictionnaire allemand-françois et franç.-allem.
Strasb., Am. Kœnig, 789, in-4, 2 tom. en 1 vol., v. rac.

471. Nouveau dictionnaire français-allemand et allem.-
franç. *Leipsic, Tauchnitz, s. d.,* in-16, dem.-rel.

472. Abrah. Vander-Milii lingua belgica, sive de linguæ
illius communitate tum cum plerisque aliis, tum præsertim cum latinâ, græcâ, persicâ. *Lugd.-Batav.,* 612, pet.
in-4, v. f.

473. Nouvelle grammaire raisonnée pour apprendre facilement le flamand et le hollandais, par F. J. Vandenbossche.
Lille, 825, in-12, dem. v.

474. Dictionnaire françois-hollandois et hollandois-françois,
par Winkelman. *Utrecht,* 783, in-8, 2 vol., cart.

475. Nouveau dictionnaire hollandais-français et franç.-
holl., par J. B. L. Géruset. *Bruxelles,* 832, in-16, 2 vol.,
dem. v.

476. Le grand dictionnaire français et flamand, de Fr. Halma.
Amst., 733, in-4, v. br.

477. Nouv. dict. français-flamand..., par Géruset. *Bruxelles,* 832, in-16, dem. v.

478. A new dictionary of the english and dutch language,
by Samuel Hull Wilcocke. *London,* 798, in-8, cart.—Dictionnaire hollandais-anglais, par Baldwin Janson. *Amst.,*
795, in-12, br.

5. LANGUES SCANDINAVES ET ANGLO-SAXONNE.

479. Daniel. Lind dissertatio de linguæ suecanæ orthographia. *Holmiæ*, 674, in-12, br., rog.

480. Dictionnaire français et suédois, par C. Deleen. *Stockholm, C. Deleen*, 819, in-4, 2 vol., dem. v., à nerfs.

481. Principes généraux de la langue danoise, avec un abrégé des curiosités de la ville de Copenhague et des environs de cette capitale, par Mat. Hagerup. *Copenhague* et *Leipsic, Proft et Storch*, 797, in-8, dem.-rel.

482. Dictionnaire français-danois et danois-français, par Odin Wolff. *Copenhague*, 824, in-8, 2 vol., dem. v.

483. A grammar of the anglo-saxon tongue, with a praxis, by Erasmus Rask, translated from the danish, by B. Thorpe. *Copenhague*, 830, in-8, dem. v. — Analecta anglo-saxonica : a selection in prose and verse from anglo-saxon authors of various ages, with a glossary, by Benj. Thorpe. *London*, 834, in-8, cart.

484. Dictionarium anglo-britannicum : or, a general english dictionary, by John Kersey. *London*, 721, in-8, v. f. — Synonymes anglois, trad. par P. L. *Paris*, 803, in-8. 2 vol., br.

485. Walker's pronouncing dictionary, revised by Davenport. *London*, 831, in-12, cart. à l'angl.

486. Dictionnaire françois-anglois et angl.-franç., par Boyer. *Londres*, 773, in-4.

487. Dictionary of the french and english languages, by Nugent. *London*, 831, in-16, 2 part. en 1 vol., bas.

488. The same. *Paris*, 836, in-16, bas.

489. Dictionnaire français-anglais et angl.-franç., rédigé par J. Tibbins. *Paris, Baudry*, 834, in-32, mar. viol.

490. Dictionnaire français-anglais-allemand, angl.-all. franç., et all.-franç.-angl. *Leipzig, Brockhaus*, 835, pet. in-4, 3 vol., cart.

479			
480	26	"	Liénard
481	5	65	Labitte (J.)
482	20	50	Liénard
483	18	"	Duprat
484	1	"	Debas
485	5	"	Merlin (otr.)
486	5	30	Gérard
487	2	"	Duprat
488	1	80	Gérard
489	2	90	Merlin (Vendus)
490	25	50	Schaubeck

491   2   50   Girard
492   3   75   J. Labatt
493   4 .   4   "   Girard
494   5   50   "
495   6   "   "
496   9   of   H. Piossany[illegible]
497   21   "   10
498   [illegible] [illegible] [illegible]
499   13   ^   Girard
500   6   "   p.
501   4   80   p.
502   3   of   Bill. [illegible]

6. LANGUES SLAVES ET OURALIENNES.

491. Grammaire russe, par Hamonière. *Paris, Th. Barrois,* 817, in-8, dem.-rel.

492. Grammaire théorique et pratique de la langue slavonne, pour les Allemands, par Ant. Mar. Murko. *Gratz, 832,* in-12, dem. v. (*En allem.*).

493. Grammaire russe pour les allemands, par Joh. V. Heym, publiée par Sam. Weltsien. *Riga, 816,* in-8, br. — De origine vocabuli rossici *Den'ghi,* scripsit M. Frœhn. *Casani,* 815, in-4, br.

494. Livre de lecture russe ou recueil de pièces choisies en prose et en vers, tirées des meilleurs auteurs russes. *Riga,* 805, in-8, cart. — Vocabulaire et dialogues français-russes. *Moscou,* 796, in-8, cart.

495. Dictionnaire complet françois et russe, composé par une société de gens de lettres. *Saint-Pétersbourg, I. I.,* 786, in-4, 2 vol., bas.

496. Dictionnaire russe-français - allemand et franç. - russe-allem., par Heym. *Leipzic,* 805, in-16, 3 vol., dem.-rel.

497. Dictionnaire complet russe-françois-allemand, par Charles Mess. *Moscou, Semen,* 826, in-8, 4 tom. en 2 vol., dem.-rel.

498. Nouveau dictionnaire abrégé français et russe, par J. Novicoff. *Moscou,* 802, pet. in-4, dem.-rel.

499. Nouveau dictionnaire français-russe et russe-franç., par Aug. Oldecop. *S.-Pétersbourg, Bellizard,* 830, in-16, 3 vol., dem.-rel.

500. Vocabulaire français-russe, allemand-russe, français-polonais et allemand-polonais. *Berlin,* 812, in-12, br. — Grammatica seu institutio polonicæ linguæ, auth. Fr. Mesgnien. *Dantisci,* 649, pet. in-8, parch.

501. Clef des langues polonaise et allemande, par Jér. Roter. *Dantzig,* 687, pet. in-8, v. br. (*En allem.*). —Synonyma, seu dictionarium polono-latinum, ex thesauro Greg. Cnapii. *Posnaniæ,* 715, pet. in-8, v. br.

502. Manuel polonais, comprenant le livre de lecture, le dictionnaire et la grammaire, par Chr. Cel. Mrongovius. *Konigsberg,* 803, pet. in-8, cart.

503. Nouveau dictionnaire allemand et polonais. *Konigsberg*, 769, pet. in-8, v. br.

504. Vocabulaire abrégé allemand-français-italien-anglais et polonais, par Kunstmann. *Berlin*, 794, in-8, cart.

505. Dictionnaire français-allemand et polonais, par Abr. Trotz. *Leipzig*, 796, grand in-8, 2 vol., bas.

506. Le même, revu et corrigé par Stan. Nalecz Moszczenski. *Breslau, Korn*, 832, in-8, 4 vol., cart.

507. Nouveau dictionnaire de poche, françois-polonais et allemand, et polon.-allem. et franç. *Breslau*, 807, pet. in-8, 3 tom. en 2 vol., dem.-rel.

508. Le même. *Breslau*, 813, in-12, 2 vol., br.

509. Dictionnaire slavon – allemand et allem.-slavon, par Ant. Joh. Murko. *Gratz*, 833, in-8, 2 vol., cart.

510. Sur la langue des anciens Prussiens, par Joh. Sev Vater. *Brunswick*, 821, in-8, br. *(En allem.)*.

511. Lexicon lapponicum, cum interpretatione vocabulorum sueco-latinâ et indice suecano – lapponico... illustratum præfatione Joa. Jhre. *Holmiæ*, 780, in-4, br.

512. Grammaire hongroise pour les Allemands, par Joh Farkas de Farkarsdfalva, augmentée d'une chrestomathi et d'un vocabulaire hongrois, par Jos. de Marton, et revu par Paul Szlemenics. *Vienne*, 816, in-4, dem. v.

> Ce vol. ne contient que la grammaire seulement.

513. Dictionnaire allemand – hongrois et hongrois – allem *Pesth*, 827, in-8, 2 vol., dem. v.

514. Grammaire pratique de la langue bohémienne, par Joh Negedly. *Prague*, 821, in-8, dem. v., à nerfs.

C. LANGUES ASIATIQUES.

1. GÉNÉRALITÉS. —LANGUES TARTARES ET CAUCASIENNES.

516. Mines de l'Orient, exploitées par une société d'amateurs sous les auspices du comte Venceslas Rzevusky. *Vienne* 809-11, in-fol., tom. 1 et 2, v. gr., fil.

517. Briani Waltoni dissertatio de linguis orientalibus. *D ventriæ*. 658, pet. in-12, bas.

518. Simplification des langues orientales, par Volney. *Pari*

503	2	–	[illegible]
504	1	–	Bellegarde.
505			
506	34	50	[illegible]
507	12	"	;)
508	4	"	Girard
509	17	"	J. Labitte
510	4	"	"
511			
512	5	"	J. Labitte
513	19	50	Martin
514	7	"	J. Labitte
515	20	"	Blaise
516	4	95	Dupont
517			

§19	10	.	Limmury
§20	6	fo	Dupré
§21	31	fo	Doudy Dupré
§22	31	fo	id
§23	1	20	Girard
§24	4	of	moore
§24	~~.~~	"	~~Doudy Dupré~~
§26	10	"	Doudy Dupré
§27	27	fo	id
§28	3	fo	id
§29	4	"	Girard
§30	15	"	Doudy Dupré
§31			
§32	20	"	Doudy Dupré
§33	§	95	id

an III, in-8, br. — L'alfabet européen appliqué aux langues asiatiques, par Volney. *Paris*, 819, in-8, br.

519. Alphabet mantchou, rédigé par L. Langlès. *Paris, I. I.*, 807, in-8, gr. pap. vél., mar. bl., dent en or et à fr., et ornem. sur les plats, tr. dor. (*Thouvenin.*)

520. Elémens de la grammaire mandchoue, par H. Conon de la Gabelentz. *Altenbourg*, 832, in-8, dem. v.

521. Dictionnaire tartare-mandchou-françois, composé par M. Amyot, missionn. à Pékin; rédigé et publié avec des additions et l'alphabet de cette langue, par L. Langlès. *Paris, Didot a.*, 789, in-4, 3 vol., dem. v.

522. Le même, br.

523. Chrestomatie mandchoue, ou recueil de textes mandchou (avec des traductions), par M. Klaproth. *Paris*, 828, gr. in-8, br.

524. Traité sur la langue et l'écriture des Ouigours, par J. Klaproth. *Paris*, 820, in-fol., br. (*En allem.*).

525. Grammaire turque, ou méthode courte et facile pour apprendre la langue turque (par le P. Holdermann). *Constantinople*, 730, in-4, br., en cart.

526. Elémens de la grammaire turque, par M. Amédée Jaubert. *Paris, F. Didot*, 833, in-8, dem. mar. vert.

527. Vocabulaire français-turc, par T. X. Bianchi. *Paris, Everat*, 831, in-8, dem. mar. bl.

528. Langue du Caucase, par J. Klaproth. *Halle*, 814, in-8, br. (*En allem.*).

529. Vocabulaire et grammaire de la langue géorgienne, par J. Klaproth. *Paris, Dondey-Dupré*, 827, in-8, dem. v.

530. Grammaire de la langue arménienne, par J. Ch. Cirbied. *Paris*, 823, in-8, dem.-rel.

531. Dictionarium armeno-latinum, aut. Francisco Rivola. *Lutetiæ Parisior.*, 633, in-4, vél.

532. Dictionnaire abrégé français-arménien, par le P. Paschal Aucher. (*Venise*), 812, in-8, 2 vol., dem.-rel.

2. LANGUES SÉMITIQUES.

533. Casp. Neumanni genesis linguæ sanctæ. *Norimbergæ*,

40

696, in-4, br. — Henr. Opitii atrium linguæ sanctæ. *Lipsiæ*, 769, in-4, br. — Praxis linguæ sacræ, complectens grammaticam, aut. Giraudeau. *Rupellæ*, 757 , in-4, br.

334. Linguæ hebraicæ institutiones , Joh. Quinquarboreo auth., cum annotationibus P. Vigalii. *Lutetiæ*, 609, in-4, parch.—Philologus hebræus, continens quæstiones hebraicas, auth. Jo. Leusden. *Ultraj.*, 672, in-4, v. br.

535. Lingua santa da apprendersi anche in quattro lezioni, da Gennaro Sisti. *Napoli*, 777, in 8, 3 part. en 1 vol., br.

536. Grammaire complète de la langue hébraïque, par Milh. Fred. Hezels. *Halle*, 777, in-8, br. — Appendix institutionum ad fundamenta linguæ hebraicæ, à Cel. Schrœdero editarum. *Ulmæ*, 787, in-8, br.

537. Grammaire hébraïque, par Jahn. *Vienne*, 792, in-8, br. *(En allem.)*—Grammaire hébraïque, par J. Chr. H. Wetzel. *Berlin*, 796, in-8, br.

538. La langue hébraïque restituée , et le véritable sens des mots hébreux rétabli et prouvé par leur analyse radicale, par Fabre d'Olivet. *Paris*, 815, in-4, 2 tom. en 1 vol. , dem.-rel.

539. Thesaurus linguæ sanctæ Sancti Pagnini, auctus et recognitus operâ Joa. Merceri. *Coloniæ Allobr.*, 614, in-fol. , v. f.

540. Thesauri hebraicæ linguæ, olim à Sante Pagnino conscripti epitome; cui accessit grammatices libellus ex optimis quibusque grammaticis collectus. *Antuerpiæ, Plantin*, 572, gr. in-fol., v. br.

541. Glossarium universale hebraicum, aut. Lud. Thomassin. *Parisiis, Typ. Reg.*, 677, in-fol., br. *(Atteint par l'humidité.)*

542. Dictionnaire hébraïque, par le chev. Leigh, trad. de l'angl., par L. de Wolzogue. *Amst.*, 712, in-4, v. br.

543. Jac. Gussetii lexicon linguæ hebraicæ. *Lipsiæ*, 743, in-4, br.

544. Liber radicum sive lexicon hebraicum, auct. Leonh. Reckenbergero. *Jenæ*, 749, in-8, 2 vol., bas.

545. Joh. Leusdeni de dialectis N. T. singulatim de ejus hebraismis libellus singularis, iterum editus à J. Fr. Fischero; accessit Joh. Vorstii commentariolus de adagiis N. T. hebraicis. *Lipsiæ*, 792, in-8, br.

546. Grammaire syriaque, par W. F. Hezel. *Lemgo* , 788,

534	1	"	"
535			
536	1	"	Dondey Dupré
537	2	"	id
538	15	50	id
539	5	"	Lecureux
540	4	"	Labot
541	1	"	Jouy
542	4	95	Girard
543	5	"	id
544			
545			
546	5	10	Dondey Dupré

547

548 3 « Quatremère

549 ~~15~~ « ~~[illegible]~~

550 15 « Girard

551 2 « Quatremère

552

553

554 6 75 Quatremère

555 230 « Duprat

556 14 « Morel

557

558 45 « Dondeydupré

in-4, br. *(En allem.)*. — Lexicon syriacum, auct. Christ.
Crinesio. *Wittebergœ*, 612, in-4, v. br.

547. Chrestomathia syriaca , edidit Gust. Knos. *Gottingœ*,
807, in-12, br. —Chrestomathia chaldaica, varios textus
exhibens, edidit J. J. Marcel. *Lutetiœ-Paris*, an xi, in-8, cart.

548. A. Schultens institutiones aramaææ (232 paginœ ce-
teræ nondum apparuerunt). *Lvgd.-Bat.*, *J. Luzac*, 745,
pet. in-4, br.

549. Liber tasriphi compositio est senis Alemami, etc. *Romœ*,
610, in-4, vél. — Matt. Wasmuth grammatica arabica.
Amst., 654, in-4, v. br.

550. Grammaire de la langue arabe vulgaire et littérale, par
Savary, augmentée de quelques contes arabes. *Paris, I. I.*,
813, in-4, dem. v.

551. Olai Gerh. Tychsen elementale arabicum, sistens elementa... anecdota et glossarium. *Rostochii*, 792, in-8 ,
dem.-rel.—Grammaire et livre de lecture arabe, par Rosen
Muller. *Leipsik*, 799, in-8, cart.

552. Compendio da grammatica arabiga, pelo fr. Joaô de
Sousa. *Lisboa*, 795, pet. in-8, v. gr., fil.

553. Abrégé des conjugaisons arabes (en arabe) par Ellious
Bocthor. *Paris, imp. lith. d'Engelmann*, in-8, br.

554. Atali alal izhar, commentaire par le cheikh Mostafa
ben Hamza, sur l'ouvrage de grammaire intitulé : *Ishar el
asraz*, par le cheikh Mohamed el Berki, en arabe. *Scutari*,
an 1219 de l'hég. (1804) in-4, cart.

555. Francisci à Mesgnien Meninski lexicon arabico-persico-
turcicum, adjecta ad singulas voces et phrases significatione
latina, ad usitatiores etiam italica. *Viennœ*, 780, in-fol., 4
vol., br.

> Exemplaire en grand papier.

556. Thesaurus linguæ arabicæ Ant. Giggei. *Mediolani*, 632,
in-fol., tom. 2 et 3, v.

557. Noukhbei Ouehbi, vocabulaire arabe, expliqué en turc,
et mis en vers, par Ouehbi; *imprimé à Constantinople en
1220 de l'hégire* (1805), pet. in-4, cart.

558. Dictionnaire français-arabe, par Ellious Bócthor, revu
et augmenté par A. Caussin de Perceval. *Paris, F. Didot*,
828, in-4, dem. v.

42

3. LANGUES PERSANNE, INDIENNE ET CHINOISE.

559. Rudimenta linguæ persicæ, aut Lud. de Dieu. *Lugd.-
Bat.*, 689. ═Vetus et regia via hebraizandi asserta ab Alb.
Schultens. *Ibid.*, 738, pet. in-4, v. br.

560. A grammar of the persian language, by sir Will. Jones;
the ninth edition with considerable additions and impro-
vements, and some specimens of the finest persian and ara-
bick hand-writing, for the exercise of the student, by the
rev. Sam. Lee. *London*, 828, in-4, cart.

561. Grammatica linguæ persicæ; accedunt dialogi, historiæ,
sententiæ et narrationes persicæ, operâ et studio Franc. de
Dombay. *Vindobonæ*, 804, in-4, br.

562. Teuhfei Ouehbi... Vocabulaire persan, expliqué en turc
et mis en vers par Ouehbi. *Imprimé à Constantinople en
1219 de l'Hégire* (1804), in-8, cart.

563. A dictionary persian, arabic, and english; with a dissertation on the languages, literature, and manners of
Eastern nations, by John Richardson, revised and impro-
ved by Ch. Wilkins, and considerably enlarged by Francis
Johnson. *London*, 829, gr. in-4, dem. v.

564. Essai sur le Pali ou langue sacrée de la presqu'île au-
delà du Gange, par E. Burnouf et Ch. Lassen. *Paris*, 826,
in-8, fig., br.

565. Sidharubam seu grammatica samscrdamica, auct. Fr.
Paulino à S. Bartholomæo. *Romæ*, 690, in-4, br. *(Taché.)*

566. Grammatica critica linguæ sanscritæ, auct Franc. Bopp.
Berolini, Dummler, 832, pet. in-4, dem. v.

567. A dictionary of mohammedan law, Bengal revenue
terms, shanscrit, hindoo, and other words used in the East
Indies, by S. Rousseau. *London*, 802, in-12, bas.

568. Dictionnaire français et malais, contenant des dialogues
familiers, par P. Boze. *Paris*, 825, in-16, obl., bas.

569. Rudimens de la langue hindoustani, par M. Garcin de
Tassy. *Paris, 1. R.*, 829, in-4, dem. v.

570. Lettre de Pékin sur le génie de la langue chinoise, et la
nature de leur écriture symbolique comparée avec celle des
anciens Egyptiens, par un P. de la comp. de J. *Bruxelles*,

§559	1	„	Quatremère
§560	18	„	Duprat
§561	5	„	Doudey Dupré
§562	4	„	id
§563	180	„	id
§564	4	„	J. Labitte
§565			
§566	23	„	Duprat
§567	1	75	Quatremère
§568	5	„	Doudey Dupré
§569	16	„	Duprat
§570	3	„	id

571   42   .   Duprat

572   15   „   Dondey Dupré
573   40   „   Duprat

574   2   Sa   Desboumm
575   6   .   Duprat
576   22   50   Quatremere
577   10   50   H. Bossange
578   18   .   Duprat
579   13   50   Merlin

580   9   50   id

773.==Lettre sur les caractères chinois, par le rév. P. ***.
Ibid., 773, in-4, fig.

571. Linguæ sinarum mandarinicæ hieroglyphicæ grammatica
duplex, latinè, et cum characteribus sinensium, item sini-
corum bibl. reg. catalogus, denuo, cum notitiis ampliori-
bus et charactere sinico editus, auctor Steph. Fourmont.
Lutetiæ-Paris., 742, in-fol., v. m.

572. Elémens de la grammaire chinoise, par Abel-Rémusat.
Paris, I. R., 822, gr. in-8, dem. mar. vert.

573. Dictionnaire chinois, français et latin, publié par **M.** de
Guignes. *Paris, I. 1.*, 813, in-fol., pap. vél., 1 tom. en
2 vol., dem. mar. br., non rog.

D. LANGUE D'AFRIQUE.

(Egyptienne.)

574. Characteres Ægyptii, hoc est, sacrorum quibus Ægyptii
utuntur simulachrorum accurata delineatio et explicatio,
aut. Laur. Pignorio. *Francof.*, 608, pet. in-4, fig., parch.

575. Ath. Kircheri prodromus coptus sive ægyptiacus. *Romæ,*
636, in-4, dem.-rel.

576. Christ. Scholtz grammatica ægyptiaca utriusque dia-
lecti, quam breviavit, illustravit, edidit Car. God. Woide.
Oxonii, e typ. Clarend., 778, in-4, v. f.

577. Ign. Rossii etymologiæ ægyptiacæ. *Romæ*, 808, in-4,
br.

578. Précis du système hiéroglyphique des anciens Egyptiens,
par Champollion le jeune. *Paris*, 821, in-8, fig., dem.-rel.

579. A compendious grammar of the egyptian language as
contained in the coptic and sahidic dialects; with observations on the bashmuric; together with alphabets and nu-
merals in the hieroglyphic and enchorial characters, and a
few explanatory observations, by the rev. H. Tattam. *London*, 830, in-8, cart.

580. Rudiments of an egyptian dictionary in the ancient enchorial character; containing all the words of which the
sense has been ascertained, by Th. Young; to which are pre-
fixed a memoir of the author and catalogue of his works and
essays. *London*, 831, in-8, cart.

II. PHILOLOGIE. — ORATEURS. —
ÉPISTOLAIRES.

581. De criticis veteribus græcis et latinis, eorumque variis apud poetas potissimum reprehensionibus, dissertatio H. Stephani. *Paris.*, 587, pet. in-4, dem. mar. bleu.—Jac. Palmerii a Grentemesnil exercitationes in optimos fere auctores græcos. *Lugd.-Bat.*, 668, in-4, vél.

582. Lamb. Bos animadversiones ad scriptores quosdam græcos; accedit specimen animadversionum latinarum. *Franekeræ*, 715, in-8, v. br.—Museum criticum, nᵒˢ VI and VII. *Cambridge*, 816, in-8, Brad.

583. Meletemata è disciplina antiquitatis, operâ Frid. Creuzeri. Pars tertia : Commentationes et commentarii in scriptores græcos. *Lipsiæ*, 819, in-8, dem.-rel.

584. Examen critique des plus célèbres écrivains de la Grèce, par Denys d'Halicarnasse, trad. avec le texte en regard et des notes, par E. Gros. *Paris*, 826, in-8, 3 vol., dem.-rel.

585. Pet. Horrei miscellaneorum criticorum lib. II. *Leovardiæ*, 738, in-8, Brad.—Ric. Dawes miscellanea critica, iterum edita, curavit Th. Burgess. *Oxonii*, 781, in-8, d.-rel.

586. Chr. G. Heynii opuscula academica. *Gottingæ*, 785, in-8, 3 tom. en 1 vol., dem.-rel.

587. Bibliotheca critica (aut. Dan. Wyttenbach). *Amst.*, 777-808, 12 part. =Epicrisis censurarum bibliothecæ criticæ, vol. III, part. III, aut. G. L. Mahne. *Traj. ad Rh..*; 808, in-8, 4 vol., dem.-rel.

588. Mélanges de critique et de philologie, par Chardon de la Rochette. *Paris*, 812, in-8, 3 vol., dem.-rel.

589. Le philologue, par J. B. Gail. *Paris*, 817-27, in-8, 21 tom. en 13 vol., dem.-rel., non rog. *(Le tome 18 manque.)*

590. The classical journal, from september 1815 to december 1828. *London, Valpy*, in-8, 27 vol., dem.-rel.

591. Philostrati heroica, recensuit J. F. Boissonade. *Paris.*, 806, in-8, dem.-rel.

592. Frid. Jac. Bastii epistola critica ad J. Fr. Boissonade super Antonino Liberali, Parthenio et Aristæneto, è lingua gallica in latinam versa à Car. Alb. Wiedeburg. *Lipsiæ*, 809, in-8, Brad.

§81   1   Su   Jour
§82   1   7S   :)
§83   1   ..   Dumont
§84   1S Su   H. Fournel
§85   2   Y   p.
§86   4   ..   Dumont
§87   6   ..   :)
§88   4   ..   Crozer
§89   14 ..   Labot
§90   41 ..   Dumont
§91   6   ..   Chauhachr.
§92   avec §93

593 aux 592   2   60   Labitte
594   4   10   Coussin
595   4   85   Potelet
596   1   10   Joup

597   5   50   Dufrat
598   8   »   Schaubuck

599   8   »   Labitte
600   6   25   Reynault

601   3   95   Labitte
602   3   60   Schaubuck
603   1   »   »

45

593. Lettre critique de F. J. Bast à M. Boissonade... *Paris*, 805, in-8, dem.-rel.

594. Frid. Creuzeri Dionysius, sive commentationes academicæ de rerum Bacchicarum Orphicarumque originibus et caussis (vol. I). *Heidelbergæ*, 809, in-4, dem.-rel.

595. Commentationes Herodoteæ, scribebat Frid. Creuzer. Ægyptiaca et Hellenica. *Lipsiæ*, 819, in-8, dem.-rel.

596. Joa. Jensii lectiones Lucianeæ; accedit super aliquot Diodori Siculi locis epistola. *Hagæ-Com.*, 699, in-8, vél. —Jani Ott. Sluiter lectiones Andocideæ; interjectæ sunt L. C. Walckenarii ineditæ et Jo. Luzacii in Andocidem animadversiones... *Lugd.-Bat.*, 804, in-8, dem. vél.

597. Remarks on the supposed Dionysius Longinus, with an attempt to restore the treatise on sublimity to its original state. *London*, 826, in-8, cart.

598. Miscellaneæ doctrinæ lib. II et III (aut. Wittenbachio). *Amst.*, 711-17, in-8, dem. mar. rou. — D. Wyttenbachii epistolarum selectarum fasciculi II. *Gandavi*, 829, in-8, 2 vol., br.—Ejusd. lectiones V, nunc primum editæ à Guil. Leon. Mahne. *Gandavi*, 824, in-8, br.

599. Prolusiones et opuscula academica, argumenti maxime philologici, scripsit Birg. Thorlacius. *Hauniæ*, 821, in-8, fig., dem.-rel. (Tom. IV et V.)

600. Observations philologiques et grammaticales sur le roman de Rou et sur quelques règles de la langue des Trouvères au XII⁰ siècle, par Raynouard. *Rouen, Ed. Frère*, 829, in-8, gr. pap. vél., br.

III. **COMPOSITION**.

A. PROSE.

1. ORATEURS.—ÉPISTOLAIRES.

601. Gab. Fr. Le Jay bibliotheca rhetorum. *Paris.*, 725, in-4, 2 vol., v. m.

602. La rhétorique d'Aristote, gr. franç., trad. par M. Gros. *Paris*, 822, in-8, dem.-rel.

603. Aphthonius, Hermogenes et Dion. Longinus de rhetorica, Franc. Porti operà illustrati. 570, pet. in-8. dem.-rel. —F. Quintilianus. *Lugd.*, 555, pet. in-8, v. f., fil.—Libri

duo : Joa. Sturmii de periodis unus; Dionysii Halicarn. de collocatione verborum alter. *Argentorati*, 550. = Rhetorica Joa. Cæsarii. *Lugd.*, 539, pet. in-8, dem.-rel.

604. Dion. Longini quæ supersunt, gr. et lat., recensuit Joa. Toup. *Oxonii, è typ. Clar.*, 778, in-8, dem.-rel.

605. Ciceronis rhetoricorum lib. IV, et de inventione lib. II, cum not. varior., curante P. Burmanno. *Lugd.-Bat.*, 761, in-8, vél., non rog.

606. Essai sur l'éloquence de la chaire, par Maury. *Paris*, 810, in-8, 2 vol., cart.—Nouvelle rhétorique franç., par M. Vict. Le Clerc. *Paris*, 823, in-12, dem.-rel.

607. Demosthenis orationes, gr. *Basileæ, Hervagius*, 547, in-8, 3 vol., dem.-rel.

608. Demosthenis et Æschinis opera, gr. et lat., Hier. Wolfius edidit. *Aureliæ-Allobr.*, 607, pet. in-fol., v. m.

609. Œuvres de Démosthène et d'Eschine. *Paris*, 788, in-8, 6 vol., dem.-rel.

610. Licurgi quæ una restat contra Leocratem oratio, edidit J. G. Hauptmann. *Lipsiæ*, 753, pet. in-8, dem.-rel.—Isocratis panegyricus, recensuit S. F. Nath. Morus. *Lipsiæ*, 766, in-12, dem.-rel.—Harangue de Démosthène sur les immunités, trad. par Le Cointe, texte en regard. *Gottingue*, 756, in-8, dem.-rel.—Discours de Lycurgue, d'Andocide, d'Isée, etc., trad. par Auger. *Paris*, 783, in-8, bas.

611. Œuvres d'Isocrate, trad. par l'abbé Auger. *Paris*, 781, in-8, 3 vol., cart.

> Avec des notes et corrections mstes. autogr. de l'abbé Auger.

612. Lysiæ opera omnia, gr. et lat., edidit Ath. Auger. *Paris*, 783, in-8, 2 vol., dem.-rel.

613. Libanii Soph. præludia oratoria LXXII; declamationes XLV; et dissertationes morales, gr. et lat., Fed. Morellus edidit. *Paris.*, 606, in-fol., v. fil.

614. Æ. Aristidis orationes, latinè versæ à Guil. Cantero. *Basileæ*, 566, in-fol., dem.-rel.

615. Harangues tirées des historiens grecs, trad. par Auger. *Paris*, 788, in-8, 2 vol., v. éc., fil.

616. C. Plinii sec. panegyricus, cum not. varior., curante Joa. Arntzenio. *Amst.*, 738, in-4, mar. vert.

617. Dan. Heinsii orationes. *Lugd.-Bat. Elzev.*, 627, pet. in-8, v. f., tr. dor.

604	1	50	Schraubut
605	1	30	
606	3	85	Martin
607	3	40	Jouy
608	3	20	Lolette
609	7	85	
610	1	80	
611	3	50	Lebrun
612	3	of	couffin
613	8	90	Schraubut
614	1	"	Jouy
615	1	50	Lebrun
616	1	"	Jouy
617			

618			
619	2	45	Labor
620	6	15	Dupor
621	9	of	Labitte
622	1	.	Dupor
623	2	So	V
624	3	So	Sotele
625 } 626 }	2	«	Julien
627 } 628 }	2	40	Labitte a.
629	4	80	Merlin
630	3	«	p.
631	2	«	[illegible]

618. Schœpflini opera oratoria, recensuit Frid. Dom. Ring. *Aug.-Vind.,* 769, pet. in-4, 2 vol., br.

619. Eloges des académiciens, par d'Alembert. *Paris,* 788, in-12, 6 vol., br.

620. Makamat, ou séances de Harriri, en arabe, édit. publ. par M. Caussin de Perceval. In-4, br.

621. Juliani imp. quæ feruntur epistolæ; accedunt ejusd. fragmenta breviora, cum poematiis, nec non Galli Cæsaris ad Julianum fratrem epistola, gr. et lat., edid. Lud. Henr. Heyler. *Moguntiæ,* 828, in-8, br.

622. Aristæneti epistolæ, gr. et lat. *Paris.,* 596, pet. in-8, v. f., fil.—Aristæneti epistolæ (græcè vulg.). *Viennæ,* 803, pet. in-12, dem.-rel.

623. Lettres familières de Cicéron, trad. par Prévost. *Lyon,* 810, in-12, 5 vol., br.—Lettres à Atticus, trad. par Mongault. *Lyon,* 808, in-12, 4 vol., br.

624. Lucæ Holstenii epistolæ ad diversos, collegit Boissonade. *Paris.,* 817, in-8, dem.-rel.

625. Tanaquilli Fabri epistolæ. *Salmurii,* 659, pet. in-4, v. f., fil.

626. Lettres inédites de Henri II, Diane de Poitiers, Marie-Stuart, etc., publ. par Gail. *Paris,* 828, in-8, br.

    Avec fac-simile.

2. FABLES, CONTES, ROMANS, FACÉTIES, ETC.

627. Æsopi fabulæ, gr. *Basileæ,* 550, pet. in-8, dem.-rel.

628. Les trois fabulistes : Esope, Phèdre et Lafontaine, trad. par Champfort et Gail. *Paris,* 796, in-8, pap. vél., 4 vol., br.

629. Histoire ou recherches sur l'origine des contes, par P. Gudin. *Paris,* 803, in-8, 2 vol., br. *Ren. 5*

630. Les mille et un jours, trad. par Pétis de la Croix. *Paris,* 766, in-12, 5 vol., br. — Les mille et un quart d'heure, (par Gueulette). *Paris,* 753, in-12, 3 vol., br. — Les mille et une faveurs (par le chev. de Mouhy). *Londres,* 782, in-12, 5 vol., br.

631. Contes de Boccacc, trad. par Sabatier de Castres. *Paris,* 801, in-12, 11 vol., br.

632. Les cent nouvelles nouvelles (par Louis XI). *Cologne*
803, in-12, fig., 2 vol., br.

633. Les Françaises et les Parisiennes, par Rétif de La Bretonne. *Neufchâtel,* 787, in-12, fig., 8 vol. br.

634. Heliodori æthiopica, gr., edente D. Coray. *Paris,* 804
in-8, 2 vol., dem.-rel.

635. Histoire éthiopique d'Héliodore, traduct. d'Amyot, re
vue et corrigée par M. Trognon, avec des notes de MM. Co
ray, C..., etc. *Paris, Corréard,* 822, in-8, pap. vél.
2 vol., dem. v., n. rog.

636. Longi pastoralium de Daphnide et Chloe lib. IV, gr. e
lat., ex recensione J. B. Casp. d'Ansse de Villoison. *Paris,*
778, in-4, 2 vol., v. m.

637. J. B. Casp. d'Ansse de Villoison animadversiones a
Longi pastoralium libros IV. *Paris.,* 778, in-8, dem.-rel.

638. La Luciade, ou l'ane de Lucius de Patras, trad. avec l
texte en regard (par Courier). *Paris,* 818, in-12, pap
vél., br.

639. Ach. Tatii de Clitophontis et Leucippes amoribu
lib. VIII, gr. et lat., ex edit. Cl. Salmasii. *Lugd.-Bat.,* 640
pet. in-12, dem.-rel. — Amours de Théagènes et Chariclée
Paris, Coustelier, 743, in-12, fig., 2 tom. en 1 vol., v. m

640. Tarsis et Zélie (par Levayer de Boutigny, revu par Co
son). *Paris,* 774, gr. in-8, fig., 3 vol., br.

641. Sethos (par Terrasson). *Paris,* 767, in-12, 2 tom. e
1 vol., bas.—Eloge de la folie, trad. par Gueudeville. 77
in-12, fig., v. m.

642. Les avantures de Télémaque, fils d'Ulysse, ou suite a
IVe livre de l'Odyssée d'Homère. *Cologne, P. Marteau,* 699
pet. in-12, 5 tom. en 3 vol., v. br.

643. Les mêmes. *Paris,* 785, gr. in-4, fig., 2 vol., pap
vél., br.

644. Les mêmes, ital. et franç. *Paris,* 807, in-12, 2 vol., b
—Paolo e Virginia. *Parigi,* 829, in-18, br.

645. Tom Jones, trad. par Delaplace. *Paris,* 777, in-12
4 vol., br.—Bachelier de Salamanque, par Lesage. *Pari*
782, in-12, 2 vol., br.

646. Historia de Gil-Braz de Santilhana, traduzia em portu
guez. *Lisboa,* 821, in-12, 3 vol., br.

647. La mouche, ou les espiégleries et aventures galantes d
Bigant, par le chev. de Mouhy. *Paris,* 777, in-12, 2 vol
br.—Vie de Marianne, par Marivaux. *Paris,* 781, in-12

632	2	10	Raynault
633	.	.	
634	11	50	Lunaux
635	16	"	Dupra
636	2	80	jury
637	1	95	Labitte
638			
639			
640	2	"	p.r
641	1	60	p.
642			
643	2	"	p.
644	1	40	moore
645	1	"	p.
646	3	"	Girard
647	1	"	p.

No.			
648	1	„	Labitte
649	.	.	
650	1	10	jaune
651	2	„	J. Labitte
652	1	10	Girard
653	5	25	croyer
654	10	Ja	Soteler
655	1	„	Lecavreux
656	7	75	croyer
657	61	„	Sauvaignat
658	4	95	Murlin
659	2	„	Murlin
649	7 vol. 4	25	Dubois
	6 vol. Souké — 5	„	id
	8 vol. — 5	„	id
	8 vol. Dumay — 9	10	Dubois
	6 vol. cartonnés — 5	80	id
	12 9	„	id
	6 7	„	id

49

3 vol., br.—·Le paysan perverti, par Rétif de La Bretonne. *La Haye*, 784, in-12, 4 vol., br.

648. Histoire de Manon Lescaut. *Paris, Werdet et Lequien,* 827, in-8, fig., br.

649. 44 vol. in-8, de bons romans modernes, dont plusieurs de Fr. Soulié. (*Cet article sera divisé.*)

650. Les voyages de Cyrus (par Ramsay). *Londres, J. Bettenham,* 730, in-4, v. f.

651. Notizia de' novellieri italiani posseduti dal conte Ant. Mar. Borromeo, con alcune novelle inedite. *Bassano,* 794, gr. in-8, br.

652. Le notte romane di Aless. Verri. *Parigi, Baudry,* 829, in-12, 2 vol., br. — Le mie prigioni, memorie di Silvio Pellico. *Parigi, Baudry,* 833, in-12, br.

653. Cupido jurisperitus, Steph. Forcatulo auct. *Lugd.*, 553. == Sphæra legalis, eodem aut. *Lugd.*, 649. == Polonia fœlix Henrico Franco Valesio regnante tantoperè exoptato, eod. aut. *Lugd.*, 574, pet. in-4, v. br.

654. Opus polyhistoricum dissertationibus XXV de osculis, subnexisque de Judæ ingenio, vita et fine, sacris epiphyllibus, absolutum, aut. Mart. Kempio. *Francof.*, 680, pet. in-4, v. m.

655. Cymbalum mundi, ou dialogues satyriques, par Bon. Despériers. *Amst.*, 711, pet. in-12, fig., v. br. — Le chef-d'œuvre d'un inconnu. *La Haye*, 714, in-12, v. gr.

656. Œuvres de Rabelais (avec les remarques de Le Duchat). *Amst.*, 725, in-12, fig., 6 vol., v. br.

657. Œuvres de Rabelais, édition variorum. *Paris, Dalibon,* 823, in-8, fig., 9 vol., br. (*Gr. pap. vél,*)

658. Mémoires de l'Académie des sciences, inscriptions, etc., établie à Troyes (par Grosley). *Paris,* 756, in-12, 2 part., br. — Voyage de Paris à Saint-Cloud, par mer, et retour de Saint-Cloud à Paris, par terre (par Neel). *Paris,* 787, in-12, fig., 2 part. en 1 vol., br. — L'art de péter, essai théori-physique et méthodique (par Hurtault). *Westphalie (Paris),* 776, in-12, br.

659. Le supplément de tasse rouzi friou titave, aux femmes, ou aux maris pour donner à leurs femmes. *Paris,* 713, in-12, cart.

B. POÉSIE.

1. POÈTES GRECS.

660. Poeticæ Aristotelis nova versio (gr. et lat.); accedunt appendices II de tragœdiæ officio et de dramaticæ poeseos apud græcos origine. *Panormi*, 815, in-8, dem.-rel

661. Commentatio de Amralkeisi Moallakah et annotatis instructa, auct. Joa. Henr. Pareau. *Traj. ad Rh.*, 828, in-4, br.

662. Hephestionis enchiridion de metris et poematibus, gr., cum scholiis. *Paris.*, *typ. Reg.*, 553.＝Nic. Rigaltii glossarium græco-barbarum. *Lutetiæ*, 601, pet. in-4, dem.-rel.

663. God. Hermanni elementa doctrinæ metricæ. *Lipsiæ*, 816, in-8, dem.-rel.

664. Analecta veterum poetarum græcorum, editore P. F. Ph. Brunck. *Argentorati*, 773, in-8, 3 vol., vél.

665. Poetæ minores græci. *Cantabrigiæ*, *Th. Buck*, 652, pet. in-8, bas.—Lyrici græci, curante Boissonade. *Paris.*, 825, in-32, br.

666. Gnomici poetæ græci, edidit R. F. G. Brunck. *Argent.*, 784, pet. in-8, vél.—Musei opusculum de Herone et Leandro, cum vers. lat. Guil. de Mara. *Paris.*, 548, pet. in-8, dem.-rel.

667. Orphei opera, gr. et lat., recensuit Jo. Mat. Gesnerus, curante G. Christ. Hambergero. *Lipsiæ*, 764, in-8, vél. — Musei gramm. de Herone et Leandro carmen (gr. et lat.) cum scholiis græcis, ex recens. Matth. Rover. *Lugd-Bat.*, 737, in-8, vél.

668. Orpheus, gr. et lat., recens. J. M. Gesnerus, curante G. Chr. Hambergero. *Lipsiæ*, 764, in-8, v. m., fil. —Museus gramm., gr. et lat., ex recens. Joa. Schraderi. *Leovardiæ*, 742, in-8, v. m.

669. Les amours de Léandre et de Héro, poëme de Musée, trad. en franç., avec le texte grec, la version lat., et des notes, par Gail. *Paris*, an iv, in-4, pap. vél. bleu, br.

670. Etudes sur Homère, par W. Muller. *Leipsik*, 824, in-8,

660	2	75	Labitte a.
661			
662	2	50	Martin
663	7	„	Labitte
664	11	50	Schœlcher
665	2	10	id
666	1	60	Labitte
667	4	30	id
668	6	75	id
669	3	„	Julien
670	1	50	Labot

671   1   „   Labitte

672   4   80   Potelet

673   3   „   Labitte

674
675   1   50   Schaubeck

677   3   „   :)

678   3   „   Labot

679   5   „   Labitte

680   1   50   Schaubeck

681   2   „   Labitte

682   12   „   Schaubeck

683   9 $50   Labot

br. (*En allem.*)—Ever. Feithii antiquitates homericæ. *Lugd.-Bat.*, 677, pet. in-12, v. f., fil.

674. Homeri gnomologia duplici parallelismo illustrata; uno ex locis S. scripturæ, altero ex gentium scriptoribus, per Jac. Duportum. *Cantabrigiæ, excud. Joh. Field,* 660, in-4, v. br.

672. Aug. Guil. Schlegel de geographia homerica commentatio. *Hanoveræ,* 788, pet. in-8, dem.-rel.—Joa. Sal. Chr. Schweigger dissertatio de Diomede Homeri. *Erlangæ,* 800, 2 part.=Xenophontis symposium, gr., edidit Wilh. Lange. *Halis-Saxon.,* 802, pet. in-8, dem.-rel.

673. Homeri opera omnia, gr. et lat. *Patavii,* 819, in-8, 2 vol., br.

674. Homeri Ilias et Odyssea, gr. *Argent.,* 525, pet. in-8, 2 vol., dem.-rel. (*L'Odyssée est sans titre.*)

675. Homeri Ilias, gr. *Paris., è typ. reg., (Turnebius,)* 554, pet. in-8, dem.-rel. (*Notes mstes.)*—Odyssea, gr. 534, pet. in-8, v. f.

677. Homeri Ilias. *Glasguæ, Foulis,* 747, pet. in-4, 2 vol., v. gr., fil.

678. Homeri Ilias. *Glasguæ, Foulis,* 756, pet. in-fol., mar. rou., fil., tr. dor. (Tom. I.)

679. Homeri Ilias, ad veteris codicis veneti fidem recensita, scholia antiquissima ex eodem codice aliisque nunc primum edidit J. B. Caspar d'Ansse de Villoison. *Venetiis,* 788, in-fol., dem. mar. vert.

680. Homeri Ilias, gr. *Halis,* 794, in-8, dem.-rel.—Homeri hymnus in Cererem, gr., nunc primum editus à Dav. Ruhnkenio. *Lugd.-Bat.,* 782, in-8, vél.

681. Homeri Ilias, ex recens. Frid. Aug. Wolfii. *Lipsiæ,* 817, pet. in-8, 2 tom. en 1 vol., dem.-rel. — Homeri hymnus in Cererem, recensuit C. G. Mitscherlich. *Lipsiæ,* 787, in-12, dem.-rel.

682. Eustathii commentarii in Homeri Iliadem (gr.); Alex. Politus nunc primum latine vertit, recensuit, notis perpetuis illustravit; accedunt notæ Ant. M. Salvini. *Florentiæ,* 730, in-fol., 3 vol., dem.-rel.

683. Iliade d'Homère, trad. en franç. avec le texte grec et la version interlinéaire latine, par J. B. Gail. *Paris,* 805, in-8, 6 tom. en 3 vol., dem.-rel.

52

684. La même. *Paris*, 810, in-12, 6 tom. en 3 vol., dem.-rel., n. rog.

685. L'Iliade (trad. par Lebrun). *Paris*, 776, in-8, 3 vol., br.

686. Iliade d'Homère, trad. par Dugas Montbel, texte en regard. *Paris, F. Didot*, 828, 2 vol. — Observations sur l'Iliade, par le même. *Paris*, 829, 3 vol., les 5 vol., in-8, gr. pap. vél., br.

687. Homeri Ilias, latinis versibus expressa à Raym. Cunichio. *Romæ*, 776, pet. in-fol., dem.-rel.

688. Opuscules d'Homère, trad. par Coupé. *Paris*, 796, in-18, 2 tom. en 1 vol., v. fil. — Odes d'Anacréon, trad., texte en reg., par S. Victor. *Paris*, 813, in-18, pap. vél., fig., cart.

689. Quinti Calabri prætermissorum ab Homero lib. XIV, gr. *Basileæ*, 569, pet. in-8, dem.-rel.

690. Iidem, græcè, cum vers. latina Laur. Rhodomanni..., curante Joa. Cornelio de Pauw. *Lugd.-Bat.*, 734, in-8, vél.

691. Hesiodus, gr. et lat., cum Joa. Tzetzis scholiis græcis. *Basileæ*, 542, pet. in-8, dem.-rel.—Hesiodus, gr. et lat., cum notis Lamb. Barlæi, curante Corn. Schrevelio. *Amst.*, 658, pet. in-8, v. br.

692. Hesiodus, gr. et lat., ex recens. J. G. Grævii. *Amst.*, 667, pet. in-8, v. m. — Pythiques de Pindare, trad. par Chabanon. *Paris*, 772, in-8, cart.

693. Hesiodus, curante Boissonade. *Paris.*, 824, in-32, br. — OEuvres d'Hésiode, trad. par Gin. *Paris*, 785, pet. in-8, bas., fil. — Theocritus, Bion, Moschus, curante Boissonade. *Paris.*, 823, in-32, br.

694. Anacreontis odæ et fragmenta, gr. et lat., cum Joa. Corn. de Pauw. *Traj. ad Rh.*, 732, pet. in-4, v. m.

695. Anacreontis carmina, gr. *Lutetiæ*, 754. ═ Anacréon, trad. en vers, par F. G***. *Ibid.*, in-16, mar. vert, dent, tr. dor. — Anacreontis carmina. *Argent., Treuttel*, 786, in-18, pap. vél., mar. vert., fil., tr. dor.

696. Anacreontis odæ et fragmenta, gr. et lat., edente Gail. *Paris*, an vii, gr. in-8, br. — Theocrite, Bion, Moschus, Anacréon et autres petits poètes, publ. en gr., par Gail. *Paris*, 788, in-12, cart. — Theocriti carmina, recensuit J. Chr. Guil. Dahl. *Lipsiæ*, 804, in-12, dem.-rel.

697. Odes d'Anacréon, trad. en franç., avec le texte grec, la version latine et des notes, par Gail. *Paris, Didot a.*, an vii, in-4, pap. vél., dem. mar. rou., n. rog.

684	4	75	Austin
685			
686	18	„	Labot
687	1	60	Joup
688	1	05	id
689			
690	6	„	Labitte
691	1	85	id
692			
693	2	95	Auvi francé
694			
695	2	60	Labitte
696	2	„	Schaubeck
697	2	50	id

698	3	.. Dapes
699	2	do Schaubeck
700	1	do Dapres
701 }		
702 }	1	do Lauraup
703 }		
704 }	1	.. p.
705 }		
706 }	2	.. Schaubeck
707 }		
708	3	of Labot
709	1	.. Schaubeck

53

698. Les mêmes, gr.-lat.-franç., par Gail. *Paris*, an VIII,
in-18, fig., pap. vél., 2 tom. en 1 vol., br. — Idylles de
Bion et de Moschus, trad. par Gail. *Paris*, an III, in-18,
pap. vél., fig. av. la lettre et eaux fortes, cart. — Hymnes
de Callimaque, avec une version franç. et des notes, par La-
porte du Theil. *Paris*, an III, in-18, pap. vél., 2 tom. en
1 vol., br.

699. Pindarus, gr. et lat., cum scholiis gr. *Paris.*, *Stephanus*,
599, in-4, dem.-rel.—Odes de Pindare, trad. par Tourlet.
Paris, 818, in-8, 2 vol., dem.-rel.

700. Pindarus, curante Boissonade. *Paris.*, 825, in-32, br.
— Æsopi fabulæ gallicæ, latinæ, græcæ, cum scholiis,
edente J. Meslier. *Paris.*, 629, in-8, parch.

701. Pindari carmina, ex interpretatione latina emendatiore,
curavit Chr. Gottl. Heyne. *Gottingæ*, 774. = Addita -
menta..., ab editore C. S. Heyne. *Ibid.*, 791, gr. in-8,
dem.-rel.

702. Lycophronis Alexandra, gr. et lat., Joa. Meursius recen-
suit. *Lugd.-Bat.*, 599, pet. in-8, v. ant., dent à fr. —
Theocritus, cum vers. latina H. Eobani Hessi. *Haganoæ*,
Joa. Secerius, 530, pet. in-8, v. gr., fil.

703. Theocritus, Bio et Moschus, gr., recensuit Walkena-
rius. *Berolini*, in-8, 2 tom. en 1 vol., dem.-rel.

    Il manq. le titre du tom. 1er et la feuille A du tom. 2.

704. Theocritus, gr., cum scholiis græcis, curâ Zach. Calliergi. *Romæ*, *Z. Calliergi*, 516, pet, in-8, v. f.

    Rare et très-bien conservé, malheureusement sans titre.

705. Theocritus, græcè. *Venetiis, ex offic. Farrea*, 543. =
Commentaria vetera in Theocriti eglogas. *Ibid.*, pet. in-8,
mar. rou., fil., tr. dor.

706. Theocritus, cum scholiis Zach. Calliergi. 545, pet.
in-8, mar. rou., tr. dor.—Interpretatio Eidylliorum Theocriti, adjecta sunt scholia. *Francof.*, 558. = Theocriti
idyllia, cum scholiis Zach. Calliergi et notis Guil. Xilandri,
Ibid., 558, pet. in-8, v. ant., dent. à fr.

707. Theocritus (gr. et lat.) cum græcis scholiis. *Oxoniæ, è*
th. Sheld., 699, in-8, v. f.

    Exempl. de Creech.

708. Theocritus, gr. *Glasguæ, Foulis*, 746, pet. in-4 , v.
f., fil.

709. Theocriti reliquiæ utroque sermone, cum scholiis græcis

et commentariis varior., edidit **Jo. Jac. Reiske**. *Viennæ,*
765, pet. in-4, v. gr. (*Notes mstes.*)

710. Theocritus, gr., cum scholiis græcis, animadversionibus
in scholia editoris et Joa. Toupii, etc., edidit Th. Warton.
Oxonii, è typ. Clarend., 770, in-4, 2 vol., cuir de Russie.

711. Theocriti reliquiæ, gr. et lat., ex recens. Th. Christ.
Harles. *Lipsiæ*, 780, in-8, parch.—Bio et Moschus, gr. et
lat., cum not. Joa. Heskin, recensuit Th. Chr. Harles. *Erlangæ*, 780, pet. in-8, vél. — Selecta quædam Theocriti
idyllia, recensuit Th. Edwards. *Cantabr.*, 779, in-8, bas.

712. Idylles et autres poésies de Theocrite, gr., lat. et franç.,
par Gail. *Paris, Didot a.*, 792, gr. in-8, pap. vél., v. ant.,
dent à fr.

713. Idylles de Theocrite, gr., lat. et franç., par Gail, ornées
de fig., d'après les dessins de Le Barbier et Boichot. *Paris,*
an IV, in-4, 2 vol., vélin blanc dent., doubl. de tabis,
dor. à comp., tr. dor.

Exempl. imprimé sur Peau de Vélin.

714. Les mêmes. In-4, pap. vél., fig., 2 tom. en 1 vol.,
dem. mar. rou., non rog.

715. Les mêmes, pap. vél. bleu.

716. Theocriti quæ exstant omnia, gr., recensuit J. B. Gail.
Paris, 828, in-8, 2 vol., br. (*Il manque le titre du tom. 2.*)
— Observations littéraires et critiques sur les Idylles de
Théocrite et les Eglogues de Virgile, par J. B. Gail. *Paris*,
805, in-8, pap. vél , dem.-rel.

717. Idylles de Théocrite, trad. par Geoffroy. *Paris*, an VII,
in-8, parch. (*Notes mstes.*) — Théocrite, trad. en vers, par
F. Didot. *Paris,* 833, in-8, pap. vél., br.

718. Callimachi hymni et epigrammata (gr. et lat.); quibus
accesserunt Theognidis carmina..., notas addidit editor
(Th. Bentley). *Londini*, 741, in-8, dem.-rel.

719. Hymnes de Callimaque, avec une version française e
des notes (par La Porte du Theil). *Paris, 1. R.*, 775, in-8,
v. éc., fil., tr. dor.—Les Halieutiques, trad. du grec d'Op-
pien, par Limes. *Paris*, 817, in-8, dem.-rel.

720. Menandri et Philemonis reliquiæ, gr. et lat., cum not.
Hug. Grotii et Joa. Clerici. *Amst.*, 709, in-8, v. br.

721. Fragmens de Ménandre et de Philémon, trad. par M.
Raoul-Rochette. *Paris,* 825, in-8, gr. pap. vél., br.

710   11 50 Tremauns
711   1 30 Schaubek

712   3   " V
713   46   " Duprat

714   2 50 p
715   1 40 p
716
        1   " p.
717
718   1   " Schaubek
719   3 of Labitte

720   2 40 ;)
721   3 95 Duprat

721 723	9	„	Labitte
724	1	50	Labot
725	3	„	Labitte
726	12	„	Martin (morue)
727	7	85	Labitte
728 729	3	40	Mailhat
730	24	50	Reynault
731	1	50	Labot
732	3	80	Labot

55

722. Oppiani cynegetica, gr. et lat., recensuit J. N. Belin de
Ballu. *Argentorati*, 786, in-8, dem.-rel.

723. Nonni Panopolitæ dionysiaca, gr. et lat., edente Eil. Lu-
bino. *Hanoviæ*, 605, in-8, dem.-rel. — Pet. Cunæi animadversionum liber in Nonni dionysiaca; Dan. Heinsii
dissertatio de Nonni dionysiacis, et ejusd. paraphrasi; Jos.
Scaligeri conjectanea. *Lugd.-Bat.*, 590.=Apolinarii interpretatio Psalmorum versibus heroicis. *Paris.*, 552, pet.
in-8, v. ant., dent. à fr.

724. Apollonii Rhodii argonauticon lib. IV. cum scholiis
græcis. *Excud. Henr. Stephanus*, 574, in-4, dem. v.

725. Apollonii Rhodii argonauticorum lib. IV, ab Jer.
Hoelzlinio in lat. conversi, commentario, notis scholiisque
illustrati. *Lugd.-Bat.*, *Elzev.*, 641, pet. in-8, dem.
mar. rou.

726. L'enlèvement d'Hélène, poëme de Coluthus, trad. en
franç., par Stan. Julien; accompagné du texte et d'une
version latine, et suivi de quatre versions en italien, en
angl., en espagn. et en allem. *Paris*, 822, gr. pap. vél.,
mar. bl., à comp., tr. dor. *Mora*

727. Guerre de Troye, poëme, trad. de Quintus de Smyrne,
par Tourlet. *Paris*, 800, in-8, 2 tom. en 1 vol., dem.-rel.

728. Phile de animalium proprietate, gr. et lat., edidit J.
Corn. de Pauw. *Traj. ad Rh.*, 730, pet. in-4, cart.

729. Nicandri theriaca et alexipharmaca, gr., Joa. Gor-
rhæus latinis versibus reddidit, italicis vero Ant. Mar.
Salvinius..., curante Aug. Mar. Bandinio. *Florentiæ*, 765,
in-8, dem.-rel. — Poésies lyriques d'Athan. Crisopoulo.
811, pet. in-12, cart. (*En grec moderne.*)

2. POÈTES LATINS.

730. Poetæ latini minores, curavit J. Chr. Wernsdorf. *Altenburgi*, 780, in-8, 6 tom. en 10 vol., cart.

731. Lucretius. *Londini, Tonson*, 713, in-12, v. br. —Mani-
lii astronomicon lib. V, Jos. Scaliger recensuit. *Lutetiæ*,
579, in-8, v. f., tr. dor.

732. T. Lucretius, accurante St. And. Philippe. *Lutetiæ-Paris.*, 748, in-12, fig., v. m., fil., tr. dor. — Catullus, Ti-

bullus et Propertius. *Paris.*, *Barbou*, 753, in-12, mar. rou.,
fil., tr. dor.

733. T. Lucretius, accurante St. And. Philippe. *Lutetiæ-Paris.*, 748, in-12, v. vert, fil., tr. dor.

734. Lucrèce, trad. en vers, par M. de Pongerville. *Paris*, 823, in-8, 2 vol., br.

735. Catullus, recognovit Car. Jul. Sillig. *Gottingæ*, 823, in-8, dem.-rel.

736. Virgilius, edente Fulvio Ursino. *Antuerpiæ*, 568, pet. in-8, v. ant., dent à fr.

737. Idem, collatione scriptorum græcorum illustratus opera Fulvii Ursini, curante Lud. Casp. Valckenario. *Leovardiæ*, 747, in-8, vél.

738. Idem. *Londini*, *Knapton*, 750, in-12, 2 vol., v. f., fil.

739. Idem, varietate lectionis illustratus à Chr. Gott. Heyne. *Lipsiæ*, 803, in-8, 4 vol., v. rac.

740. OEuvres de Virgile, trad. par l'abbé Desfontaines. *Paris*, 743, in-8, fig., 4 vol., v. ant., fil. et dent à fr.

741. OEuvres de Virgile, trad. par Binet. *Paris*, 804, in-12, 4 vol., cart. — Géographie de Virgile, par Helliez. *Paris*, 771, in-12, cart.

742. Alb. Tibullus, cum notis (edente J. Broukhusio.) *Amst.*, *ex off. Wetsteniana*, 708, in-4, fig., v. f.

743. Q. Horatius. *Amst.*, *Elzev.*, 629, pet. in-12, mar. rou., fil., tr. dor.

744. Idem. *Amst.*, *Elzev.*, 676, pet. in-12, v. m.

745. OEuvres d'Ovide, trad. par Poncelin. *Paris*, an vii, in-8, fig., 7 vol., br.

746. Phædrus, cum not. var., curante P. Burmanno. *Amst.*, 698, in-8, dem.-rel.

747. Phædrus, ex codice Perottino ms. emendatus à Cat. Jannellio. *Neapoli*, 811, in-8, dem.-rel. — J. Juvenalis et A. Persii Satyræ, cum not. varior., accurante Corn. Schrevelio. *Lugd.-Bat.*, 653, in-8, v. br.

748. Phædrus. *Paris.*, *J. Didot*, 828, gr. in-fol., pap. vél., cart.

749. Phædrus, illustravit J. G. Sam. Schwabe. *Paris.*, *Lemaire*, 826, in-8, fig., 2 vol., dem. mar. rou.

750. Idem. In-8, pap. vél., 2 vol., br.

751. Lucanus. *Amst.*, *Elzev.*, 651, pet. in-12, v. rac.

752. La Pharsale, trad. par de Brebeuf. *Paris*, 682, in-12, v. f. — Géorgiques de Virgile, trad. par Raux.

733   1   .   Schaubeck
734

735 }   1   „   Labitte
736 }

737   5   „   Schaubeck

738   2   „   Moore
739   11   .   Labitte
740   3   „   P
741   2   „   Schaubeck

742   1   50   Lecureux

743   avec

744   4   55   p.
745   2   95   p.
746   avec 753   ^   ..
747   1   ..   Labitte

748   2   „   Lecureux

749   3   „   Eyriès
750   2   60   Labitte
751   1   „   P.
752   1   „   Lecureux

753 avec 746	1	„	Schaubock
754	6	60	Lubow
755			
756	1	.	V.
757	1	.	P
758			
759	1	50	Regnault
760	1	„	Martin
761	3	.	Dentu
762	8	50	Duprat
763	160	„	Techener
764	20	„	Martin (Chevat
765	7	95	Lelpus

57

Paris, 802, in-12, cart. — Silius Italicus, trad. par Lefebvre de Villebrune. *Paris*, 781, in-12, 3 tom. en 1 vol., cart.

753. Juvenalis et Persius, cum not. var., accur. Corn. Schrevelio. *Lugd.-Bat.*, 648, in-8, v. gr.

754. Iidem, cum not. varior. *Amst.*, *Wetstenius*, 684, in-8,
v. br.

755. Satyres de Juvénal, trad. par Dusaulx. *Paris*, 770, in-8,
v. m.

756. Satyres de Juvénal, trad. par Dusaulx. *Paris*, 782, in-8,
v. m.—Satyres de Perse, trad. par Sélis. *Paris*, 776, pet.
in-8, dem.-rel.

757. Œuvres de Claudien (trad. par M. de La Tour.) *Paris*,
an VI, in-8, 2 vol., bas.

758. Bapt. Mantuani poemata præstantiora. *Florentiæ*,
783. = Connubia florum, auct. Delacroix, notas adjecit
Rich. Clayton. *Bathoniæ*, 794, in-8, bas.

759. Philomathi musæ juveniles (aut. Wilhelm. à Furs-
temberg). *Paris.*, 656, in-fol., v. f.

760. Guil. Apuliensis rerum in Italia ac regno Neopolitano
normanicarum lib. V. *Rothomagni*, 582, pet. in-4,
v. f., fil.

761. Ger. Nic. Heerkens de officio medici poema. *Groningæ*,
752.==Ejusd. icones. *Paris.*, 788, in-8, bas.

762. Vinceslai Clementis à Lybeo-Monte Gustaviados libri IX,
quibus Gustavii II victoriarum heroicarum, rerumque
per germaniam gestarum series carmine heroico narratur.
Lugd.-Bat., 632, pet. in-4, cuir de Russie, fil., tr. dor.

3. POÈTES FRANÇAIS.—POÈTES ÉTRANGERS.

763. Choix des poésies originales des troubadours, par Raynouard. *Paris*, 816, gr. in-8, 6 vol., dem. mar. rou.

764. Fables inédites des XIIe, XIIIe, et XIVe siècles, et fables
de Lafontaine, rapprochées de celles de tous les auteurs qui
avaient, avant lui, traité les mêmes sujets, par Robert. *Paris*, 825, in-8, fig., 2 vol., dem. mar. rou.

765. Sensuyt le rômant de la rose, aultrement dit le Songe
Vergier, nouvellement imprimé à *Paris*, *s. d.*, pet. in-4,
goth., rel. en peau.

    Edit. sans date de **Jehan Janot**.

L.   8

766. Le roman de Brut, par **Wace**, poete du XIIe siècle, publ. avec un commentaire et des notes, par Leroux de Lincy; avec la description des manuscrits. *Rouen, Ed. Frère*, 836, in-8, gr. pap. vél., fig., 3 vol., br.

767. Miracle de nostre dame de Robert le Dyable, fils du duc de Normandie. *Rouen, Ed. Frère*, 836, in-8, gr. pap. vél., br.

768. Le débat de deux demoyselles, l'une nommée la Noire, et l'autre la Tannée, suivi de la vie de saint Harenc, et d'autres poésies du XVe siècle. *Paris*, 825, in-8, br.

769. Les œuvres de Clément Marot. *Lyon, J. de Tournes*, 546, in-16, mar. rou., fil., tr. dor.

Rel. ancienne ; bel exemplaire de Crozat.

770. Recueil des rymes et proses de E. P. (Est. Pasquier). *Paris*, 555, pet in-8, parch. —Les bergeries de Racan. *Lyon*, 635, pet. in-8, vél. — Poésies de M. de Mailliet. *Bourdeaus*, 616, pet. in-8, cart.

771. Les poèmes de Pierre de Brach, Bourdelois. *Bourdeaux, Sim. Millanges*, 576, in-4, vél. — Les œuvres du sieur de La Roque. *Paris*, 609, pet. in-12, v. gr.

772. Recueil des œuvres poétiques de J. Bertaut. *Paris*, 605, pet. in-8, dem.-rel.

773. OEuvres de Jacq. Poille de S. Gratien. *Paris*, 623, in-8, vél., tr. dor.

774. Poésies de Gombault. *Paris*, 636, in-4, v. f., fil.

775. OEuvres de Maynard. *Paris*, 646, in-4, v. br.—Poésies héroïques du sieur de Pinchesne. *Paris*, 670, in-4, v. br.

776. Les satyres et autres œuvres du sieur Regnier. *Leiden, J. et Dan. Elzev.*, 652, pet. in-12, dem. v.

777. Satyres de Regnier (publiées par Lenglet du Fresnoy). *Londres, Tonson*, 733, gr. in-4, br.

778. La Madelaine au désert de la Sainte Beaume, en Provence, par le P. Pierre de S. Louis. *Lyon*, 700, in-12, bas.

779. Satires et poésies diverses de Gilbert. *Paris, Desessarts*, 797, in-8, bas., fil. — Malthe ou Lisle-Adam, dernier grand-maître de Rhodes, poëme, par Privat de Fontanilles. *Paris*, 749, in-8, v. gr., fil.

780. La Henriade, poëme de Voltaire. *Paris, P. Didot*, 819, in-fol., pap. vél., cart.

On a ajouté les figures de Moreau, avant la lettre, montées in-fol.

781. Fables de Lafontaine. *Paris*, 783, in fol., 2 vol., br.

766	26	50	Reynolds
767	7	60	
768	2	30	
769	26	50	Tatum
770	6		
771	5	50	
772	1		
773	1		
774			
775			
776	5	05	Labor
777	1	10	jump
778	2	50	
779	1		Mason
780	6	55	jump
781			

782   1 50 Labes
783 }
784 }   1 "   Lecrery

785   "   "

786   1 50 Lecrery

787   1 45 orger
788   1 "   Lecrery

789   1 of Labor
790   3 "   Duprat

791   5 "   p.

792   1 "   p

793   8 75 p
794   3 "   marguerite
795
796   1 50 marguerite

782. Nouvelles poésies héroïques, gaillardes et amoureuses, par Perrin. *Paris,* 662, in-12, v. f.

783. Mirkilan, poëme héroï-tragi-comique en IX chants, trad. ou imité de l'arabe, par Placide le Vieux (Charlemagne). *Paris. Brasseur,* 819, in-12, dem.-rel.

784. Mirkilan, poëme... In-4, cart.
Ms. autographe de l'auteur. Incomplet de quelques pages.

785. Typhon ou la gigantomachie. *Paris,* 664. == Recueil de quelques vers burlesques. *Paris,* 643. == S'ensuivent les deux légendes de Bourbon de 1641 et 1642, etc. In-4, v. m.

786. Le vice puni, ou Cartouche, poëme (par Grandval). *Anvers,* 725. == Clovis, poème (par S. Didier). *Paris,* 725, in-8, v. gr.—La chandelle d'Arras, poëme (par Dulaurens). *Berne,* 765, in-12, v. m.—Le balai, poëme (par le même). *Constantinople (Paris),* 779, in-12, br.

787. La chézonomie, ou l'art de ch..., poème (par Rémard). *Scoropolis (Paris, Merlin),* 808, in-12, br.

788. Le petit neveu de Bocace. *Amst.,* 787, in-8, 3 vol., cart.—Contes mis en vers, par un petit cousin de Rabelais. *Paris,* 775, in-8, br.

789. Bibliothèque des amans, odes érotiques, par Sylvain M*** (Maréchal). *Paris, s. d.,* in-18, v. éc., fil.

790. De Delille : l'Homme des champs. *Strasbourg,* 800, 1 vol. — Les Bucoliques de Virgile. *Paris,* 806, 1 vol. — La conversation. *Paris,* 806, 1 vol. — L'imagination. *Paris,* 806, 2 vol., en tout 5 vol., gr. in-8, cart.

791. De M. E. Turquety : Amour et foi. *Paris,* 833, gr. in-8, pap. vél., dem. v. — Poésie catholique, *Paris,* 836, in-8, br. — Hymnes sacrées. *Paris, Debécourt,* 839, gr. in-8, pap. vél., dem. v.

792. Fleurs du Midi, poésies par Mme L. Colet. *Paris,* 836, in-8. br. — Amertumes et consolations, par ·ger Noël. *Paris,* 835, in-8, br.—Poésies de Maurice Saint-Aguet : Les perce-neige. *Paris,* 835, in-8, br.

793. Le souvenir des ménestrels, ann. 1817 à 1828. *Paris,* in-18, fig., 12 vol., mar. rou., fil., tr. dor.

794. L'enfer, poëme du Dante, trad. nouvelle (par de Rivarol). *Paris,* 783, in-8, dem.-rel.

795. Opere di Hier. Benivieni. *Firenze, heredi di Phil. di Giunta,* 519, pet. in-8, parch.

796. Orlando furioso di Lod. Ariosto. *Avignon,* 815, in-18, 8 vol., br.

797. Il pastor fido di Guarini. *Parigi,* 737, in-**24**, fig., mar. rou., tr. dor.

798. Le pasteur fidèle, trad. de l'ital. en vers (grec mod.) par Mich. Soummachi. *Venise,* 658, pet. in-8, fig. sur bois, dem.-rel.

799. Aminta di T. Tasso. *Parigi, Prault,* 768, pet. in-12, v. m., fil.

800. Coleccion de las mejores coplas de Seguidillas Tirannas y Polos que se han compuesto para cantar a la guitarra, par D. Preciso. Pet. in-12, bas.

801. Idylles et poëmes de Gessner, trad. interlin., par Boulard. *Paris,* an viii, in-8, 2 tom. en 1 vol., dem.-rel.

802. A dictionnary of quotations from the British Poets. *London,* 824, in-12, 3 vol., dem. mar. viol., n. rog.

803. Le paradis perdu de Milton, trad. nouv., par Mosneron. *Paris, Desenne,* 788, in-8, 2 vol., mar. rou., fil., tr. dor.

804. Paradise lost, by J. Milton. *London,* 783, in-18, 3 vol., v. gr., fil.—The complaint or night-thoughts, by Edw. Young. *London,* 783, in-18, 2 vol., v. gr., fil.—Hudibras, trad. en vers franç., texte en reg. *Londres,* 757, in-12, fig., 3 vol., dem.-rel.

805. Works of J. Thompson. *London,* 766, in-12, 4 vol., v. f., fil.

806. The complete Works of Lord Byron. *Paris, Baudry,* 835 gr. in-8, pap. vél., dem. v. à nerfs, n. rog.

807. Œuvres de lord Byron, trad. par Am. Pichot. *Paris, Furne,* 830, in-8. 6 vol., Brad.

808. Œuvres complètes de lord Byron, trad. par Benj. Laroche. *Paris, Charpentier,* 836, gr. in-8, pap. vél., 4 vol., dem. v. rose, n. rog.

C. THÉATRE.

809. Théâtre des Grecs, par le P. Brumoy. *Paris,* 785, in-8, fig., 13 vol., bas., fil.

810. Notæ sive lectiones ad tragicorum græcorum veterum Æschyli, Sophoclis, Euripidis quæ supersunt dramata deperditorumque reliquias, auct. Benj. Heath.*Oxonii, è typ. Clarend.,* 762, in-4, dem. rel.

811. Æschyli tragœdiæ VII, denuo recens. et versionem lat. adjecit Chr. God. Schütz.*Halœ,* 800, in-8, 3 vol., dem.-rel.

812. Æschyli persæ, gr., emendavit, notas et glossarium

797 }
798 }   6   «   Coupette

799
800   2   75   P

801   1   "   Girard
802   12   "   Dupont
803   3   25   Maguin
804   22   50   Lemoine

805   6   "   Labor
806   13   50   Raynault
807   15   "   Julien
808   30   50   Schaubek

809   15   50   Bibl. polonais
810   4   "   Labor

811   6   75   Schaubek
812   1   50   Labor

813   11   „ Schönung

rendre   814   2   ½ Labot

815   6   „ Schaubert

816

817   1   „ Labitte

818   4   „ Labot

819   3   ½ Martin
820   4   ½ Labitte

821   1   ½   ;,

822   1   ½   v.

823   avec 816
824   1   ½ Schaubert
825   15   „ Schönung
826   10   ½ Cbin

adjecit Car. Jac. Blomfield. *Cantabrigiæ*, 814, gr. in-8,
cart.— Fr. Lud. Abresch animadversiones ad Æschylum;
accedit dilucidationum thucydidearum auctarium. *Zwollæ*,
763, in-8, dem.-rel.

813. Théâtre d'Eschyle, trad., texte en regard, par de la Porte
du Theil. *Paris*, an III, in-8, fig., pap. vél., 2 vol., dem.-
rel., non rog.

814. Sophoclis tragœdiæ VII, cum interpretationibus vetustis.
Florentiæ, Juncta, 547, pet. in-4, dem. v.

815. Eædem, cum interpretatione latina et scholiis veterib.
ac novis, editionem curavit Joa. Capperonnier. *Paris*, 781,
in-4, 2 vol., cart.

816. Sophocle , trad. par de Rochefort. *Paris*, 788, in-8,
2 vol., dem.-rel.

817. Sophoclis Electra, emendavit Car. Got. Aug. Erfurdt. *Lipsiæ*, 803, in-8, br.—Excerpta quædam ex Luciani operibus,
per N. Kent. *Londini*, 745, in-8, v. br.

818. Euripidis tragœdiæ, gr. *Basileæ, J. Hervagius*, 537,
in-8, dem.-rel. — Scholia in VII Euripidis tragœdias, ab
Arsenio collecta. *Basileæ,* 544, in-8, dem.-rel.

819. Euripidis tragœdiæ, ex edit. Jos. Barnes. *Oxonii, Bliss,*
811, in-32, 6 tom. en 3 vol., v., fil.

820. Euripidis Heraclidæ et Medea, ex recensione Pet. Elms-
ley. *Oxonii, è typ. Clar.*, 828, in-8, cart. —Euripidis Al-
cestis, gr., emendavit Jac. Henr. Monk; accedit G. Bucha-
nani versio metrica. *Cantabrigiæ*, 816, gr. in-8, cart.

821. Euripidis tragœdia Hippolytus, quam, latino carmine
conversam à G. Ratallero adnotationibus instruxit Ludov.
Casp. Valckenaer. *Lugd.-Bat.*, 768, in-4, cart.

822. The Medea of Euripides, literally translated into english
prose from the texte of Porson, accompanied with the scan-
ning and order by C. Edwards. *London*, 824, in-8, br.

823. Aristophanis comœdiæ, græcè. *Paris., C. Wechelus,* 546,
pet. in-4, bas.

824. Eædem, gr., cum commentariis antiquis. *Basileæ, Fro-
benius,* 547, pet. in-fol., v. f. , fil.

825. Eædem, gr. et lat , cum comm. varior., curante Pet.
Burmanno sec. *Lugd.-Bat., Luchtman,* 760, in-4, 2 vol.,
v. m., fil.

826. Eædem, edidit R. F. Ph. Brunck. *Argentorati*, 782,
in-8, 4 vol., vél.

62

827. Eædem, curante J. Fr. Boissonade. *Paris.*, 826, in-32
pap. vél., 4 vol., br.

828. Aristophanis comœdiæ et perditarum fragmenta, e
nova recens. Guil. Dindorf, accedunt Menandri et Philemonis fragmenta, gr. et lat. *Paris.*, *F. Didot*, 838, gr. in-8
2 vol., br.

829. Ric. Porsoni notæ in Aristophanem, quibus Plutum
comœdiam partim ex ejusd. recensione partim è mstis
emendatam et variis lectionibus præmisit, et collationum
appendicem adjecit Pet. Paul. Dobrée. *Cantabrigiæ*, 820,
in-8, dem. mar. rou.

830. Mythologie dramatique de Lucien, trad. en franç. avec
le texte grec et une version latine, par Gail. *Paris*, an vi,
in-4, dem. mar. rou., n. rog.

✗ 831. Mythologie dramatique de Lucien..., par Gail. *Paris*,
an vi, in-4, pap. vél., mar. rou., dent., tr. dor.
Exempl. unique contenant les dessins originaux.

832. Analecta critica poesis Romanorum scenicæ reliquias
illustrantia, scripsit Fr. Osannus (Insunt Plauti fragmenta
ab Ang. Maio in cod. Ambros. nuper reperta). *Berolini*,
816, in-8, cart.

833. Terentius, cum glosa interlineari et commentariis Do-
nati, Guidoni et Ascensii. *Argentine*, *Joa. Gruninger*, 499,
pet. in-fol., fig., bas.

834. Terentius. *Londini*, *Tonson*, 713, in-12, vél.

835. Terentius. *Londini*, *Knapton*, 751, in-12, 2 vol.,
v. f., fil.

836. Terentius, edidit Lemaire. *Paris.*, 827, in-8, 2 tom. en
1 vol., dem. v.

837. Térence, trad. par Mme Dacier. *Paris*, 688, in-12, fig.,
3 tom. en 2 vol., bas.—Comédies de Térence, par Lemonnier. *Paris*, 812, in-12, 3 vol., bas.

838. L. An. Senecæ tragœdiæ, cum not. var., J. F. Grono-
vius recensuit. *Lugd-Bat.*, 661, in-8, vél.

839. Théâtre de Senéque, trad. par Coupé. *Paris*, an vi, pap.
vél., 2 vol., br.

840. Joh. Miltoni Samson agonistes, græco carmine reddi-
tus, cum versione lat., à G. H. Glasse. *Oxonii, è th. Sheld.*,
788, in-8, dem.-rel.

✗ 841. Etudes sur l'art théâtral, par Mme veuve Talma. *Paris*,
836, in-8, br.—De l'exécution dramatique, considérée dans

827	4	.	Kümm...
828	12	50	abut
829	8	05	Labitte
830	1	.	V
831	34	50	Martin (mondes)
832	2	.	Labitte
833	3	25	V.
834	1	30	V.
835			
836	4	.	Bloft
837	2	.	p
838	2	30	Schoubek
839			
840			
841	2	.	Martin (Shormeh

842	21	50	Techner
843	16	50	:)
844	3	"	Lebon
845	2	10	Tuffat
846	~~2~~	~~of~~	~~Bl~~
847	2	of	Bloffe
848			
849	5	of	lemmng
850	5	"	Lebon
851	20	"	Sativa
852	13	50	Reynauts
853	1	"	Jung
854	1	"	:)
855	1	"	:)

ses rapports avec le matériel de la salle et de la scène, par le col. Grobert. *Paris*, 809, in-8, fig., dem.-rel.

842. Balet comique de la royne, faict aux nopces de **M.** le duc de Joyeuse et Madamoiselle de Vaudemont, sa sœur, par Balthasar de Beaujoyeulx. *Paris*, 582. == Oraison funèbre de feu messire Christofle de Thou, par **J.** Prevost. *Paris*, 583, in-4, v. br.

843. Le Cid, Horace, Cinna, Polieucte, Pompée, Rodogune, trag. par **P.** Corneille. *Suiv. la copie impr. à Paris* (*Elzev.*,) 663, pet. in-12, fig., mar. rou., tr. dor.

844. Cléopatre, trag., par le sieur de la Chapelle. *La Haye, Adr. Moetjens (à la Sphère)*, 663, pet. in-12, dem. v.

845. L'advocat savetier, par le sieur Scipion, comédien du roy. *La Haye, Adr. Moetjens (à la Sphère)*, 683, pet. in-12, dem. v.

846. Théâtre de P. Corneille. *Paris*, 744, in-12, 6 vol., br. —Théâtre de Quinault. *Paris*, 778, in-12, 5 vol., br.

847. Œuvres de Regnard. *Paris*, 790, in-8, 4 vol., br.

848. Théâtre de Favart. *Paris*, 763, in-8, 8 vol., br.

849. Théâtre de Campagne, ou recueil de parades les plus amusantes (par Grandval). *Paris*, 767, in-8, br.

> Contenant : Le Pot-de-Chambre cassé; les Deux Biscuits; Sirop-au-cul, ou l'heureuse délivrance; Madame Engueule; Agathe, ou la chaste princesse.

850. Théâtre des boulevards, ou recueil de parades. *Mahon* (*Paris*), 756, in-12, 3 vol., br.

851. Coleccio de las obras sueltas, assi en prosa como en verso, de D. Frey Lope Felix de Vega Carpio. *Madrid, Ant. de Sancha*, 776, in-4, 21 vol., br.

> Il manque le feuillet B du tom. XI, et la feuille Rrr du tom. XIII.

852. Œuvres de Shakspeare, trad. par Letourneur, publ. par Hor. Meyer. *Paris, Lavigne*, 836, gr. in-8, 2 vol., br.

IV. POLYGRAPHIE.—MÉLANGES.

853. Xenophontis opera, gr. *Florentiæ, hær. Ph. Juntæ*, 527, pet. in-fol., v. m.

854. Eadem, gr. *Florentiæ, hæredes Phil. Juntæ*, 527, pet. in-fol., v. fleurdelisé, tr. dor.

855. Eadem, gr. *Halæ Suevor.*, 540, pet. in-8, 2 vol., v. m.

64

856. Eadem, gr. (cum vers. latina). *Excud. Henr. Stephan*
581, in-fol., dem.-rel.

857. Eadem, gr. et lat. *Excud. H. Stephanus*, 581, in-fo
v. br.

858. Eadem, gr. et lat., Joa. Leunclavius edidit. *Franc*
596, in-fol., v. br.

859. Eadem, gr. et lat., ex recens. Edv. Wells, curâ C.
Thieme. *Lipsiæ*, 801, in-8, 4 vol., dem.-rel.

860. Recherches historiques, géographiques, philologiques
critiques..., ou auctarium Xenophonteum, par Gail. *Pai*
821, in-4, v. gr., dent., tr. dor. (*Aux armes.*)

861. Plutarchi vitæ illustr. virorum, gr. *Venetiis, in œdi*
Aldi et Andreæ Soceri, 519, pet. in-fol., dem.-rel. — P
tarchi moralia, gr. *Venetiis, in œdib. Aldi et Andr. Asuf*
soc., 509, in-fol., 2 part., v. br., et dem.-rel.

> Première édition des OEuvres de Plutarque. Le vol. des Mor
> doit se composer de 1050 feuillets ; nous n'avons ici que les feui
> 385 à 1050, reliés en 2 part.

862. Plutarchi opera, gr. et lat. *Francof., A. Wechelus*, 5!
in-fol., 2 vol., v.

863. Plutarchi opera, gr. et lat., edidit Jo. Jac. Reiske. *L*
siæ, 774-82, in-8, 12 vol., v. gr.

864. Plutarque, trad. par Ricard. *Paris*, 783, in-12, 30 vc
cart.

865. Luciani opera ; icones Philostrati; ejusd. heroica ; eju:
vitæ sophistarum; icones junioris Philostrati; descr
tiones Callistrati, græcè. *Venetiis, in œdibus Aldi*, 503, p
in-fol., dem. v. (*Quelques mouillures à la fin.*)

866. Luciani opera. *Basileæ*, 555, pet. in-8, 2 vol., dem.-r

867. Luciani opera, gr. et lat., Joa. Benedictus edid
Salmurii, 619, in-8, 2 vol., parch.

868. OEuvres de Lucien, trad. par Massieu. *Paris*, 781, in-4
6 vol., cart.

869. OEuvres de Lucien (trad. par Belin de Ballu). *Par*
Bastien, 789, in-8, 6 vol., dem.-rel.

870. Banquet des savans, par Athénée, trad. par Lefebvre
Villebrune. *Paris*, 789, in-4, 5 vol., dem. mar. vert.

871. Auli Gellii noctes atticæ, cum not. J. Fr. Gronov
Lugd.-Bat., 687, in-8, vél.

872. Auli Gellii noctes atticæ, edente P. Dan. Longoli
Curiæ Regn., 741, pet. in-8, bas.

873. Anecdota græca, è codicibus regiis descripsit, annot

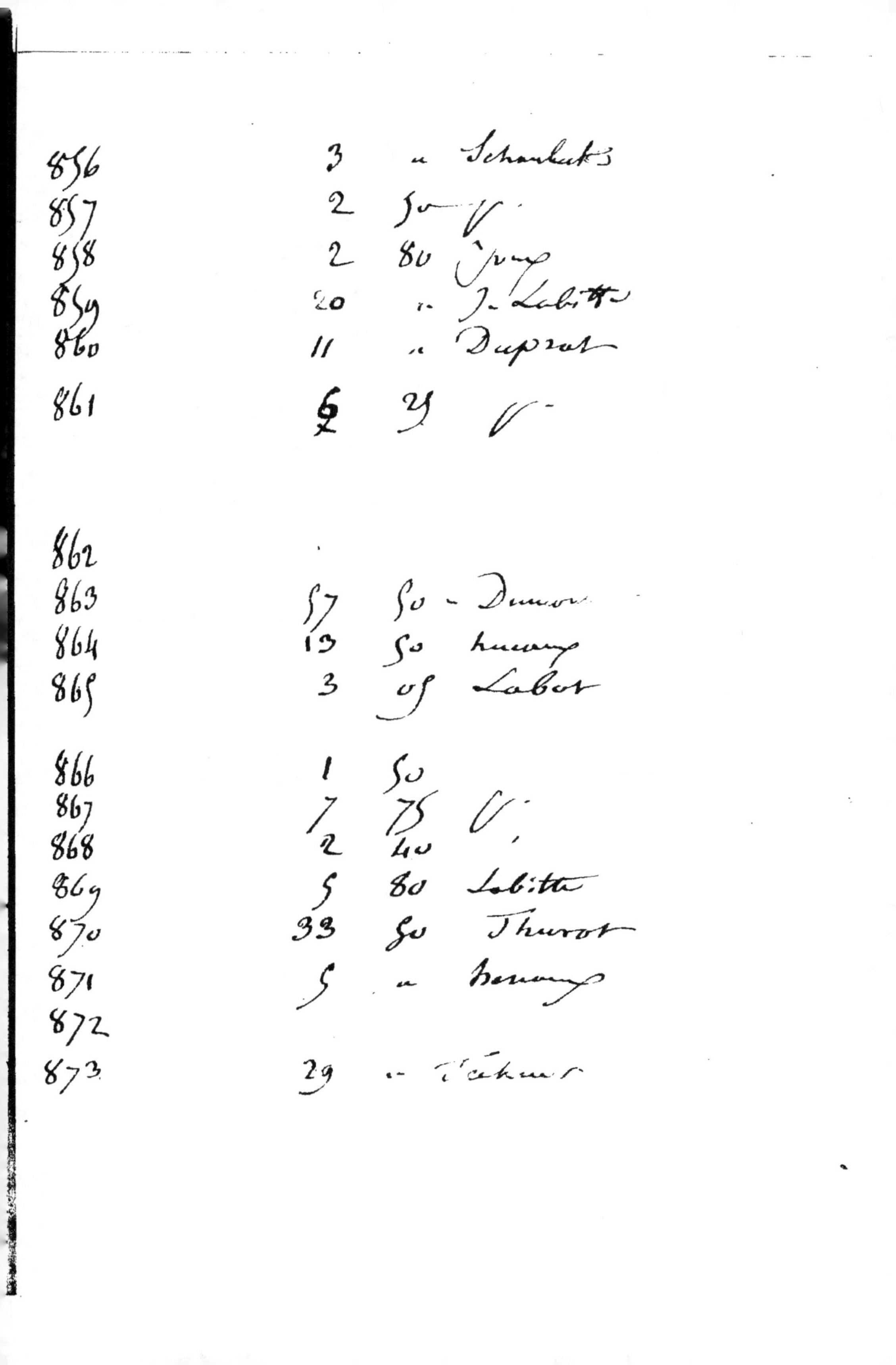

856	3		.. Schaubart?
857	2	50	V.
858	2	80	Jung
859	20	..	J. Labitte
860	11	..	Duprat
861	6	2/	V.
862			
863	57	50	.. Dumon
864	13	50	hucamp
865	3	of	Labot
866	1	50	
867	7	75	V.
868	2	40	
869	5	80	Labitte
870	33	50	Thurot
871	5	..	hucamp
872			
873	29	..	Vahur

874	70	„	Ledoyen Ja...
875	5	25	Renault
876	6	„	Labette
877	1	50	V.
878	2	30	V.
879	30	50	Camus
880			
881	50	„	Telmens
882	7	65	Duprat
883	3	„	Laber
884			
885	2	20	Camerlin
886	12	„	Julienne
887	2	„	p

tione illustravit J. Fr. Boissonade. *Paris.*, è *Reg. typ.*, 829, gr. in-8, 5 vol., br.

874. OEuvres de Cicéron, trad., texte en reg., par M. Jos. Vict. Le Clerc. *Paris*, 825, in-8, 30 vol., bas., rac., dent. *(Il manque le 6ᵉ volume).*

875. OEuvres de l'emp. Julien, trad. par Tourlet. *Paris*, 821, in-8, 3 tom. en 2 vol., dem.-rel.

876. Syntagma variarum dissertationum rariorum, quas viri doctissimi superiore seculo elucubrarunt, ex museo Joa. Georg. Grævii. *Ultraj.*, 702, pet. in-4, fig., v. f.

877. Pet. Scriverii opera anecdota, philologica et poetica, ex schedis auctoris mss. eruit et edi curavit A. H. Wester-hovius. *Traj. ad Rh.*, 737, in-4, vél.

878. J. Cæs. Bulengeri opuscula varia. *Lugd.*, 621. in-fol., 2 tom. en 1 vol., v. br.

879. Steph. Ant. Morcelli opera epigraphica. *Patavii*, 818, in-4, 5 vol., br. *Lapl. 25 à 40 Camus 42*

880. Fred. Spanhemii opera, quatenus complectuntur geographiam, chronologiam, et historiam sacram atque ecclesiasticam. *Lugd.-Bat.*, 701, in-fol., 3 vol., vél.

881. OEuvres diverses. In-4, v. éc., fil.

> Manuscrit sur papier attribué à Gravier de Vergennes, grand père de M. de Vergennes, ministre de Louis XVI; ce volume contient les pièces suivantes :
>
> Observations sur les noms des Romains; Des comédies et danse des ballets dans une lanterne ; Conspiration contre Néron ; Scènes de la tragédie de Sémiramis ; Avènement de Vitellius à l'empire d'Asie : Mœurs et usages des Grecs ; Eloges de plusieurs Normands : Fables en vers, etc.

882. OEuvres de l'abbé de Bellegarde. *La Haye*, 758, pet. in-12, 8 vol., br.

> Réflexions sur ce qui peut plaire et déplaire dans le commerce du monde ; L'art de connoître les hommes ; Maximes et exemples ; Lettres curieuses; L'éducation parfaite ; Réflexions sur l'élégance et la politesse du style ; Le chrétien honnête homme.

883. OEuvres de Saint-Foix. *Paris*, 778, in-8, 6 vol., br.

884. OEuvres de Saint-Marc. *Paris, Impr. de Mons.*, 781, in-8, 3 vol., br.

885. OEuvres de Diderot. *Londres*, 773, in-8, 5 vol., v. éc., fil.

886. OEuvres de Fréret. *Paris*, 796, pet, in-12, 20 vol., dem.-rel.

887. OEuvres d'Helvétius. *Londres*, 776, in-8, 4 vol., bas.

66

888. De Demoustier : Théâtre, Morale, Les consolations et opuscules. *Paris, A. A. Renouard.* 804, in-12, pap. vél., 4 vol., br

889. OEuvres choisies de M. de Belsunce, recueillies par l'abbé Jauffret. *Metz,* 822, in-8, 2 vol., br.

890. Les études littéraires et poétiques d'un vieillard, par le comte Boissy-d'Anglas. *Paris,* 825, in-12, 6 vol., br.

891. OEuvres de M. de Chateaubriant. *Paris, Furne,* 830, in-8, 20 vol., dem. v. — Essai sur la littérature anglaise, par M. de Chateaubriant. *Paris,* 836, in-8, 2 vol., Brad. — Le paradis perdu de Milton, trad. par M. de Chateaubriand. *Paris,* 836, in-8, 2 vol., Brad.

892. OEuvres de M. de Chateaubriant. *Paris, Pourrat,* 836, in-18, 20 vol., dem. v. rose.

893. Fragmens littéraires de lady Jeanne Grey, reine d'Angleterre, trad. en franç. et précédés d'une notice sur sa vie et ses écrits, par Ed. Frère. *Rouen, Ed. Frère,* 832, in-8, gr. pap. de Holl., br.

894. OEuvres d'Alexandre Pope, trad. en franç. *Paris,* 780, in-8, fig., 8 vol., v. m.

895. OEuvres de S. Gessner. *Paris, Th. Barrois, s. d.,* in-8, 3 part. en 1 vol., dem.-rel. *(E allem.).*

896. OEuvres complètes de C. Gust. Leopold. *Stockholm,* 800, in-8, 3 vol., dem.-rel. *(En danois.)*

897. Adagia sive proverbia græcorum, ex Zenobio seu Zenodoto, Diogeniano et Suidæ collectaneis (gr. et lat.) edita ab And. Schotto. *Antuerpiæ, Plantin.,* 612, in-4, v. f.

898. Ebn Medini Mauri Fessani sententiæ quædam Arabicæ, nunc primum edidit ac lat. vertit Franciscus de Dombay. *Vindobonæ,* 805, in-8, v. rac., fil.

899. Adagiorum centuriæ viii, per Hadr. Junium conscriptæ. *Basileæ,* 557, in-12, dem.-rel.—Les apophthegmes, ou bons mots des anciens, trad. par Perrot d'Ablancourt. *Amst.,* 730, in-12, v. m.

900. Dictionnaire des proverbes françois, et des façons de parler comiques, burlesques et familières. *Utrecht,* 751, in-12, dem.-rel.

901. Casauboniana, sive Is. Casauboni varia de scriptoribus librisque judicia... ut et animadversiones in annales Baronii ex variis Casauboni mss. erutæ à J. Chr. Wolfio. *Hamburgi,* 710, in-12, dem.-rel. — Extraits des auteurs grecs,

888	II	2	Lebrun
889	1	40	f
890	1	50	Camerlin
891	77	"	Sauvaignat
892	35	50	Journal
893	8	"	Silvestre
894	5	"	Camerlin
895	1	95	Regnault
896			
897	5	"	Croyer
898	2	"	Quatremere
899 / 900	1	50	f
901	1	"	f
897	4	"	Labitte

902		95	
903	2	95	V.
904	1	80	Martin
905	5	"	Reynault
906			
907	2	40	V.
908	18	50	Labas
909	6	95	Martin (Morales)
909 bis	1	"	Debat
910	19	50	Labitte

trad. par Hautôme. *Paris, s. d.*, in-12, 2 tom. en 1 vol., dem.-rel.

902. Leçons et modèles de littérature française... par M. Tissot. *Paris*, 835, gr. in-8, vign. sur bois, dem. v.

903. La perle, ou les femmes littéraires, choix de morceaux en vers et en prose. *Paris, L. Janet, s. d.*, in-18, pap. vél., fig., rel. en moire, tr. dor.

904. Leçons allemandes de littérature et de morale, par Noel et Stœber. *Haguenau*, 828, in-8, 2 vol., br.

905. Variétés littéraires (par l'abbé Arnauld et Suard). *Paris*, 804, in-8, 4 vol., br. — Mélanges de littérature orientale, par Galland. *La Haye*, 771, pet. in-8, br.

906. Monumens littéraires de l'Inde, ou mélanges de littérature sanskrite, par A. Langlois. *Paris*, 827, in-8, br.

907. The Delphin classics with the variorum notes, vol. 93, to 100 containing : Plinius sec. vol. 6, 7, 8, 9 and 10; and Titus Livius, vol., 1, 2, 3. *London, Valpy*, 826, in-8, 8 vol., cart.

908. Collection d'auteurs grecs et latins, impr. à Amst., par Wetstein, 20 vol. in-24, v. gr., fil.

> Cornel. Nepos; Tacitus ; Plautus ; Juvenalis ; Ovidius ; Epictetus ; Sallustius ; Terentius ; Virgilius ; Erasmi colloquia ; Horatius ; Ausonius; J. Cæsar; Justinus; Q. Curtius; Florus; Val. Maximus; Cluverii geographia.

HISTOIRE.

I. GÉOGRAPHIE.—VOYAGES.

908. Etudes d'histoire et de philosophie, par E. Lerminier. *Paris*, 836, in-8, 2 vol., Brad.

909 *bis*. Recherches sur des sujets spéciaux d'hist. ancienne, de géographie et de chronologie, publ. par C. G. Bredow. *Altona*, 800, in-8, 2 tom. en 1 vol., dem.-rel. *(En allem.)*

910. Recherches sur la géographie systématique et positive des anciens, par Gossellin. *Paris, Imp. de la Rép.*, an VI, in-4, 4 vol., cart. — Géographie des Grecs, analysée, par Gossellin. *Paris*, 790, in-4, cart.—Atlas ou recueil de car-

tes géographiques, publ. par Gossellin. *Paris, 1. R.,* 814, gr. in-fol., dem.-rel.

911. Strabo. latinè. 472, in-fol., dem.-rel. *(Plusieurs feuillets déchirés.)*

912. Strabo, gr., edente A. Coray. *Paris.,* 815, in-8, cartes, 4 vol., dem. v.

913. Stephanus byzantinus, de urbibus, gr. et lat., restituit, supplevit, latina versione et commentario illustravit Abr. Berkelius; accedunt collectæ ab Jac. Gronovio variæ lectiones. *Lugd.-Bat.,* 694, in-fol., v. br.

914. Dionysii Alexandrini de situ orbis libellus, Eustathii commentariis illustratus. *Lutetiæ,* 547, in-4, parch. *(Notes mss.)*—Periplus Scylacis, cum translatione et castigationibus Is. Vossii; accedit anonymi Periplus Ponti Éuxini... *Amst.,* 639, pet. in-4, vél.

915. Cl. Ptolemæi de geographia lib. VIII (gr.). *Basileæ, Froben,* 533, pet. in-4, dem.-rel.

916. Recherches sur le livre de Mensura orbis terræ de Dicuil, suivies du texte restitué, par M. Letronne. *Paris,* 814. == Essai critique sur la topographie de Syracuse, par le même. *Paris,* 812. == Analyse du premier vol. du Pausanias de M. Clavier, par le même. In-8, cart.

917. Abr. Ortelii theatri orbis terrarum parergon, sive veteris geographiæ tabulæ. *Antuerpiæ,* 592, in-fol., cartes, v. br. *(Sans titre.)*

918. Notitia orbis antiqui, sive geographia plenior; Christ. Cellarius collegit. *Cantabr.,* 703, in-4, cartes, 2 vol., v. br.

919. Géographie ancienne abrégée, par d'Anville. *Paris, Delalain, s. d.,* in-12, cartes, 3 vol., bas.

920. Géographie ancienne, par Mentelle. *Paris,* 813, in-12, cart.—Mélanges de géographie et d'histoire, par M. de Fortia d'Urban. *Paris,* 809, in-12, dem.-rel. — Géographie de Virgile, par Helliez. *Paris,* 771, in-12, dem.-rel.

921. Geographia sacra, sive notitia antiqua episcopatuum ecclesiæ universæ, auth. Carolo à Sancto Paulo. *Lutetiæ-Paris.,* 641, in-fol., cartes, v. f.

922. La géographie sacrée et les monumens de l'histoire sainte : Lettres du P. Rom. Joly. *Paris,* 784, in-4, fig., br.

922 *bis.* Abrégé de géographie, par A. Balbi. *Paris,* 833, in-8, br.

923. Mémoire sur la communication de la mer des Indes a la Méditerranée, par la mer Rouge et l'isthme de Soueys,

911 2 50 Vi

912 21 „ Dumont

913 9 95 Austin

914 1 50 Lubitsch

915 1 50 Delcat

916 4 30 Deflorenne

917 4 50 Favet

918 2 95 Delcat

919 8 „ Schaubeck

920 1 50 Debure

921 3 95 Austin

922 1 50 Dumont

922bis 8 60 Muller

923 5 „ „

924	3	20	Jourp
925	11	50	Labot
926	1	95	Duprat
927	8	„	id
928	4	„	Deflourme
929	9	50	Merlin
930	1	of	jouse
931			
932	4	70	Martin (...)
933	16	50	Belotte
934	2	„	Martin (d'up
935	2	60	p
936 }			
937 }	2	„	p
938	1	50	Jourp

par Le Père. *Paris, I. R.*, 815. == Mémoire sur les tribus
arabes des déserts de l'Egypte, par Dubois-Aymé. *Ibid.*, in-
fol., dem. mar. vert.

924. Atlas et tables élémentaires de géographie anc. et mod.
Paris, Delalain, 810, in-8, cartes, cart. — Atlas géogra-
phique, par Desnos. *Paris,* 786, in-4, dem.-rel.

925. Carte de la Grèce, par Riga (en grec mod.) 797, 12 f^lles
collées sur toile, dans un étui.

926. Routes de Paris à Nantes et de Paris à Rennes, par Vaysse
de Villiers. *Paris,* 821, in-8, cartes, 2 vol., dem.-rel.

927. Collection abrégée des voyages anciens et modernes autour du monde, rédigée par B. (Bancarel). *Paris,* 809,
in-8, pap. vél., fig., 12 vol., br.

928. Mémoire sur la collection de voyages des de Bry et de
Thevenot, par Camus. *Paris,* 802, in-4, br.

929. Di Marco Polo e degli altri viaggiatori Veneziani piu
illustri dissertazioni del P. ab. Plac. Zurla. *Venezia,* 818,
in-4, cartes, 2 vol., br.

930. Les voyages advantureux de Fernand Mendez Pinto,
trad. du portug., par Bern. Figuier. *Paris,* 628, in-4, vél.

931. Voyage de découvertes aux terres australes, exécuté de
1800 à 1804, par Peron et Freycinet (partie historique).
Paris, I. I., 807, in-4, 4 vol., dont 2 atlas, cart.

932. Voyage faict par terre, depuis Paris jusqu'à la Chine,
par de Feynes. *Paris, Rocolet,* 630, pet. in-8, v. f., fil.

933. Promenades d'un artiste : Bords du Rhin, Hollande, Bel-
gique, Tyrol, Suisse, Nord de l'Italie, avec des gravures
d'après Stanfield et Turner. *Paris, J. Renouard, s. d.*, gr.
in-8, pap. vél., dem. v., à nerfs.

934. A journey from London to Odessa, with notices of new
Russia, by J. Moore. *Paris,* 835, in-8, br.

935. Voyage de M. de Mayer en Suisse, en 1784. *Paris,* 786,
in-8, 2 vol., br. — Voyage en Suisse, par W. Coxe. *Paris,*
790, in-8, 3 vol., br.—Voyage en Suisse et en Italie, par
Cambry. *Paris,* an IX, in-8, fig., 2 vol., br.

936. Voyage d'Italie, de Dalmatie, de Grèce et du Levant, par
G. Spon et G. Wheler. *Lyon,* 678, in-12, fig., 3 vol., v. br.

937. Nouveau voyage d'Italie (par Misson). *La Haye,* 737,
in-12, fig., 2 vol., v. f.—Voyage en Dalmatie, par l'abbé
Fortis, trad. de l'ital. *Berne,* 778, in-8, fig., 2 vol., cart.

938. Journal du voyage de Montaigne en Italie, en 1580 et
1581, avec des notes, par de Querlon. *Paris,* 774, in-4, br.

70

939. Voyage d'Espagne, contenant plusieurs particulari
de ce royaume. *Cologne, P. Marteau (Elzev.).* = Relatio
de l'estat et gouvernement d'Espagne. *Ibid.*, 667, p
in-12, v. rose, fil.

940. Voyage en Russie, en 1788-89, par Chantreau. *Par*
794, in-8, fig., 2 vol., bas.

941. An account of a geographical and astronomical exp
dition to the northern parts of Russia, performed by co
mod. Jos. Billings from 1785 to 1794, narrated by Ma
Sauer. *London*, 802, in-4, fig., cart.

942. Relation d'un voyage dans la mer du Nord, par K
guelen-Tremarec. *Paris*, 771, in-4, fig., v. rac., fil.

943. Voyages de Pallas en différentes provinces de l'emp
de Russie et dans l'Asie septentrionale, trad. par Gauth
de la Peyronie. *Paris*, 788, in-4, 6 vol., dont atl., dem.-r

944. Voyage littéraire de la Grèce, par Guys. *Paris*, 78
in-8, fig., 4 vol., v. fil. — Voyage de la Propontide et
Pont-Euxin, par Lechevalier. *Paris*, 800, in-8, cart
2 tom. en 1 vol., dem.-rel.

945. Voyages célèbres et remarquables, faits de Perse aux I
des-Orientales, par le sieur Jean Albert de Mandelslo, tr
par de Wicquefort. *Amst.*, 727, in-fol., fig., 2 part.
1 vol., v. f.

946. Voyage de l'Arabie heureuse, de 1708 à 1710 (par I
roque). *Amst.*, 716, in-12, fig., br. — Voyage de Syrie
du Mont-Liban, par le même. *Paris*, 722, in-12, 2 vol.,

947. Histoire de la navigation de H. de Linschot aux Ind
Orientales. *Amst.*, 619, in-fol., fig., v. fil.

948. Voyage de G. Schouten aux Indes-Orientales. *Amst.*, 7(
in-12, 2 vol., v. br. — Voyage des Indes-Orientales,
Carré. *Paris*, 699, in-12, 2 vol., v. br. — Voyage aux
des-Orientales, par Grose. *Londres*, 758, in-12, br.
Voyage du comte Duprat dans l'Inde. *Londres*, 780,
12, br.

949. Legatio Batavica ad magnum Tartariæ chamum Sui
teium modernum Sinæ imperatorem, per Joa. Nieuhovi
latinitate donata. *Amst.*, 668, pet. in-fol., fig., v. br.

950. Voyage aux sources du Nil, en Nubie et en Abyssin
de 1768 à 1772, par J. Bruce, trad. de l'angl., par C
téra. *Paris*, 790, in-4, 6 vol., dont atlas, dem.-rel.

951. Voyage en Egypte et en Syrie, de 1783 à 1785,

939   1   y   *[illegible]*

940   1   „   *p.*
941   4   „   *Coussin*

942   3   „   *[illegible]*
943   10   „   *Mailhac*

944   3   „   *p.*

945   8   *[illegible]*   *Defloranne*

946   4   „   *Mailhac*

947   { 10   *id*
948   3   „   *Croyer*

949   3   „   *Duprat*
950   6   *25*   *Jony*
951   1   „   *p.*

952	3	"	multan
953	1	"	Debat
954	6	do	H. Tournad
955	10	do	Sotelu
956	23	do	Schröder
957	60	"	Reynault
958	1	"	Joux
959	2	"	Dupont
960	3	"	Labow
961	3	do	Schonbeck
961 bis	62	"	Poulain
962	2	do	Lecerup

Volney. *Paris*, an VIII, in-8, fig., 2 tom. en 1 vol., dem. mar. vert.

952. Campagne pittoresque du Luxor, par Léon de Joannis, *Paris, Mme Huzard*, 835, in-8, et atlas, in-fol., br.

953. Voyage dans la haute Pensylvanie et dans l'état de New-Yorck (trad. par de Crevecœur). *Paris, Crapelet*, 801, in-8, fig., 3 vol., br. — Voyage par terre de Santo-Domingo au Cap-Français, par Dorvo-Soulastre. *Paris*, 809, in-8, br.

II. CHRONOLOGIE —HISTOIRE UNIVER-SELLE.—HISTOIRE DES RELIGIONS.

954. Table chronologique des règnes.... de Ptolémée, trad. par l'abbé Halma. *Paris*, 819, in-4, br.

955. Chronicon Paschale, à mundo condito ad Heraclii imp. annum vicesimum, curâ et studio Car. Dufresne du Cange. *Paris., è typ. Reg.*, 688, in-fol., v. br

956. Eusebii Pamphili chronicon bipartitum, nunc primum ex armeniaco textu in latinum conversum, annotationibus auctum, græcis fragmentis exornatum, operâ J. Bapt. Aucher Ancyrani. *Venetiis, typ. Cœnobii PP. armenorum in insula S. Lazari*, 818, in-4, 2 part. en 1 vol., dem. mar. vert.

957. L'art de vérifier les dates, depuis la naissance de J.-C., par un religieux de la congr. de S. Maur, continué par M. de Saint-Allais. *Paris*, 818, in-8, 18 vol., dem.-rel.

958. Nic. Gürtleri origines mundi... seu historia universalis. *Amst.*, 708, pet. in-4, dem.-rel.—Annales du monde, depuis le déluge jusqu'au gouvernement d'Othoniel, premier juge des Israélites (par C. de Magny). *Strasb.*, 788, in-8, br.

959. Discours sur l'histoire universelle, par Bossuet. *Paris*, 681, in-4, v. br.

960. Le même. *Paris, Didot a.*, 784, in-4, pap. vél., dem. mar. rou., non rog.

961. Tablettes chronologiques de l'histoire universelle, par Lenglet Dufresnoy. *Paris*, 778, pet. in-8, 2 vol., cart.

961 *bis*. Histoire universelle, trad. de l'angl., avec les tables. *Amst.*, 742-802, in-4, 46 vol., v. m.

962. Diodori Siculi bibliothecæ historicæ (versio latina). *Basileæ*, 548, pet. in fol., dem.-rel.

963. Diodore de Sicile, trad. par Terrasson. *Paris*, 737, in-
12, 7 vol., v. m.

964. Histoire du monde sacrée et profane, pour servir d'introduction à l'histoire des Juifs de Prideaux, par Sam.
Shuckford, trad. de l'angl. par Bernard. *Leyde,* 738, in-12,
2 vol., mar. rou., fil., tr. dor.

965. Les fastes des anciens Hébreux, Grecs et Romains, ave.
un traicté de l'an et des mois.., par N. Viguier. *Paris, L'An-
gelier*, 588, in-4, parch.

966. Histoire de l'inauguration des rois, empereurs et autres
souverains de l'univers depuis leur origine jusqu'à présen.
(par Dom Ch. Bévy). *Paris,* 776, in-8, fig., dem.-rel.

967. Essai historique sur les noms d'hommes, de peuples e.
de lieux, par Eus. Salverte. *Paris*, 824, in-8, 2 tom. en 1
vol., dem.-rel.

968. Abrégé de l'origine de tous les cultes, par Dupuis. *Paris*
822, in-8, br.

969. Opuscula mythologica physica et ethica, gr. et lat. (edente
Th. Gale). *Amst.*, 688, in-8, vél.

970. Bibliothèque d'Apollodore, trad. par Clavier. *Paris,*
805, in-8, 2 vol., cart.

971. La genealogia degli dei de Gentili di Giov. Boccaccio,
trad. per Gios. Betussi da Bassano. *Venetia*, 574, in-4,
dem.-rel.

972. Recherches sur l'origine du culte de Bacchus en Grèce,
et sur l'origine de la diversité de ses rites, par J. F. Gail.
Paris, 821, in-8, br.

973. Recherches sur le culte de Bacchus, par Rolle. *Paris,*
825, in-8, 3 vol., br.

974. Mémoire sur Vénus, par Larcher. *Paris*, 775, in-12,
dem.-rel.

975. La religion des Gaulois, tirée des plus pures sources de
l'antiquité, par le P. Dom *** (Martin). *Paris*, 627, in-4,
fig., 2 vol.. v. m.

976. Relation de l'estat de la religion, et par quels desseins e.
artifices elle a été forgée et gouvernée en divers estats de ce.
parties occidentales du monde, trad. de l'angl. du chev.
Edwin Sandis. (*Elzev.*), 641.═La saincte chorographie, ou
description des lieux où réside l'église chrétienne, partou.
l'univers.*Amst.*, *L. Elzev.*, 641, pet. in-12, cuir de R. fil.

977. Eclaircissements sur la doctrine et l'hist. ecclésiastique
des deux premiers siècles. *Maestricht*, 695, in-8, v. br. ─

963   11   ..   Labitte
964   8   ..   Cou[illegible]son

965   5   ..   Duprat

966   2   ..   D[illegible]lorme

967   7   75   caupette

968   ~~2~~   7

969   3   55   [illegible]

970   10   ..   H. [illegible]

971   1   50   Duprat

972   2   ..   [illegible]

973   8   75   ..

974   2   70   Reynault

975   14   ..   Labitte

976   5   50   Martin ([illegible])

977   5   50   ..   ..

972

No.			Name
978	5	„	Labor
979	3	30	Auto Sotele…
980	11	„	Merlin (Jam…
981	25	„	Dentu
982	6	„	Juing
983	3	„	Labor
984	5	„	Dentu
985	5	„	Lesné pin
986	1	„	Moore
987	8	50	Merlin (ainé
988	1	30	Moore
989	1	20	Leuruys
990	4	10	Moore
991	2	„	Leuruys

73

Pièces détachées relatives au clergé séculier et régulier. *Amst.*, 771, in-8, 2 tom. en 1 vol.

978. Antiquitates ecclesiæ orientalis. *Londini*, 682, pet. in-8, vél.—Eutychii Alex. ecclesiæ suæ origines, arab. et lat., cum vers. et comment. Joa. Seldeni. *Londini*, 642, pet. in-4, parch.

979. Petri Castellani eortologion sive de festis græcorum syntagma. *Antuerpiæ, s. a.*, pet. in-8, non rel.

980. Apostolatus Benedictinorum in Anglia, sive disceptatio historica de antiquitate ord. S. Bened. in regno Angliæ, aut. Cl. Reynero. *Duaci*, 626, in-fol., v. br.

981. An historical account of the ancient culdees of Iona, and of their settlements in Scotland, England and Ireland, by J. Jamieson. *Edinburgh*, 811, in-4, fig., cart.

982. Bavaria sancta, à Matth. Radero. *Monachii*, 615, in-fol., fig., vél. (*Incompl. de quelq. figures.*)

983. Histoire du concile de Constance, par J. Lenfant. *Amst.*, 727, in-4, 2 vol., v. br. — Supplément à l'histoire de la guerre des Hussites, de M. Lenfant, par Is. de Beausobre. *Lausanne*, 745, in-4, v. m.

984. Dissertation sur la sainte larme de Vendôme, par J. B. Thiers. *Amst.*, 751, in-12, v. m. — Discours sur les prodiges du S. cierge d'Arras, par Nic. Fatou. *Arras*, 696, pet. in-12, parch.

985. La défense de la foy et de la piété de Provence pour ses saints tutélaires Lazare et Maximin, Marthe et Magdalène, par Hon. Bouche. *Aix*, 663, pet. in-4, parch.

986. Hist. de l'inquisition et son origine (par Dellon). *Cologne, P. Marteau*, 693, in-12, dem.-rel.

987. Histoire critique des pratiques superstitieuses, par le P. Le Brun. *Paris*, 750, in-12, 4 vol., v. m.

988. Querela ad Gassendum de parum christianis provincialium suorum ritibus, minimumque sanis eorumdem moribus, ex occasione ludicrorum quæ Aquis Sextiis in solemnitate corporis christi ridiculè celebrantur. 645, pet. in-4, parch.

989. Traitez singuliers et nouveaux contre le paganisme du Roy-boit, par J. Deslyons. *Paris*, 670, in-12, v. br.

990. Histoire critique et apologétique des chevaliers du Temple, par le P. M. J. (Jeune). *Paris*, 789, in-4, 2 vol., br.

991. Nécrologe de l'abbaïe de N. D. de Port-Roïal-des-Champs, publié par Dom Rivet. *Amst.*, 723. Supplément.....

(par Ch. H. Lefèvre de S. Martin). 735, in-4, 2 vol.,
v. br.

Avec des notes de Lenglet Dufresnoy.

992. La Sauce-Robert ou avis salutaires à M. J. Robert, grand
archid. de Chartres (par Thiers).=La Sauce-Robert justifiée
(par le même,.=Essai de philosophie morale, par de Mau-
pertuis. 751, pet. in-8, v. m.

993. Histoire des flagellans par l'abbé Boileau. *Amst.*, 732. =
Mémoires pour servir à l'histoire de la fête des foux, par
du Tilliot. *Lausanne*, 751, pet. in-8, fig., v. gr.

994. Ger. Croesii historia quakeriana. *Amst.*, 695. in-12,
dem.-rel.

III. HISTOIRE ANCIENNE. — HISTOIRE RO-
MAINE ET DU BAS-EMPIRE.

995. Etudes sur l'histoire ancienne, par P. Ch. Levesque.
Paris, 811, in-8, 5 vol., dem.-rel.

996. Recherches nouvelles sur l'histoire ancienne (par Volney). *Paris*, 814, in-8, 3 part., br.

997. Flavii Josephi opera, gr. et lat. *Genevæ*, 611, in-fol.,
v. f.

998. L'Egypte sous les Pharaons, par Champollion j^e. *Paris*,
814, in-8, 2 tom. en 1 vol., dem.-rel.

999. Annales des Lagides, par Champollion-Figeac. *Paris*,
819, in-8, fig., 2 tom. en 1 vol., dem.-rel.

1000. Annales Arsacidarum, aut. Lud. Dufour de Longuerue.
Argentorati, 732, pet. in-4, v. br.

1001. Justinus, cum not. varior. *Amst.*, 659, in-8, v. br.—
Jac. Palmerii à Grentemesnil Græciæ antiquæ descriptio.
Lugd.-Bat., 678, in-4, v. br.

1002. Pausanias, trad. par Gédoyn. *Paris*, an II, in-8, 4
vol., bas.

1003. Histoire de l'ancienne Grèce, de ses colonies et de ses
conquêtes, trad. de l'angl. de John Gillies, par Carra. *Paris*,
787, in-8, 6 tom. en 3 vol., dem.-rel.

1004. Histoire de la Grèce, par Goldsmith. *Paris.*, 802, in-8,

992   1   „   Leuring

993   „   „

994   1   Ga. Deventa

995   4   G.   Schaubeck
996   ≢
997   6,   g.   Cretainu
998   12   „   Lebrun
999   9   g.   Duprat
1000   1   g.   „
1001   2   „   Le bitte

1002   1   Jo   p
1003   12   Jo   Cretaine
1004   3   „   J. Labitt

1005	2	„	jouy
1006	8	„	Lebrun
1007	1	„	Eyriès
1008	8	10	Maillard
1009			
1010	5	„	Dumont
1011	7	95	Schaubeck
1012	42	50	Martin
1013	6	10	jouy
1014	8	„	Labot
1015	1	„	jouy
1016	20	50	Labot
1017	12	„	Martin (Lus.
1012	29	50	Martin

2 vol., dem.-rel.—Des anciens gouvernemens fédératifs et de la législation de Crête (par de Ste-Croix). *Paris*, an VII, in-8, dem.-rel.

1005. Histoire grecque de Goldsmith, trad. en grec mod., par Démétrius Alexandride. *Vienne en Autr.*, 807, in-8, 3 vol., cart.

1006. Olympia, or topography illustrative of the actual state of the plain of Olympia and of the ruins of the city of Elis, by John Spencer Stanhope. *London*, 824, gr. in-fol., fig., dem. mar.

1007. Topography illustrative of the battle of Platæa, by J. Spencer Stanhope. *London*, 817, in-8, cart.

1008. Voyage d'Anacharsis. *Paris, Debure*, 790, in-8, 7 vol., et atlas in-4, bas.

1009. Le même. *Paris, Berquet*, 825, in-18, pap. vél., fig., 8 vol., br.

1010. Historicorum græcorum antiquissimorum fragmenta, collegit Frid. Creuzer; Hecatæi historica; itemque Charonis et Xanthi omnia. *Heidelbergœ*, 806, in-8, dem.-rel.— Selecta principum historicorum Herodoti, Thucydidis, Xenophontis, etc. (gr.), aut Dan. Wyttenbach. *Amst.*, 794, in-8, cart.

1011. Herodotus, gr. et lat. *Excud., H. Stephanus*, 592, in-fol., v. m.

1012. Herodotus, gr. et lat., edidit Pet. Wesslingius. *Amst.*, 763, in-fol., vél.

1013. Herodoti et Ctesiæ Cnidii quæ exstant opera et fragmenta, græcè, recensuit Aug. Chr. Borheck. *Lemgoviæ*, 808, in-8, 3 tom. en 1 vol., dem. mar. rou., non rog.—Aug. Christ. Borheck apparatus ad Herodotum. *Lemgoviæ*, 795, in-8, 5 tom. en 2 vol., dem. mar. rou., non rog.

1014. Histoire d'Hérodote, texte grec, avec des notes critiques et des variantes, par Gail. *Paris*, 824, in-4, pap. vél., 2 vol., dem. mar. vert, non rog.

1015. Thucydides, cum scholiis gr. *Basileœ*, 640, pet. in-fol., dem.-rel.—Idem, à Laur. Vallensi translatus. *Paris.*, 528, in-fol., v. m.

1016. Thucydides, gr. et lat., cum annotationibus varior., edidit Car. Andr. Dukerus. *Amst.*, 731, in-fol., vél.

1017. Thucydides, ex recensione Imm. Bekkeri. *Berolini*, 821, in-8, 3 vol., cart.

1018. Thucydides, græcè, cum versione græca vulgari, notis et indice, operâ Neophyti Ducæ. *Viennæ-Austr.*, 805, in-8, 10 tom. en 5 vol., dem. mar. rou., non rog.

1019. Histoire grecque de Thucydide, avec la version latine et des variantes, par Gail. *Paris,* 807, in-4, 4 vol., dem. mar. rou., non rog.

1020. Xenophontis historiæ græcæ lib. VII, recensuit J. G. Schneider. *Lipsiæ,* 791, in-8, dem.-rel., non rog. — Xenophontis memorabilia, gr., edidit Schneider. *Lipsiæ,* 790, in-8, dem -rel.

1021. Joa. Meursii Græcia ludibunda, accedit Dan. Souterii Palamedes. *Lugd.-Bat., Elzev.,* 625, pet. in-8, dem.-rel. —Xenophontis memorabilia, gr., edidit Guil. Lange. *Halis Saxon.,* 806, in-8, dem.-rel.

1021 *bis*. Essai historique et philosophique sur les fêtes de la Grèce, par Chr. Herrmann. *Berlin,* 803, in-8, 2 vol., dem.-rel. *(En allem.)*

1022. Histoire de l'origine, des progrès et de la décadence des sciences dans la Grèce, trad. de Chr. Meiners par Ch. Laveaux. *Paris,* an vii, in-8, tom. 1 à 4, en 2 vol., dem.-rel. — Histoire du siècle d'Alexandre, par Linguet. *Paris,* 769, in-12, dem.-rel.

1023. Arrianus, de expeditione Alexandri magni, gr. et lat. *Excud. H. Stephanus,* 575.═Ejusd. Ponti Euxini et maris Erythræi Periplus, gr. et lat., edente Jo. Guil. Stuckio. *Lugduni,* 577, in-fol., bas. *(Notes mstes.)*

1024. Arrianus, gr. et lat., ex Ben. Vulcanii interpretatione. *Excud. H. Stephanus,* 575, in-fol., dem. mar. vert.

1025. Histoire des expéditions d'Alexandre, par Fl. Arrien, trad. par P. Chaussard. *Paris,* 802, in-8, 3 vol., et atlas in-4, dem.-rel.

1026. Quinte-Curce, trad. par Mignot. *Paris,* 781, in-8, 2 vol., br.

1027. Varii historiæ romanæ scriptores partim græci, partim latini, in unum velut corpus redacti. *Excud. H. Stephanus,* 568, pet. in-8, 4 vol., rel. en peau.

1028. Titus Livius, recensuit Crevier. *Paris,* 805, in-12, 6 vol., bas.

1029. Eutropii breviarium historiæ romanæ, edidit Car. Henr. Tzschucke. *Lipsiæ,* 796, in-8, v. ant., dent. à fr.

1030. Eutropius. *Paris., A. A. Renouard,* 796, in-18, pap. fin, cart.

1018	8	„	[illegible]
1019	9	„	[illegible]
1020	1	80	jong
1021	4	„	Martin (Engl.
1022 bis	5	„	[illegible]
1022	1	„	jong
1023	3	of	[illegible]
1024	2	„	Lewin [?]
1025	8	„	Lebrun
1026	3	„	[illegible]
1027	2	„	jong
1028	2	70	Schaubeck [?]
1029	7	50	Coussin
1030			

1031		1	60	Labot
1032		1	20	p.
1033		1	"	Coupin
1034		1	"	Raulin
1035		1	80	Coupin
1036		5	05	~~Marta~~ Daymu
1037		3	75	Schaubak
1038		1	50	id
1039		2	75	jump
1040		2	"	Raymunch
1041		3	55	Schaubak
1042		3	95	p
1043		2	60	H. Sourul
1044	tome 1ᵉ	1	"	Labot
1045		16	"	Dumont

1031. Ann. Florus, trad. par Paganel. *Paris*, 823, in-8, dem.-
rel.—Histoire du passage des Alpes par Annibal, par J. A.
Deluc. *Genève*, 825, in-8, br.

1032. C. Velleius Paterculus, cum not. varior., curante P.
Burmanno. *Lugd.-Bat.*, 719, in-8, vél.

1033. C. Sallustius. *Amst.*, *Waesberg*, 675, pet. in-12, mar.
vert, fil., tr. dor.

1034. C. Sallustius. *Paris.*, *Barbou*, 761, in-12, v. f., fil.,
tr. dor.

1035. Commentaires de César (trad. de Perrot d'Ablancourt).
Amst., 763, in-12, fig., 2 vol., v. m.

1036. Mémoires pour servir à l'histoire romaine pendant les
126 ans qui ont précédé l'ère chrétienne. *Paris*, 820, in-8,
br.—Histoire de la décadence des mœurs chez les Romains,
par Binet. *Paris*, an iii, in-12, dem.-rel.

1037. Appiani Alex. historia romana, gr. et lat. *Excud. H.
Stephanus*, 592, in-fol., bas.

1038. Dionis Nicæi rerum romanarum epitome, aut. Joa. Xi-
philino. *Lutetiæ*, 551, in-4, dem.-rel.

1039. Dionis romanarum historiarum libri, gr. *Lutetiæ, R.
Stephanus*, 548, pet. in-fol., dem.-rel.

1040. Tableau chronologique des événements rapportés par
Tacite et antérieurs à l'avènement de Tibère, par le marq.
de Fortia. *Paris*, 827, in-8, v., fers à fr.

1041. Historiæ Augustæ scriptores VI, cum not. varior., curante Corn. Schrevelio. *Lugd.-Bat.*, 661, in-8, v. br. —
Herodianus, gr. et lat. *Lugd.*, 624, pet. in-8, v. br.

1042. Herodianus, gr. et lat. *Edimburgi*, 724, pet. in-8,
mar. rou., fil., tr. dor.

1043. Histoire d'Hérodien, trad. du gr., par Mongault. *Paris*,
745, in-12, v. m.—Joa. Bap. Egnatii de cæsaribus lib. II;
Ejusd. in Spartianum, Lampridiumque et reliquos annota-
tiones; Nervæ et Trajani atque Adriani vitæ, ex Dione, G.
Merula interprete; Jul. Capitolinus, Lampridius, etc..., ab
eod. Egnatio castigati. *Florentiæ, hæred. Juntæ*, 519, in-
12, dem.-rel.

1044. Des changemens opérés dans toutes les parties de l'administration de l'empire romain, sous les règnes de Dioclé-
tien, de Constantin, etc., par J. Naudet. *Paris*, 817, in-8,
dem.-rel.

1045. Leonis Diaconi historia, scriptoresque alii ad res byzantinas pertinentes, gr. et lat., edidit Car. Ben. Hase. *Paris., è typ. Reg.*, 819, in-fol, dem. mar. vert.

1046. Ouvrages historiques de Polybe, Hérodien et Zozime, publ. par Buchon. *Paris, Desrez,* 836, gr. in-8, 2 part., br.

1047. Zosimi historia nova, ex recensione Frid. Sylburgii, cum lat. interpr. Joa. Leunclavii et not. var., accurante Chr. Cellario. *Ienæ.* 728, pet in-8, parch.

1048. Histoire de la décadence et de la chute de l'empire romain, par Gibbon, publ. par Buchon. *Paris, Desrez,* 835, gr. in-8, 2 vol., br.

IV. ARCHÉOLOGIE.

1049. L'antiquité dévoilée, par Boulanger. *Amst.*, 766, in-4, br.—Analyse de l'antiquité dévoilée, par un solitaire (l'abbé Le Gros). *Paris,* 788, in-8, v. m.—L'antiquité justifiée (par le comte d'Autray). *Paris,* 766, in-12, br.

1050. Bulletin des sciences historiques, antiquités, philologie, rédigé par MM. Champollion, publ. par le bar. de Férussac. *Paris,* 827-31, in-8, tom. 7 à 18, dem.-rel.

1051. Traditions tératologiques ou récits de l'antiquité et du moyen-âge en Occident, par Berger de Xivrey. *Paris, I. R.,* 836, in-8, br.

1052. Un vol. in-4, cart., contenant des figures d'antiquités.

1053. Mémoire sur le système métrique des anciens Egyptiens, par M. Jomard. *Paris, I. R.,* 817, in-fol., br.

1054. Métrologie, ou tables pour servir à l'intelligence des poids et mesures des anciens, par Romé de l'Isle. *Paris,* 789, in-4, dem.-rel.

1055. Marci Meibomii de fabrica Triremium liber. *Amst.,* 671, pet. in-4, fig., parch.

1056. Car. Paschalii coronæ. *Paris.,* 610, in-4, parch.—Alb. Rubenii de re vestiaria veterum lib. II. *Antuerpiæ,* 665, in-4, fig., v. br.

1057. B. Balduini calceus antiquus et mysticus, et Jul. Nigronius de caliga veterum, cum notis. *Lugd.-Bat.,* 711, in-12, fig., br. — Th. Bartholini de armillis veterum schedion. *Amst.,* 676, fig. ═ Ejusd. antiquitatum veteris puerperii

1046	6	75	Schaerbeek
1047	1	85	id
1048	12	50	id
1049	2	„	Bibl. potos. und id. ferner 10
1050	10	„	p
1051	4	„	Differenze
1052	2	„	id
1053	2	„	p
1054	1	50	p
1055			
1056	1	„	Leuring
1057			

1058	1	of	p. Dumontier
1059			
1060	2	„	Labot
1061	2	„	p. Dumontier
1062	10	„	p. id
1063	7	„	Potelet
1064			
1065	12	„	Techener
1066	1	„	Dufossance
1067			
1068	7	„	Potelet
1069			

synopsis. *Amst.*, 676, fig.== Casp. Bartholini de inauribus veterum syntagma. *Amst.*, 676, pet. in-12, fig., v. br.—Laur. Pignorius, de servis. *Amst.*, 674, pet. in-12, fig., v. br.

1058. Recherches sur l'époque de l'équitation et de l'usage des chars équestres chez les anciens, par G. de Fabricy. *Rome*, 764, in-8, dem.-rel.—Balduinus de calcec et Nigronius de caliga veterum. *Lugd.-Bat,*, 711, in-12, fig., bas.

1059. Des décorations funèbres où il est traité d s tentures, lumières, mausolées, catafalques, inscriptions, etc.. par le P. Ménestrier. *Paris*, 684, in-8, fig., mar. rou., fil.

1060. De sacrificiis lib. II, aut. Guil. Outramo. *Londini*, 677, in-4, v. br.

1061. Fr. Ficoroni gemmæ antiquæ litteratæ aliæque rariores..., cum annotation. Nic. Galeotti. *Romæ*, 757, in-4, fig., br.

1062. Monumens et ouvrages d'art antiques restitués d'après les descriptions des auteurs grecs et latins, et accompagnés de dissertations archéologiques, par Quatremère de Quincy. *Paris*, *J. Renouard*, 829, in-4, fig , 2 vol., br.

1063. Monumenti inediti di antichita e belle arti, raccolti e dati in luce da una societa archeologica. *Napoli*, 820, in-4, fig., br.

1064. L'Orestéide ou description de deux bas-reliefs et de quelq. monuments qui ont rapport à l'histoire d'Oreste, par Millin. *Paris*, 817, in-4, fig. au tr., br.

1065. Recueil de monumens antiques, la plupart inédits, et découverts dans l'ancienne Gaule, par Grivaud de la Vincelle. *Paris*, 817, in 4, fig., 2 tom. en 1 vol., dem. mar. vert.

1066. Collection des sculptures antiques grecques et romaines, trouvées à Rome dans les ruines des palais de Néron et de Marius. *Paris*, 755, in-4, fig., non rel.

1067. Notice sur la statue antique de Vénus, découverte dans l'île de Milo en 1820, par M. Quatremère de Quincy. *Paris*, *Debure*, 821, in-4, fig., br. *(32 pag.)*

1068. Mémoire sur la collection des vases antiques, trouvée en mars 1830, à Berthouville (arrondissement de Bernay), (par M. Aug. Le Prévost). *Caen*, *Chalopin*, 832, in-4, fig., cart.

1069. A lecture on the study of ancient coins in connexion

with history, by Benj. Rich. Green. *London*, 829, gr. in-8
fig., br.

1070. Jos. Scaligeri de re nummaria dissertatio. *Ex off.*
Plantin., 616.==Wilebr. Snellii de re nummaria lib. sin
gul. *Ibid.*, 613.==Tabulæ rei nummariæ Romanorum Græ
corumque, ex Gul. Budæo, Agricola, et Ciacconio. *Antue*
piæ, 646, in-8, v. br.

1071. Discours sur les medalles antiques, par Louis Savo
Paris, C. umoisy, 627, in-4, parch.

1072. E.ech. Spanhemii dissertationes de præstantia et us
numismatum antiquorum. *Londini*, 706, in-fol., fig.,
vol., v. gr., fil.

1073. La science des médailles ant. et modernes (par le I
Louis Jobert). *Paris*, 715, in-12, fig., 2 vol., v. br.

1074. Specimen rei numariæ, aut. J. Jos. Gessnero. *Tigur*
735, in-fol., fig., cart —Nouvelles recherches sur la scien
des médailles, inscriptions et hiéroglyphes antiques, p
Poinsinet de Sivry. *Maestricht*, 778, in-4, fig., br.

1075. Histoire de la monnaie, par le marq. Garnier. *Pari*
819, in-8, 2 tom. en 1 vol., dem.-rel.

1076. Lexicon universæ rei numariæ veterum et præcip
Græcorum ac Romanorum, cum observationibus et passi
cum explicatione monogrammatum, edidit Jo. Christ. Ra
che. *Lipsiæ*, 785-93, in-8, 7 part., br. (Tom. 1, 2, 3 et
1re part.)

1077. Doctrina numorum veterum, conscripta à Jos. Eckh
(pars 1). *Vindobonæ*, 792, in-4, 2 vol., dem.-rel.

1078. Essai historique sur les monnaies d'argent de la lig
Achéenne, par E. Cousinéry. *Paris, A. A. Renourd*, 82
in-4, fig., br.

1079. Choix de médailles antiques d'Olbiopolis ou Olbia (p
M. Raoul-Rochette. *Paris, F. Didot*, 822, fig.==Antiquit
grecques du Bosphore-Cimmérien expliquées (par le même
Ibid., 822, fig., gr. in-8, dem. mar. rou.

1080. Descriptio numorum Antiochiæ Syriæ, à Jos. Ecke
Viennæ, 786, in-4, br.—Commentatio de numo Hadria
plumbeo et gemma isiaca in funere Ægyptii medicato repe
tis, à Jul. Car. Schlægero. *Helmæstadii*. 742, in-4, fig., b

1081. Impp. Romanorum numismatum series à J. Cæsare
Rudolphum II, per Lev. Hulsium. *Francof.*, 605, pet. in-
fig., parch.

1070	1	"	p
1071	3	"	Lesuré p.
1072	27	"	Tussat. quincampoix 32
1073	5	85	Labot
1074	4	of	Laßitte
1075	5	50	asselin
1076	16	"	Lécuverp
1077	4	"	Lecuveny
1078	2	50	moore
1079	8	50	Lesué p.
1080			
1081	1	"	joup

1082	2	of	[illegible]
1083	18	a	Moulin (Bry
1084	26	a	[illegible]
1085	8	a	Dupin
1086	1	50	joux
1087	2	90	[illegible]
1088	12	50	[illegible]
1089	13	50	Sauvaignac
1090	1	10	p
1091	1	50	Labitte
1092	2	35	[illegible]
1093	7	50	[illegible]
1094	2	.	[illegible]
1095	15	a	[illegible]

81

1082. Familiæ romanæ quæ reperiuntur in antiquis nu-
mismatibus, ex bibl. Fulvi Ursini. *Romœ*, 577, in fol.,
fig., parch.
1083. Numismata ærea Imperatorum, Augustarum et Cæsa-
rum, in coloniis, municipiis et urbibus jure latio donatis,
auth. Jo Foy. Vaillant. *Paris.*, 688, in-fol., fig., 1 tom. en
2 vol., v. m. (*Interfoliés.*)
1084. Numismata Imperatorum Romanorum à Trajano Decio
ad Palæologos Augustos ; accessit bibliotheca nummaria,
operâ et studio D. Ans. Banduri. *Lutetiæ-Paris.*, 718, in-
fol, fig., 2 vol., v. br.
1085. Imperatorum Romanorum numismata, illustrata à Fr.
Mediobarbo, curante Phil. Argelato. *Mediolani*, 730, in-fol.,
v. m.
1086. Numismata romanorum Pontificum præstantiora, à
Martino V ad Benedictum XIV, per Rodolph. Venuti aucta
et illustrata. *Romœ*, 744, in-4, fig., vél.
1087. Recueil d'antiquités étrusques, grecques et romaines, par
de Caylus. *Paris*, 752, in-4, fig., tom. 1 et 2, dem.-rel.
1088. Supplément aux antiquités de Caylus. *Paris*, 767,
in-4, v. gr., fil. (*Ce vol. forme le tome 7.*)
1089. Antiquités étrusques, grecques et romaines..., gravées
par David, avec leurs explications, par d'Hancarville. *Paris*,
787, in-4, 5 vol., dem.-rel.
1090. Joh. Phil. Pfeifferi lib. IV antiquitatum græcarum,
gentilium, sacrarum, politicarum, militarium, etc. *Regio-*
monti, 707, in-4, parch.
1091. De la connaissance des antiquités helléniques, sous le
point de vue politique, par W. Wachsmuth. *Halle*, 826,
in-8, tom. 1 en 2 part., tom. 2, 1re part. (*En allem.*)
1092. Antiquités grecques du Bosphore Cimmérien, publiées
et expliquées par Raoul-Rochette. *Paris*, 822, gr. in-8,
fig., dem. v.
1093. Voyages archéologiques dans l'ancienne Etrurie, par
le doct. Dorow, trad. de l'allemand, par M. Eyriès. *Paris*,
829, in-4, fig., br.
1094. Lettres sur la découverte d'Herculanum et de ses principales antiquités, par Seigneux de Correvon. *Yverdon*, 770,
pet. in-8, 2 tom. en 1 vol., bas. — Observations sur les
antiquités d'Herculanum, par Cochin et Bellicard. *Paris*,
755, in-12, fig., v. m.
1095. Antiquités d'Herculanum..., gravées par David, avec

leurs explications, par S. Maréchal. *Paris*, 780, in-4, 9 vol., dem.-rel.

1096. Plan d'une histoire des antiquités romaines, par Fr. Creuzer. *Leipsik*, 824, in-8, dem.-rel. (*En allem.*) *Huyb.*

1097. Jo. Frid. Gruneri introductio in antiquitates romanas. *Ienæ*, 746, pet. in-8, br. — Compendio de las antiquedades romanas, por Fr. Perez. *Madrid*, 771, in-12, parch.

1098. Le Muséum de Florence..., dessiné et gravé par David, avec des explications. *Paris*, 787, in-4, 5 vol., dem.-rel. (*Le tome 4 manque.*)

1099. Monumens de la vie privée des douze Césars. *Caprée, Sabellius*, 782, in-8, fig., v. gr., fil. *Labr.*

1100 Joan. Cuspiniani de consulibus Romanorum commentarii. *Basileæ*, 553, in-fol., n. rel.

1101. Justi Rycquii de capitolio romano commentarius. *Lugd.-Bat.*, 669, pet. in-12, fig., mar., tr. dor.

1102. Recherches historiques sur la police des Romains, concernant les grands chemins, les rues et les marchés, etc., par Bouchaud. *Paris, Langlois*, an viii, in-8, v. m. *Lab.*

1103. Hygini Gromatici et Polybii de Castris romanis quæ extant. *Amst.*, 760, pet. in-4, vél.

1104. Première et deuxième lettres sur la découverte des hiéroglyphes acrologiques, par M. Klaproth. *Paris*, 827, gr. in-8, 2 vol., br.

1105. Description des monumens musulmans du cabinet du duc de Blacas, par Reinaud. *Paris*, 828, in-8, fig., 2 tom. en 1 vol., dem.-rel.

1106. Joa. Nicolai tractatus de siglis veterum. *Lugd.-Bat.*, 703, pet. in-4, v. f.

1107. Græcorum siglæ lapidariæ, à Scip. Maffeio collectæ atque explicatæ. *Veronæ*, 746, pet. in-8, cart.

1108. Th. Reinesii syntagma inscriptionum antiquarum cumprimis Romæ veteris, quarum omissa est recensio in vasto J. Gruteri opere cujus isthoc dici possit supplementum. *Lipsiæ*, 682, in-fol., v. br. *Lapl. 5 à 9*

1109. Dictionnaire de diplomatique ou étymologies des termes de la basse latinité, par l'ab. Montignot. *Paris*, 789, in-8, br.

1110. Le nouvel archiviste, par de Chevrières. *Paris*, 775. = Méthode des terriers, par Jollivet. *Paris*, 776, pet. in-8, bas.

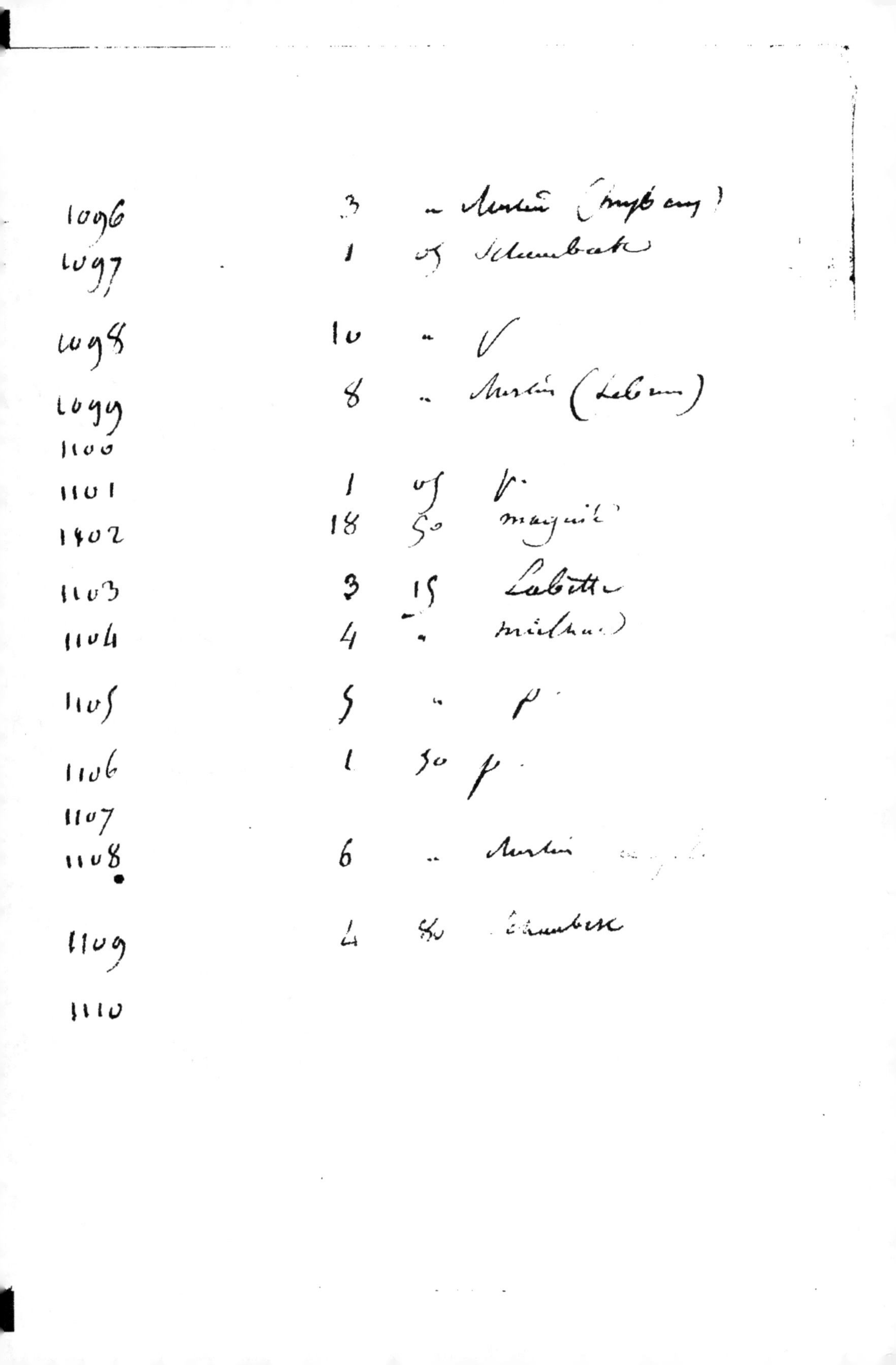

1096	3	.. Martin (Strasbourg)
1097	1	of Schumbach
1098	10	.. ✓
1099	8	.. Martin (Leborn)
1100		
1101	1	of p.
1102	18	50 marquit
1103	3	15 Labitte
1104	4	.. michau)
1105	5	.. p.
1106	1	50 p.
1107		
1108	6	.. Martin
1109	4	80 Schubert
1110		

1111	5	"	Denter
1112			
1113	4	Do	Merlin (Lapel.)
1114	3	"	Crozet
1115	8	"	Merlin
1116	4	"	Déflorenne
1117	20	"	Labot
1118	15	Do	id
1119	11	Do	Déflorenne
1120	9	"	Cabary
1121	11	"	D
1122	9	"	Paris
1123	4	Do	Labot
1124	14	Do	faver
1125	7	85	Déflorenne "

1111. Vindiciæ veterum codicum confirmatæ , auct. Pet. Constant. *Lutetiæ*, 715, in-8, v. br. — De veteribus regum Francorum diplomatibus et arte secernendi antiqua diplomata vera à falsis disceptatio II, auct. Barth. Germon. *Paris*. 706, in 12, v. br.—Vindiciæ manuscriptor. codicum, à Barthol. Germon impugnatorum, auct. Pet. Constant. *Paris.*, 706, in-8, v. br.

1112. Catalogue rais. des manuscrits conservés dans la bibliothèque de Genève, par J. Senebier. *Genève*, 779, in-8, br.

1113. Traité de matériaux mss. de divers genres d'histoire, par A. A. Monteil. *Paris*, 836, in-8, 2 vol., br.

V. HISTOIRE HÉRALDIQUE.

1114. Histoire critique de la noblesse, par J. A. Dulaure. *Paris*, 790, in-8, br.

1115. Traité de la noblesse, par G. And. de La Roque. *Paris*, 678, in-4, v. m.

1116. Origine et pratique des armoiries à la gauloise, par le P. Phil. Monet. *Lyon*, 634, in-4, parch.

1117. Tableau généalogique de la noblesse, par le comte de Waroquier. *Paris*, 786, pet. in-12, fig., 9 vol., br.

1118. Alliances généalogiques des rois et princes de Gaule, par Cl. Paradin. *Lyon, de Tournes*, 561, in-fol., v. f., blasons color.

1119. Histoire généalog. de la maison de Beauvau, par Sc. et L. de Sainte-Marthe. *Paris*, 626, in-fol., fig., v. br.

1120. Histoire généalogique de la maison des Chasteigners, par And. du Chesne. *Paris*, 634, in-fol., bas.

1121. Histoire généalogique de la maison du Chatelet, par Dom Calmet. *Nancy*, 741, in-fol., fig., v. br.

1122. Histoire de la maison de Chastillon-sur-Marne, par And. du Chesne. *Paris*, 624, in-fol., fig., v. f.

1123. Généalogie de la famille de Clugny. *Dijon, Ant. de Fay*, in-4, v. m.

1124. Histoire généalogique de la maison de Gondi, par de Corbinelli. *Paris*, 705, in-4, fig., 2 vol., v. br.

1125. Figures pour servir à l'hist. généalog de la maison de Gondi. In-4, v.

1126. Extrait de la généalogie de la maison de Mailly, par M.
Paris, 757, in-8, fig., v. m.

1127. Histoire généalog. de la maison de Vergy, par And.
du Chesne. *Paris*, 625, in-fol., v. br.

1128. Mémoires généalogiques de la maison de l'Escal de
Vérone, dont une branche a fait souche à Paris, sous le nom
de l'Escalopier. *S. l. n. d.*, in-8, v. m.

1129. Recueil généalog. des familles originaires des Pays-
Bas, ou y établies. *Rotterdam*, 775, in-8, 2 vol., dem.-rel.

VI. HISTOIRE MODERNE.

A. GÉNÉRALITÉS.

1130. Introduction à l'histoire de l'univers, par Puffendorf.
Paris, 753, in-4, pap. de Holl., 8 vol., br.

1131. Conradi à Liechtenaw Urspergensis cœnobii chronicon; accesserunt annales Rheginonis abb. et Lamberti
mon. *Argent.*, 607, in-fol., v. f.

1132. Essai sur les mœurs. Histoire de Charles XII. Histoire
de la Russie, sous Pierre-le-Grand, par Voltaire. *Paris,
Bacquenois*, 835, in-4, br. (*Tome 3 des œuvres.*)

1133. OEuvres de W. Robertson, publ. par Buchon. *Paris,
Desrez*, 836, gr. in-8, 2 vol., br.

1134. Collection des annuaires historiques de Lesur, de 1818
à 1830, 1832 et 1833. In-8, 15 vol., br.

1135. De l'influence des croisades sur l'état des peuples de
l'Europe, par Max. de Choiseul-Daillecourt. *Paris*, 809,
in-8, dem.-rel.

1136. Les Juifs d'Occident, par Arth. Beugnot. *Paris*, 824,
in-8, br.

1137. Recherches sur l'origine et les divers établissemens des
Scythes ou Goths, trad. de l'angl. de Pinkerton. *Paris,
Imp. de la Rép.*, 804, in-8, br.

1138. Histoire des Cantabres ou des premiers colons de toute
l'Europe, avec celle des Basques, leurs descendants directs,
qui existent encore, et leur langue asiatique-basque, tra-
duite et réduite aux principes de la langue française, par
l'abbé d'Iharce de Bidassouet. *Paris*, 825, in-8, br.
(Tom. Ier.)

1126	5	25	
1127	7	50	Tabary
1128	7	"	Defloreun
1129	8	"	:⁄
1130	10	50	Joup
1131	2	40	Tabary
1132			
1133	11	"	Suvanp
1134	99	"	J. Leduzin
1135	3	50	Camus
1136	7	25	Martin (d'Evelt)
1137	3	"	Legros
1138	5	"	Hénanp
	18	"	Croyu

1139			
1140	2	20	V.
1141	9	"	Espiès
1142	6	"	Reynault
1143	33	~~—~~	~~Lebrun~~ p
1144	~~23~~	65	~~Lebrun~~ Lebru
1145	4	30	Defloreuue
1146	5	40	Potier
1147	99	"	M. Tardif.
1148	3	30	Dupuis
1149	5	"	Ludovon
1150	4	"	Tardif
1151	5	"	:)
1152	4	"	Lebrun
1153	3	30	Lebrun

1139. Négociations secrètes touchant la paix de Munster et d'Osnabrug. *La Haye*, 725, in-fol., 4 tom. en 3 vol., v. f.

B. HISTOIRE DE FRANCE.

1140. Itinerarium Galliæ Narbonensis, cui accedit glossarium prisco-gallicum seu de lingua gallorum veteri dissertatio ; auth. Joh. Is. Pontano. *Lugd.-Bat.*, 606, pet. in-12, d.-rel.

1141. Le conducteur français, par Denis. *Paris*, 776, in-8, cartes, 8 vol., dem.-rel., et v. m.

1142. Histoire de France, représentée par figures gravées par David, accompagnées de discours. *Paris*, 788, in-4, 4 vol., dem.-rel.

1143. Histoire de France, par Anquetil, continuée par Gallais. *Paris, Janet et Cotelle*, 817-19, in-8, 12 vol., v. ant., dent à fr.

1144. Abrégé chronologique de l'histoire de France, par Hénault. *Paris*, 775, pet. in-8, 3 vol., v. éc., fil.

1145. Annales de la monarchie françoise, par de Limiers. *Amst.*, 724, gr. in-fol., fig., 3 part. en 1 vol., v. br.

1146. Histoire de la monarchie françoise..., de 1643 à 1654, par de Riencourt. *Paris*, 688, in-12, 2 vol., mar. rou., fil., tr. dor.

1147. Histoire des Français, par Simonde de Sismondi. *Paris*, 821, in-8, tom. 1er à 21, br.

1148. Invasions des Sarrasins en France, en Savoie, etc., par M. Reinaud. *Paris*, 836, in-8, Brad.

1149. Histoire de Charlemagne, par Gaillard. *Paris*, 819, in-8, pap. vél., 2 vol., br.

1150. Essai sur les institutions de S. Louis, par A. Beugnot. *Paris*, 821, in-8, dem.-rel.

1151. Archives curieuses de l'histoire de France, de Louis XI à Louis XVIII, par MM. Cimber et Danjou. *Paris*, 834, 1re série, tom. 1 et 2, br.

1152. Histoire de Louys unziesme, roy de France, autrement dicte la Chronique scandaleuse, escrite par un greffier de l'Hostel-de-Ville de Paris (Jean de Troyes). *Imprimée sur le vray original*, 611, pet. in-8, v. br.

1153. Conjuration d'Etienne Marcel contre l'autorité royale, ou histoire des états-généraux de la France, de 1355 à 1358, par J. Naudet. *Paris*, 815, in-8, dem.-rel. — Louis XII et François Ier, par L. Roederer. *Paris*, 825, in-8, 2 vol., br.

1154. Lettres de mess^{re} P. de Foix. *Paris*, 628, in-4, v. f., fil.
1155. Satyre menippée. 604, pet. in-12, parch.
1156. Histoire du roy Henry-le-Grand, composée par Hardouin de Péréfixe. *Sur l'impr. à Amst., chez L. et D. Elzev.*, 661, pet. in-12, v. ant., fil.
1157. Histoire et mémoires pour l'histoire du card. duc de Richelieu, recueillis par le sieur Aubery. *Cologne, P. Marteau (à la Sphère)*, 666-67, pet. in-12, 7 vol., v. br.
1158. Histoire du ministère du card. Mazarin, descrite par le comte Galeazzo Gualdo Priorato. *Amst., H. et Th. Boom*, 671, pet. in-12, 2 vol., v. rose, fil.
1159. Mémoires d'un favory du duc d'Orléans. *Leyde, J. Sambix (à la Sphère)*, 668, pet. in-12, v. gr., fil. — Mémoires de M. de Lyonne au roy. 668. == Remarques sur le procédé de la France, touchant la négociation de la paix., etc., *S. d.*, pet. in-12, v. f., fil.
1160. Recueil historique contenant diverses pièces curieuses de ce temps. *Cologne, Christ. Van Dyck. (Elzev.)*, 666, pet. in-12, v. f., dent.
1161. Des justes prétentions du roy sur l'empire, par le sieur Aubery. *Suiv. la copie impr. à Paris (Elzev.)*, 667, pet. in-12, v. vert, fil. — La vérité défendue des sofismes de la France. (*A la Sphère*) 668, pet. in-12, v. vert, fil.
1162. Histoire de l'exécution de Cabrières et de Merindol, et d'autres lieux de Provence. *Paris*, 645, in-4, vél.
1163. Histoire de l'édit de Nantes, contenant les choses les plus remarquables qui se sont passées en France, avant et après sa publication. *Delft*, 693, in-4, 5 vol., v. gr., fil.
1164. Histoire des révolutions de Paris, par Prudhomme. *Paris*, 824, in-12, 12 vol., dem.-rel.
1165. Histoire scientifique et militaire de l'expédition française en Egypte. *Paris, Dénain*, 830, in-8, gr. pap. vél., br., livrais. 1 à 10, et 10 livrais. de fig. sur pap. chine.
1166. Histoire de la guerre de la Péninsule sous Napoléon, par le gén. Foy. *Paris*, 827, in-8, 4 vol., dem.-rel.
1167. Mémorial de Sainte-Hélène, par le comte de Las Cases. *Paris*, 823, in-8, 8 vol., dem.-rel.
1168. Mémoires de Gourgaud et Montholon. *Paris*, 823, in-8, 7 vol., dem.-rel.
1169. Napoléon en exil, par O'Méara. *Paris*, 822, in-8, 2 vol., dem.-rel. — Mémoires du doct. F. Antommarchi. *Paris*, 825, in-8, 2 vol., dem.-rel.

1154			
1155	2	50	défloraison
1156	1	50	Lebrun
1157	19	..	Labor
1158	4	..	Labor
1159	2	..	..
1160	2	70	13
1161	4	..	:)
1162	3	..	Martin (Lafl.)
1163	10	..	Julien
1164	5	50	Joang
1165	5	..	Lebrun
1166	5	..	Labor
1167	11	50	Poulain
1168	8	30	joung
1169	6	05	Poulain

1170	11	So Reynault
1171	10	So Gopelin Rivoli
1172	11	„ id „
1173	5	„ Dumoulin
1174	60	„ Dentu
1175		
1176	1	„ Dumoulin
1177	9	So techmer
1178	8	So Martin
1179	5 60	Reynault
1180	2 95	Potter
1181	6	„ Th. Leclere

87

1170. Les chroniques de Normandie, publiées d'après deux mss. de la bibl. du roi, à Paris, par Francisque Michel, et *impr. à Rouen, par Nic. Périaux, pour Ed. Frère*, 839, pet. in-4, pap. de Holl. Brad.

1171. Histoire de Normandie jusqu'en 1066, par Th. Licquet, précédée d'une introduction, par M. Depping. *Rouen, E. Frère*, 835, in-8, 2 vol., br.

1172. Histoire de Normandie, sous le règne de Guillaume-le-Conquérant et de ses successeurs, par G. B. Depping. *Rouen, Ed. Frère*, 835, in-8, 2 vol., br.

1173. Chroniques anglo-normandes, recueil d'extraits et d'écrits relatifs à l'histoire de Normandie et d'Angleterre, pendant les XIe et XIIe siècles, publ. par Franç. Michel. *Rouen, E. Frère*, 836, in-8, 2 vol., br.

1174. Histoire chronologique de Rouen, par J. B. J. Noël. In-4, 10 cahiers.

> Ms. autographe d'un auteur connu par plusieurs ouvrages sur la Normandie et par l'hist. naturelle de l'éperlan, l'hist. des pêches, etc. — Cette histoire, divisée en 5 époques, est conduite jusque vers la fin du règne de Louis XV. Chaque époque forme un cahier et a pour appendice un autre cahier où sont décrits les mœurs, usages, sciences et arts de la Normandie pendant la même période. — Cet ouvrage est inédit.

1175. Rouen, précis de son histoire, son commerce, son industrie, etc., par Th. Licquet, 2e édit. *Rouen, E. Frère*, 831, in-8, tiré in-4, fig., br.

1176. Dictionnaire indicateur des rues et places de Rouen, avec des notes, par Périaux. *Rouen*, 819, in-8, br.

1177. Histoire du Château-Gaillard, et du siège qu'il soutint contre Philippe-Auguste, par Ach. Deville. *Rouen, Ed. Frère*, 829, in-4, fig., br.

1178. Essai sur les énervés de Jumièges, et sur quelques décorations singulières des églises de cette abbaye ; suivi du miracle de sainte Bautench, publ. par E. H. Langlois. *Rouen, E. Frère*, 838, in-8, fig., gr. pap. vél., br.

1179. Contes populaires, préjugés, patois, proverbes, noms de lieux de l'arrondissement de Bayeux, recueillis par Fréd. Pluquet, 2e édit. *Rouen, E. Frère*, 831, in-8, gr. pap. vél., br.

1180. Histoire des droits anciens et des prérogatives et franchises de la ville de Saint-Quentin, par Louis Hordret. *Paris*, 781, in-8, br.

1181. Antiquités de la ville de Saintes et du département de la Charente-Inférieure, inédites ou nouvellement expliquées,

par le baron Chaudruc de Crazannes. *Paris*, 820, in-4, fig.,
dem.-rel.

1182. Description des monumens des différens âges, observé
dans le département de la Haute-Vienne, avec un précis des
annales de ce pays, rédigée par C. N. Allou. *Limoges*, 821
in-4, br.

1183. La Catelogne françoise (par Caseneuve). *Tolose*, 644
pet. in-4, parch.

1184. Mémoire sur le Languedoc, par feu M. de Basville, in
tendant. 697, in-fol.. v. m. (*Manuscrit.*)

1185. Mémoires pour servir à l'histoire de Languedoc, pa
de Basville. *Amst.*, 736, pet. in-8, v. br.

1186. Dissertation sur les Parisii ou Parisiens, et sur le cult
d'Isis chez les Gaulois, par Déal. *Paris*, F. *Didot*, 826
in-8, br.

1187. Nouvelles annales de Paris, jusqu'au règne de Hugues-
Capet; on y a joint le poème d'Abbon sur le fameux sièg
de Paris, par les Normans, en 885 et 886, avec des notes
par dom Toussaints Duplessis. *Paris*, 753, in-4, v. m.

1188. Chroniques de Passy et de ses environs, par Quillet
Paris, 836, in-8, fig., 2 part. en 1 vol., br.

1189. Nouveaux mélanges biographiques et littéraires, pou
servir à l'hist. de la ville de Lyon, par M. Breghot du Lut
Lyon, 829-31, gr. in-8, br.

1190. Histoire de la vie privée des François, par le Grand
d'Aussy. *Paris*, 782, in-8, 3 vol., v. m.

1191. Traité des combats singuliers, par le P. Gerdil. *Turin
I. R.*, in-8, br.

1192. Recherches sur les finances de France, de 1595 à 172
(par Forbonnais). *Basle*, 758, in-4, 2 vol., v. m

1193. Almanachs royaux, ann. 1814-30, in-8, 15 vol., rel

1194. Chroniques de la marine française, de 1789 à 1830
par J. Lecomte et Fulgence Gérard. *Paris*, 836, in-8
2 vol., br.

C. HISTOIRE DES AUTRES PAYS.

1195. Lettres sur la Suisse, écrites de 1819 à 1821, par M
Raoul-Rochette. *Paris*, 823, in-8, fig., 3 vol., dem. v.

1196. Quelques souvenirs de mes courses en Suisse et dan

1182	1	"	[Zimmerlin]
1183	2	"	W
1184	18	"	[Dantu]
1185	3	2/	[illegible]
1186	1	50	[Merlin]
1187	4	10	[Arter]
1188	1	30	[Dumonstin]
1189	4	"	[Mertin] ([illegible])
1190	6	"	[Millhae]
1191	3	2/	[Schaumbach]
1192	1	"	[Jinep]
1193			
1194	1	50	[Thulecher]
1195	6	2/	[Th.-Lecher]
1196	4	"	[Mertin]

1497

1198

1199

3 ─ 15 J. Labitt─

le pays de Baden, par Buchon. *Paris*, 836, in-8, br. —
Souvenirs d'Italie, par Lemonnier. *Paris*, 832, in-8. Brad.

1197. Histoire de la monarchie des Goths en Italie, par J.
Naudet. *Paris*, 811, in-8, cart. — Lettres sur la Sicile et
sur l'île de Malte, par le comte de Borch. *Turin*, 782, in-8,
cartes, 2 vol., br.

1198. Leon. Aretini de bello italico adversus Gothos gesto
historia. *Paris.*, 534. = Casp. Contareni de magistratibus
Venetorum lib. V. *Basileæ*, 544, pet. in-8, dem.-rel.

1199. Un vol. in-fol., parch., caract. goth., contenant un recueil de constitutions, de pragmatiques, etc., de Catalogne,
de 1486 à 1553, en catalan ; savoir :

La sentencia royal donada per lo senyor Rey d. Ferrando segon en la primera cort de Barcelona.., 1481
(25 chap.).=Autre. 1488.=Constitucions de Cathalunya. Constitucions fetes per lo ser. Rey d. Ferrando en la
cort celebrada en Barcelona, 1503. *Barcelona*, *Latzer
Milla*, 1540. = Constitucions fetes.... en la quinta cort
de Cathalunya. 1510.=Concessa ad supplicationem stamenti ecclesiastici,—stamenti militaris—universitatum
Cathalunye.—*Ibid.*, 1536. = Pragmatica sanctio feta
per... lo R. D. Ferrando, 1510. *Barcelona*, *Latzer Milla*,
1513. = Constitucions fetes per la... Reyna dona Ger-
mana consort e lochtinent general del... Sen. don Ferrando..., en la sizena corte de Cathalunya..., 1512. =
Constitucions fetes per ... D. Carles elet en rey dels Romans y sdevenido Emperador, y..... dona Joanna mar
sua... en la primera corte de Barcelona..., 1520. ==
Supplicatio curtæ generalis Arragoniæ ad Carolum,
1528.=Constitucions fetes per... D. Carles y... dona
Joanna...., en la tercera cort de Cathalunya..., 1534. =
Constitucions fetes..... en la quarta cort de Cathalunya...
1537. (*Barcelona*), *J. Cortey*, 1553.=Pragmatica sanctio feta per... D. Carles, y.... dona Joana..., dada a to-
ledo a. 1539. = Constitucions fetes per... D. Carles y...
dona Joana en la quinta cort de Cathalunya, 1542. *Barcelona*, *Carles Amoros*, 1543.=Constitucions fetes per...
D. Phelip...., primogenit dels regnes de Arago, y lochtinent general... del emp .. D. Carles..., en la sisena cort
de Cathalunya..., 1547. *Barcelona*, *J. Cortey*, 1548. =
Constitucions fetes per... D. Phelip..., en la setena

L.   12

cort de Cathalunya...., 1553. *Barcelona, J. Cortey,* 1553.

1200. L'Espagne et le Portugal, par Breton. *Paris, Nepveu,* 815, in-18, fig. color., 6 vol., br.

1201. La Péninsule, tableau pittoresque de l'Espagne et du Portugal, par la duch. d'Abrantès, Alex. de Laborde, etc. *Paris,* 835, in-8, portr., cart. (Tom. 1.)

1202. Histoire de l'empereur Charles V, par don Ant. de Vera et Figueroa, trad. d'espagn., par Duperron le Hayer. *Bruxelles, Fr. Foppens (Elvev.),* 667, pet. in-12, dem. v.

1203. The history of Charles V, by W. Robertson. *London,* 811, in-8, 4 tom. en 2 vol., dem. mar. vert.

1204. Rerum anglicarum scriptores post Bedam præcipui. *Francof.,* 604, in-fol., rel. en peau.

1205. Matthæi Paris, mon. Albanensis, angli, historia major, à Guillielmo conquæstore, ad ultimum annum Henrici III. *Tiguri,* 589, in-fol., dem.-rel.

1206. Polydori Vergilii anglicæ historiæ lib. XXVII. *Basileæ,* 570, in-fol., v. f.

1207. The history of England, by Dav. Hume. *London,* 778, in-8, 8 vol., v. gr.

1208. Histoire d'Angleterre, représentée par figures gravées par David, accompagnées de discours, par Guyot. *Paris, David.* 784, in-4, 2 vol., dem.-rel.

1209. Histoire des Anglo-Saxons, par sir Francis Palgrave, trad. par Alex. Licquet. *Rouen, Éd. Frère,* 836, in-8, br.

1210. Le livre rouge, ou not. hist. sur le procès fait par les deux chambres du parlement d'Angleterre, aux meurtriers de Charles Ier, suivi du tableau des juges de Louis XVI, qui ont péri sur l'échafaud ou de mort violente, etc. *Paris,* 816, in-18, dem.-rel.

1211. Recherches sur l'origine et l'accroissement de la prérogative royale en Angleterre, par John Allen, trad. de l'ang., par P. Guillot. *Paris,* 834, in-8, br.

1212. Les sceaux des comtes de Flandres et inscriptions des chartres par eux publiées, par Olivier de Wree, trad. du latin, par L. V. R. *Bruge,* 644, in-fol., parch.

1213. La Germanie, trad. de Tacite, par M. Panckoucke. *Paris,* 824, in-8, et atlas in-4, br.

1214. Burc. Gott. Struvii corpus historiæ germanicæ, à prima origine gentis ad ann. usque 1720, continuationem adjecit Christ. Gottl. Buder. *Dresdæ,* 755, in-4, 2 vol., v. m.

1200	2	5o	Duprat
1201	1	5o	[illegible]
1202	1	2o	[illegible]
1203	3	95	Girard
1204	35	—	moore
1205	9	95	Labot
1206	6	„	[illegible]
1207	7	45	[illegible]
1208	2	„	[illegible]
1209	3	95	J. Labitte
1210	1	„	Reynaud
1211			
1212	3	85	Labas
1213	1	75	Reynault
1214			

1215	5	„	Bibl. publ.
1216	2	„	p
1217	6	85	Crozet
1218	1	„	p
1219	1	„	Labiste
1220	8	25	Crozet
1221	15	50	Duprat
1222	40	„	Dentu
1223	30	50	id
1224	28	„	id
1225	3	85	p
1226	7	60	jouy
1227	2	50	J. Labitte
1228	3	„	p
1229	4	75	jouy
1230			

1215. Historia frisingensis, à Carolo Meichelbeck. *Aug. Vind.*, 724, in-fol., fig., 2 tom. en 1 vol., v. br.

1216. Tableau de la mer Baltique, par Catteau-Calleville. *Paris*, 812, in-8, 2 tom. en 1 vol., cart. *(Il manque le titre du tome 2.)*

1217. Mémoires de Frédéric, baron de Trenck. *Strasbourg*, 789, in-8, pap. vél., fig., 3 vol., br.

1218. De wonderlijcke historie van de Noordersche landen.. Histoire merveilleuse des nations septentrionales, par Olaus Magnus, trad. du lat. en flam. *Anvers, Silvius*, 562, pet. in-8, goth., fig. en bois, v. br.

1219. Tableau de la Pologne ancienne et moderne, par Malte-Brun. *Paris*, 807, in-8, dem.-rel.

1220. Histoire de l'anarchie de Pologne, par Rulhière. *Paris*, 807, in-8, 4 vol., bas.

1221. Recherches historiques sur l'origine des Sarmates, des Esclavons et des Slaves, et les époques de la conversion de ces peuples au christianisme, par Stan. Siestrzencewiez de Bohusz. *S.-Pétersbourg*, 812, in-8, pap. vél., cartes, 4 tom. en 1 vol., mout. rou., dent., tr. dor.

1222. Précis des recherches histor. sur l'origine des Slaves ou Esclavons et des Sarmates, par le même. *S.-Pétersbourg*, 824, in-4, fig., dem. mar. vert.

1223. Histoire de la Tauride, par le même. *Brunswick*, 800, in-8, 2 tom. en 1 vol., mout., dent., tr. dor.

1224. Histoire du royaume de la Chersonnèse-Taurique, par le même. *S.-Pétersbourg*, 824, in-4, cartes, dem. mar. vert.

1125. La Russie, ou mœurs, usages, etc., de cet empire, par Breton. *Paris, Nepveu*, 813, in-18, fig., 6 vol., cart., non rog.

1226. Histoire de Russie, par P. Ch. Levesque. *Hambourg*, 800, in-8, 8 tom. en 4 vol., et atlas in-4, dem.-rel.

1227. Essai sur l'histoire de la nouvelle Russie. *Paris*, 820, in-8, 3 vol., cart.

1228. Annales sultanorum Othmanidarum, à turcis suâ lingua scripti, à Joa. Gaudier, dicto Spiegel, è turcico germanicè translati, Joa. Leunclavius latinè redditos illustravit et auxit. *Francof.*, 588, pet. in-4, v. m.

1229. Histoire générale des Turcs, trad. de Chalcondyle, par Bl. de Vigenère. *Paris*, 662, in-fol., fig., 2 vol., v. br.

1230. Tableau de l'empire ottoman, trad. de Will. Eton, par Lefebvre. *Paris*, 801, in-8, 2 vol., dem.-rel.

1231. Mémoires du baron de Tott, sur les Turcs et les Tartares. *Amst.*, 784, in-8, 2 vol., v. m., fil.—Précis histor. de la guerre des Turcs contre les Russes, de 1769 à 1774, par Caussin de Perceval. *Paris*, 822, in-8, dem.-rel.

1232. Histoire des races et des villes helléniques, par C Orf. Muller. *Breslau*, 820, in - 8 , 3 vol. , dem. - rel (En allem.)

1233. Res Cyrenensium, à primordiis inde civitatis usque ad ætatem qua in provinciæ formam a Romanis est redacta, novis curis illustravit Joh. Pet. Thrige, edidit S. N J. Bloch. *Hafniæ*, 828, in-8, br.

1234. Monumenta antiquissimæ historiæ Arabum, post Alb Schultensium collegit ediditque cum latina versione et animadversionibus Jo. Gott. Eichhorn. *Gothæ*, 775, in-8, br —Monumenta vetustiora Arabiæ, sive specimina quædan illustria antiquæ memoriæ et linguæ, edidit Albertus Schul tens. *Lugd.-Bat.*, 748, in-4, br.

1235. Scènes de mœurs arabes, par Viardot. *Paris*, 834 in-8, br.

1236. Tableau du royaume de Caboul et de ses dépendances trad. et abrégé de l'angl., par Breton. *Paris, Nepveu*, 817 in-18, fig. col., 3 vol., cart.

1237. Mémoires relatifs à l'expédition anglaise, partie d Bengale en 1800, pour aller combattre en Egypte l'armé d'Orient, par le comte de Noé. *Paris, Nepveu*, 826, in-8 fig., col., br.

1238. L'Hindoustan, ou religion, mœurs, etc., des Hindous par P**. *Paris, Nepveu*, 816, in-18, fig. col., 6 vol., car

1239. Description de la Chine et de la Tartarie-Chinoise, pa le P. Duhalde. *Paris*, 735 in-fol., fig., 4 vol., v. m.

1240. Description générale de la Chine, par Grosier. *Paris* 785, in-4, v. m., fil.

1241. Joa. Leonis Africani africæ descriptio. *Lugd.-Bat.* *Elzev.*, 632, pet. in-12, vél.

1241 *bis.* Histoire de l'Afrique et de l'Espagne, sous la do mination des Arabes, par Cardonne. *Paris*, 765, in-12 3 vol., bas.

1242. Antiquités de la Nubie, ou monumens inédits des bord du Nil, dessinés et mesurés en 1819, par F. C. Gau. *Stut gard*, 822, in-fol. max., fig., 12 livr. compl.

1243. Recherches philos. sur les Egyptiens et les Chinois (pa de Paw). *Amst.*, 773, in-12, 2 vol., bas.—Recherches...

1231   3   „   Duprat

1232   22   „   Martin Thuyb.

1233   4   So   Labitte

1234   4   „   Duprat

1235   1   95   Meilhac

1236   4   „   :)

1237   4   60   :)

1238   10   „   :)

1239   30   „   Duprat

1240   7   75   Meilhac

1241   1   50   p.

1241 bis   2   „   Meilhac

1242   52   50   Laurent

1243   1   50   Duprat

1244	6	80	p
1245	2	"	Lebrun
1246	3	75	p
1247	7	75	p
1248	6	y	Lebrun
1249	2	"	Labitte
1250	2	"	V
1251	1	"	Lebrun
1252	10	50	Labitte
1253	2	"	:9
1254	3	"	Potelet
1255	1	10	p

sur les Américains (par de Paw). *Berlin*, 770 , in-12,
3 vol., bas.

1244. Lettres américaines, par le comte **J. R.** Carli. *Paris,*
788, in-8, 2 vol., bas. — Histoire de la Louisiane, par
Barbé-Marbois. *Paris*, 829, in-8, br.

1245. Histoire des aventuriers flibustiers, par Oexmelin.
Trévoux, 777, in-12, 4 vol., br.

1246. Papers relative to certain American antiquities, by **W.**
Sargent and Benj. Smith Barton. *Philadelphia*, 796, in-4,
fig., br.

1247. Mœurs domestiques des Américains , par Mistr. Trol-
lope, trad. de l'angl. *Paris*, 823, in-8, 2 tom. en 1 vol.,
dem. v.

VII. **BIOGRAPHIE.**

1248. Dictionnaire historique, par l'abbé **F. X. D. F.** (de Fel-
ler). *Ausbourg*, 781, in-8, 6 vol., v. m.—Supplément au
nouv. dictionn. histor. *Caen*, 784, in-8, 2 vol., dem.-rel.

1249. De græcis illustribus linguæ græcæ literarumque hu-
maniorum instauratoribus, eorum vitis, scriptis, et elogiis,
lib. II, aut. Humphr. Hodio. *Londini* , 742, in-8, dem.-
rel.—Diverses vies de Plutarque, gr. et lat., publ. par **M.**
Gail. *Paris*, 812, in-12, dem.-rel.

1250. Corn. Nepos. *Amst.*, *Wetstenius*, 745. = **J.** Cæsar.
Ibid., 746, pet. in-12, v. éc., fil., tr. dor.

1251. Cornelius Nepos. *Paris.*, *A. A. Renouard*, 796, in-18,
pap. vél., 2 vol., br.

1252. Eunapii Sardiani vitas sophistarum et fragmenta historiarum recensuit notisque illustravit Jo Fr. Boissonade ;
accedit annotatio Dan. Wyttenbachii. *Amst.*, 822 , in-8,
2 vol., bas.

1253. G. J. Vossii de historicis græcis lib. **IV.** *Lugd.-Bat.*,
651, in-4, dem.-rel. — G. J. Vossii de historicis latinis
lib. III. *Lugd.-Bat.*, 651, pet. in-4, dem.-rel.

1254. Recherches et dissertations sur Hérodote, par le prés.
Bouhier. *Dijon*, 746, in-4, br. en cart.

1255. Vie de Xénophon, suivie d'un extrait historique et
raisonné de ses ouvrages, par Gail. *Paris*, an III, in-8, tiré
in-4, pap. vél., dem.-rel.

94

1256. Vie d'Apollonius de Tyane, par Philostrate, trad. par Ch. Blount. *Amst.*, 779, in-12, 4 vol., br.

1257. Apologie pour les grands hommes soupçonnez de magie, par G. Naudé. *Amst.*, 712, in-12, v. br.

1258. Les illustres modernes, ou tableau de la vie privée des principaux personnages des deux sexes, qui ont acquis de la célébrité en Europe. *Paris*, 788, in-fol., portraits, tom. 1 et 2, br. *(Le tome 1ᵉʳ est incomplet.)*

1259. L'Europe illustre, contenant l'histoire abrégée des souverains, des princes, des prélats, etc., depuis le XVᵉ siècle, compris jusqu'à présent, par Dreux du Radier, avec des portraits gravés par Odieuvre. *Paris*, 755, in-8, tom 1 et 2, cart. *(Il manque quelques portraits.)*

1260. Biographie toulousaine, par une société de gens de lettres. *Paris*, 823, in 8, 2 vol., br. *Caron*

1261. Melch. Adami vitæ eruditorum cum germanorum tum exterorum. *Francof.*, 705, in-fol., 5 part. en 1 vol., v. m.

1262. Notice sur la vie et les écrits de Robert Wace, poëte normand du XIIᵉ siècle, par Fréd. Pluquet. *Rouen, J. Frère*, 824, in-8, gr. pap. vél., br.

1263. Histoire de la vie et des ouvrages de Lafontaine, par M. Walckenaer. *Paris*, 820, in-8, dem.-rel.

1264. Vita Dav. Ruhnkenii, auct. Dan. Wyttenbachio. *Lugd.-Bat.*, 796.=Eadem, auct. G. L. Mahne. *Gandavi*, 823, in-8, dem.-rel.

1265. Vie de Lazare Hoche, général républ., par A. Rousselin. *Paris*, an VI, in-8, 2 vol., bas.

1266. Dictionnaire des girouettes. *Paris*, 815, in-8, br.

1267. Entretiens sur les vies et sur les ouvrages des plus excellens peintres anc. et mod. (par Félibien). *Paris*, 685, in-4, fig., 2 vol., v. br.

1268. Vie de Nicolas Poussin, par Gault de S. Germain. *Paris*, 806, in-8, gr. pap. de Holl., fig., br.

1256	2	60	Carpette
1257			
1258	4	50	[illegible]
1259	9	..	Favet
1260	5	..	Merlin (coron.)
1261	6	..	id (Paris.)
1262	3	..	Moore
1263	3	..	Merlin (Paris.)
1264	6	95	id (jum.)
1265	2	50	[illegible]
1266	2	..	France
1267	7	..	Duprat
1268	8	25	id

1269   1   So   Duprat

1270   1   ..   Regnault
1271   9   ..   Martin

1272   1   ..   Lemoine
1272 bis   1   So   p
1273   2   a   p

1274 }
1275 }   1   So   deflorieux

1276   13   So   Labitte J.

1277   3   ..   Martin (Augt.)

1278   8   fs   caupette
1279   3   bf   Martin (Jan.)

95

YIII. HISTOIRE DES INSTITUTIONS, DES SCIENCES ET DES ARTS.—HISTOIRE LITTÉRAIRE ET JOURNAUX.

1269. Origine des premières sociétés, des peuples, des sciences, des arts et des idiomes anciens et modernes. *Amst.*, 770, in-8, br. — De l'origine des loix, des arts et des sciences (par Goguet). *Paris*, 778, in-12, 6 vol., dem.-rel.

1270. Esquisse d'un tableau historique des progrès de l'esprit humain, par Condorcet. *Paris*, 822, in-8, br.

1271. Historia philosophiæ, vitas, opiniones, resque gestas et dicta philosophorum sectæ cujusvis complexa, autore Th. Stanleio. *Venetiis*, 731, in-4, 3 vol., parch.

1272. Diogenis Laertii vitæ philosophorum, gr. et lat., ex edit. Casauboni. *Excud. H. Stephanus*, 593, in-8, parch.

1272 *bis*. Vies des plus illustres philosophes de l'antiquité, trad. de Diogène Laerce. *Paris*, 796, in-8, 2 vol., bas.

1273. Diog. Laertius, gr. et lat., edente Is. Casaubono. *Exc. H. Steph.*, 594, in-8, dem.-rel.—Eunapius de vitis philosophorum, gr. et lat. *Genevæ*, 616, pet. in-8, dem.-rel.

1274. Laertius Diogenes, gr. et lat., Thoma Aldobrandino, interprete. *Romæ*, 594, pet. in-fol., dem.-rel.

1275. Recherches critiques sur l'âge et l'origine des traductions latines d'Aristote, par Jourdain. *Paris*, 819, in-8, dem.-rel. — Recherches sur l'origine des découvertes attribuées aux modernes (par Dutens). *Paris*, 766, in-8, 2 tom. en 1 vol., v. m.

1276. De la politique et du commerce des peuples de l'antiquité, par Heeren, trad. de l'allem., par W. Suckau. *Paris*, 830, in-8, 4 vol., br.

1277. Livre premier des antiquités perdues, représentées au vif, par G. Pancirol; accompagné d'un second des choses nouvellement inventées..., trad. par de La Noue. *Lyon*, 617, pet. in-12, dem. mar. vert.

1278. Recherches historiques sur les cartes à jouer, avec des notes (par Bullet). *Lyon, J. Deville*, 757, pet. in-8, v. éc.

1279. Cuide biblico-asiatique, par Ant. Th. Hartmann, pour

servir aux Considérations sur la puissance de la littérature biblico-asiatique de D. Ger. Tychsen. *Brême*, 823, in-8, br. (*En allem.*)

1280. Joa. Sianda lexicon polemicum, in quo potiorum hæreticorum vita perstringitur, omnes contra fidem errores colliguntur. *Aug. Vind.*, 761, in-8, 3 vol., br.

1281. Histoire de la littérature ancienne et moderne, par F. Schlegel, trad. de l'allem., par Will. Duckett. *Paris*, 829, in-8, 2 vol. Brad.

1282. Atlas historique et chronol. des littératures anciennes et modernes, des sciences et des beaux-arts, par A. Jarry de Mancy. *Paris, J. Renouard*, 831, gr. in-fol., br.

1283. Histoire littéraire de la France. *Paris, F. Didot*, 814-24, in-4, tom. 13, v. rac., et tom. 15 et 16, dem.-rel.

1284. Histoire littéraire de la congrégation de S. Maur (par dom Tassin). *Bruxelles*, 770, in-4, v. m.

1285. Mémoire historique et littéraire sur le collège royal de France, par l'abbé Goujet. *Paris*, 758, in-4, 3 part. en en 1 vol., dem. mar. vert.

1286. Le même. In-12, 3 vol., dem.-rel.

1287. Tableau littéraire de la France au XVIIIe siècle, par Eus. Salverte. *Paris*, 809, in-8, br.

1288. Rapports sur les travaux de la classe d'histoire et de littérature ancienne, faits par MM. Ginguené et Daunou, de 1809 à 1825, in-4, dem. mar. vert.

1289. Rapport hist. sur les progrès des sciences naturelles et mathématiques depuis 1789, par Cuvier et Delambre. *Paris*, 810, in-4, 2 vol., br.

1290. Histoire et mémoires de l'Institut, académie des inscriptions et belles-lettres. *Paris*, 815-27, in-4, tom. 1 à 8, v. rac.

1291. Notices et extraits des manuscrits de la bibliothèque du roi. *Paris, I. R.*, 787, in-4, tom. 1, 2, 3, 4, dem. v., et tom. 8, 9 et 10, v. rac.

1292. Les mêmes. Tom. 5 et 10, 2 vol., cart.

1293. Notice historique et critique du roman de Partonopex de Bloys, par J. B. B. de Roquefort. *Paris, I. I.*, 811. — Notices histor. et crit. de deux manuscrits de la bibliothèque du duc de La Vallière, dont l'un a pour titre : Le rommant d'Artus, comte de Bretaigne, et l'autre : Le rommant de Pertenay ou de Lusignen, par l'abbé Rive. *Paris, Didot a.*, 779, in-4, dem. v.

1280	13	50	Merlin
1281	8	40	Schaubeck
1282	8	„	J. Laffitte
1283	25	50	Merlin
1284	10	50	Merlin (d'bze.)
1285	5	„	„
1286	1	65	Potier
1287	1	50	Coupette
1288	6	„	Merlin (v Leel.)
1289	1	40	p.
1290	82	„	Potier
1291	45	„	Merlin
1292	12	„	id
1293	6	25	Potier

1294	4	n Augrouche
1295	2	Gw V.
1296	3	n V.
1297	32	Hr Mulin (Senn)
1298	2	30 V.
1299		
1300	1	30 V.
1301	6	n J. Lalette
1302	8	yf in
1303	5	yf Dupral
1304	8	n Brozel
1305	~~31~~	~~fo f~~
1306	31	fo p.
1307	12	n Julien
1308	8	Go Schaubeck
1309	31	n Julien

1294. Notice des manuscrits de la bibliothèque de l'église de Rouen (par l'abbé Saas). *Rouen,* 746, in-12, br.

1295. Histoire de la littérature d'Italie, tirée de Tiraboschi, par Ant. Landi. *Berne,* 784, in-8, 5 vol., br.

1296. Biblioteca napoletana del dottor Nic. Toppi. *Napoli,* 678, in-fol., 2 part. en 1 vol., v. br.

1297. Phil. Argelati bibliotheca scriptorum Mediolanensium. *Mediolani,* 745, in-fol., 4 vol., dem.-rel.

1298. Bibliothèque britannique, ou histoire des ouvrages des savans de la Grande-Bretagne, de 1733 à 1741. *La Haye,* 733, pet. in-8, tom. 1 à 16, v. m.

1299. Progrès des Allemands dans les sciences, les belles-lettres et les arts, particulièrement dans la poésie et l'éloquence (par Bielfeld). 752, in-12, br.—Observations sur la littérature allemande, par un François. 781, pet. in-8, br.

1300. Hallischen bibliothek. *Halle,* 748, in-12, 8 vol., dem.-rel.

1301. Dav. Czvittingeri specimen hungariæ literatæ. *Francof.,* 711, in-4, v. f.

1302. Alb. Thura idæa historiæ litterariæ Danorum. *Hamburgi,* 723, pet. in-8, v. br. — Historia literaria Islandiæ, auct. Halfdano Einari. *Havniæ,* 786, in-8, v. m.

1303. Catalogue des manuscrits sanskrits de la bibliothèque impériale, par M. Alex. Hamilton. *Paris,* 807, in-8, cart., non rog.

1304. Examen historico-criticum codicum indicorum bibliothecæ sac. cong. de prop. fide, auct. P. Paulino à S. Bartholomæo. *Romæ,* 792, in-4, br. — Specimen catalogi codicum mss. orientalium bibliothecæ acad. Lugduno-Batavæ, illustravit H. Ar. Hamaker. *Lugd.-Bat.,* 820, in-4, br.

1305. Allgemeine literatur-zeitung... Gazette littéraire universelle ; avril, mai et juin 1793. *Iena,* in-4, cart.

1306. Annales de la littérature et des arts, par MM. Quatremère de Quincy, Raoul-Rochette, Abel Rémusat, Ch. Nodier, etc. *Paris,* 820-28, in-8, 30 vol., dem.-rel.

1307. L'Europe littéraire, 1833. In-fol., dem.-rel. (*Ce qui a paru de ce format.*) — L'Europe littéraire, 1re et 2e séries. *Paris,* 833, in-8, 2 vol., dem. v.

1308. Journal général de la littérature de France. *Paris,* Treuttel, 798-810, in-8, tom. 1 à 11 et tom. 13, dem.-rel.

1309. Journal des dames et des modes, fondé par M. de la

Mesangère, de 1820 à 1833. In-8, fig., 18 vol., dem.-rel. (Plus 1820 et 1824.)

1310. Collection du journal la Mode, de 1829 à 1838. In-8, 27 vol., dem.-rel.

1311. Mémoires de l'académie des ignorans. In-8, 6 vol., dem.-rel.

1312. La Minerve française, par Aignan, Benj. Constant, etc. *Paris*, 818, in-8, 9 vol., dem.-rel.

1313. Lettres champenoises, 1re et 2e séries. In-8, 20 vol., dem.-rel.

1314. Recueil de pamphlets politiques, littéraires et historiques, publiés de 1814 à 1827, avec la table des pièces contenues dans chaque volume. In-8, 26 vol., dem.-rel.

1315. Le Siècle, revue critique de la littérature, des sciences et des arts, de janvier à juin 1833. *Paris*, gr. in-8, 2 vol., dem. v.

1316. Journal de l'institut historique. *Paris*, avril 1834 à mars 1838, 44 livr. (Les tom. 1 à 4 sont cartonnés.)

1317. Revue du Midi, de janvier à juin 1833. *Toulouse, Paya*, gr. in-8, 2 vol., dem. v. (Plus nos détachés de 1833 à 1836.)

1318. Revue de Rouen, de janvier à avril 1833. *Rouen*, gr. in-8, fig., dem. v.

1319. Revue de Bretagne. *Rennes*, 833, gr. in 8, 3 vol., dem. v.

1320. Revue britannique, de juin 1825 à septembre 1837. (12 années; la 1re série, moins 4 nos, est reliée en 28 vol. dem.-rel., le reste est en livraisons).

IX. HISTOIRE DE L'IMPRIMERIE. —

BIBLIOGRAPHIE.

1321. Origine de l'imprimerie de Paris, par Chevillier. *Paris*, 694, in-4, v. br.

1322. Origines typographicæ, Ger. Meerman auctore. *Hagæ-Com.*, 765, in-4, fig., 2 tom. en 1 vol., v. m.

1323. Joa. Lomeieri de bibliothecis liber. *Ultraj.*, 680, in-12, v. br.—Advis pour dresser une bibliothèque, par G. Naudé. *Paris*, 627, in-8, vél.—Traité des plus belles biblio-

1310	21	„	Jourp
1311	10	„	Duprat
1312	3	„	V
1313	22	„	Duprat
1314	30	50	Delorme
1315	3	50	Julien
1316	8	„	id
1317	5	„	V
1318	1	„	V
1319	3	30	V
1320	161	„	Dumoulin
1321	3	„	Duprat
1322	3	95	id
1323	1	„	Laurens

1324
1325   5, of Dupot
1326   „ Lecoming

1327   1 So   ;d
1328   96 „ Martin

1329   6   „ Lessué pour
1330   7   „ tacheurs
1331   2   of martin

1332   2 So Th. Leclerc
1333

1333 bis   2 80 Th. Leclerc
1334   1   „ Jouap
1335   1   „   ;d

thèques de l'Europe, par Le Gallois. *Paris*, 680, in-12, v.
br.—La bibliothèque choisie de Colomiès. *Paris*, 731, in-
12, v. m.

1324. Essai statistique sur les bibliothèques de Vienne, par
Adr. Balbi. *Vienne*, 835, in-8, br.

1325. Nouvelle bibliothèque d'un homme de goût, par Barbier et Desessarts. *Paris*, 808, in-8, 5 vol., br.

1326. Ang. Mariæ card. Quirini liber singularis de optimo-
rum scriptorum editionibus quæ Romæ primum prodie-
runt post divinum typographiæ inventum, à germanis opi-
ficibus in eam urbem advectum...., recensuit J. G. Schel-
hornius. *Linduugiæ*, 761, in-4, dem.-rel.

1327. Lud. Jacob bibliotheca pontificia. *Lugduni*, 643, in-4,
vél.—Biblioteca italiana. *Venezia*, 741, in-4, v. m.

1328. Journal typographique et bibliographique, publ. par
Roux, Dujardin-Sailly et Pillet, et suite sous le titre de : Bi-
bliographie de la France..., de septembre 1797 à 1837 in-
clusiv. *Paris*, in-8, 43 vol., dem.-rel.

1329. Nouveau recueil d'ouvrages anonymes et pseudonymes,
par M. de Manne. *Paris*, 834, in-8, br.

1330. Essai bibliographique sur les éditions des Elzevirs (par
M. Bérard). *Paris*, 822, in-8, dem.-rel.

1331. Series auctorum omnium qui de Francorum historia et
rebus francicis scripserunt, operâ et studio Fr. Du Chesne.
Paris., 663, in-12, parch.—Bibliothèque des auteurs qui
ont écrit l'histoire et la topographie de la France, par And.
Du Chesne. *Paris*, 627, in-8, v. br. — La bibliothèque
française de M. C. Sorel. *Paris*, 664, in-12, v. br.

1332. Bibliothèque chartraine, par Dom Liron. *Paris*, 718,
in-4, v. m.

1333. Biblioth. physique de la France, par L. Ant. Hérissant.
Paris, 771, in-8, dem.-rel. — Historicorum Burgundiæ
conspectus, ex bibliotheca Phil. de la Mare. *Divione*, 689,
in-4, parch.

1333 *bis*. Bibliothèque américaine, ou catalogue des ouvrages
relatifs à l'Amérique, qui ont paru depuis sa découverte jusqu'en 1700, par M. H. Ternaux. *Paris*, 837, in 8, br.

1334. Bibliothecæ cordesianæ catalogus (aut. G. Naudæo).
Paris., 643, pet. in-4, v. br.—Bibliotheca thuana. *Paris.*,
679, in-8, 2 vol., v. br. — — Senicurtiana. *Paris.*, 766,
in-8, v. m.

1335. Catalogue... de la C^{sse} de Verrue. *Paris*, 737, in 8,

v. gr.— —de M. Bellanger. *Paris*, 740, in-8, v. br. (*Pr.*)
— —de Lancelot. *Paris*, 741, in-8, v. m. (*Pr.*)

1336. Catalogue... de l'abbé d'Orléans de Rothelin. *Paris*, 746, in-8, v. m. (*Titre ms.*)— —de M. Bernard de Rieux. *Paris*, 747, in-8, v. m. (*Pr.*)— — du présid. Crozat de Tugny. *Paris*, 751, in-8, v. m.— —de Giraud de Moncy. *Paris*, 753, in-8, v. m. (*Pr.*)

1337. Catalogue... de M. de Boze. *Paris*, 753, in-8, v. f., fil. — — de Guyon de Sardière. 759, in-8, v. br., fil.— — de la marq.ᵉ de Pompadour. *Paris*, 765, in-8, bas.— —de l'abbé Desessarts. *Paris*, 775. ==— du comte de Pont-de-Vesle. *Paris*, 774, in-8, v. f., fil.

1338. Catalogue de Falconet. *Paris*, 773, in-8, 3 vol., v. éc., fil., tr. dor.— —de M. Gouttard. *Paris*, 780, in-8, v. m. (*Pr.*)

1339. Catalogue des livres du duc de La Vallière, 2ᵉ part. *Paris*, 734, in-8, 6 vol., br. *Carr.*

1340. Catalogue... de M. de Lamoignon. *Paris*, 791, in-8, 2 vol., cart. — — de Ch. L. Trudaine. *Paris*, 803, in-8, dem.-rel.— —de Courtois. *Paris*, 819, in-8, br.

1341. Catalogue des livres imprimés et mss. de M. Langlès. *Paris*, 825, in-8, br.——du marq. de Chateaugiron. *Paris*, 827, in-8, br. — — de Duriez. *Paris*, 827, in-8, br.

X. **MÉLANGES HISTORIQUES.—RECUEILS.**

1342. The wonders of the universe, or curiosities of nature and art, including memoirs and anecdotes of wonderful and eccentric characters of every age and nation. *London*, 827, in-8, fig., 2 vol., cart.

1343. D. G. Morhofii polyhistor litterarius, philosophicus et practicus, curante J. Mollero. *Lubecæ*, 708, in-4, 2 vol., v. f.

1344. Idem, cum J. Frickii et J. Molleri accessionibus. *Lubecæ*, 747, in-4, 2 vol., bas.

1345. Operæ horarum subcisivarum, sive meditationes historicæ, aut. Phil. Camerario. *Francof.*, 644, in-4, 3 part. en 1 vol., v. br.

1346. Recueil de littérature, de philosophie et d'histoire (par Jordan). *Amst.*, 730, in-12; v. br.—Fragmens d'histoire et

1336   1   « Joseph

1337   1   60 Laurens

1338   9   « Potelet

1339   3   50 Labot

1340   1   « Joseph

1341   2   « Martin

1342   ~   ~~ ~~~~~

1343   2   4 Joseph

1344   3   « Dupret

1345   1   « Joseph

1346

1347   1 " moore

1348   3 10 Dupret

1349   15 " Labitte

1350   15 " "

de littérature (par Laroque). *La Haye*, 706, in-12, v. m.—
Mélanges d'histoire et de littérature, recueillies par Vigneul
Marville. *Rouen*, 700, in-12, 2 vol., v. br.

1347. Singularités historiques et littéraires (par Dom Liron).
Paris, 738, in-12, 2 vol., v. br.—Anecdotes littéraires (par
l'abbé Raynal). *Paris*, 750, in-12, 2 vol., v. m.

1348. Hymne au prince Ypsilanti. *Vienne*, 805. (*En grec
moderne.*)==Orphée sur les bords du Tanaïs... gr. et fr. (par
Chivot). ==Ode sur les victoires de Napoléon, par Lécluse.
(gr. fr.) == Rapport sur l'ouvrage intitulé : Les vrais principes de la versification, par Scoppa. *Paris*, 812. == Ad fi-
liolum Cæsaris. *Moguntiæ*, 811.==Notice sur deux opuscules, l'un de Philon et l'autre de Porphyre, par M. Mai (par
M. Raoul-Rochette). 817. == Analyse des mémoires conte-
nus dans le XIVe vol. des Asiatick researches, par L. Langlès. *Paris*, 825.==Discours prononcé à l'ouverture du cours
de l'histoire de la philosophie, le 13 décembre 1815, par
M. V. Cousin. == Eloge de Montaigne, par M. Villemain.
Paris, 812.==Discours sur les avantages et les inconvéniens
de la critique, par le même. *Paris*, 814. == Discours sur la
vie et les œuvres de J. A. de Thou, par MM. Chasles et Pa-
tin. *Paris*, 824, etc., in-4, dem.-rel.

1349. Godof. Hermanni varia scilicet : observationes de græcæ
linguæ dialectis. == De dialecto Pindari observationes.
Lipsiæ, 809. == De R. Bentleio ejusque editione Terentii
dissertatio. *Lipsiæ*.== Euripidis fragmenta II Phæthontis, è
cod. claromontano. *Ibid.* == De Æschyli niobe dissertatio.
Ibid., 823.==De epitritis doriis dissertatio. *Ibid.*, 824. ==
De emendationibus per transpositionem verborum dissertatio. *Ibid.*==Oratio in exsequiis regis Friderici Augusti an.
1827 habita. *Ibid.* == De Sogenis Æginetæ victoria Quin-
quertii dissertatio. *Ibid.*, 822. == Theologia Socratis, ex
Xenophontis memorabilibus excerpta, à Joh. Fr. Auf-
schlager. *Argentorati*, 785. == Mores Socratis ex Xenoph.
mem. delineati, à Joh. And. Kamm. *Ibid.*, 785. == Médaille de Mithridate III, roi du Bosphore cimmérien et de
la reine Gépæpiris. 824, pet. in-4, dem.-rel.

1350. Fr. Guil. Sturzii de nominibus Græcorum sextum præ-
fatus sex orationes. *Grimæ*, 803.==Frid. Osanni de Philis-
tide Syracusarum regina commentatio. *Gissæ*, 825. ==Me-
moria Chr. Gottl. Heynii commendata ab Arn. Herm. Lud.
Heeren. *Gottingæ*, 812.== Novæ recensionis Thucydidis li-

brorum specimen, à Chr. Dan. Beckio. *Lipsiæ*, 815.==Jos. Im. Roulez commentatio de Carneade Cyrenæo, philos. acad. *Gandavi*, 825. == Pindari carminum pythiorum quintum cum octavo recens illustratum, à Theoph. Luc. Frid. Tafel. *Tubingæ*, 819.==Frid. Theoph. Welcker epigrammatum græcorum spicilegium alterum. *Bonnæ*, 822. == Jo. Frid. Hennicke commentatio de geographia Africæ herodotea. *Gottingæ*, 788.==Adumbratio quæstionis de carminum theocriteorum ad genera sua revocatorum indole ac virtutibus, auct. Henr. C. Abr. Eichstaedt. *Lipsiæ*, 794.==Glossarii latini specimen, edente Frid. Osanno. *Gissæ*, 826, in-4, dem.-rel.

1351. Recherches sur les antiquités de l'Amérique septentrionale, par D. B. Warden. *Paris, Everat,* 827, fig. == Dissertation sur une ancienne inscription grecque relative aux finances des Athéniens, par l'abbé Barthélemy. *Paris,* 792, fig. == Dissertatio philologico-critica de Q. Horatii Fl. epistola ad Pisones, auct. Jac. Henr. van Reenen. *Amst.*, 806. Poëme épique sur le héros Napoléon Bonaparte , composé par Polissoï Condou de Jannina (en gr. mod.). *Paris,* 802, in-4, dem.-rel.

1352. F. Osanni disputatio de fragmento peripli græco, è codice Hafniensi deprompto. *Gissæ*, 829. == Dissertatio de hyperbole. *Lipsiæ*, 929.==C. F. Chr. Wagner dissertatio de Flavii amphitheatro. *Marburgi*, 830. == Glossarii latini specimen, edente Frid. Osanno. *Gissæ*, 825.==God. Hermanni de mythologia Græcorum antiquissima dissertatio. *Lipsiæ*, 817. ==De accentûs lege quam Græci in pronunciandis nominativis vocum monosyllabarum tertiæ declinationis secuti sunt, à Car. Guil. Goettling. *Bonnæ*, 821. == J. Mart. Aug. Scholz commentatio de Golgothæ et sanctissimi D. N. J. C. sepulchri situ. *Bonnæ*, 825. == Journal des savants, juillet 1822 : Observations historiques et géograph. sur le périple attribué à Scylax, par Letronne. == Journal des savants, février 1829 : Eloge de Montesquieu, par Villemain. *Paris*, 816. == Notice d'un manuscrit arabe de la biblioth. du roi, contenant la description de l'Afrique, par M. Quatremère. *Paris, I. R.*, 831, in-4, dem.-rel.

1353. Nouvelles recherches sur la ville gauloise d'Uxellodunum, assiégée et prise par César, rédigées par M. Champollion-Figeac. *Paris, I. R.*, 829, fig. == Recherches sur la géographie ancienne et sur celle du moyen-âge, par M. Wal-

1351   7   „ Lehmann

1352   13 „ Labitte

1353   12 „

1954   3   „   Labor

1355   3   80 Sotelo

1356

kenaër. *Paris,* 822, cartes. == Examen critique de la fable
d'Hercule, par M. Ouvaroff. (*S. Pétersbourg*), 820. == Mémoire sur les tragiques grecs, par le même. *Ibid.*, 825. ==
Sur les monumens pélasgiques ou cyclopéens en Espagne,
par M. Graslin. 827. (*Autographié*.) == Lettre à M. Abel Rémusat sur une nouvelle coudée trouvée à Memphis, par le
chev. Drovetti, par M. Jomard. *Paris,* 827.==Analyse de la
théorie de M. Champollion le jeune, sur les hiéroglyphes des
anciens Egyptiens. == Description d'un étalon métrique
trouvé à Memphis (par M. Jomard). Fig. == Dissertation sur
la statue de Milo (par le comte de Valori). == Mémoire sur
quelques papyrus écrits en arabe et récemments découverts
en Egypte, par M. Silvestre de Sacy (1825).==Fac-simile of
an ancient greek inscription on a gold plate found in the
ruins of the ancient city of Canopus... == Dissertation sur
l'inscription grecque *Iaconoc lykion,* et sur les pierres antiques qui servaient de cachets aux médecins-oculistes, par
Tochon d'Anneci. *Paris,* 816, fig. color. — Mémoire sur la
valeur des monnaies de compte chez les peuples de l'antiquité, par le comte Germ. Garnier. *Paris,* 817.—Nouvelles
observations sur le grand relief mithriaque de la collection
Borghèse, par M. F. Lajard. *Paris,* 828.—Description du
théâtre de Marcellus à Rome, par Vaudoyer. *Paris,* 812,
in-4, dem.-rel.

1354. G. Frid. Creuzer de Xenophonte historico simulque
historiæ scribendæ ratione. *Lipsiæ,* 799.== Notæ et emen-
dationes in Theocritum; accedit specimen emendationum
in scriptores arabicos, scripsit Bern. Koelher. *Lubecæ,* 767.
==Notice sur les recherches relatives aux antiquités du dé-
partement du Bas-Rhin, rédigée par Schweighæuser, 822.
== Aug. Matthiæ observat. criticæ in tragicos, in Homerum,
Apollonium, Pindarum, etc. *Gottingæ,* 789.—Du festin du
Roi-boit, par J. B. Bullet, avec des notes, par Amanton.
Paris, 827, in-12, dem. v.

1355. Constantini Porphyrogennetæ de thematibus occiduæ
partis orientalis imperii lib. II, Frid. Morellus edidit. *Lutetiæ,* 609. —S. Anthelmi monosticha. 603; et alii libelli
à F. Morello editi. Pet. in-8, dem.-rel.

1356. Sainte-Bible, en langue siriaque. In-4, mar. noir,
dent. à fr.

104

1357. Fragmenta veteris testamenti ex versione Æthiopici interpretis latinè transtulit et appendices addidit Christ. Aug. Bodius. *Guelpherbyti*, 755, in-4, br.

1358. Sainte Bible en flamand. *Amst.*, 624, pet. in-8, parch.

1359. Biblia batavica. *Dordrecht*, 584, pet. in-8, v. rac., fil.

1360. Bible en hollandais. *Utrecht*, 741, pet. in-8, rel. en velours, tr. doré.

1361. Biblia, malaïcè, edidit Joa. Willmet. *Harlemi*, 824, gr. in-8, v. gr., fers à fr.

1362. Testamentum novum, gr. et syriacè, cum interpretatione latina Imm. Tremellii. *Excudebat H. Stephanus*, 569, in-fol., cart., tr. dor.

1363. Nouveau-Testament en arménien. *Paris, I. R.*, 825, in-8, v. m.

1364. The New-Testament into the Goozuratee language. *Serampore*, 820, in-8, v. br.

1365. The Singhalese translation of the New-Testament. *Colombo*, 820, in-8, v. br.

1366. The New-Testament in the Vikanera language. *Serampore*, 820, in-8, v. br.

1367. The New-Testament in the mooltan language. *Serampore*, 819, in-8, v. br.

1368. Nouveau-Testament, trad. en langue turque. *Paris*, 819, in-8, v.

1369. Variæ lectiones veteris testamenti ex immensa mss. editorumq. codicum congerie haustæ, operâ ac studio Joh. Bern. de Rossi *Parmæ, ex. reg. typ.*, 784, gr. in-4, 4 vol., vél. — Joh. Bern. de Rossi scholia critica in V. T. libros, seu supplementa ad varias sacri textus lectiones. *Parmæ, ex reg. typ.*, 799, in-4, br.

1370. Min. Felicis Octavius, cum not. var. *Lugd.-Bat., Hackius*, 672, in-8, v. br.

1371. Bibliotheca fratrum polonorum quos unitarios vocant, instructa operibus omnibus Fausti Socini, Joa. Crellii, Jonæ Slichtingii à Bucowictz et Joa. Lud. Wolzogenii. *Irenopoli*, 656-92, in-fol., 9 vol., vél.

1372. R. P. Matthiæ à Corona sanctitas ecclesiæ romanæ in S. Elia propheta carmelitarum protoparente figurata, et alia opera. *Leodii*, 663, in-fol., 7 vol., v. br.

1373. Horæ in laudem beatissime virginis Marie, secundum

1357
1358
1359   2   "   [illegible]
1360   1   "   [illegible]
1361   10   "   Duprat
1362   8   "   [illegible]
1363   3   20 Duprat
1364   7   95 [illegible]
1365
1366
1367
1368
1369

1370   1   "   [illegible]
1371

1372   27   "   Moore
1373   10 50 Laber

1374	18..	"	Jones
1375			
1376	3	"	Jones
1377	7	80	Schaubeck
1378	102	"	moore
1379	4	10	Jones
1380			
1381			
1382			
1383	1	"	moore
1384	7	"	Labon
1385	3	of	Jones
1386	12	"	:d
1387	13	50	Martin
1388	4	"	Dupran
1389	1	50	Jones

consuetudinem ecclesie parisiensis. *Paris., Goth. Torinus,*
527, pet. in-4, goth., mar. vert, fil., tr. dor.

> Joli volume bien conservé; il contient des figures sur bois et un encadrement à chaque page représentant des fleurs, des oiseaux, des insectes, etc.

1374. Corpus juris civilis, cum glossis. 776, in - fol.,
5 vol., v.

1375. Pandectæ justinianeæ, auct. Pothier. *Paris.*, 818, in-4,
5 vol., br.

1376. Les loix civiles, par Domat. *Paris*, 766, in-fol., v.

1377. Œuvres de Cochin. *Paris*, 771, in-4, 6 vol., v.

1378. Ordonnances des rois de France, recueillies par de
Laurière. *Paris*,, *1. R.*, 723, in-fol., 14 vol., plus 1 de
tables, v. m., fil. *(Aux armes.)*

1379. Droit commun de la France, par Bourjon. *Paris*, 770,
in-fol., 2 vol., v.

1380. Traité de la communauté, par Lebrun. *Paris*, 754,
in-fol., v.

1381. Répertoire de jurisprudence, par Guyot. *Paris*, 774,
in-4, 17 vol., v.

1382. Le monde primitif, expliqué par la physique, par H. F.
Link. *Berlin*, 821, in-8, 2 part. en 1 vol., br. *(En allem.)*

1383. Dialogues of Platon. *London, Sandley*, 767, in-4,
2 tom. en 1 vol., v. f.

1384. C. Plinii sec. naturalis historia, cum not. var. *Lugd.-
Bat., Hackius*, 669, in-8, 3 vol., v. br.

1585. Histoire des oiseaux de paradis, par Le Vaillant. *Paris,
Denné*, 803, in-fol., fig. noires; livrais. 1, 2, 3, 5 et 6.

1386. Histoire nat. des promerops et des guêpiers, par Le
Vaillant, faisant suite aux oiseaux de paradis. *Paris, Denné*,
807, in-fol., gr. pap. vél., fig. noires; livrais. 20 à 30,
form. partie du tome 3, des Oiseaux de paradis.

1387. La même. Fig. coloriées; livrais. 20 à 28.

1388. Vie de S. Bruno, dessinée et gravée d'après les tableaux d'Eust. Lesueur, par J. M. Lohié, avec un texte
par Vergerat. *Paris*, 808, gr. in-fol., fig. avant la lettre;
livrais. 1 à 5. *(Il manque une grav. à la 4ᵉ livrais.)*

1389. Monumens de sculpture, anciens et modernes, publiés
par Vauthier et Lacour. In-fol., obl.; livrais. 1 et 2. —
Livraison séparée de portraits faisant suite aux tableaux de
la révolution. In-fol.—Cinquième livraison de la Ménagerie.
In-fol., fig. noires.

L.   14

106

1390. Monumens français, inédits, pour servir à l'histoire des arts, par Willemin. *Paris*, 806, in-fol., fig. color. ; livrais. 1 à 16.

1391. F. Quintilianus, cum not. varior. *Lugd.-Bat., Hackius*, 665, in-8, 2 vol., v. br.

1392. Cours de littérature à l'usage des jeunes étudians et des gens du monde, par Ch. Durand. *Paris, V. Magen*, 836, in-8, 2 vol., br.

1393. Lettre du prés. Fauris de S. Vincens à M. Millin, accompagnée de lettres de Peiresc. *Paris, Sajou*, 815.═Lettre de Peiresc, publ. par M. F. de S. Vincens. *Ib.*, 815. ═ Lettres inédites de Peiresc, publ. par le même. *Ib.*, 815.═ Lettre de M. F. de S. Vincens sur des lettres inéd. de Peiresc. *Ib.*, 815, in-8, dem.-rel.

1394. T. Petronii Satyricon, et diversorum Poetarum lusus in Priapum, cum not. varior., accurante Sim. Abbes Gabbema. *Traj. ad Rh.*, 654, in-8, mar. rou., fil., dor. à compart., tr. dor., avec armes.

Jolie reliure de Deseuille.

1395. T. Petronius, cum not. varior. *Amst., J. Blaeu*, 669, in-8, vél.

1396. Callimachi hymni, epigrammata et fragmenta, gr. et lat., ex recensione Jo. Aug. Ernesti. *Lugd.-Bat.*, 764, in-8, 2 vol., br.

1397. Q. Horatius, illustravit Lud. Desprez. *Hagæ-Com., Pet. Van Thol.*, 708, in-8, v. br.

1398. J. Juvenalis et A. Persius, cum not. var. *Lugd.-Bat., Hackius*, 664, in-8, vél.

1399. Lucanus, cum not. var. *Lugd.-Bat., Hackius*, 658, in-8, v. br.

1400. Pub. Ovidius, cum not. varior. *Lugd.-Bat., P. Leffen*, 662, in-8, 3 vol., v. br.

1401. Phædrus, cum not. varior. *Amst., Janssonius*, 667, in-8, fig., vél.

1402. Valer. Martialis, cum not. varior. *Lugd.-Bat., Hackius*, 670, in-8, vél.

1403. J. Milton's poetical works, with notes by Th. Newton. *London*, 763, in-8, 4 vol., v. f.

1404. The works of Alex. Pope. *London*, 766, gr. in-8, fig., 9 vol., v. gr., fil. — The Iliad and the Odyssey of Homer transl. by Pope. *London*, 760, gr. in-8, 11 vol., v. gr. fil.

1390	30	„	Lnoir
1391	12	50	Schaubeck
1392	2	„	H. Soasoul
1393	8	„	Lesai pn
1394	12	„	Crozu
1395	4	„	Schaubeck
1396	14	„	Thurer
1397	5	75	Crozu
1398	3	50	Labor
1399			
1400	7	50	id
1401	4	75	Schaubeck
1402	7	05	id
1403	16	50	Labor
1404	43	„	id

1405   3   „   Lubot

1406   2   yß   ƒd.

1407   3   „   Croyer

1408   5   „   p.

1409   1   „   Schaubeck

1410   1   „   p

1411   1   ƒo   p

1412   2   gc   Schaubeck

1413   9   „   Labot

1414   1   ƒo   p

1415 }
1416 }   1   ßß   p

1417   3   „   p

1418   6   „   Learwig

1419   24   ßo   N. Tilliard

1420   20   „   Joy

107

1405. Plautus, cum not. varior. *Lugd. Bat., ex offic. Hackiana*, 669, in-8, v. br. —L. An. Senecæ tragœdiæ, cum not. varior. *Amst., Pluymer*, 662, in-8, v. br.

1406. Terentius, cum not. varior. *Lugd.-Bat., Hackius*, 669, in-8, vél.

1407. Le prudent voyageur, par le chev. L. du May. *Genève*, 681, pet. in-12, 2 vol., vél.

1408. Carte générale du théâtre de la guerre en Italie et dans les Alpes, par Bacler Dalbe. *Milan*, an VI, gr. in-fol. obl.; livrais. 1 à 4.

1409. Sulpicius Severus, cum not. varior. *Lugd.-Bat.*, 654, in-8, vél.

1410. Justinus, cum not. varior. *Amst., Elzev.*, 659, in-8, vél.

1411. Quintus Curtius, cum not. varior. *Amst., Elzev.*, 673, in-8, v. br. — An. Florus, cum not. varior. *Lugd.-Bat., Elzev.*, 655, in-8, v. br.

1412. Aurelius Victor, cum not. varior. *Traj. ad Rh.*, 696, in-8, v. f.—C. Velleius Paterculus, cum not. varior. *Lugd.-Bat., Hackius*, 653, in-8, v. br.

1413. Titus Livus, cum not. varior. *Amst., Elzev.*, 664, in-8, 3 vol., v. br.

1414. Suetonius, cum not. varior. *Lugd.-Bat., Hackius*, 647, in-8, v. br. — Sallustius, cum not. var. *Lugd.-Bat., Hackius*, 654, in-8, v. br.

1415. Les antiquités d'Athènes, mesurées et dessinées par Stuart et Revett, et publ. par Landon. *Paris*, 812, in-fol.; 6e livrais. (Tom. 3, 1re partie).

1416. Fastes de la nation française et des puissances alliées, par Ternisien d'Haudricourt. *Paris*, 807, in-4; livrais. 38, 39, 40, 41, 45 à 52, 57, 58, 59 et 60.

1417. Description des nouveaux jardins de la France et de ses anciens châteaux, par Alex. de Laborde. *Paris*, 808, gr. in-fol; livrais. 1 à 8.

1418. Tableau de Paris, par S. Victor. *Paris*, 808, in-4, fig.; livrais. 1 à 14.

1419. Voyage pittoresque et historique de l'Espagne, par Alex. de Laborde. *Paris*, 806, gr. in-fol., pap. vél.; livrais. 1 à 15, plus la 12e double.

1420. Les Hindous, ou description de leurs mœurs, coutu-

mes, cérémonies, etc., par Balth. Solvyns. *Paris*, 809, gr.
in-fol., fig. color. ; livrais. 1 à 21.

1421. Vue des Cordillières et monumens des peuples de l'A-
mérique, par Alex. de Humboldt. *Paris*, 810, gr. in-fol.,
pap. vél.; livrais. 1 et 2.

1422. Cornelius Nepos, cum not. varior. *Amst.*, *Wetstenius*,
707, in-8, v. br.

1423. Valerius Maximus, cum not. varior. *Lugd.-Bat.*, *Hackius*, 670, in-8, v. br.

1424. Vie, correspondance et écrits de Washington, publ.
d'après l'édition américaine, et précédée d'une introduction, par M. Guizot. *Paris*, *Ch. Gosselin*, 840, in-8,
4 vol., br.

1425. Ouovomou ôfitchio.... Livre de prières en slavon, contenant l'office de la Vierge, l'office du Saint-Esprit, les sept
psaumes, l'office des morts, etc. *Venise*, *Jacq. Debaro* et
Ambr. Corso, *à la Scala*, 571, pet. in-8, v.

1426. Joa. Laur. Berti theologia historico-dogmatico-scho-
lastica, seu libri de theologicis disciplinis. *Monachii*, 750,
in-fol., 10 tom. en 5 vol., bas.

1427. Vetus et nova ecclesiæ disciplina circa beneficia et be-
neficiarios, auth. Lud. Thomassino ; accedit tractatus be-
neficiarius Cæs. Mar. Sguanin. *Magontiaci*, 787, in-4,
10 vol., br.

1428. Fables choisies, mises en vers, par Lafontaine, avec
les figures d'Oudry. *Paris*, 755, in-fol., 4 vol., v. éc., fil.

1429. Casp. Merian topographia Germaniæ inferioris (Germanicè). In-fol., fig., bas.

1430. Navigatio in novum mundum sive Americam R. Pa-
trum Monachorum ord. S. Benedicti, è variis scriptoribus
collecta, auth. Hon. Philopono. In-fol., fig., n. rel.

1431. Atlas Marianus, quo sanctæ dei genitricis Mariæ ima-
ginum miraculosarum origines duodecim historiarum cen-
turiis explicantur, auct. Guil. Gumppenberg. *Monachii*,
672, in-fol., peau de truie.

1432. Monasticon Augustinianum, in quo omnium ordinum
sub regula S. Augustini origines atque incrementa ex-

1421	5	"	Leuraing
1422	1	60	Schaubek
1423	2	do	??
1424	17	do	Rousseau
1425	4	do	Martin
1426			
1427	30	"	Moore
1428	2	"	Poirtain
1429	7	10	Deflorenne
1430	12	"	Crozar
1431	"	"	
1432	13	do	Martin (Juin)

1433   7   10 juny
1434   104   „ Merlin

1435   20   „ Dentu

1436   23   „ Lebrun

1437   4   „ Julien

1438   64   „ Labur

1439   19   „ Labur

1440

plicantur, aut. Nic. Cruscnio. *Monachii*, 623, in-fol.,
parch.

Belles figures, dans le genre de Sadeler.

1433. Roma Sancta, sive Benedicti XIII et cardinalium viva
virtutum imago, per J. Rud. Conlin, cum figuris J. Chr.
Kolb. *Aug. Vind.*, 726, in-fol., rel. en bois, v. br.

1434. Cérémonies et coutumes religieuses de tous les peuples du monde, avec les figures de Bern. Picart. *Amst.*,
739-43, 8 tom. en 9 vol. — Superstitions anc. et mod.
Amst., 733-36, 2 vol.; les 11 vol., in-fol., dem.
mar. rou.

1435. Dan. Eber. Baringii clavis diplomatica, specimina veterum scripturarum tradens, alphabeta nimirum varia,
medii ævii compendia scribendi...., præmissa est bibliotheca scriptorum, rei diplomaticæ. *Hanoveræ*, 754, in-4,
parch.

1436. La très-admirable.... entrée de Philipes, prince d'Esp.,
fils de Charles V; ensemble, la vraye description des spec-
tacles, théâtres, etc., qui ont été bastis à sa réception en la
ville d'Anvers, anno 1549, trad. du lat., de Corn. Grapheus. *Anvers*, 550, pet. in-fol., fig. sur bois, parch.

1437. Histoire de l'imprimerie à Nuremberg, jusqu'à l'an
1500, par G. Wolfg. Panzer. *Nuremberg*, 789, in-4, cart.
(*En allem.*)

MANUSCRITS.

1438. *To Kata matthaion agion euaggelion.* S. evangelium secundum Matthæum (et cœtera evangelia, græcè.) Pet. in-4,
mar. terre d'Egypte. *(Thouvenin.)*

Beau ms. sur papier, orné de quatre miniatures, en grisaille, une
à chaque évangéliste.
Ce ms. est indiqué comme de la main de G. Hermonyme, de
Sparte, précepteur de Guill. Budée et de Reuchlin.

1439. Preces piæ. pet. in-4, v. ant., fil., dent. à fr., tr. dor.

Manuscrit du XVe siècle, sur vélin. Lettres ornées en or et en
couleur et arabesques. Ce vol. a appartenu à Pierre-le-Petit, écuyer,
seigneur de la Haquinière.

1440. Livre de prières, en hollandais. Pet. in-8, parch.

Manuscrit sur papier.

110

1441. Le Coran. In-4, mar. r., rel. orientale.

> Beau ms. sur papier, caractère africain.

1442. *Phrounoutou theoria peri tes tôn theôn phuseôs.* Phornutus de natura deorum (græcè). Pet. in-4, couv. en carton.

> Ms. sur papier du XVe siècle, vingt-neuf feuillets, jolie écriture, avec quelques scholies marginales.

1443. *Markou Tulliou Kikerônos rômaiou Katôn peri gerôs, ermeneia Theódorou.* Caton, Traité de Ciceron, de la vieillesse, trad. en grec, par Théodore (Gaza). ==Tullius de senectute. *Daventriæ*, 489, pet. in-4, dem. mar.

> Le premier est ms. sur papier, d'une écriture qui paraît être du XVIe siècle.

1444. *Rouset el habab.* Le jardin de l'amitié, recueil d'histoires morales en prose et en vers, à l'imitation du Gulistan de Sâdi.

> Ms. persan, sur papier, in-8, cartonnage oriental, car. tâlik.

1445. Icones variæ. In-8, mar. rou., fil., tr. dor.

> Ms. du XVIIe siècle, sur papier, contenant les portraits dessinés à l'encre de la Chine, de trente-sept personnages de l'antiquité, avec leur biographie latine en regard. Les feuillets sont encadrés.

1446. *Arche.... tôn erôtematôn tôn para.... Manouel tou Moschopoulou diorthôthentôn.* Questiones grammaticales Manuelis Moschopuli. Pet. in-4, v. rou., dent., tr. dor.

> Beau ms. grec sur papier, écriture du XVe siècle. C'est l'ouvrage de Moschopule dont il n'y a eu qu'une édition (donnée en 1540.)

1447. *Theodôrou grammatikes eisagôges tes tôn eis tessara.....* Theodori (Gazæ) grammatica græca, græcè. Pet. in-4, dem. mar. rou., tr. dor.

> Beau ms. du XVe siècle, sur fort papier, lissé et réglé à la manière des Orientaux.

1448. Dictionnaire grec-français, par Belin de Ballu, membre de l'Institut, traducteur des œuvres de Lucien. 5 vol., in-fol.

> Ce précieux manuscrit autographe et inédit forme 3354 pages ; il y a quelques lacunes ; le dernier mot du Σ. est Σκυταληφορος, sans signification, tout le reste manque ; le dernier mot du Τ est Τῷτοι ou Τωτοι ; le dernier mot de l'Υ est Υποιγέω ; il manque le commencement du Ψ jusqu'au mot Ψίγμα. Le commencement de la lettre Α à Αγνωμονέω est imprimé.

1449. Traité abrégé des conjugaisons, en arabe. Gr. in-8, dem.-rel. (*Manuscrit.*)

> Bonne écriture de Michel Sabbag.

1441   27   ..   *Martin*

1442   28   Su   *Labat*

1443   27   Su   *crozier*

1444   28   Su   *Quatremere*

1445   ~~28~~   ..   *Labus*

1446   Su   ..   *Labus*

1447   Su   ..   *id*

1448

Sur table
o repos
du midi.
250

1449   4   ..   *Quatremere*

1450	9	25	Merlin (Libri)
1451	10	"	id id
1452	32	"	Crozet
1453	50	"	Merlin (Libri)
1454	21	"	Quatremère
1455	25	"	id
1456	15	"	id
1457	39	"	Merlin
1458	103	"	Merlin (Libri)
1459	39	"	Merlin (Libri)
1460	30	"	Dupret

1450. Grammaire arabe, par Ahmed fils de Maçoud. In-4, cart. *(Manuscrit.)*

1451. Sehzéban, vocabulaire arabe, turc et persan, en vers, avec indication des mesures. Pet. in-4. *(Manuscrit.)*

1452. *Gulistan* de Sadi. Très-gr. in-8, mar. rou., rel. orient.

> Ms. sur papier, d'une écriture tâlik, très-belle et très-grande.

1453. *Pend-Nameh*, livre des conseils, poème persan, par Sâdi. Gr. in-8, rel. orient. riche, les plats dorés en plein.

> Beau ms. exécuté avec luxe, à deux colonnes, joli car. tâlik, ornements or et couleur à la première page.

1454. *Boustân*, de Sâdi. In-4, rel. orientale, fatiguée.

> Ms. sur papier, beau tâlik, très-lisible, provenant de la bibliothèque de M. de Saint-Martin.

1455. *Hift Pyker*. Les sept images, poème persan, de Nizami. Gr. in-8, cuir de Russie, rel. orientale.

> Beau ms. sur papier, car. tâlik, très-fin et très-lisible, à quatre colonnes. Quelques piqûres.

1456. *Divan*, de Schems Eddin Tabrisi. In-8, rel. molle, orientale.

> Ms. sur papier, à deux colonnes, caractère tâlik, très-net; on y remarque la signature de Scheidius.

1457. Les amours de Mir et Mouchteri, célèbre poème persan, composé dans le 14e siècle, par Mohamed, fils d'Attar. In-8, mar. br., rel. orientale, à recouvrement.

> Ms. écrit en 1554, caractère tâlik, très-soigné, jolis ornements or et couleurs, à chaque tête de chapitre. La première page est d'une richesse remarquable.

1458. *Ioannou tou Kamaterou....* Joannis Kamateri, atramentarii (imperialis) de cœlesti astrorum dispositione in synopsi ad imper. Porphyrogenneten. Pet. in-4, mar. v., tr. dor.

> Péome grec en vers iambiques. Ms. sur papier, d'une charmante écriture, d'une régularité et d'une hardiesse remarquables, qui semble avoir servi de modèle aux types de Garamon. Ce poème est inédit. *Voyez* Fabricius, éd. de Harles, tom. 4, p.   (33 feuillets.)

1459. Ausonii opera (plurima). In-4, dem. mar. r.

> Ms. sur vél., du XIVe siècle. Ce ms. contient environ quatre-vingt-dix épigrammes, des lettres, le panégyrique, le cento, le cupido cruci affixus, et quelques autres pièces d'Ausone; mais il n'est conforme ni pour l'ordre ni pour la quantité des pièces, avec les éditions publiées. 56 feuillets. Le premier a des raccommodages. Il y a des taches dans le volume.

1460. De vita et felicitate Dominæ Luciæ ill. Ducis Mediolani

Francisci Sfortiæ genetricis carmen per Georgium Valagu-
sium. Pet. in-4, rel. en soie.

Joli ms. sur vél. ; lettres rondes, du XVᵉ siècle.

1461. *Xenophôntos Kurou paideias Biblion prôton (et cœtera).*
Cyropédie de Xenophon, en grec. Pet. in-4, mar. rou. fil.,
tr. dor.

Ms. du XVᵉ siècle, sur papier, bonne écriture, mais donc l'encre s'est
écrasée à plusieurs feuillets.

1462. *Sunagoge kai exegesis...,* collectio et explicatio historiarum quarum meminit sanctus Pater noster Gregorius
in *tô asteliteutikô....* In-fol., parch.

Ms. grec, sur papier ; bonne écriture du XVIᵉ siècle. 18 Feuillets.

1463. Histoire de Nadir-Chah, par Mehdy Khan (la même
qui a été trad. par W. Jones). Gr. In-8, mar. rou. et vert,
tr. semée d'or, rel. orientale, dans un étui.

Beau ms., sur papier, très-jolie écriture Neskhy.

—

1464, Esprit des Institutes de Justinien, par **Desquiron**. *Paris,*
807, in-4, 2 vol,, bas.
1465. Traité de la législation criminelle en France, par **Legra-**
verend, 2ᵉ édit. *Paris,* 823, in-4, 2 vol., dem.-rel.
1466. Jurisprudence des codes criminels, par **Bourguignon**.
Paris, 825, in-8, 3 vol., dem.-rel.
1467. Œuvres d'Adrien de Sarrazin. *Paris, Urb. Canel,* 825,
in-18, pap. vél., fig., 6 vol., br.
1468. Chefs-d'œuvre des théâtres étrangers. *Paris, Ladvocat,*
822, in-8, 25 vol., br.
1469. Abrégé de la géographie de **Malte-Brun**. *Paris,* 830,
in-8, 2 vol, et atlas in-4, dem.-rel.
1470. Atlas historique de A. Lesage (comte de Las Cases).
823, gr. in-fol., dem. v., non rog.

—

1471. Catulli carmina. Pet. in-4, rel. en bois.

Edition inconnue, que nous ne trouvons citée chez aucun biblio-
graphe. L'imperfection des leçons pourrait porter à regarder cette
édition comme antérieure aux deux éditions connues, et comme faite
sur le premier ms. qui fut découvert vers la fin du XVᵉ siècle et qu'on
sait avoir été très-fautif.

Cette conjecture est d'autant plus probable que presque toutes les
capitales sont identiques avec celles de l'ouvrage de Balde, dont nous

1461	76	„	Crozu
1462	27	50	.0
1463	80	„	.0
1464	1	50	jours
1465	3	„	id
1466	1	50	id
1467	6	„	J. Labitte
1468	42	„	Lebrun
1469	9	40	Labitte — a
1470	39	„	Duprat
1471	157	„	Morel

1482.   199 50   crozer

donnons le titre plus bas, et qui est imprimé à Rome, sans date, chez Ulrich Han et Nicolas de Luca, imprimeurs, en société, de 1471 à la fin de 1473. Les défauts typographiques et les incorrections de cette édition de Catulle prouveraient peut-être qu'elle est sortie des presses de Ulrich Han antérieurement à cette société (de 1467 à 1471).

Description du volume :

> Hextichu (*sic*) Guarini Veronesis Oratoris Claris
>   simi in libellu Valerii Catulli eius ociuis
>
> a D patriam uenio longis de finibus exul. . . . . . .

40 feuillets petit in-4 , 30 vers aux pages pleines, point de réclames ni de signatures, mais au verso du 40ᵉ feuillet, un registre des 5 cahiers dont se compose le volume.

Avant le registre, ces mots :

> Catulli Veronensis Epigrammaton
>   Libellus Explicitus est.

Ces deux lignes sont imprimées sur deux autres lignes imprimées auparavant et dont la première offre à peine les traces de quelques lettres, mais dont la deuxième laisse lire très-distinctement ces mots :

> Tamq commixto. . . . . lupe.

(Peut-être étaient-ce des vers adressés par Ulrich Han à Lupus Han son frère.)

Les lettres qui se retrouvent dans le Balde, sont les capitales A. B. C. D. E. F. G. H. I. L. M. N. O. P. Q. R. S. T. V. — Dans le bas de casse : g. h. r., un signe représentant bus, un autre pour rum, le signe *et*, la lettre y, telle qu'elle se trouve dans le registre au mot Hymen. Mais ce qui met hors de doute cette identité de caractère, c'est un A et un C capitales, d'une forme particulière, qui se trouvent dans le Catulle, savoir : l'A, pag. 6, v. 22 et en 5 autres lieux, le C. 1ʳᵉ pag. 9ᵉ ligne et en 10 autres endroits, ces deux lettres appartiennent au caractère semi-goth. dont se composent les sommaires du Baldus, et l'A est la 1ʳᵉ lettre du 1ᵉʳ sommaire, pag. 1, au mot Additiones ainsi qu'à la pag. 5, de Assessore, de Arbitris, et le C, dern. lig. de la 2ᵉ col. du recto de l'avant-dernier feuillet : de Caliumniatoribus.

L'ouvrage de Baldus dont il est question ici, est celui-ci :

Additiones domini Baldi de Perusio super Speculo Guilhelmi Duranti, in-fol. à 2 col. de 56 lign., sans chiffres, réclames ni signatures, et terminé par ces mots : *Finite sut additioes, Bal. sup. Spe. rome impsse p mgrm Vdalricu gallu de Almania et Symonem d Luca.*

L'impression en est belle et régulière, tandis que le Catulle offre des lettres de corps différents, des défauts d'alignement, nombre de lettres non venues au tirage et beaucoup d'autres imperfections qui semblent dénoter les premiers essais d'un artiste encore inhabile. La marque du papier du Catulle est une balance dans un cercle.

Une ode ms. fort obscène termine le volume.

1482. Un vol. pet. in-4, rel. en bois.

Ms. sur vél. du 13ᵉ au 14ᵉ siècle. — Ce vol., dont nous ne pouvons donner le titre, les premières pages manquant, est en Catalan, et d'une très-jolie écriture, c'est un ouvrage mystique composé de 4 parties, la première page de chaque partie est encadrée d'ornements or et couleurs.—L'ouvrage est précédé de 2 prologues, c'est une partie du premier prologue qui manque.—Ce ms. est précieux comme monument de linguistique.

L.   15

TABLE DES DIVISIONS.

—

EXTRAIT DU CATALOGUE

DES LIVRES DE FONDS

DE R. MERLIN, LIBRAIRE

Quai des Augustins, n° 7.

Monnaies inconnues des évêques des Innocens, des Fous et de quelques associations singulières du même tems, recueillies et décrites par **M. M. J. R.** d'Amiens. 1837, in-8, 2 vol., dont 1 de fig. . . . . 12 fr.

Manuel de numismatique ancienne, contenant les é   ins de cette science, les divers degrés de rareté   ionnaies et médailles antiques et les tableaux de   urs valeurs actuelles, par **M.** Hennin. 1838, in-8, 2 vol., br. 18 fr.

Histoire numismatique de la révolution française, ou description raisonné des médailles, monnaies et autres monuments numismatiques relatifs aux affaires de la France, depuis l'ouverture des Etats-Généraux jusqu'à l'établissement du gouvern. consulaire, par **M.** Hennin. *Paris,* 1826, gr. in-4, avec 100 planch. conten. toutes les pièces décrites.. 120 fr.

Voyage dans les steps d'Astrakhan et du Caucase, par le comte **J.** Potocki, publié avec des notes par **M.** Klaproth, orné de deux cartes et sept planches, dont six coloriées. 1830, in-8, 2 vol., br. . . . . 15 fr.

Constantinople et le Bosphore de Thrace en 1812, 13, 14 et 1826, par le comte Andréossy. 1828, in-8 et atlas in-fol. de 10 planches, br. . . . . 15 fr.

Mœurs, institutions et cérémonies des peuples de l'Inde, par l'abbé Dubois. 1825, in-8, 2 vol., br. . . . . . 14 fr.

Le Pantcha-tantra, ou les cinq ruses, etc., fables et contes trad. sur les originaux indiens, par l'abbé Dubois. *Paris,* 1826, in-8, br.. . . . . 6 fr.

Collection des romans grecs, trad. avec des notes, par MM. Courier, Larcher et autres hellénistes. *De l'imprimerie de J. Didot,* in-16, fig., 15 vol. Prix de chaque vol. pap. fin. 3 fr. 50 c.
Pap. vél. 7 fr.

12 vol. sont en vente.

Acquisitions. &c

14	Bible runes	8	05	M
63	Code religieux	1	55	d
68	Traité phil. des lois	1	85	d
95	Hist. du droit munic.	7	30	V. Leclerc
96	Privilegia universit.	3	05	Faucher
97	Recueil des lois, . .	25	50	Morales
98	Bulletin universit.	3	..	d
99	Code univers.	2	..	d
112	Recueil d'édits munic.	6	.	M
120	Collectio Bullar.	8	50	d
128	Dict. conversations	169	..	Morales
151	Offices de Ciceron	1	55	M.
103	Influence de l'phil.	7	05	M
109	Horatii emblem.	7	75	Lasagni

+ 174   Rome et Statuts   6 50   Morales

  176   Catéchisme royal   1   M

+ 206   Des pierres précieuses   3   Cte d. Ussy

+ 220   Agriculture des anc.   f   3   Piriaud

+ 233   Dict. Sciences médic.   30   Dr Otr.

  247   Hygiène philos.   2 05   M

  248   Mercurialis gym.   3   .   D

+ 261   Annuaire d'hyg.   12   .   Carrière

  265   Art de lerandu leur   3   M.

+ 270   Traités sur la magie   5 50   Morales

+ 283   De la peinture   2 50   D

+ 321   31 vignettes   7 50   Himbert

+ 342   nature et ses cond.   12 50   Laragui?

  355t   Tripartitum hyg.   12 50   M

+ 350bis Comparais. du 14 long   14 50   Huyberg

+ 352   Tableau du parole   2   Morales

74   Grammaire grecque   1 15   ...
77   Doctrina partie.   2 50
396. Dict. grec allem.   3 . ...
398   Dict. franc. gr.   5 50   ...
427. Glossarium Ducange   12 50   ...
436   Recherch... ...   6.05
456   Dict. Comique de Leroux   5 50   ...
458   nouv. recherches ... pat. 3 10   ...
458 bis Dict. franc. Provençal 14 50   M.
461   Dict. roman.   1 50   ...
485   Walker's pron. dictionn.   5 .   d'Otr.
489   Dict. franc. Angl.   2 30   ...
513   Dict. Hongrois   19 50   M.
579   a compend. gram. Latin   13 50   ...
580. Rudim. of an egypt. gr.   9 50   M.
606   Eloquence de la chaire   3 85   ...

62,	[illegible]	4	80	Renan[?]
658	Mém. de Lacaud[?] es Sc.	4	95	Humbert
65,	[illegible] de Carre tomi 2	2	—	d' Ussy
[illegible]	Comment. de [illegible]			
662	H philostio	}	2 50	Pericaud
68,	[illegible] de grec	4	75	M— [illegible]
726	Enlèvem. d'Hélène	12	—	Moratz[?]
7	G. Apul. es italica.	1		M.
764	Fables ... p. Robou	20	,	Humbert
5	Euripides	3	50	M—
831	Mythol. dramat.	34	50	Moratz[?]
8	Études sur l'art [illegible]	2	,	id
87,	Moreilli opera epig.	30,	50	Laplane
[illegible]	Études d'histoire	6	95	Moratz[?]
913	Stephanus Byzant.	9	95	M.
[illegible]	[illegible]	3	o	[illegible]
		9	50	Caron

832 Voyage... ... ...
934 ... ...
976 Relat. des ... & relig.   5 50
177 Eclaircissem. in latio.   5 50
980 Apostolatus Benedict.
987 Hist. des Superstitions   8 50   Lavagne
012 Herodotus ✗   42 50   M
                                29 50
017 Thucydides   12
021 Graecia ludibunda   4 .   Huyghens
021 bis Essai sur les fêtes de la Gr.   5
083 Numismata   18
084 ... Bandur   26
096 ... hist.   3
108 ... inscript.
113 Metamorphoses mss.   4 50
115 Traité de la noblesse   8
136 ... d'O...   55
114 Hist. ant. de la nobl.   3 .

[illegible] 3 . Laplane

1178 [illegible] Semaines 8 . 0 d'[illegible]

1186 [illegible] Latini 1 50 Fau[illegible]

1181 Nova melanges 4 . Jenneau

1190 quelques souvenirs 4 . M. Leclerc

1237 [illegible] œuvres Hellen. 22 . Huybens

[illegible] Toulouse 5 . Caron

1260 Adami Vita [illegible]. 6 Péricaud

1263 Hist. de Lafont 3 . D.

1261 Vita Dav. Ruhnken 6 95 Jenneau

[illegible]91 Historia philosophica [illegible] . [illegible]

[illegible] [illegible] 3 . Huyben

1277 [illegible] biblio Asiat. 3 65 Jenneau

1285 [illegible] 13 50 [illegible]

1285 [illegible] 25 50 . M.

1284 [illegible] relation 10 50 d'Esalpin

288 Rapport [illegible]   5   .

2,[illegible]   [illegible]   45

2[illegible] [illegible]   1[illegible]   .   [illegible]

1293 [illegible] hist. med.   32 50   [illegible]

1328 Journal typograph 96 .   [illegible]

1331 Seris auctorum   2 05   [illegible]

1341 Catalogue [illegible] ins typp 2

38   Hist. des Promenops   13 50   .

425 Livre de prières .   4 50

432 Monasticon August.   13. 50   [illegible]

1434 Ceremonies religieux   1[illegible]   .   [illegible]

1441 [illegible] Coran   [illegible]

1450 [illegible]   [illegible]   [illegible]

14[illegible] Schzeban   10   [illegible]

1453 [illegible] nameh   50

1457 [illegible]   [illegible]

1458 Iva Armatu   103 .   bri

1459 Ausonin,   39 .   iD

G 573. [illegible] 40

Œuvres [illegible]

D. Merlin,
24 vol. 5
40 vol. 25
38 vol. . . . . . .
3[.] vol. . . . . . .
22 v. Sorguer
32 vol. ___ 3 [.]
38 vol.
35 vol. Buffon
38 vol. Lettres de Provence
43 vol. ___ 4 80
47 vol. ___ [5.]
26 vol. Condillac 3
48 vol.
[.] vol. [illegible]
[illegible]

[illegible]

18 vol. . . . . .
Humbert,
5 v. 8 . . . 5 75
1 v. [illegible] 22 05
[3] [illegible]
8

96 "

d'achat par [...]   96 »

M. [Bordereau ?]

    8 vol. [...] [...]mac .... 8 55 }
    [...] [...]tière   12 » }   24 [2]
    [...]ll Soc. d'encour. 3 65 }

M. [...]

    [...]   2 95 }
    [...] vol. d. [...]ière ― 8 » }   31 [4]
    [...] [...]yst.   20 50 }

M. [...]

    [...] [...] plus n° 901.1101   10 [»]
    (du Catalogue .   5

M. [...]heu[...]

    [...] de Cartes ―――――   2 05

M. [...]

    [...] ――――――   3 »

[...]

    [...] brochure ―   1 »

M. [...] Tol. Barrière (n°s 205. 755. 799
    [...] Catalogue (968 ―――――― 2 75
                     3. 80 }
    [...] brochures   2 [75] }   6 . 75

M. [...]ayne

    [...] almanachs royaux   5 »

[...]

    [...] 152. 317. 1030 u 1324.   3 80

    [...]06. 37. 617   2 »
                                    ―――――――
                                    193 00

(Gait)

2

26 vol. ————————   9 25
12 vol. ————————   6 75
33 vol. ————————   8 75
11 vol. ————————   5 ,,
12 vol. ————————   5 25
65 vol. ————————   8 ,5
21 vol. du Philologue   6 ,,
n.º 15. 19. 22. 75. 218. 258. 273   8 ,5
n.º 363. 373. 604. 639. 647. 691 …   11 50
n.ºˢ 697. 698. 714. 748. 793. 814.   … …   6 : 85
n. 815. [illegible]   2 .
n.º 816. 823. 840. 872. 996. 1038
      1055. 1198. 1211 … … …   5 75
n.º 1291. 1305. 1410. 1440. 1445   8
     404 …   5 .
     749 …
     862.
     743 …

[illegible]

[illegible]

[illegible]   22   5
[illegible]   5

                                        3   90

1	1	55	Raynault
2	2	20	Deflorenne
3	6	"	Tillian
4	7	"	Mancoff po[.]
5	11	50	
6	95	"	Chrimot
7	2	95	Crozier

EXTRAIT DU CATALOGUE

DES LIVRES DE FONDS

DE R. MERLIN, LIBRAIRE

Quai des Augustins, n° 7.

Monnaies inconnues des évêques des Innocens, des Fous et de quelques associations singulières du même tems, recueillies et décrites par M. M. J. R. d'Amiens. 1837, in-8, 2 vol., dont 1 de fig. . . . . **12 fr.**

Manuel de numismatique ancienne, contenant les élémens de cette science, les divers degrés de rareté des monnaies et médailles antiques et les tableaux de leurs valeurs actuelles, par M. Hennin. 1838, in-8, 2 vol., br. **18 fr.**

Histoire numismatique de la révolution française, ou description raisonné des médailles, monnaies et autres monuments numismatiques relatifs aux affaires de la France, depuis l'ouverture des Etats-Généraux jusqu'à l'établissement du gouvern. consulaire, par M. Hennin. *Paris*, 1826, gr. in-4, avec 100 planch. conten. toutes les pièces décrites.. **120 fr.**

Voyage dans les steps d'Astrakhan et du Caucase, par le comte J. Potocki, publié avec des notes par M. Klaproth, orné de deux cartes et sept planches, dont six coloriées. 1830, in-8, 2 vol., br. . . . . **15 fr.**

Constantinople et le Bosphore de Thrace en 1812, 13, 14 et 1826, par le comte Andréossy. 1828, in-8 et atlas in-fol. de 10 planches, br. . . . . **15 fr.**

Mœurs, institutions et cérémonies des peuples de l'Inde, par l'abbé Dubois. 1825, in-8, 2 vol., br. . . . . **14 fr.**

Le Pantcha-tantra, ou les cinq ruses, etc., fables et contes trad. sur les originaux indiens, par l'abbé Dubois. *Paris*, 1826, in-8, br. . . . . **6 fr.**

Collection des romans grecs, trad. avec des notes, par MM. Courier, Larcher et autres hellénistes. *De l'imprimerie de J. Didot*, in-16, fig., 15 vol. Prix de chaque vol. pap. fin. 3 fr. 50 c.

Pap. vél. 7 fr.

12 vol. sont en vente.

SOUS PRESSE :

Le catalogue de la riche bibliothèque orientale de feu M. le baron Silvestre de Sacy, membre de l'Académie, etc.

Le catalogue d'une jolie collection elzevirienne,

Et celui de la bibliothèque de M. Ch. Millon, professeur de philosophie à la faculté des lettres, auteur de plusieurs ouvrages.

A. PIHAN DE LA FOREST,
IMPRIMEUR DE LA COUR DE CASSATION,
Rue des Noyers, nº 37.